新华学术·思享者

新华学术系列图书：

《大棒：软实力的局限和军事力量的必要性》［美］埃利奥特·A·科恩 著

《思维的方式》［英］怀特海 著

《多元文化主义的终结》［美］劳伦斯·哈里森 著

《想透彻：当代哲学导论》［美］夸梅·安东尼·阿皮亚 著

《法国人是如何思维的》［英］苏迪·哈扎里辛格 著

《稻草狗：进步只是一个神话》［英］约翰·格雷 著

《木偶的灵魂：自由只是一种错觉》［英］约翰·格雷 著

《动物的沉默：人类优越论是一种偏见》［英］约翰·格雷 著

《反利维坦：政府权力与自由社会》［美］罗伯特·希格斯 著

《道德之弧：科学和理性如何将人类引向真理、公正与自由》［美］迈克尔·舍默 著

《民主的反讽：美国精英政治是如何运作的》（第15版）［美］托马斯·戴伊 著

《权力精英》［美］C·赖特·米尔斯 著

《政府为什么会失败》［美］兰迪·T. 西蒙斯 著

《幸福乌托邦：科学如何测量和控制人们的快乐》［美］威廉·戴维斯 著

《文化的重要作用：价值观如何影响人类进步》［美］塞缪尔·亨廷顿 主编

《电影院里的哲学课》［英］克里斯托弗·法尔宗 著

《哲学能做什么》［美］加里·古廷 著

《非常识：最聪明哲学家们的最奇怪思想》［美］安德鲁·佩辛 著

《思想者心灵简史：从苏格拉底到尼采》［美］詹姆斯·米勒 著

《道德哲学十一讲》［英］艾里克斯·弗罗伊弗 著

《没有标准答案的哲学问题》［美］菲尔·沃什博恩 著

《我们如何思维》［美］约翰·杜威 著

《论人的本性》［美］爱德华·O·威尔逊 著

《对权威的服从：一次逼近人性真相的心理学实验》［美］斯坦利·米尔格拉姆 著

为什么有的国家创新力强？

[美] 马克 · 扎卡里 · 泰勒◎著
任俊红◎译

THE POLITICS OF INNOVATION
WHY SOME COUNTRIES ARE BETTER THAN
OTHERS AT SCIENCE AND TECHNOLOGY

新 华 出 版 社

图书在版编目（CIP）数据

为什么有的国家创新力强？ / (美) 马克・扎卡里・泰勒著；任俊红译.
-- 北京：新华出版社，2018.5
书名原文：The Politics of Innovation: Why Some Countries Are Better Than Others at Science and Technology
ISBN 978-7-5166-4134-7

Ⅰ. ①为… Ⅱ. ①马… ②任… Ⅲ. ①国家创新系统－研究
Ⅳ. ①G322.0

中国版本图书馆CIP数据核字(2018)第099653号

著作权合同登记号：01-2016-7467

为什么有的国家创新力强？

作　　者：[美] 马克・扎卡里・泰勒　**译　　者：**任俊红

选题策划：黄绪国　**责任印制：**廖成华
责任编辑：段晓红　**封面设计：**臻美书装

出版发行：新华出版社
地　　址：北京石景山区京原路8号　**邮　　编：**100040
网　　址：http://www.xinhuapub.com
经　　销：新华书店、新华出版社天猫旗舰店、京东旗舰店及各大网店
购书热线：010－63077122　**中国新闻书店购书热线：**010－63072012

照　　排：臻美书装
印　　刷：三河市君旺印务有限公司
成品尺寸：160mm×230mm　1/16
印　　张：22.75　**字　　数：**330千字
版　　次：2018年6月第一版　**印　　次：**2018年6月第一次印刷
书　　号：ISBN　978-7-5166-4134-7
定　　价：68.00元

致　谢

首先，感谢 Dan Winship，我的朋友和家人，他们在我写这本书的这些日子里一直支持（容忍）着我。没有他们，这本书是写不出来的。

我要感谢我的导师 Dan Breznitz，Richard Doner，David Hart，Julia Lane，Michael Piore 和 J. P. Singh，他们在我建立研究计划的艰难过程中一直给予我支持。有了这份研究计划，我才得以写成这部书。

感谢那些几年来给予我指导和意见的知名学者们。他们是 Alice Amsden，Sheila Jasanoff，Loet Leydesdorff，Robert Litan，Ben Martin, Joel Mokyr，Richard R. Nelson，Daniel Sarewitz，Phil Shapira，Merritt Roe Smith，Robert Solow 和 Paula Stephan。

感谢那些认真阅读整部手稿并给予评论的人们。他们是 Roselyn Hsueh，David McBride，Michael Murphree，Abe Newman，Darius Ornston 和 Dan Winship。这本书每一章都有自己的特色和重点。感谢那些阅读并提出建议的具体学科领域的专家们，他们是 Dan Breznitz，Chappell Lawson，Austin Long，Sean O' Riain，Michael Piore，Jeremy Pressman，Jonathan Rodden，Lawrence Rubin，Andrew Schrank，James Snyder，and Adam Stulberg。 感 谢 Mia Bloom，Jenna Jordan 和 Scott Winship 提出的前言部分的修改建议。我还要感谢 Chad Stolper，在他的帮助下，我的图表达到了专业水平。

感谢这些年给我提供重要资源以及宝贵意见的人们，他们是 Jonathan D. Aronson，David Art，Paul Baker，Suzanne Berger，Chris Bosso，Shiri Breznitz，

David Burbach, Clayton Christensen, Diego Comin, Peter F. Cowhey, Susan Cozzens, Mary Daly, Steven Epstein, Miki Fabry, Kaye Husbands Fealing, Harvey B. Feigenbaum, Maryann Feldman, Kenneth Flamm, Erica Fuchs, Jeffery L. Furman, James K. Galbraith, John Garver, Eugene Gholz, Benoit Godin, Christopher Gore, Peter Gourevitch, Frederick Gregory, David Guston, Daniel Gutierrez-Sandoval, Stephan Haggard, Peter A. Hall, Patrick Hamlett, Robert Hancké, Justin Hastings, Diana Hicks, Robert Higgens, Hugo Hollanders, Patrick Honohan, Michael Horowitz, Adam Jaffe, Martin Kenney, So Young Kim, David Knoke, Kei Koizumi, Frank Laird, Josh Lerner, Loet Leydesdorff, Lars Magnusson, Cathie Jo Martin, Ron Martin, Kathleen McNamara, Helen Milner, Gautam Mukunda, Dan Nexon, Cormac ÓGr á da, Kenneth Oye, Roger Pielke Jr., Gordon Reikard, Paul Rich, Dani Rodrik, Petri Rouvinen, Neil Ruiz, Richard Samuels, Harvey Sapolsky, Henry Sauermann, Stuart Schulman, Susan Sell, Kenneth Sherrill, Eugene Skolnikoff, David Saskice, Erik Stam, Cassandra M. Sweet, Jeremy and Marie Thursby, Sean Twombly, Steven Usselman, Stacy van Deveer, Chris Van Egeraat, Eric von Hippel, James Vreeland, Caroline Wagner, Anne and John Walsh, Catherine Weaver, Josh Whitford, Joseph Wong, Jan Youtie, Amos Zehavi, Rosemarie Ziedonis 和 John Zysman。我还要向那些一直给予帮助却不曾相识的人们表示感谢和歉意。

感谢耶鲁大学、麻省理工学院、美国国家科学基金会、考夫曼基金会、欧洲联盟卓越中心、乔治亚理工学院政策研究组织，以及 Ed 和 Jane Greenberg 给予的材料支持。

最后，2001 年，当我还是麻省理工学院的研究生的时候，我第一次分别向 Daron Acemoglu 和 Scott Stern 提出了这本书的基本理论框架。他们礼貌地告诉我，不能确定这个研究方向是否行得通，这可能是错误的研究方向，然而他们鼓励我去探索。我花了 13 年的时间来进行我的探索，我希望这本书会让他们为当初的意见感到自豪！

目 录
CONTENTS

第一部分

卡德韦尔定律

(Cardwell's Law)

第一章　前言　卡德韦尔定律之谜

这本书尝试回答这一问题：为什么有些国家在科技创新方面比其他国家更出色？20世纪70年代早期，英国历史学家唐纳德·卡德韦尔（Donald Cardwell）着手确定西方技术史上的转折点。他调查了几千年来的科技发展情况，对包括从中世纪的马镫到核能等大家普遍认为的人类历史上最重要的发现和发明进行了分类。卡德韦尔坚信不同技术的相对重要性，但他有意忽略了发明这些技术的科学家或者创造者的国籍。他在调查结束时就这一省略进行了解释，并进行了简单评论，这一评论从此就被命名为卡德韦尔定律。他写道，国籍并不重要，因为：

> 从历史上看，一个国家的创造力只能维持短暂的时期。幸运的是，由于各国领导人都支持创新，迄今为止，总会有一个或几个国家接过创新的火炬。[1]

诚然，卡德韦尔是跨越历史来研究不同国家的创造力的。这本书重点更加突出，认为诸如卡德韦尔定律的法则在我们的时代仍然可以继续对国家进行描述。比如，当前，极少数国家主宰了全球的科技创新和产出。这个精英俱乐部包括美国、日本、德国、瑞典、韩国、以色列和其他几个国家。可是，它们中的几个国家在1945年之前并没有进行创新，有些国家甚至尚未出现。同时，许多国家的财富、民主、工业化和科技生产的历史悠久，但创新力在当今只是处于中等水平。代表性国家包括西班牙、意大利和匈牙利。令人费解的是，还有一些国家，虽然掌握有利的条件，却没怎么创新。这样的国家有阿根廷、智利、菲律宾、南非、泰国和土耳其。他们中的很多国家民主化程度比较高，实现了相对资本主义，公民受过良好教育，并且都不属于贫穷落后国家。然而，跟世界上领先的创新国家相比，他们的自主科技却少得可怜。

国家创新率的差异引发了一个关键的难题。在21世纪，国界和距离对于创新而言都不重要。科学知识和技术信息比以往任何时候都更便捷地在全球范围内得到仿效和传播，使得任何地域的创造者都可以充分利用全球科技知识的宝库。同样，资本、设备和人力资源以有史以来极低的价格在全球范围内流动。同时，多数人充分认识到了科技带给一个国家的优势，这在过去可不总是如此。[2] 由此，大多数国家现在应该拥有同样的科技能力。然而，尽管我们愈加尊重创新，尽管与科技相关的供应和需求在急剧增加，国家科技绩效的巨大差异却比比皆是，即使富裕的工业化民主国家也在所难免。

国家对科技的领导变化不定，毫无规则。这一简单的观察演变成社会科学史和公共政策史上最大的谜团之一。虽然卡德韦尔认识到国家必然会随着时空的转移经历科技的兴衰，然而，无论是他还是其他任何人都未能够充分说明国家科技能力的巨大差异。对于这一问题理解的空白非常重要，值得不断推敲：迄今为止，没有一个人能够解释为什么有些国家在科技领域取得了成功而其他国家却遭遇了失败；或者，为什么国家在科技领域取得的成功往往不能持续很长的时间。当然，对于这一问题有很多尝试性的解释，有些还很有说服力。我们会在后面的章节就部分有说服力的解释进行调查研究。可是，尽管理论和研究已开展多年，为什么有些国家在科技方面比其他国家更出色这一问题依旧是一个棘手的谜团。这本书的目的便是解开这一谜团。

为此，这本书将处理几项任务。第一，这本书澄清了创新争议中经常混淆的、有交叉的术语。第二，目前有关卡德韦尔定律的解释往往将国家如何创新与为何创新混为一谈。相比之下，这本书将如何创新与为何创新区分开来。换句话说，大多数理论认为具体的国内制度或政策（或者是两者）决定国家创新率。这些有关卡德韦尔定律的解释强调的因素包括研究和发展、支出、教育、大学、专利制度、民主、政治分权、资本主义多样性等等。这本书逐一详细研究、考察了所有这些“制度支配一切”（institutions rule）的理论，认为国内制度和政策只是部分解释了国家如何创新，通常不能解释国家为何创新。第三，这本书发现，虽然制度和政策确实很重要，然而适用于所有国家的最佳的制度或者政策设计并不存在。本书进一步指出，有关国家如何创新这一问题的解释缺乏对社会网络的思考。社会网络会提供自由市场或者政府制度都难以捕捉的关键信息，但这些网络常常由于我们过分关注国家制度和政策而被忽视。此外，由于境外信息往往是最难获得的，国际网络在国家科技绩效方面便发挥着重要的作用。对卡德韦尔定律的解释不应该仅仅局限于国内，更应该立足于全世界。

当然，对于国家如何创新的理解并不能解释为什么一些国家会制定并利用自己的制度、政策和社会网络去培育创新而另一些国家却选择不这么做。为了回答国家为何创新这一问题，本书提出了名为“创新不安全感”（creative insecurity）的新理论，即：一个国家对其国内外安全问题的权衡会影响其创新率。确切地说，安全问题会影响人们是否乐意接受必要的高成本、风险和牺牲以创造具有竞争力的国内科技能力。简言之，制度、政策和（国内及国际）网络三个因素有助于解释国家如何创新，而一个国家对于安全问题的权衡则有助于解释该国为什么进行（或者不进行）创新。

卡德韦尔难解之谜

日本是卡德韦尔定律的经典例子。20 世纪 50 年代，日本经济被普遍认为技术落后、没有竞争力。一则趣闻曾记录到，日本产品质量低劣，在国际市场上声誉很差，于是，有个小镇就把名字改为了 Usa，这样他们出口的产品就可以贴上“美国制造”的标签。[3] 当时，日本的技术基础极其落后，纺织品、服装及玩具等主要出口产品的技术含量非常低。

仅仅 20 年之后，日本完成了转变。到 1970 年，包括钢铁、轮船、晶体管收音机等产业在内的日本大企业实现升级，“日本制造”也很快成为最高质量的标志。[4]然而，怀疑论者坚持认为日本在计算机和半导体芯片等当时真正先进的技术领域不具竞争力。[5]然而日本用了不到10年的时间就推翻了这些怀疑论者的观点。到1978年，日本的日立、日本电气和东芝公司进入先进存储器芯片制造商前十名。[6]到1987年，德州仪器是唯一的大型非日本先进存储器芯片制造商。到1989年，日本生产了超过世界50%的半导体、世界50%的半导体生产设备和超过世界70%的半导体材料。[7]

事实上，到20世纪80年代，日本在全球经济中主导了高科技创新和生产。[8]日本在汽车、计算机和计算机设备、电子元件、办公室设备、音响、录像机、通信技术等领域成为领先创新者。[9]曾经不可战胜的美国企业将其在这些高科技领域的利润和市场份额拱手让给了日本生产商。更具讽刺意味的是，美国企业竟然在源于美国的技术和产品线方面落伍了。日本很快成为科学和工程出版物的最大出版商、获得科学奖励最多的国家和国际科技学术会议的主要参与者。

日本的成功让人惊叹，不仅仅是因为它创造了灰姑娘式的童话，更重要的是因为取得了如此成就的是日本，而不是它可能的竞争对手。比如，为什么是日本而不是法国在20世纪60年代到90年代取得了技术成功？毕竟，二战结束时日本满目疮痍，被美军占领，是后起的工业国，自主科技的历史非常短暂。同时，法国曾经有两百年的时间一直位于科技发展的前沿，在化学、电力、先进武器和其他高科技制造领域引领世界。另外，法国不存在资金短缺的问题，因为巴黎在二战以后从马歇尔计划和战后重建中获得了亿万美元的资助。[10]法国当时是欧洲关税同盟的成员，很容易获得本国市场之外的消费者和投资者。另外，法国的周边都被落后的缓冲国家所包围，离冷战暴力相对较远，地理位置比较安全。综上所述，法国科技基础雄厚，经济资源持续增长，周边同盟国家经济体发展势头强劲并日益开放。而且，跟日本一样，法国在二战后也力求主导先进的电子技术、汽车制造及其他高科技产业。[11]但是，法国的技术普遍在国际市场竞争中败下阵来，日本的技术却蓬勃发展。法国拥有得天独厚的条件，日本则面临重重难关。那么为什么日本在创新方面会强于法国呢?

瑞典、芬兰、丹麦和挪威等北欧国家也面临同样的问题。这四个国家靠得很近,在地形、气候、历史、文化和民族构成方面有很多相似点或者相同点。[12] 它们的人口规模和经济规模也大致相当。考虑到这些,我们或许以为他们的科技绩效会不相上下。但事实是,北欧国家的创新率存在巨大差异。瑞典世世代代都在科技前沿默默耕耘,拓展了卡德韦尔定律在时间上的极限。从 19 世纪的最后几十年起,瑞典的科学技术成为国际市场竞争者。[13] 瑞典的科学技术包括了世界上最先进的工业和电力系统、汽车、军事武器、通信硬件和工业机器人。[14] 而芬兰却处于另一个极端,它的技术在大多数历史时期都很落后。渔业、农业和轻工业是芬兰在 20 世纪大多数时期的支柱产业。20 世纪 80 年代,芬兰生产的科技产品突然实现了持续增长,这使得芬兰从此步入全球最具创新性的国家行列。现在芬兰的高科技企业种类繁多,有诺基亚(电信)、奥斯龙(高性能材料)、Nexstim(医疗器械)和叠拓(信息技术)。同时,丹麦几十年来满足于中等创新者的地位,在机械、工具、化学和最近的健康科学方面优势明显。丹麦在创新方面既不是领导者也不是落后者,其科技发展史中不存在大幅的增长或是下降,一直维持在中等水平。[15] 接下来是挪威。一个世纪之前,挪威从瑞典和平分离出来。挪威是一个民主历史悠久的国家,同时也是一个现代的、富裕的、相对不具创新性的国家。它从 20 世纪开始在科技方面一直落后,现在亦是如此。很显然,挪威并不落后,但它没有像北欧邻居那样去进行科学技术的创新。挪威在高科技工业领域、技术专利、科学奖、科技学术会议和学术刊物方面的排名确实低于其他维京民族。[16]

更让人困扰的是如何用卡德韦尔定律解释意外的衰退现象。英国是最令人困惑的国家之一。它曾经主导全球科技,现在却沦落为中等水平的创新者。几个世纪以来,英国是贫穷的科技死水之虞,在中世纪和文艺复兴时期处于欧洲的边缘地带。不过英国突然在很短的时间内跻身科技前沿。17 世纪,英国人领导了科学革命,艾萨克·牛顿(Isaac Newton)、罗伯特·波义耳(Robert Boyle)、罗伯特·胡克(Robert Hooke)、约瑟夫·普利斯特里(Joseph

Priestley）、亨利·卡文迪什（Henry Cavendish）、理查德·布赖特（Richard Bright）转变了科技方式，实现了科技现代化。一个世纪之后，18 世纪到 19 世纪早期，英国成为第一次工业革命的诞生地和领导者。英国的工程师和企业家将蒸汽和水能与机械生产技术相联系，大规模生产布匹和纺织品，加工钢铁和化学合成物。这些高科技产品都是在现代工厂里进行生产，然后通过现代运河和“简易铺装”路等复杂的水路或陆路系统运送到相关的分发点。欧洲的其他国家争先恐后赶超英国的科学技术，但是它们中没几个取得成功，通常只是仿效或者盗取英国的技术。可是，意外的是，英国在仅仅不到一代人的时间内便失去了其技术优势。在以化学、先进冶金术、电力、原油和发动机为主要标志的第二次工业革命中，英国屈居于德国和美国之下。与本书密切相关的是，过去的 70 年里，英国不再是航空航天、信息技术、通信、生物科技和其他主要科技领域的先行者。现代的英国当然没有在科技方面无所事事，英国人对 20 世纪的创新发展也做出了重要贡献，但是，他们不再是那个令其他国家望尘莫及而又羡慕不已的对象了。[17]

美国的当务之急

这一讨论的背后还隐藏着一个问题：美国能不能打破卡德韦尔定律呢？这是我们在接下来的几章中要重点解决的问题。一个世纪以来，美国一直是世界科技的引领者。因此，如果卡德韦尔定律是正确的，那么我们的“历史上的短周期”很快就会结束。然而，如果能够解释这一定律如何起作用，我们或许能够让美国陷入技术停滞、科学被边缘化的那天晚一些到来。

事实上，美国是卡德韦尔定律的一个范例。美国最初是一个技术落后的农业国家，几十年来，美国除了一套执行不力的专利系统和屈指可数的大学之外，没有什么科技基础设施。大多数大学将神学和经典著作的学习作为重点。因此，殖民地时期和南北战争时期的美国科技经常被欧洲人冷落，遭本国人讥讽。实际上，以托马斯·杰弗逊（Thomas Jefferson）为代表的美国早期的很多领导人反对工业化和随之而来的技术进步。他们认为席卷英国的机械化和工厂化生产会带来工业奴隶制、无休止的城市化和道德败坏。在美国，英国人发明的纺织机、动力织布机和轧棉机经常被丑化为社会和经济紧张局面的罪魁祸首。至于科学，早期的美国人称赞它是一项良好的个人爱好，但普遍认为它对国家利益和合法的政府诉求而言无关紧要。美国国会一再否决建立一所国立科技学校的计划，普遍指责这一计划是无用的支出或者是对富人的补贴。用于研发的其他联邦拨款也面临同样的境地。[18] 结果，美国在几十年里科学素质低下。包括约瑟夫·亨利（Joseph Henry）和亚历山大·达拉斯·贝奇（Alexander Dallas Bache）在内的美国顶级科学家经常抱怨这些“假话”和“骗人的招数”阻碍了南北战争时期美国科学的发展。[19] 即使是亲美的狂热者亚历西斯·德·托克维尔（Alexis de Tocqueville）在1831年至1832年间游历美国之后也失望地说，“在我们的时代，没有哪个文明国家像美国一样在高科技领域进展缓慢。”[20]30年后，1860年，《纽约时报》仍然在问同一个问题：“美国科学：美国有科学吗？”[21]

然而，一代人之后，美国站在了第二次工业革命的前沿，而这仅仅是个开始。到1890年，美国在钢铁、电力、铁路、化学、采矿和加工食品等领域掌握了领先技术。不久之后，美国的研究型大学和公司的研究所出现了大量可以与欧洲产品相媲美的新发现和新发明。到1910年，美国现代化的海军使美国转变为全球军事大国。同时，美国先进的医学、制造、汽车和航空工业很快走在世界前列。二战和冷战进一步提升了美国在科技领域的领导地位。在1940年后的几十年里，美国科技不仅仅是“同侪之首”，而且主导全球。全世界最优秀的学生不断涌进美国的研究型大学，美国获得的诺贝尔奖不胜枚举，计算机、通信、软件、航空、合成材料、转基因技术、生物科技等新兴行业如雨后春笋般蒸蒸日上。美国技术主宰了全球市场。

可是，20世纪70年代，卡德韦尔的逻辑再一次无情地应验了。美国不仅在最初领先的很多技术领域失去了优势地位和市场份额，美国企业还彻底停止了某些技术的开发。首先是日本和德国，接着是韩国和其他国家及地区奋起挑战美国在钢铁、轮船、汽车、消费类电子产品、计算机、半导体、航空甚至是刚刚兴起的生物科技等领域的主导地位。[22] 20世纪80年代到90年代期间，人们常常抨击美国的制造技术效率低下、陈旧过时、成本昂贵。[23]美国在科学研究方面似乎也陷入不利境地。越来越多的美国大学生选修那些不怎么枯燥或者更具魅力的专业；与此同时，美国的政客嘲讽许多新STEM［Science（科学），Technology（技术），Engineer（工程），Mathematics（数学），四个英文单词的首字母缩写］领域和研究是异端或者浪费资源。[24]欧洲和亚洲的科学家开始在曾经由美国主宰的竞争中赢得科技奖项。外国的研究刊物也由最初的"涓涓细流"发展到洪水般涌入顶尖科学杂志行列。经济学家绞尽脑汁解释美国研发生产率的间歇及高科技领域大量增长的贸易逆差。[25]

虽然科技互联网泡沫暂时中断了美国科技衰退过程，21世纪早期，这种衰退似乎加速了。[26]现在这种相对衰退日益严重，就连臭名昭著、深陷僵局的国会也开始采取行动。作为对30年来美国科技明显衰退的回应，美国国会于2005年委托全国顶级的科技学术机构创作了《站在风暴之上》（*Rising Above the Gathering Storm*）一书。这本书长达500页，对美国在科技领域的竞争力进行了研究。这本书残酷地指出："当其他很多国家在积聚力量之时，与我们的经济领先地位休戚相关的科技基石却在遭受侵蚀。"[27] 5年之后，2010年的最新研究警示"国家前景已经恶化。"[28]这项研究指出，大多数美国专利授予了非美国的公司；在美国的研究生院学习物理科学和工程的留学生人数远远超过美国学生；美国从一系列科技竞争力测量方法（如STEM教育、高科技制造、互联网普及、先进汽车和能源研究）来看排名仍然很靠后。[29]这种衰退在很大程度上与分配给科技研究或用于培养高素质STEM人才的资源的日趋减少有关。现在是中国，在不久的将来可能是印度，会被广泛誉为世界科技超级大国。[30]伴随美国科技相对衰退而来的是美元贬值、财政赤字膨胀、能源危机复发、不平等现象加剧和制造业空洞化。现在，科技领域的"美国世纪"似乎已经结束。美国成为卡德韦尔定律的又一受害者。

因此，本书的目标之一就是改变我们的命运。如果能理解驱动卡德韦尔定律的力量，我们或许可以逆转这种衰退。

影响国家创新力的因素：对卡德韦尔定律的错误解释

绝大多数研究者断定卡德韦尔定律之谜破解方法在于：一个国家必须有适合本国的制度和政策！这一断言源于他们对于失败的分析。所有人都认为科技发展会习惯性地受到现状利益群体或者“市场失灵”这一困境的阻挠，而国家制度和政策可以解决这些问题。因此，一国的制度和政策必定决定国家创新率。总之，传统的智慧告诉我们糟糕的政策和缺失的制度是“为什么有些国家科技衰落”的原因，仅此而已！[31]

从经验上来看，这句话言之有理，至少初次听到会这样认为。一国政府利用该国的制度和政策促进创新，不同国家会采取不同的制度和政策，因此，这些制度和政策的差异一定可以解释为什么有些国家在科技方面更出色。学者们为证明这一观点整理了很多事例来说明制度和政策的缺失、中断或者腐化如何破坏了科技的进步。同时，很多的国家成功案例也会提及那些在解决市场失灵或者削弱现状利益群体方面发挥作用的政府制度和政策。

特别值得一提的是，这本书检验的关于卡德韦尔定律的大多数政策诠释探讨的是阻碍创新的各种市场失灵现象。例如，由于新科技经常容易被仿效和共享，一些人便认为一个国家的知识产权是解释其科技绩效的关键。其他学者则将不同国家在研发补贴、STEM教育支出或者公共研究项目方面的差异作为重点。所有这些国内政策都试图弥补知识和专门技能外溢造成的问题：私营参与者常常因为不能收回所有的投资收益而在科技方面投资不足。还有一些有关政策的争论强调，即便对于发达国家，保护新兴产业也大有好处，它们是其进军和主导新兴科技行业的重要工具。我们将对这些争论进行探究。

相比之下，很多著名的制度争论从更全面的视角看待创新。有些显然是不同政策方法的综合。例如，首个创新率的系统性跨国研究方法认为国家政策和制度共同促进创新发展。这种“国家创新系统”（National Innovation Systems，NIS）方法已经成为创新研究领域占主导地位的模式之一。但是，大多数有关卡德韦尔定律的整体性制度解释却将重点放在了国内创新的激励措施上。例如，坚持 VoC（Varieties of Capitalism，资本主义多样性）的学者认为，国家创新系统制度和政策的科技目标以及实现这些目标的效率取决于自由市场可以在多大程度上制定激励参与者的措施。民主为解释卡德韦尔定律提供了另一条政策途径，因为民主创造了自由市场资本主义运行所需要的政治竞争。因此，很多学者认为民主在实现更具创新性的经济方面不可或缺。当然，在有些时候，即使是民主也会变得集权化和停滞不前。因此，政治分权便成为一个国家取得科技成就的大众化制度解释。人们普遍认为实行分权的政府反应灵活、竞争力强、组织良好，能适应创新的狂风带来的创造性的毁灭。同时，从公司到民族国家，人们逐渐认为这些不同规模的集权化机构对与新科技相关的风险、成本和变化持顽固的反对意见。

这本书将对每种类型的国家制度和政策如何降低创新风险和成本或者增加对停滞的惩罚进行说明。这本书还将检验它们中的任一类型或者几个类型一起对卡德韦尔定律的解释力。本书会列出大量证据来表明国内制度和政策并不能很好地解释国家创新率。很多国家拥有“健全的”制度和政策，但是在创新方面却没有什么进展（比如挪威、奥地利和意大利）。同样，也有很多国家的制度和政策非常“糟糕”，甚至缺乏这些制度和政策，但它们在创新方面做得出奇的好（比如以色列、韩国等）。目前还没有人确切地指出哪些制度和政策是“正确的”。是的，很多理论在强调这种或者那种政策和制度的至关重要性（比如专利权、科学教育、研发补贴、研究型大学等），但是，虽然某一制度或政策能够解释国家在某一特定时期的成功，这一制度或政策并不能解释其他国家甚至是同一国家在不同时期所取得的成功，并且，支撑这些理论的经常是一些研究性证据或者程式化的案例研究，或者，这些理论以某个国家或两个国家的经历，通常是成功案例为基础，并没有和失败案例进行比较研究。另外也没有长期的跨国科技数据来支撑任何特定的国内制度或政策会让国家取得成功这一结论。

这本书将进一步说明政府可以利用那些经常被忽视的工具提高科技竞争

力：社会网络。社会网络有助于解释为什么制度和政策本身不足以使一个国家取得科技成就。也就是说，科技上的成功不仅仅是政府解决市场失灵的问题，也是其解决社会网络故障的问题。一个国家要寻求创新经济，就必须首先将国内 STEM 工作者网络与当地的企业家和投资者们联系起来。然后，政府必须扶持创造不同类型的国际网络，尤其是在国内创新者和国外出口市场、投资资本市场及技术知识和技能资源市场之间建立起联系。一个国家还必须创立技术标准并使之国际化，并就是否接受外国技术标准方面做出战略性的决定。

这就解释了为什么只关注国内因素不能解释国家创新率。那些成功的科技国家在贸易、金融、生产、知识和人力资源流动方面都拥有国际网络。这些国际网络在决定国家创新率方面起着重要作用。跟制度一样，网络也不是必然的主导因素，它们只是实现国家科技目标的手段。事实上，这三种工具（制度、政策和网络）必须组合在一起。换句话说，制度、政策和网络这三种工具共同帮助我们更好地解释国家如何创新，而不是为什么愿意创新。

因此，本书提出了一个不同的理论："创新不安全感"理论。这一理论可以更充分地解释尤其是过去 70 年里的卡德韦尔定律。该理论回答了为什么从长期来看有些国家在科技方面比其他国家更出色。该理论强调政治，而不是制度和政策。[32] 制度和政策仅仅是国家用来提高科技能力的工具。可是，不论是制度还是政策都不能让一个国家进行创新。为了做出这一论断，本书认为即使是正确的工具，如果被错误的人或者没有动力合理使用它们的人利用，仍然不能发挥作用。所以，为了解释卡德韦尔定律，我们需要解释为什么有些国家采取了"正确的"制度和政策并随着时间的推移合理运用这些工具，而有些国家却没有这么做。

创新不安全感

本书认为，一个国家要想走在科技的前列就必须处于创新不安全感状态。[33] 创新不安全感是一种国外危险较之国内竞争更让人感到威胁的状态，是国外经济或者军事竞争带来的威胁和国内的政治经济竞争引发的危险之间的正差异。本书从证据中得出了一个重要的发现：创新不安全感通常会激发对科技广泛的、持续的支持。这种不安全感越是强烈，一个国家的不安全感持续的时间越长，该国的国民便越愿意冒险为科技的快速发展投入政治资本和经济资源。无论一国的制度和政策如何，这一关系真实有效。总而言之，外部威胁大于国内紧张局势的国家应该会比那些国内紧张局势大于外部威胁的国家保持更高的创新率。

更重要的是要认识到，创新不安全感强调的是外部威胁和国内紧张局势之间的平衡，不存在孰轻孰重的问题。这两个因素中的每一个都会影响一国的科技能力。一个国家的科技失败不是因为其外部威胁消失了，而是因为其国内竞争超过了外部威胁水平，因为这些国内竞争会破坏政府对科技进步的政治支持。相反地，一个国家也不会因为其外部威胁的存在而取得科技成就。所有的国家都面临外部威胁，只有当外部威胁超越了国内紧张局势水平的时候，现代社会才会加大对科技的政治支持和经济资源的投入。因此，创新不安全感告诉我们：既要看到外部威胁也要看到国内紧张局势。

换句话说，卡德韦尔定律背后有一套政治学问。从本质上看，创新不安全感以两种类型的政治为核心：国内的分配政治和安全政治。这两股对立的力量影响着一个国家的科技绩效。分配政治往往会减慢创新速度，而安全政治常常加快创新速度。这两股力量一直运行着。从长远来看，它们之间的平衡决定国家创新率。接下来的两个部分将对这两种类型的政治如何起作用进行简要的总结。

国内分配政治：科技的敌人

国内分配政治通过不同机制阻碍创新。例如，不同的参与者和利益群体经常会因科技发展的投入问题争吵不休。创新需要巨额的投入。同时，政府分配在成本高昂的科技发展上的每一分钱都不能用于福利供给、自然资源发展、消费或进入精英的口袋。[34] 没有人希望自己钟情的政府项目被取消或是税负增加，所以，政治斗争就会爆发，从而将负担转嫁给别人。更为糟糕的是，有些纳税人会想方设法彻底摆脱科技财政负担。此外，有关科技进步影响的国内战争也会爆发，从而放慢创新速度。科技进步会从整体上增加社会财富和幸福感，但也会有人受害，这些受害者会还击。他们经常求助政治手段，通过游说支持那些减缓或者阻碍技术进步的规章制度、税收、政府开支和其他政策，因为这些技术进步威胁了他们的资产价值。[35] 同样，即使人们支持科技发展，国内的政治阻力也会反对促进创新的制度和政策。这些阻力形式包括反对专利法、反对贸易政策、抵制反垄断制度等。专利法、贸易政策、反垄断制度等对于科技发展非常重要，但同时也创造了社会的成功者和失败者。

政府在这些动荡中从来都不是中立的观察者，紧追其后的是科技的支持者和反对者，他们都想在你死我活的冲突中得到政策上的优势。[36] 创新研究者经常会忽视这些权术，他们往往想当然地认为会获得广泛的科技进步支持，然后询问哪种类型的制度和政策会产生最好的结果。然而，科技进步的政治阻力会阻碍或者曲解原本"健全的"科技制度和政策。[37] 在美国，众所周知的专业范例包括对核能[38]、干细胞研究[39]、替代能源[40]、艾滋病安全血液制品[41]和新武器系统[42]的抵制。在上面的例子中，因科技进步而利益受损的群体说服政客们阻碍、减缓或者改变了政府对科技进步的支持。这本书会提供证据表明政治阻力是全世界范围内减缓创新率的普遍现象。

总之，科技进步和支持科技进步的制度和政策有时候会带来新的国内冲突或者招致传统力量反对。这种状况发生时，政治领导者们常常会支持减缓科技进步的政策，对于那些设法平息国内紧张局面、直接代表反对者利益或者坚决维护现状的政客们更是如此。以上提到的任何一种情况都会使得精英们仅仅对科技进步提供有限的政策支持，甚至反对科技进步。他们背后往往有选民提供强有力的支持。最终的结果便是一个国家的国内紧张局势成为阻碍科技支持的力量。

安全政治：科技的同盟

影响卡德韦尔定律的第二个政治因素便是安全政治。安全政治会加速科技发展的步伐。这一观点的主要前提是科技能力会增强国家提供军事和经济安全的能力。因此，军事或经济安全的威胁往往会促使国家增加和拓宽对科技进步的支持。

国家军事或经济安全的外部威胁在增加技术进步收益的同时也提高了技术停滞的成本。例如，技术创新能够创造出在国际市场上更具竞争力的经济。所以，创新会促进出口，这样就可以把赚取到的外汇用于购买进口战略物资，比如能源、食物、原材料或者武器装备。另外，具有全球竞争力的高科技行业可以为国防工业提供基础，这样就可以减少国家对外国武器进口的依赖。民用行业方面，创新科技能力的发展使得国内工业可以生产那些从国外购买时价格昂贵、没有稳定外国供应商或者易受敌对封锁影响的战略物资。竞争力强的科技产业也可通过满足国内投资者和吸引国外投资创造资本。高科技产业也可以在提高总体技术水平的同时，给技术工人提供工作，为年轻人提供有吸引力的职业道路。[44] 因此，更高层次的国家军事或经济安全外部威胁会使得政治经济精英们更改有关技术进步成本和风险的评估。

国内竞争和国外威胁这两种力量之间的差异推动了国家创新率。科技发展创造了成功者和失败者，失败者借助政治减慢创新的速度。然而，外部威胁有助于增加科技政治支持并因此削弱国内创新的政治阻力。事实上，随着威胁的天平越来越向外部倾斜，即使是很多国内的技术失败者也会认识到，只有承担技术进步的成本并且接受政府支持技术进步的行为才能更好地保护自己的利益。因此，一个国家的精英们和他们所代表的那些人在乐意承担科技风险、成本和分配结果之前必须先进入创新不安全感状态。他们必须充分地感受到来自外部的军事和经济威胁才能克服国内担忧和猜忌。

本书不讨论的内容

这本书采用全新的方法看待创新和安全，所以有必要澄清本书不会讨论的问题。[44] 国防开支是主要的政策变量，或者外部安全问题可以单独推动技术进步，这些都不是这本书的论题。这本书亦不认为科技进步离不开战争或者危机。[45] 虽然战争和危机在某些情况下会推动创新，但是，这本书亦承认很多战争和危机并没有带来多少科技发展。相反，这本书提出的新颖的观点是卡德韦尔定律背后有一套政治学问。长远来看，一个国家要承担创新的风险和成本，就必须面对比内部竞争更具威胁力的外部风险。这些外部风险包括经济因素、人口因素等。我们不会为了科技进步要求战争。

当然，一些研究者已经认识到，科技进步创造成功者和失败者，失败者会寻求政治阻力减慢创新速度。[46] 可是，这本书不是奥尔森派关于现状利益集团政治经济权力经典论断的重新包装。请记住，其他的学者几乎千篇一律地将一些“健全的”制度和政策作为创新问题的解决方法。这些制度性的解决方法通常采取产权、自由市场和民主分权等形式。他们认为政府对经济的控制越少，或者政治经济制度权力越是分散，就越不容易被现状利益集团所利用。

然而，这一观点忽略了一个事实：科技进步会遭遇种种重大的市场失灵和系统故障，因此需要政府的干预。这一观点还忽略了制度和政策很容易被现状利益群体利用这一事实。实际上，通常情况下，同样的制度和政策既可以用来促进科技发展也可以用来对抗科技进步。

创新争论的行家们也要注意，这本书不是在论证“系统性风险”（systematic vulnerability，SV）理论。[47] 系统性风险理论也关注外部威胁和内部威胁，但是，这一理论尝试解释的是不同国家在升级方面的差异。升级指的是运用地方性投入向价值链高端发展，高效率进行生产。因此，系统性风险理论通常关注整个经济中其他领域所发明的技术的扩散。卡德韦尔定律更多关注自主创新而不是技术扩散。而且，系统性风险理论仅仅局限于发展中的中等收入经济体（比如泰国、巴西、印度尼西亚、菲律宾），创新不安全感理论则力求解释所有国家的创新率，即使是富裕的、完全实现工业化的国家也不例外。更重要的是，系统性风险理论的主要观点是制度决定升级。具体地说，系统性风险理论认为国家政治体制中否决者的数量决定了这个国家决定和坚持升级的能力。这本书的主要观点是政策不能决定什么，它只是工具，而不是因果力量。

那么制度和政策是如何纳入创新不安全感理论的？重述一下，重要的是弄清楚这本书不讨论的内容。这本书并没有表明国内的制度和政策不重要，相反，本书对于制度和政策的作用做了三点具体说明。

首先，制度和政策是颇有影响力的因素，但不是必然因素。它们是现代社会用来实现其技术目标的工具，但是同其他工具一样，制度可能面临被忽视、经费不足、被滥用或者放任失败的问题。工具使用者的动机很重要。支持技术创新的制度同样也可以被引向无关紧要的目标或者被彻底遗忘。为了推动科技发展，这些制度需要熟练的从业者（官员、政客、创新者和企业家）把取得科技成果作为运用科技的目的。满足了这些条件，这些制度确实可以提高国家创新率。它们使得个人、机构和国家获得比没有这些制度时更好的科技。在这种情况下，制度与创新之间便构成了因果关系。但是制度会带来创新的观点是以所有国家以同样的热情追求科技发展这一假设为基础的。本书的证据与这两个论断相抵触，分歧很大。本书认为，一个国家在创新不安全感上投入越多，它在提升本国科技能力上付出的努力就越多，并因此会越多地利用（制度和政策）工具来实现这一目标。

其次，对于科技成就的关键因素而言，不存在制度和政策的“神秘的调味汁”。接下来审视的证据表明，只要制度和政策能够解决阻碍创新的基本的市场失灵和网络问题，一国政府到底选用哪些特定的制度就没有那么重要。因此，寻求“最佳的”科技制度和政策设计的努力有可能是徒劳无功，或者至少是第二位的，因为即使是不同的设计也能够实现同样的基本目标。这也意味着不同的国家可以根据需要改变创新方式；政府也可以选择采取哪些制度和政策。

再次，人们认为大多数科技制度和政策是用来解决阻碍创新的经典市场失灵现象的，但是这种认识远远不够。社会网络在解释创新成败上也扮演了重要角色。因此，科技制度和政策还应解决一国的网络问题。具体地说，一个国家要寻求创新经济，就必须首先在本国 STEM 人员和当地企业家和投资者之间建立起联系。然后，这个国家必须支持不同种类的国际网络，尤其是要将国内创新者和出口市场、投资资本以及技术技能和知识资源结合起来。

最后，这本书没有提出单一因果关系或者决定论的观点。创新不安全感是一个很重要但是经常被忽视的原因。将这一理论添加到有关创新的争论中使得我们在解释卡德韦尔定律方面，向前迈进了一大步，在过去的70年里尤其如此。但是，不得不承认，创新不安全感不是国家创新率的唯一驱动力量，亦不能解释所有的创新现象。观点、文化、个人和运气也很重要，尤其在有些情况下更是这样。[48] 我们这些研究创新的学者还有很多工作要做。

谁应该读这本书？

首先，这本书旨在对有关国家科技竞争力的争论进行全面介绍。在寻求卡德韦尔定律的解释的过程中，这本书综合了50多年来有关国家创新率的理论和研究，将目前与国家如何成为科技引领者这一问题相关的政治经济智慧和最新发现集合在了一起。我个人的贡献在于25年来的研究和发现，包括在加州大学伯克利分校、关西外国语大学（日本）、耶鲁大学、麻省理工学院和佐治亚理工学院开展的工作，以及在私营企业当技术战略顾问时进行的研究。总之，这本书借鉴了我个人和其他人在日本、韩国、泰国、菲律宾、阿根廷、巴西、墨西哥、加拿大、土耳其、以色列、俄罗斯和十几个西欧国家进行的数据分析、案例比较研究、采访、实地考察和调查研究。

这本书的目标读者是那些想要深入了解创新及政府采取何种措施促进或者破坏创新的人。因此，这本书写作手法直截了当、通俗易懂以触及尽可能多的人。这本书特别关注一个问题：国家在推动创新方面应该扮演什么样的角色？为此，这本书浏览了各种试图解释国家创新率差异的相互矛盾的理论，探究了那些长期的看法和最近的假设。在这一过程中，这本书深入探究了与定义、数据、测量方法、政策、对立观点的主要分歧等相关的重要问题。

那些关注科学、技术和创新政策的学者和经济学家当然也是这本书的主要读者。对他们来说，这本书提出的“科学和技术与政治密切相关”的警告迫在眉睫。许多创新研究者和经济学家往往会忽略政治，认为政治和政府令人生厌，政治代表了本该摆脱的不理智和无能或者无法塑造的随机的“外生”因素。这本书则表明政治是成功解释国家创新率的必然因素。我认为，关注创新的学者们只有将政治和安全纳入研究才不会在研究过程中遇到障碍。这里要表达的观点就是仅仅拥有健全的制度和政策是不够的，保持政治正确同样很重要。

国际发展的研究者和从业者可以从这本书中受益。他们对创新关注已久，因为科技在脱贫、农村发展和经济可持续发展方面起着非常重要的作用。从进口国外科学技术到模仿自主发展，再到最终自主科技生产，这种转变是贫穷国家向价值链高端发展的关键。创新常常是发展中经济体摆脱温饱型农业、自然资源开发和外国援助依赖的最好工具。创造自主创新能力会对南半球国家的女性、本土居民、小型农场主、贫穷的城市居民、自然景观和生态系统带来重要影响。由于上述原因，对于多数人来说，理解为什么一些国家会在科技领域取得成功或遭遇失败比其他任何领域的问题都重要。

商业和管理专家最近创造了创新研究的小行业，因为这些公司创造的科技在全球占据了很大的份额。但是很多商科教授和他们的学生却忽视了这样一个事实：私营企业是在强大的国家制度、国家政治经济斗争和国际安全因素所组成的网络范围内运营的。这本书表明，这些政治因素强烈地影响到私营企业投资创新活动并取得成功的动机。商业学者同样需要认识到，他们的研究所关注的企业、大学和个人亦不是在真空下运行。相反，政治环境会对高科技商业策略、网络和绩效产生重要影响。

具有讽刺意味的是，政治学家们或许是最冥顽不灵的群体。当我与自己专业领域的同事讨论时，我总是被他们认为政治存在于科技之外的社会生活的方面的热情洋溢的观点所触动。他们中的很多人倾向于认为科技进步不受政治的影响。科技被看作是一个“黑匣子”，根据其内部的空气动力学，以物理法则所决定的方式，向着更高技术效率行进。[49] 这本书认为这一假设是错误的，政治在决定创新行为的速度和方向方面起着重要作用。因为很多研究都围绕设计和维持国家制度展开，这本书也对“内生制度”的争论做出了贡献，该争论调查的是制度的形成和演变过程。[50]

卡德韦尔定律之谜对于国际关系研究尤其重要。科技进步影响到国际关系研究的几乎每个方面：战争、联盟、恐怖主义、贸易和权力平衡。然而，到目前为止，虽然很多主要的国际关系理论家注意到了技术对于国际政治行为的重要性，却很少有人尝试解释国家创新率差异的深层次原因。相反，这一领域大部分成为一些经济学家和社会学家的研究范围，而他们在分析中经常忽略或者误测了政治变量。似乎是出于反击，很多国际关系学者在讨论科技变量时常常忽略其他社会科学领域在过去的 20 年里所开展的大量的创新研究。

这本书发现，科学技术的政治学方法可以增进我们对国家创新率的理解。具体来说，安全问题与政治经济理论和研究可以相互补充，一个领域的见解和进步可以填补另一个领域的空白。不幸的是，这些互补经常无法实现。这本书尝试展示不同的理论、方法和数据的综合在解释国家创新率、表明这些发现的政策意义方面的价值。因此，这本书可以被理解为科技研究领域将科学技术和政治进行更大整合的呼吁。我们需要将分散的具体问题方法和具体国家方法融入一个概括性更强的、理论性的与政策相关的跨领域创新政治争论中。

因此，这本书呼吁政治学领域的科技学者们和跨社会科学领域的科技学者们大力开展合作、共同关注科技。

最后，这本书还产生了这样一个启示：一个国家需要不断地创造令自己畏惧的外敌。有持续的外部威胁，创新风险和开支便永远都是顺理成章的事情。这是美国在二战之后无意中走过的路。最初，美国的国防研究意在武器和战争药品。但是，随着时间的推移，他们把信息科技、通信、基础设施和教育政策也纳入了其研究范围。最近，又把能源和一般卫生保健进步投资纳入研究范围。[51]

在一个以信息和言论自由为标志的世界里，这样的创新策略是难以维系的。在开放的社会中，制造敌人的假警报很快会被识破。同样，如果没有真正的竞争威胁，科技制度和政策会面临腐化和管理不善的问题。更为糟糕的是，在一个限制信息和辩论的国家，这样的策略具有极大的破坏性。假想敌可能会成为真正的敌人，这个国家会面临不必要的破坏性冲突的风险。上面的任何一种情况都会导致臃肿的国防机构和军事化的社会，在这种情况下，所有的开支只有用于国防才不会遭到质疑。更为明智的策略是弄清楚真正的竞争和安全威胁，比如能源效率、气候变化、老龄化和疾病。这本书认为战争和军事独裁国家不是科技领先地位必需的元素。

导读

第二章确定了一些定义和范围，并且简要说明了这本书用到的创新衡量方法和数据。例如，到底什么是创新？ 当我们见到创新时该如何识别它？如何分清创新和非创新？这些问题的答案不是显而易见的。还有，一旦给创新下了定义，我们该如何测量它？如何对创新进行排名？如果我们想要检验卡德韦尔定律的不同解释，就需要弄明白如何从国家层面花费数十年的时间对几十个国家开展此项工作。这些工作不是无关紧要的任务。这一章也阐明这本书是如何区分（以及为什么有时不区分）制度和政策的。

第三章为在我们这个时代发挥作用的卡德韦尔定律提供了证据。这一章审视了很多国家几十年来的原始创新数据，从而确定哪些国家在科技领域全球领先，哪些国家落后，以及它们的地位最近是如何变化的。国家创新率的差异正是这本书的其余章节试图解释的问题。这一章还就为什么一些国家在科技领域表现出色这一问题看似明显的非政治性解释进行了简要调查（例如：随机概率、规模、文化）。

这本书的其余章节尝试回答了两个独立但相关的问题。第四章到第六章解释和检验了有关国家如何提高创新竞争力的已有理论。这些章节对有关国内制度和政策的长期流行的看法进行了审查，接着对国内和国际网络巨大作用的最新理解展开了调查。第七章到第九章解释了为什么有些国家创新而另一些国家不进行创新的问题。即如果制度、政策和网络构成了国家用以支持创新的工具，为什么有的国家不会创造并利用这些工具来提高其科技创新力呢?

第四章通过提问开始调查研究：为何创新离不开政府？即科技的真正进步需要来自这个我们称作“国家”的实体的支持和干预吗？ 毕竟，自由市场因其培育和支持创新的能力而受到追捧。本章的目标即是表明：虽然市场擅于创造科技，但它们也有失灵的时候，而这正是需要政府的地方。基于此，本章深入研究了科技市场失灵现象和它们对国家创新竞争力的影响。如果市场失灵现象经常发生，卡德韦尔定律的原因可能在于修正这些现象的国家制度和政策的存在（或缺失）。由此，这一章调查了五大流行制度和政策，这些是政府传统上使用的修正阻碍创新的经典市场失灵的制度和政策。这些制度和政策构成了我所说的创新的“五大支柱”：知识产权、研究补贴、公共教育、研究型大学和贸易政策。这些制度和政策是如何支持创新的呢？更重要的是它们能在多大程度上解释为什么有些国家在科技方面比其他国家更出色？本章提出的证据表明：诸如这五大支柱的政府政策确实能帮助我们理解卡德韦尔定律，但同时也留给我们了很多未能解释的成功案例和失败案例。

第五章采取更宽泛的、“宏观的”方法调查了更多的国家制度和政策。这部分首先对解释卡德韦尔定律的“银弹”，即制度和政策的特殊结合方式是否存在展开提问。据此，这部分就一个国家的制度和政策如何融入并形成该国的国家创新系统进行了调查研究。这些复杂系统的某些特征会让一些国家在创新方面脱颖而出。我们能确定这些复杂体系中让一些国家在创新方面脱颖而出的特征吗？ 同时，本章也研究了“为什么有些国家在创新上遭遇失败”的论题，以及该论题的变体，这一论题主导了当前经济成就和成功创新的学术理论和流行理论。由此，这部分探讨了民主、政治分权和“资本主义多样性”的制度理论。这些调查表明，不论考虑的是哪些数据，均没有一个理论能充分地解释跨越时空的科技成就。有必要重申一下，我不是说国家创新系统、民主、分权和自由市场对国家创新率没有影响，我只是认为把具体的制度和政策作为核心和科技持续发展的原因的理论被过度强调和过于简单化了，需要重新审视。换言之，我们错过了一些东西。为了找出这些错过的东西，我们需要摒弃对社会创新动机的先入之见。我们还需要摆脱“制度和政策很重要”的陈词滥调。

第六章让数据来说话。解释卡德韦尔定律的最好方式是研究最近的成败案例，然后提问这样一个问题：成功的政府做了（或者没做）哪些失败的政府没有做的事？为此，这一章分析了最新的科技成功案例（比如以色列）以发现它的特点，然后将它和中等科技水平的国家（爱尔兰）和科技水平较低的国家（墨西哥）进行了对比。通过调查我们得出了两个惊人的结论。第一，世界上的政策制定者需要汇集的并借以实现科技竞争力的唯一的“最佳”制度和政策并不存在。不同的国家凭借不同的制度和政策体系取得了科技成就。政府因此有很大的自由去选择和制定适合本国的策略来提高它们的创新率。第二，仅仅解决市场失灵问题是不够的。很多国家的科技成就也涉及使用社会网络走市场捷径以获得高素质 STEM 人才、技术知识、投资资本和营销技能。本章也考察了有关社会网络变体的最新研究，比如研发集群和技术标准。

第七章紧接着提问了因果链上的另一个问题：如果解决市场失灵和建立社会网络是一个国家取得科技成就的关键，那么为什么有些国家出色地完成任务而有些国家却失败了呢？这一问题引导我们了解技术变化、支持科技的制度和政策的分布特性。这一章考察了科技进步及科技制度和政策如何创造社会的成功者和失败者。这些成功者和失败者会导致新的国内冲突，并激发传统冲突。当国内冲突出现时，公众对于科技的支持会减弱，政治精英们会想方设法减慢科技发展速度。最终的结果便是一个国家的国内紧张局势会减缓和阻碍对技术进步的政治支持。

第八章和第九章继续探讨为什么国家要创新的问题。这两章运用不同的方法证明外部安全问题可以抵消创新的国内政治阻力。外部安全问题提高了技术进步的收益和技术停滞的成本。因此，高级别外部威胁会促使一个国家根据技术进步的相对成本和风险改变预算。第八章说明高级别外部威胁如何促使一个国家改变预算，并且提出跨国的统计数据作为支持。因为量化数据不能说服有些读者，第九章重新审视了以色列、墨西哥和爱尔兰的例子来说明外部威胁和国内紧张局势的平衡可以解释这些国家在科技领域的成功和失败。

第十章综合讨论了这本书的发现对于研究和政策的重要意义。其中之一便是国家可能需要不断创造令自己恐惧的外敌。只要武装的外部威胁危及国家安全，科技进步的风险和成本便永远有合理的解释。然而，这一策略在 21 世纪的民主国家是难以维系的。这一章表明，战争和军事化对于科技领先地位而言不是必需的。相反，本章认为卓越的创新策略会强调世界各国所面临的真正的新兴威胁，例如对暴涨的能源需求、全球气候变化和环境恶化、老龄化和疾病威胁。

三个附录充实了这本书关于国家创新率的讨论。对于重点术语、定义和方法的困惑经常会妨碍有关创新的讨论。因此，附录一充当了“小心”标志。它提醒大家留意那些创新研究中让人困惑的、经常变化的术语。这说明卡德韦尔定律的基本词汇已经杂乱无章，随着时间和子领域的不同而发生了变化。它解决了如何研究和测量创新这一长期存在的问题。附录二采用历时的方法说明了过去一个世纪测量国家创新率的主要工作，以及它们的优势和缺陷。附录三调查了国家创新测量和数据的争论现状，更加全面地阐释了这本书的观点。同时，附录三回顾了现在使用的科技数据和指标的主要类型，分析了它们的优缺点，确定了一些主要的数据来源和研究中心，列举了一些该研究领域的核心知名学者。

第二章　何为创新？如何识别与测量创新？

这一章处理研究范围、定义、测量方法和数据等很有意思而又必要的工作，为全力应对国家创新率问题做好铺垫。这些主题很有意思，因为它们是何为创新这一问题的核心。“何为创新以及见到创新时如何识别它？”这一简单的问题似乎过于直接。但是，给创新下定义，观察、测量创新和收集创新实证数据等认真尝试会让我们投入到微妙的、复杂的讨论中。毕竟，创新既有有形的方面也有无形的方面。同时，对特定技术的创新力的评估涉及客观和主观的评价。处理这些问题非常棘手。

以现代集装箱为例。现代集装箱从根本上改变了全球经济。[1] 集装箱综合运用了 20 世纪和 21 世纪的技术进步成果，这一结合要求在结构、金属加工和电脑软件方面开展大量的研发工作。仅仅是确定集装箱的最优几何形状和制定技术标准就耗费了成千上百万研究资金。然而对我们大多数人而言，集装箱看上去只不过是普通的金属盒子，几十年来没有什么变化。

这样的讽刺不是集装箱独有的。在很多情况下，即使是在技术专家之间，一些人认为的革命性创新在其他人看来可能只是渐进型创新而已。有时候，重要的创新可能数年都得不到别人甚至是其创造者的认可。比如，青霉素、织布机和火箭推进系统都曾经被其发明者摒弃，有时几十年后才被别人重新发现。还有些当时被称为革命性的创新几十年后终于失败，例如，超导体、磁泡理论、超音速航空旅行、赛格威等。认可和评价创新不是简单明了的问题。

最后，我们知道，创新与科学进步和技术进步有关，它们是本书的重点。然而，这样的认识会让我们继续追问下去。如果科技进步是创新的主要因素，那么到底什么是科学和技术，我们该如何衡量它们的进步？ 回答这些同样有问题，因为科学进步和技术进步有交叉，会相互影响。因此，我们很难将两者区分，从而确定谁是原因谁是结果。同样，区分创新和技术扩散也很困难。

让问题更加复杂的是，学者们在这些问题上还没有达成共识。有关科学、技术和创新如何取得进步的研究现已在整个社会科学领域开展，每年都有成千上万的文章和书籍出版，但是基本概念会因为不同领域和同一领域不同学者而产生不同的处理方式。对于创新争论的新手和很多老手而言，认识到这一争论发展的混乱性是非常重要的。更为重要的是让读者认识到，不同领域的学者在创新争论时使用的技术和创新之类的术语常常代表完全不同的事物。即使定义相同，学者在测量它们时也常常使用不同的变量和数据。这种混乱让争论更为棘手，也妨碍了我们对卡德韦尔定律的理解。基于以上原因，这一章总结了本书的研究范围、定义、测量方法和数据方法。更为深入的解释大家可以参阅附录。

本书的研究范围

我们首先为以后章节设定一些有用的范围。第一，本书的目标是理解为什么有些国家在科技方面比其他国家更出色。简单的术语即是卡德韦尔定律。[2] 具体来说，我们主要解释同一国家在不同时期和不同国家在同一时期科技绩效上的差异。

第二，由于二战之前可供我们评价和比较国家科技能力的数据很少，[3] 本书主要关注二战之后国家创新率差异的原因。本书的另一个目标在于考察政府制度和政策在促进创新方面所起的作用。二战之前，很多现代科技制度和政策尚未出现、薄弱或者被用于无关紧要的目的。20 世纪之前，很多政府认为他们没有责任或者能力支持创新。因此，如果我们想要检验政府在促进科技发展方面所起的作用，就需要把注意力集中在过去的 70 年。最后，全球化给科技进步带来的优势在二战以后增长迅速。这并不意味着本书的结论不适用于早些时候。本书亦不会忽略所有历史久远的讨论，但是本书将最近的几十年作为重点，因为这段时间的证据和行动是最丰富的。

第三，本书将民族国家作为分析的单位，因此，不会把注意力放在个人、企业或者实验室上面。这是因为，国家政治、制度和政策创造了形成创新的环境。也就是说，即使个人和企业是创新的直接创造者，他们的生产率也会受到他们所在的民族国家的特征的强烈影响。国家环境有助于解释为什么最优秀的和最聪明的人会把他们的精力转向科技领域而不是宗教、战争、艺术或者违法犯罪活动。国家环境还有助于解释这些创新能量的结果。这些正是本书力求探究的关系。因此，将注意力集中在民族国家上面是有道理的。

第四，本书试图将尽可能多的国家包括在内，但强调的只是那些最矛盾的国家案例，因为这些案例给我们提供了有关国家为何创新（或者不创新）这一问题的最深刻的见解。例如，很有趣但又不足为奇的是，德国比坦桑尼亚、哥伦比亚和摩尔多瓦更具创新性。贫穷、发展水平低和糟糕的政府很显然是这些国家主要的制约因素。但是更困难也更为有趣的问题是，为什么德国比法国、澳大利亚或者挪威更具创新性呢？即为什么许多富裕、发达、运转良好的民主国家在创新率上存在如此大的差距呢？而更具挑战性的是如何解释以色列、爱尔兰、新加坡和这些原先落后或者非民主的国家快速崛起。这些国家都曾经被贫穷落后的经济所困扰，有些还被独裁或腐败政府所拖累，但都取得了科技成就。那些违背我们预期的国家的经历可以让我们更好地解释国家创新率。

另外，本书倾向于不把一些小国列入分析范围。[4] 例如，列支敦士登、摩纳哥、巴巴多斯等小国的科技数据多得惊人。这是因为这些国家被外国公司和个人当作税收和关税的避风港或者出口中心，它们本身没有什么自主创新产业。更为重要的是，本书的论点之一是国际社会网络对创新至关重要。这些小国的统计数据偏向了有利于这一论点的一面。因此，将它们排除在外可以更有力地对这一论点进行检验。出于同样的原因，很多小经济体也未考虑在内。比如，布隆迪、尼泊尔和斐济等国家缺乏创新需要的经济资源、能力和规模，因而被迫与国际接轨或者停滞不前。一般来说，本书把 2010 年人口总量达到 400 万或者年 GDP 达到 100 亿美元作为一个国家是否被列入分析范围的标准。[5]

第五，科学和技术经常有交叉。但是，较之科学，本书把注意力尽可能多地放在技术上。为什么？科学的进步可能是纯理论性的，通常必须通过新产品或者过程才能推动经济增长、增强工业竞争力或者军事实力等本书最为关注的因素。因此，强调技术进步是理智的选择。

第六，本书更多地关注创新而不是技术扩散。这两种现象相互依赖，很难分辨。本书没有解决这一长期的难题。但是，有可能的话，我会集中讨论为什么有些国家更擅长发明新技术，把这些技术从原型发展到大规模生产，改进它们或者调整它们用于新用途。新技术在整个社会的扩散不是我关心的内容。

如何定义创新

科学、技术和创新这些关键术语在有关国家创新率的争论中被随便使用，经常没有确切的定义，这使得学者们在有时比较技术的“苹果”和创新 的“橙子”时经常产生误解和无谓的争论。因此，澄清本书中用到的这些主要概念非常重要。接下来的内容就是以后章节会用到的定义。[6]

在本书中，技术被定义为有形产品，或者改变材料外的过程，在解决问题时起促进作用。[7] 确切地说，技术是一种产品或者过程，可以让人们从事全新的活动或者高效率地从事已经创建的活动。比如，晶体管和贝塞麦炼钢法根据这一定义都属于技术，但是公司、即时产品、专利系统和民主联邦制不属于技术。有些创新争论迷们坚持区分高端技术、快速技术、革命性技术和低端技术、缓慢技术和渐进型技术。在这种情况下本书更关注前者，因为这与本书所关注的尖端创新是密不可分的。

科学关注的是公共知识储备的增加。它指的是公开、重复利用方法论解释、预测或者控制自然界（物质世界或者社会）的因果关系；或者为达到这一目的收集数据并对其进行分类。科学通过争论得以发展，因此，科学进步经常离不开所有行业者在研究问题、定义、理论、数据、方法和对发现的解释等方面的一系列的冲突和共识。[8]

创新的定义是发现、创造或者发展新技术，或者让现有技术适应新用途或者新的物质环境或社会环境。创新发生于一项发明的技术演化的全过程。从最初的原型到建立具有全球竞争力的工业，创新包括所有的技术变革。[9] 因此，技术不仅在研究实验室里面发生，也在实验室外面发生。提醒注意的是，因为技术被看作是一种产品或过程，创新就可以被看作是产品或是过程的发展。军事创新的学生也应该注意到，本书中的创新仅限于技术进步，而不包括学说、机构、政策和制度的变革或进步。这些是本书要检验的因果变量，所以将它们同时作为原因和结果是没有意义的。本书同样没有将食品、时尚、娱乐或者文化产品等方面的创造力纳入创新的定义。这些不是我要获取的创新类型。本书对技术创新尤其感兴趣，因为技术创新会带来不断增加的利润，这些利润是内生增长、军事和工业竞争力以及大量国家财富的基础。比如，晶体管和比基尼这两项发明改变了世界。[10] 但是比基尼自从 1946 年发明以来没有什么变化，但是晶体管使得计算机和通信的效率、能力、速度以有史以来最低的价格迅速增长。

国家创新率指的是一个国家在特定的时间内自主创造的技术进步。它是测量一个国家创新产出或者绩效的标准。所以，在国际竞争体系的背景下，我们可能会将相对国家创新率作为技术竞争力的指标。技术竞争力指的是一个国家新技术产出的相对数量和质量。国家创新率与国家技术能力密切相关。技术能力是一个国家科学、技术、工程和数学（STEM）人才的综合能力，这些人才经常与本国的商人和企业家协同开展创新。这样的区分很有必要，因为虽然创新需要技术能力，仅仅拥有这些能力并不能推动一个国家进行创新。还要提醒注意的是：本书没有区分发明和发展、军事创新和民用创新。这些经常交叉的现象可以在不影响本书论点的情况下“装进黑匣子里”，不予考虑。将来的研究有可能考虑区分这些不同形式的技术进步，但是，本书的目标是建立全面创新的基础理论。

如前文所述，本书中科学和技术交叉的领域常常被合并在一起。然而，在可能的情况下，我们还是把注意力放在技术上面。相比那些拥有相反特征的国家（比如新加坡），这些国家跟我们的讨论内容关系不大，有些国家的科学项目极具竞争力，但是其高科技产业并不突出（比如澳大利亚、丹麦）。评论者们也许会认为科学和技术是有区别的，但是我们很难在实践中将两者区分开来。老套的观点认为技术进步主要来源于科学的新发展。这就是大家所熟知的“线性模型”（linear model），这一模型中，企业把实验室里取得的进步转变成最终的产品和过程。但是，技术常常先于解释它的科学出现，例如，半导体、医学、冶金和通信的主要进展是反复试验而不是针对性的科学探究的结果，只是在后来，科学家才提出了解释技术突破的理论。在一些实验室里，创新可能需要反复的过程，科学进步和技术进步互为基础或者相互补充。我不是要摒弃科学和技术的区别，它们都很重要。但是，我想把这个细致的问题留作以后研究，因为没有人可以在一本书里解决所有的问题。更重要的是，目前将科学和技术归并不会影响到本书提出的观点，这可以成为我们研究更为细微的问题的基础。

最后，本书把对制度的讨论限定在与经济学家道格拉斯·诺斯（Douglass North）的描述最为吻合的制度上。道格拉斯·诺斯将制度描述为“一个社会的游戏规则”。[11] 在本书中，制度是正式确立的规范个人、群体和机构关系的做法、规则或者法律的集合。当然，公共政策在国家创新率的竞争性的解释中也起着重要作用。按照理查德·威尔森（Richard Wilson）的定义，政策是政府在特定问题上的行动、目标和声明，是政府实施这些行动、目标和声明所采取（或未采取）的行动，是对发生状况（或未发生状况）的解释。[12] 有必要认识到，有关制度和政策定义的争论还在进行中，这些争论丰富多样，在别处有详尽的总结。[13] 上文提供的解释仅仅是本书要用到的定义。

同样，在实践中，制度和政策这两个术语也常常在有关国家创新率的争论中交替使用。也就是说，它们经常被认为是同一概念的不同程度，或者是两个交叉的概念，只不过制度比政策的范围更广、深度更大、持续时间更长。本书在必要的时候采取这一观点。具体而言，制度和政策的交叉部分在通俗说法需要的时候或者在两者界限模糊的时候会予以保留。比如，我们并不十分清楚一个国家的专利系统的具体政策（例如，持续时间、申报要求、范围）在什么情况下会成为产权制度。此外，自由市场资本主义是一种制度，是一些政策的集合，还是它们的结合？本书在相关问题上忽略了制度和政策的因果关系。幸运的是，这些问题对于本书的主要观点和发现没什么大的影响。也就是说，如果制度被偶尔贴上政策的标签，这不是什么大问题；反之亦然。同样，制度和政策相互影响的具体细节也不是我们目前关注的问题。这些问题可能对于接下来的研究很重要，但在本书中无关紧要。

注意下面这些问题

先前提到的科学技术的定义听起来很简单、很直接、毫无争议，但实际情况并非如此。例如，我们有必要认识到，科学、技术和创新都有相对较新的含义，这些新含义是在 20 世纪中期才出现的。[14] 从那时起，关键术语的定义一直很混乱、模糊，备受争议。在经济和政治学领域，很少有学者在写作中严格定义技术和创新。所有人都认为技术和创新与知识、研究、教育和将它们运用到经济生产有关，但除了这一点，他们对技术和创新的理解便不够具体了。技术在更多情况下是“测量我们无知的手段”。[15] 几十年来，创新一直是未被定义的发明和技术扩散的综合，更多情况下指的是技术扩散。有些经济学家倾向于强调科学和创新的科学投入，其中，科学是知识进步，创新的科学投入是新产品和过程以及改良产品和过程的发明。[16] 但是，有些人把创新描述为知识或信息生产，这一概念已经成为经济增长理论的重要基础。可是，虽然发明活动和研究活动有时被奇怪地区分开来，有些经济学家还是会经常交替使用发明和创新这两个术语。另外，创新也会用来指代产出（新技术）或者发明和发展新技术的过程。[17] 在有些理论中，创新更常常被当作技术，有时候被当作发明，还有一些时候则被当作企业家精神。最近，科学、技术和创新在有关发展、现代化、工业化、经济增长、升级、生产率、生活水平和竞争优势的讨论中被混为一谈，难以区分。[18]

附录一深入探究了这些混乱的定义。之所以在这儿提及这一问题，意在强调有关创新的争论是多么杂乱无章。创新研究目前充斥着不一致、交叉和不明确现象。读者需要意识到这种混乱及其可能引发的极大的困惑。几十年来，学者和政策制定者要么用同样的术语讨论不同的概念，要么用不同的术语指代同一个现象。更为糟糕的是，学者们竟然有时在同一讨论中将它们混为一谈或者改变它们的含义！但是，他们一般不承认创新争论中出现了这样的问题。

专家和一般的读者都应该注意到这种混乱局面。这意味着，与某一定义相关的数据和证据常常被错误地用来证明建立在完全不同定义基础上的理论。如果接下来的研究或者政策以这些论断为基础，常常会遭遇失败，从而让这一争论更加混乱。这是有关国家创新率的争论没有取得预期进展的原因之一。设想一下，如果不同的科学家把氢气混淆为氧气，或者把催化剂混淆为反应物，进步将无从谈起。化学家们就会始终困惑，为什么一个研究者成功的公式在别人那里就是失败的。简言之，创新学者和科技政策制定者需要保持术语的明确性和一致性，读者需要更加留意这些术语，必要时强烈抗议错误。本书中用到的定义和范围也不是完美的，也存在需要解决的交叉和模糊的情况。但是，至少这里使用的定义以及它们的缺陷是具体的、明确的。

本书中的定义同样确定了一个非常重要的前提：科技的进步与一个国家的经济增长、发展、工业化、企业家精神、制造、升级和现代化是紧密联系在一起的。科技同样也是现代国防必不可少的。这些争论经常被单独对待。我认为应该把这些争论结合在一起。

美国对于中国的担忧强调了这一点的重要性。现在，中国被看作是美国经济和军事力量的主要挑战者。我们害怕中国，不仅仅因为它面积大、在美国看来不民主，或者有着不同文化和历史。很多国家符合这种描述。实际上，之前美国根本不害怕中国，因为中国没有能力与美国进行经济竞争，也没有能力将军事力量投放到国界之外。如今中国的工业化和现代化使得其规模、政治意识形态和文化差异对美国人造成了潜在的威胁。自主科技能力的发展也对中国的崛起起着不可替代的作用。没有科技，中国仍然是那个令人充满好奇、自身不够强大却又不满于我们的令人不屑一顾的地方。

同样，我们只有充分讨论创新，才能对为什么一些国家在工业化、机械制造、现代化和其他领域取得成功或遭遇失败这一问题进行争论。因此，发现一些国家在科技方面更出色的原因对于其他争论有重要的意义。不幸的是，我们并没有认识到它们的互补性。在很多方面，科技研究的分散方法如同成语中被关进黑屋子的人，由于摸到了大象的不同部位，因而对于面前是什么动物产生了不同意见。事实上，即使有些学者对共同关心的问题有着相似的发现，也没有人会相互引证对方观点，很多人似乎并没有意识到彼此为对方所做的贡献。但是，总的来说，将解释国家创新率的不同理论、方法和数据汇集在一起，并且指出这些发现的政策启示，意义非常重大。因此，本书可以被看作是创新的主要争论中对科技政治进行进一步整合的呼吁。

如何测量创新

如果给创新下定义是个问题，那么研究和测量创新便会备受争议。[19] 因为我们很难——有人认为不可能——对创新进行直接观察。因此，学者们经常把创新描述为一个“黑匣子”（black box），[20] 这一绰号是从科学和工程领域借来的。在科学和工程领域，“黑匣子”指的是一个不可观察的过程，如同一套计算机系统，它的代码是隐藏的；又如同封闭的电路，电线在其中来回运行。我们大多数人都能感觉到周围的黑匣子，比如电视、汽车、手机，甚至冰箱。我们能看到输入和指示，也看到了结果，但至于里面发生了什么，我们大多数人并不知情。

这正是困扰创新测量的问题。我们可以跟踪投入和产出（图 2.1），但创新发生于公众的视野之外：在车间、实验室甚至在战场。让问题更为复杂的是，测量一个国家历时的科技成就需要我们搜集和整理每一项创新的观察研究，而这些研究很少被政府或者商业部门正式追踪或记录过。更为糟糕的是，即使是

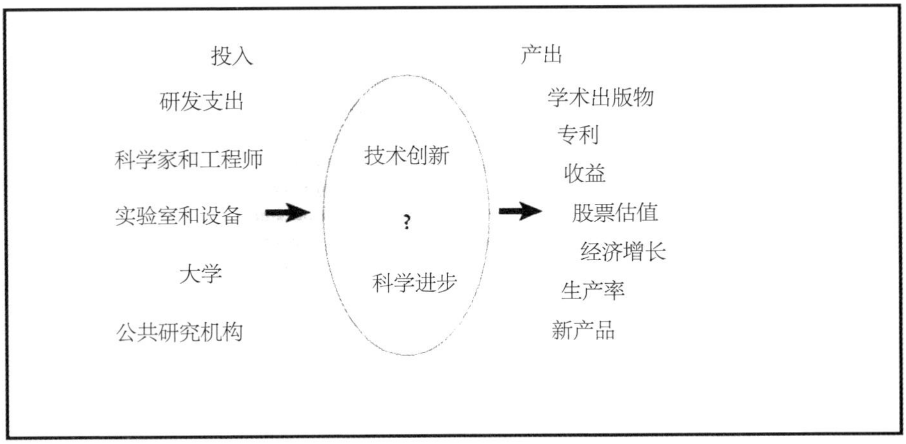

图 2.1 创新的“黑匣子”

专家也会在某项创新被采用并且推广后很久才认识到它的存在。确实，历史上有些改变生活和社会的技术在刚出现时并不被认为极具创新性。并且，关于什么是革命性科技进步和渐进型科技进步的决定是主观判断和客观判断相结合的结果，它们会随着时间推移发生重大变化。

以晶体管为例（图 2.2）。晶体管常常被誉为 20 世纪或有史以来最伟大的发明。仅仅通过放大或者迅速开关电流，我们生活的方方面面便因为晶体管的发明而发生了革命性的变化。晶体管的这两种属性使得它成为渗透于我们日常生活的现代计算机、通信设备和电子设备的重要基石。[21] 但是这一技术到底是什么时候发明的，或者什么时候成为革命性技术的，没有人能说清楚。

一般认为晶体管是在 1947 年 12 月发明的。当时，约翰·巴丁（John Bardeen）、沃尔特·布拉顿（Walter Brattain）和威廉·肖克利（William Shockley）三人一起在贝尔实验室工作，成功对一个由锗、塑料和一条金箔所构成的固态放大器进行了实验。其中的一个同事就把这个看起来古怪、手掌大小的原型称作“转换电阻”，或者晶体管。他们不久就申请了专利。然而有趣的是，他们这个团队在几个月内没有公布这一重大发现。不过即使当时他们这么做了，也不会有人关注它。1948 年 7 月，当晶体管当着媒体的面在玻璃展柜展出时，《纽约时报》把这则新闻隐藏在了第 46 页，在“新闻广播”专栏仅仅用了三小段的

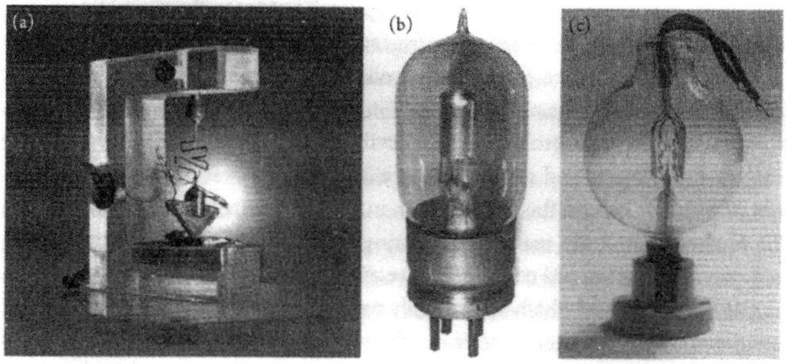

（a）　　　　　　（b）　　　　（c）

图 2.2　哪个是“革命性”技术创新?

（a）　世界上第一代晶体管，约翰・巴丁（John Bardeen）、沃尔特・布拉顿（Walter Brattain）和威廉・肖克利（William Shockley）于 1947 年在贝尔实验室发明。照片由阿尔卡特－朗讯公司提供。

（b）早期的高真空电子管，1913 年--20 世纪 70 年代广为使用。照片由伊恩普尔提供，电子和广播电子杂志 www. Electronics-radio.com。

（c）　德・福雷斯特（Lee de Forest）的三极管发明于 1907 年左右。照片由圣何塞历史提供。

篇幅来介绍它，这是九个无线电产业故事中的最后一个。[22] 这是对 20 世纪最具革命性的发明做出的奇怪的温和反应。

第一代晶体管没有让人们激动不已，其中的一个原因便是真空管投入使用已长达几十年的时间。第一代类似晶体管的装置是三极管，这是一种最基础的三电极真空管，1907 年左右由美国发明家德・福雷斯特（Lee de Forest）独立发明。三极管是最初的电子放大器，可以让进入其中的小电子信号控制较大电流的流出。三极管在当时是技术奇葩，几年后，美国电话电报公司（AT&T）专家对其进行了改进。美国电话电报公司将这项技术重新命名为高真空电子管，并于 1913 年把它安装在电话线上辅助长途电话通信系统。德国的物理教授尤利乌斯・利利菲尔德（Julius Lilienfield）找到用硫化铜固体块体构造电子放大器的方法。这一创新使得摒弃笨重的真空管成为一种可能，这种真空管速度慢、经常过热、能耗高。1930 年，利利菲尔德为他的想法申请了专利，但是从未把这些想法投入生产，这些想法很快从科学争论中消失了。[23] 当肖克利努力为自己于 1947 年在贝尔实验室发明的晶体管申请专利时，他才发现自己重复了利利菲尔德的大部分工作。[24]

至于晶体管“革命”，那是很久之后的事情了。1947年晶体管“发明”之后的几十年里，没有人清楚晶体管是不是技术创新。晶体管相比真空管和电子放大器的最大改进在于晶体管通过引入电荷放大了电流。这在科学上是多么了不起的事！它帮助物理学家理解原子行为，最终让肖克利团队获得了诺贝尔奖。但是真正的晶体管体积庞大、脆弱，不能用于商业和军事用途。更糟糕的是，第一代晶体管性能糟糕透顶。每一个晶体管表现各异。贝尔实验室发展小组的领导者戏谑道：“在最初的时候，如果有人用力关门，晶体管的性能可能会发生改变。”[25]所以，虽然这在科学上令人着迷，但是没有什么实际用途。几年之后，也就是1953年，晶体管才首次用于商业用途，出现在沙诺通1010助听器里。但是，即使这样，我们也还不能称之为革命性技术。沙诺通为了节电使用了一个晶体管，放大的繁重工作主要还是依靠两个小真空管来实现。因此一个人在测量20世纪50年代的技术创新时，并不觉得晶体管是什么头条新闻。[26]它的影响是潜在的，没有实现。此后，晶体管的实际应用进展缓慢。里程碑事件包括晶体管扩展到手持收音机（1954）、基本的军事用途（1955）、卫星（1958）、微型计算机（1964）和手持计算器（1967）。直到20世纪70年代，当以晶体管为基础的计算机产业快速发展的时候，“革命性”才成为描述晶体管时流行的赞誉。

关键的一点是，确定和测量创新比听起来要难很多。创新确实带来客观、实际的进步，但是评价这些进步还要靠人的主观判断和注重时效的行动。人的判断会因为时间、地点的不同而产生巨大的变化。或许有那么一天，我们摒弃或者忽略的许多已有发明会被我们的子孙们誉为21世纪最伟大的发明。

本书的测量方法和数据

先前讨论的问题使得国家创新率的数据收集成了分歧激烈的领域。我们如何测量看不到的东西？我们该如何对不同国家的创新率进行比较？到目前为止，理想的“万能”指标还没有形成。实际上，每个政策制定者、智囊团和学者往往会用自己喜欢的具体测量方法。有关国家创新率测量工作的简短历史，大家可以参阅附录二。

简言之，有四种主要的创新测量类型。第一种，科技投入测量方法尝试通过量化创造科学进步和技术变革的资源测量创新。通常这种类型需要测量研发过程的直接投入，例如开支、STEM 人才和不同类型的研究设备或设施。第二种，科技产出测量方法跟踪研发过程的产品，包括直接测量方法（技术专利、学术出版物、新产品和过程）和更间接的计算（高科技公司和整体经济表现）。第三种，调查要求专家、企业或者科学家对他们领域或国家的科技价值和先进程度进行评价。第四种，创新指数通过使用由指数创造者（们）决定的某种加权平均值把投入和产出测量方法综合为单一的数据。一些指数常常包括调查数据和对政治经济制度（例如产权、教育制度、金融制度）和技术扩散的测量。

较之科技投入测量方法，本书更倾向于科技产出测量方法。关于这一点有四个原因。第一点，投入不一定带来高质或高量的产出。研发资金有可能被浪费或者挪用。STEM 人才可能不怎么参与研发或者不能胜任这样的工作。设备有可能因为缺乏训练有素的人员、不适合必要的研发工作或者废弃、功能障碍等原因而被闲置。第二点，创新科技投入的有效性经常取决于运用它们的部门或者产业。例如，研发是制造业支出最大的部分，因此，以服务业为主导的国家会看到它们的创新率较之那些自主制造业占主导的国家被少报了。第三点，将投入用于研发活动和产出新科技之间经常存在几年的时间差。因此，有时候不清楚如何将投入的时间和最终创新产出的时间对应起来。第四点也是最重要的一点，本书力求检验不同制度和政策对于国家创新率的影响。它们是投入。因此，在同一检验中使用创新投入测量方法以及制度和政策数据便是进行循环论证。例如，如果政府创建一项增加研发支出的政策（政策变量），很显然，我们希望研发会增强（创新的投入测量方法）。但是把它作为政策增加创新的证据是不诚实的。这是循环论证，不是因果关系。把投入作为我们力求解释的产出测量方法是没有意义的。总之，这本书在适当的时候会采用一些投入测量方法，但是尽可能使用产出测量方法。

到目前为止，最常用的创新产出测量方法是技术专利。技术专利至少从20世纪20年代起就一直被用来测量国家创新率。专利不是完美的创新指数，但它们是所有创新数据中研究最彻底、最明确和最简单易懂的数据。有关合理使用专利数据的争论在过去的几十年里取得了大的进展，并日益完善。目前大家一致认为专利数据从宏观层面看是不错的创新测量方法（例如，作为长期国家创新水平的粗略标准），但是不适合作为微观层面的创新测量方法（例如，比较某个公司或者行业逐年的创新性）。研究者还发现，当专利通过前向引用加权[27]并且按人口平均[28]时，其数据最适合用来测量国家创新率。在这种形式下，专利数据跟我们一般与总创新率（如科学奖励、资本货物生产、生产率）相关联的其他现象密切相关。专利不是精确的创新测量方法，但是它们相比其他竞争方法有很大优势。因此，关于本书中的创新统计数据，我们经常使用在特定时期内批准的前向引用加权人均技术专利测量国家创新率。对专利测量方法有疑问的读者可以参阅附录三。附录三对专利测量方法的利弊提供了更为全面的论述。

当然，不是所有的人都相信专利数据，尤其是因为这些数据对发达国家有利。因此，这本书也考虑了STEM研究、工业化、现代化、机械制造、生产率和出口构成等的案例和统计数据。

其他因素（如制度、外部威胁、国内紧张局势）会在以后的章节出现时讨论。创新是一个值得单独讨论的问题，因为我们对创新测量的认识不足，创新测量很困难而且备受争议。很多人认为量化政策和安全这样的社会因素很有问题，会引起争议，而收集科技数据简单直接。然而对于专家来说，事实恰恰相反。

这本书运用的另一个方法论策略是在可能的情况下采用三角测量法，即使用同一现象的多个独立的数据集结合案例研究来验证假设。其想法就是，任何一个数据集的随机“噪音”都会因为其他数据集的随机“噪音”而被抵消，这样一来共同的“信号”就会传输过来。另外，如果多个独立的测量方法都能产生同样的结果，那么我们就会比运用单一数据集的时候对结果更有信心。

一个互补的方案是提醒自己所有数据都有错误、噪音，甚至偏差。即使在物理、化学和工程领域也是如此。实际上，在物理科学中，很多重要的特性长达几个世纪都得不到很好的测量，这些特性包括速率、热量、气压、亮度和磁力。但是，这些领域也在取得进展，不断给我们提供有价值的见解。因此，对“完美”创新数据的追求不应该成为我们使用现有良好数据的障碍。我们只需要意识到它的局限性。

总之，创新测量方法经常是不精确的、不直接的，充满了错误和潜在的偏差。这听起来很像一系列问题，但这只不过是让它们看起来像经济学或者政治学的任何其他测量方法，或者物理科学的很多测量方法而已。所有的实证测量方法都存在缺陷，解决方法不是摒弃这些数据，剔除统计数据和易于出错的、带有偏见的创新测量方法是不科学的。优秀的科学家会充分利用可利用的数据。他们会通过多个独立的数据集和方法论从“噪音”中提取到“信号”。这是本书用到的策略。但是创新学者和政策制定者也需要坦诚，不隐瞒数据等。太多的理论和政策在没有讨论其凌乱数据的情况下就推销给了公众，如果本书的观点经得起时间的考验，那是因为它们是以对尽可能多的数据进行最诚实、最科学的评价为基础的。

认为定义、测量方法和数据问题非常重要的读者可能还是不满意我之前的简要的评述。我还是请他们参考本书末尾的附录。附录一调查了不同时期和不同子领域的定义之争。附录一用证据证明这一争论是而且一直是如何混乱、多变和微妙。附录二描述了 20 世纪测量国家创新率的不同尝试。附录二讨论了不同时期创新测量的演变和驱动这些演变的技术和政治因素。附录三就国家创新测量方法和数据进行了深入探讨。附录三彻底证明这本书的选择是合理的。这部分还回顾了主要的科技数据类型和指标，探究了它们的优缺点，确定了一些主要的数据来源和研究中心，并且列举了这一研究领域核心的著名学者。

第三章　当前世界各国的科技创新能力

纵观几千年的人类历史，人们发现，在过去的五千年间，全球科技领先地位的火炬似乎随机地在不同的国家传递着。多次技术变革的深入历史调查[1]表明，入围全球创新领袖的国家包括差异巨大的国家[2]，如古埃及人的国家、希腊人的国家、罗马人的国家、早期的穆斯林国家、中国的元朝、意大利的城邦、“黄金时代”的荷兰共和国和第一次工业革命时期的英国等。[3]这些国家通常毫无征兆地出现在了科技的前沿，然后莫名其妙地衰落了。伴随这种不断变化的领导地位而来的是不同国家科技绩效的巨大差异。虽然各个国家随着时间的推移都经历了起起伏伏，但国家创新率的多样性始终强劲和持久。

然而，我们并没有想到，国家创新率的巨大转变和差距仍然在我们的时代发生着。毕竟，在人类历史上，科学和技术都不是备受关注的方面。国家根本就没有尝试创新。相反，几千年来，技术变革发生于意外、试验和错误以及改进，而不是系统性研发或科学知识应用的结果。[4]实际上，科学和技术之间的联系在19世纪末之前并没有得到广泛认可。在此之前，科学研究更像是一个古怪的爱好而不是一项有用的职业[5]。另外，许多领域的人们也普遍认为，技术变革是不必要的甚至是危及社会的。[6]因此，在历史上大多数时期，科技与其说是一个国家的目标，倒不妨说是一种好奇心。因此，科技在艰难中前行。

相比之下，过去的70年见证了全新的社会创新模式的兴起。[7]现代经济思想实际上是由对新科技的追求来界定的。大多数国家现在也认识到科技可以大大提高他们的生活水平、经济竞争力和人身安全。事实上，很多国家推崇科技进步，甚至把它看作是空气污染、工业毒物、交通事故死亡或气候变化等科技本身所引发的问题的解决方法。因此，现在几乎所有的国家都把至少一部分资源转向对科技的追求。这种戏剧性的变化可能会部分抵消卡德韦尔定律之类的法则。

同样，政府的态度也在改变。[8] 70 年前，大多数政府觉得他们没有责任或能力促进创新。长期以来，科技进步一直被认为是一种偶然现象，是运气而不是政策的结果。许多国家也认为科技对于国家利益并不重要，甚至与国家利益相抵触，政府应该远离它。这是人类历史上大多数政府的普遍做法。然而，自第二次世界大战以来，世界各国政府都开始相信，他们有能力、有责任做一些对国家创新率有利的事情。

然而，另一个让我们的时代不同寻常的因素是创新已经成为很容易的事情。自第二次世界大战以来，全球化已经在世界各地消除了许多创新的历史性障碍。例如，交通运输和通信成本已经下降到了历史水平的低值。现在的教育和识字率比以往任何时候都有了大幅度的提高。这意味着科技知识、投资资本、设备和供应、STEM 人才现在可以相对容易地在全球范围内流动。创新的投入可以以低廉的价格流动。因此，位置应该不是问题。所有类型的国家都可以迅速走向科技前沿。这些条件大大不同于历史学家所研究的大多数历史时期。

本章的目的是调查国家科技绩效的差异是否依然明显。也就是说，还有没有什么需要解释的？卡德韦尔定律的法则在今天是否仍然适用？为了回答这些问题，本章介绍了一些国家在过去几十年里的原始创新数据，确定了哪些国家是目前全球科技领导者，哪些国家科技落后，以及它们的地位发生了哪些变化。

关于国家科技生产能力需要解释的内容

初看起来，国家科技生产能力似乎在世界各地都是均匀分布的。例如，一个人在北美洲、欧洲、亚洲和拉丁美洲的大多数国家旅行时，可以见到同样的现代交通系统、先进的电信、计算机、核电站、现代化的超市，甚至壮观的武器装备。当然，我们仍然可以在非洲的大部分地区、东欧、南亚、中东找到典型的“落后”村庄。但是另一方面，美国、德国和日本的一些山区城镇、沙漠区和农业社区也很落后。国家内部似乎比国家之间存在更多的技术差距。由于全球化的发展，世界上许多国家似乎都在迅速地聚集在科技发展的前沿领域。

然而，这样的结论是肤浅的，它更多地是基于科技消费而不是科技产出。许多国家现在负担得起尖端的科学技术，但却没有能力创造它。例如，沙特阿拉伯现在拥有世界上最先进的现代战斗机、战术雷达、坦克和巡航导弹。当然，所有这些技术是美国或欧洲的国防企业制造的。[9] 富有的阿根廷人自豪地夸赞最新智能手机、豪车和笔记本电脑，而这些全是进口的。即使是布宜诺斯艾利斯的地铁系统的设计和建造，也是英国和比利时的公司提供的。越来越多的东欧国家成为高科技产品的出口国，[10] 但它们出口的高科技产品很少是在当地创造、设计或者开发的，大多是西欧公司离岸外包的结果。就连匈牙利和捷克共和国等国的生产出口产品的东欧工厂，通常也是由外国人开办和经营的，主办国仅仅提供廉价劳动力和装运的位置。[11]

要确定国家创新率是否仍然存在差异，我们需要审视科技创造而不是科技消费。这样，我们的注意力便集中在一组特定的国家上。也就是说，重要的是要认识到全球科技活动的不平衡。目前，世界上大约有 200 个国家，[12] 绝大多数国家很少或根本没有科技创新。例如，在过去的 40 年里，最底层的 146 个国家产生的专利技术之和仅占世界专利技术的 1%，而最底层的 166 个国家发表的学术刊物之和只占世界 STEM 学术刊物的 1%。[13] 在研发领域，情况同样如此。2014 年，仅 30 个国家和地区花费了全球研发预算的 95%。因此，如表 3.1 所示，不到十个国家和地区负责了全球大部分科技生产，至少根据这些测量方法来看是这样。即使是放宽数据要求，创新型国家和地区也不过数十个。简单地说，创新型国家和地区的俱乐部是精英的所在。

即使在创新型国家的小俱乐部里，这些差距仍然继续存在。观察这种变化的一种方法是通过国家专利数据。图 3.1a–c 用曲线图表示了 1970–2012 年间 25 个世界上最富裕的、工业化程度最高的国家或地区的专利引证率（人均），这是当前数据允许我们进行高水平精度分析的最长时间周期。

表 3.1 极少数国家或地区创造了世界上最多的科学技术⁺

75% 的世界 STEM 学术出版物*（1981–2011）	95% 的世界 STEM 学术出版物*（1981–2011）	75% 的世界技术专利*（1976–2006）	95% 的世界技术专利*（1976–2006）	75% 的世界研发支出（2014）	95% 的世界研发支出（2014）
美国	美国	美国	美国	美国	美国
德国	德国	日本	日本	中国	中国
日本	日本		德国	日本	日本
英国	英国		法国	德国	德国
法国	法国		英国	韩国	韩国
加拿大	加拿大		加拿大	法国	法国
意大利	意大利		瑞士	英国	英国
荷兰	荷兰		韩国	印度	印度
	澳大利亚				俄罗斯
	瑞士				巴西
	瑞典				加拿大
	西班牙				澳大利亚
	中国				意大利
	比利时				西班牙
	丹麦				荷兰
	以色列				瑞典
	俄罗斯				以色列
	印度				瑞士
	芬兰				土耳其
	韩国				奥地利
	奥地利				新加坡
	巴西				比利时
	挪威				伊朗
	波兰				墨西哥
	新西兰				芬兰
	中国香港				波兰
	希腊				丹麦
					南非
					卡塔尔
n=8	n=30	n=2	n=8	n=8	n=30

注：1. 国家或地区以降序排列，不考虑人口规模。

2. 通过前向引用加权。

来　源：National Bureau of Economic Research（2006）；Thomson-ISI（2013）；R&D Magazine（2014）。

由于美国是迄今为止这个周期内最具创新性的国家，图 3.la–c 数据进行了归一化处理以显示每个国家或地区相对于美国（美国 = 1.0）的创新率。图 3.1a 介绍了那些始终居于世界创新领先地位的国家的数据，图 3.1b 显示的是中等水平的创新者，图 3.1c 强调了在 42 年的时间周期内创新率增加最为明显的国家。请注意，所有的图都使用相同的垂直尺度，因此可以相互比较。有了这些数据在手，我们可以着手对国家或地区的创新率做出一些初步判断。

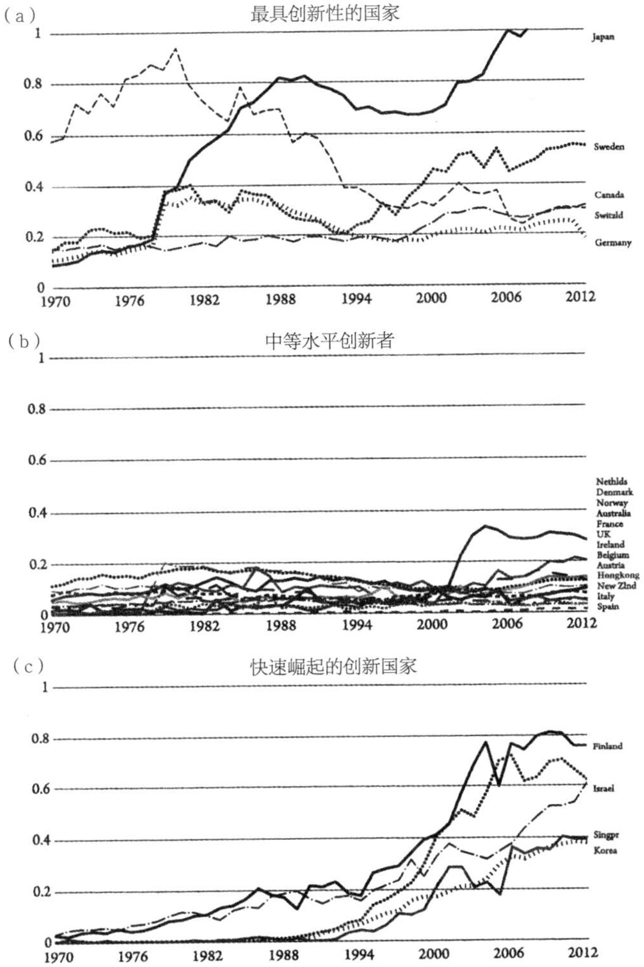

图 3.1 a–c 人均引证技术专利（美国 =1.00）

注：对芬兰和瑞典专利的更深层的探究表明它们的创新确实涉及广泛的经济领域。正如预期的那样，芬兰在信息技术（IT）和通信专利方面超过世界平均水平，它的化学和机械专利也有明显优势。

根据图 3.1a–c，卡德韦尔定律仍然适用。图 3.1a 表明在过去的 40 年里世界上“最具创新性”的国家。我们可以从这些专利数据中清楚看到，日本奇迹般地跨越到了技术前沿，近年来甚至超过了美国。20 世纪 90 年代初以来，瑞典也出现了缓慢但稳步的攀升了相反，瑞士经历了一些快速的相对下降，但它仍然是一个顶尖创新者。同时 在数十年的时间里，美国、加拿大和德国以稳定的速度生产新技术，这让世界上大多数国家黯然失色。

第二张图显示的是“中等水平”的创新者集合（图 3.1b）。这些国家或地区确实增加了世界上新科技的存量，只不过其创新率不及世界上最具创新性的国家或地区高。这些中等水平的创新者在一定时间段内也是相对稳定的。[14] 我们可以从这些数据中看到他们偶尔会发生抢夺相对位置的状况，但很少有戏剧性的上升或下降。唯一的例外是最近荷兰地位的急剧攀升和丹麦地位的稳步提升。

然后是最后一张图展示的“快速崛起的创新国家”（图 3.1c）：芬兰、以色列、新加坡、韩国等。1970 年，这些国家属于排名较低的中等水平创新者或更低水平的创新者。然而，到了 2000 年，经过几十年的稳步发展，这些国家进入了世界上最具创新性的国家行列。这些差异正是这本书试图解释的内容：为什么图 3.1c 的国家变得如此具有创新力，而图 3.1b 的中等水平创新者却没有?

当然，专利可以是创新的选择性测量方法。对于一些国家，询问专利是真正反映创新率还是只反映特定行业的创新率是合理的。例如，芬兰或瑞典的出色的专利绩效是真正代表整个国家的创新能力，还是只能代表一些电信公司如诺基亚（芬兰）、爱立信（瑞典）创造的前所未有的技术进步? 表 3.2 通过按行业细分几个国家的专利数据回答了这个问题。

瑞典在信息技术和通信专利方面没有优势，但是在化学品专利方面领先世界平均水平。然而，这两个北欧国家都不是单一公司或者是单一产业的创新者。其他国家的专利行业跟它们的声誉也都相一致：德国化学和机械专利优势明显；日本和韩国在电信、通信和电气方面是最强的；美国创新分布大致与全球分布相一致。

表 3.2　总专利的比例，以行业划分（1963-2006）

	世界	美国	日本	瑞典	瑞士	德国	加拿大	韩国	芬兰	以色列	中国
化学	18.9%	19.7%	16.9%	26.5%	19.5%	26.7%	16.7%	9.7%	21.9%	15.1%	26.9%
信息技术通信	13.5%	13.7%	21.6%	4.0%	5.2%	6.0%	12.9%	31.3%	25.6%	19.2%	10.3%
医疗制药	8.2%	9.1%	4.3%	9.5%	11.1%	7.0%	8.4%	2.3%	5.9%	21.0%	13.3%
电力	18.4%	17.8%	24.7%	14.1%	15.2%	16.1%	13.5%	37.6%	13.0%	16.7%	19.9%
工程	20.9%	19.1%	21.5%	22.2%	23.9%	27.3%	22.5%	11.1%	20.8%	13.0%	14.5%
其他	20.1%	20.6%	11.1%	23.7%	25.1%	16.8%	25.9%	8.0%	12.6%	15.1%	15.0%

来源：National Bureau of Economic Research（2006）。

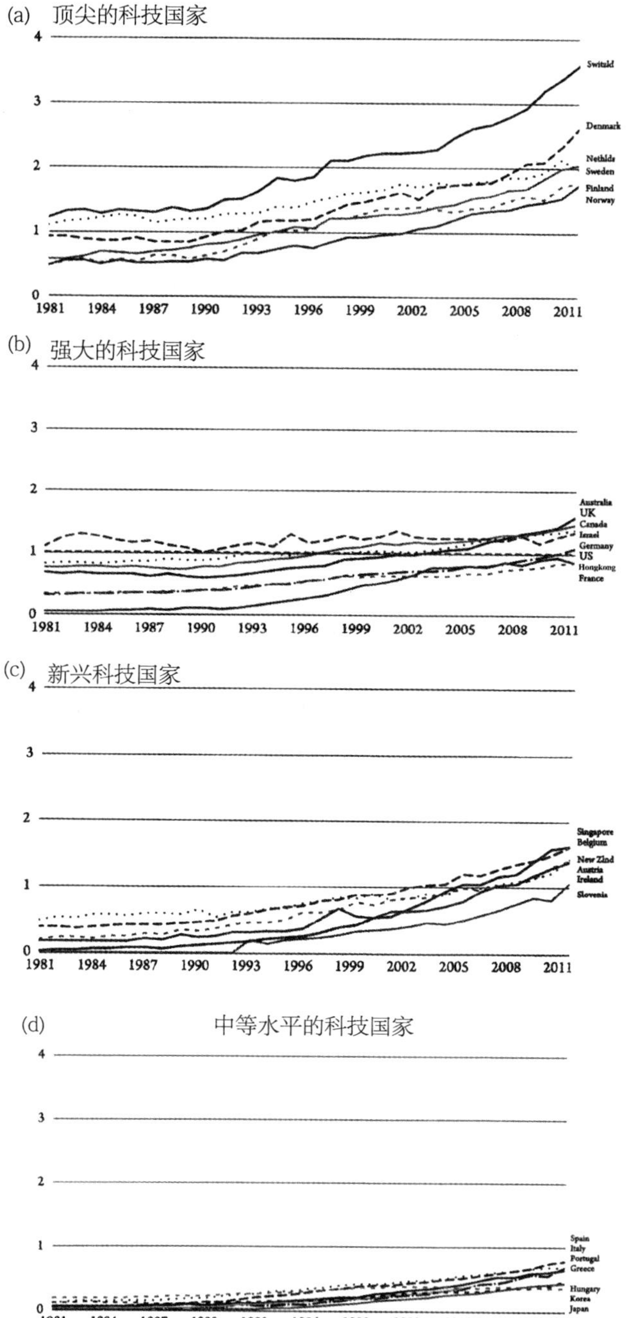

图 3. 2 a-d 总引用加权人均学术出版物（美国 =1.00）

那么有关科学的数据呢？诚然，这本书更关注技术的变化，但新的科学知识经常被用来作为创新过程的投入。此外，一个国家的科学绩效往往与其创新能力密切相关。图 3.2a–d 尝试获得有关创新的科学信息。他们用曲线图描绘了 1981–2011 年期间，STEM 世界顶尖科学人才的引用加权学术出版率（人均），这是现有数据集所覆盖的最长的时间周期。再次，数据已被归化处理以显示每个国家相对于美国的创新率（美国＝ 1.0）。

图 3.2a–d 中有关 STEM 出版物数据同样证实，国家创新率的巨大差异在我们的时代仍然存在。公布的数据表明，世界上的“顶尖的”科技国家（图 3.2a）包括瑞士、荷兰和北欧国家。在这里，瑞士显然超过了所有其他国家，丹麦第二，而挪威一般排在这些顶级大国中最后一名。

第二幅图（图 3.2b）显示的是“强大的”科技国家或地区。这些是包括美国在内的 5 个国家，它们是可靠的、常规生产大量科学知识的国家。其中，澳大利亚自 20 世纪 90 年代初就开始因生产率飙升而备受关注。

第四幅图（图 3.2d）显示的是“中等水平的”科技国家。这些国家是一个有趣的组合，尤其在将他们的专利绩效数据（图 3.1）比较时更是如此。每个中等水平国家生产科学知识的速度总是比那几个科学大国要慢。然而，两名中等水平的（科学）出版国也是顶端专利（技术）国家（日本、韩国等）；另三个

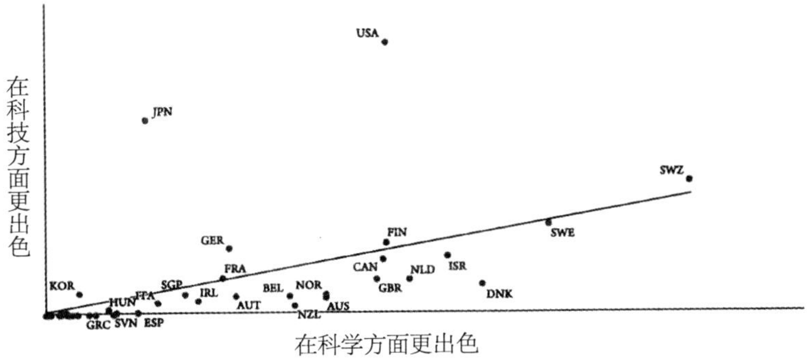

图 3.3　前 40 名创新国家的技术专利与学术出版物（1981–2011）。1981–2011 年间人均专利总数（前向引用加权）和人均学术出版物的总数量（前向引用加权）

来　源：NBER Patent Database，Thompon-ISI Web of Science，US Patent and Trademark Office。

从专利测量看来（葡萄牙、希腊、匈牙利）排不上名次；还有两个国家，如我们预期的一样，在科技创新方面均处于中等水平（图 3.1b）。

表 3.3 诺贝尔奖获得者，按照国家划分

	1950s	1960s	1970s	1980s	1990s	2000s	2010s*	Total
美国	32	28	36	39	43	57	29	264
英国	8	12	14	5	2	8	7	56
德国	7	5	3	5	5	5	1	31
法国	0	4	1	3	4	5	4	21
瑞士	1	0	2	9	3	1	0	16
日本	0	1	0	1	0	7	5	14
俄罗斯	6	3	1	0	0	2	0	12
瑞典	1	1	2	3	0	1	0	8
加拿大	0	0	1	1	2	0	1	5
以色列	0	0	0	0	0	3	1	4
澳大利亚	0	1	0	0	0	2	1	4
比利时	0	0	3	0	0	0	1	4
意大利	1	1	1	1	0	0	0	4
挪威	0	1	0	0	0	0	2	3
丹麦	0	0	2	0	1	0	0	3
阿根廷	0	1	1	0	0	0	0	2
荷兰	1	0	0	0	1	0	0	2
中国香港	0	0	0	0	0	1	0	1
奥地利	0	0	1	0	0	0	0	1
捷克	1	0	0	0	0	0	0	1
爱尔兰	1	0	0	0	0	0	0	1
中国	0	0	0	0	0	0	1	1

注：国籍以奖项宣布时获得者隶属的大学、研究机构、公司为准。只包括物理、化学、生理学或医学领域的诺贝尔奖获得者。数据未按人口或 GDP 规模加权。

*2010–2015.

来源： Nobelprize.org。

国家科技绩效的差异为这本书先前所做出的划分提供了证据：科学进步和技术创新有交叉之处，但前者不一定导致后者。国家可以在科学或者技术方面更为出色。图 3.3 更明确地表明了这点。图 3.3 中的回归线代表了科学与技术生产率（出版物与专利）的全球平均平衡状态。

很显然，美国和日本是标记离群值，相比新科学它们在生产新技术方面更出色，至少相对来说是这样。德国和韩国相对而言也是以技术而不是以科学为导向。另一方面，一些国家似乎更侧重于科学研究，而不是技术创新，这些国家包括丹麦、荷兰、英国、挪威、澳大利亚、新西兰、比利时和奥地利。

有趣的是，根据 STEM 出版物数据，美国并不是科学领域的全球领导者。美国地位从 20 世纪 90 年代中期开始急剧下降。根据这一测量方法，美国目前只排在第 18 位。换句话说，图 3.2a–d 显示的大多数国家地位的上升反映了美国地位的相对下降（美国＝ 1.0）。当然，这可能只是反映了一个事实：美国比其他国家更善于革命性的、尖端的“大”科学，这点可以从诺贝尔奖获得者名单看出来，美国的诺贝尔获奖者人数仍占主导地位（表 3.3）。另外，美国、日本、德国和其他顶尖技术的国家在科学上不尽人意的表现可能是其工业研究的结果。也就是说，民营企业往往不公布自己的科研成果。因此，这一科学成果将不会出现在同行评审的科学期刊所发表的研究数据中。相反，许多公司的科学仅限于公司内部，无论是作为商业秘密在内部流通，还是在私人市场上出售。由军事和国防承包商开展的分类研究也往往是不对外公布的。如在第二章和附录所谈论的，这些类型的信号与“噪音”问题是典型的创新数据。一个解决方案是比较几种不同的创新测量方法并寻找它们之间的相关性，这是下一章要探讨的问题。

谁是世界上最具创新性的国家?

科技绩效的其他测量方法怎么样？我们很容易将图 3.1 和图 3.2 所示的模式看作是国家专利法或者出版行为的特性。不过，其他的国家科技测量方法有力地证实了专利和出版物的数据。例如，在国家层面上，专利数据通常与人均国内生产总值（GDP）的增长、制造业的增长、资本货物出口、研发支出、资本形成等与创新相关的其他现象高度关联。[15] 同样，如随后的章节所显示的，定性研究倾向于确认专利结果。也许对专利或者出版物数据可信度的简单检验便是发现创新国家的总专利或出版物数据都比较好地体现了其创新能力。即使是前苏联也经常在冷战期间申请专利，以引用加权人均专利所体现的速度和质量进行创新。同时，不存在反事实的情况。也就是说，坦桑尼亚没有隐藏的计算机产业，保加利亚也没有隐藏的高性能生物技术部门，不存在专利和出版物数据莫名其妙失踪的问题。这些模式也不一定局限于 1970–2012 年。如果把历史案例研究纳入这种分析，那么图 3.1 和 3.2 观察到的许多趋势可能会追溯到另一个 50 年或者 100 年。

如果专利和发布数据不够充分，那么表 3.4 同时汇集了一些创新测量方法。为了创建这个表，我搜集了大约 200 个民族国家或地区的 6 类科技产出。每个类别中的前 50 个国家或地区如表 3.4 所列。数字 1 到 10 表示每个国家或地区的特定类别的十分位值。“1”表明一个国家或地区在这一类别中排前五名，“10”表明一个国家或地区排后五名。然后计算出一个简单的综合得分，合计出所有类别的总排名。[16]

表 3.4　多项测量方法中最具创新性的国家或地区

	人均专利	人均 STEM 出版物	TFP（全要素生产率）	技术出口	Florida 指数（2011）	（INSEAD）指数（2013）	WEF 2013	综合评分
瑞士	2	1	1	1	2	1	1	68
瑞典	2	1	2	2	1	1	1	67
荷兰	3	1	1	1	4	2	2	63
美国	1	2	1	5	1	2	2	63
芬兰	3	2	4	2	1	2	1	62
德国	1	3	3	3	2	2	1	62
以色列	3	1	3	4	1	1	1	62

续表

丹麦	4	1	2	2	2	4	3	59
英国	2	2	3	3	4	2	2	59
日本	1	5	4	4	1	3	1	58
比利时	4	3	1	2	4	4	3	56
加拿大	2	2	2	4	3	3	5	56
新加坡	4	4	5	1	2	3	3	55
法国	2	4	2	3	3	4	4	55
爱尔兰	5	4	4	1	4	1	4	54
奥地利	4	3	3	3	5	3	3	53
挪威	4	3	1	5	3	6	3	52
韩国	1	6	7	3	2	3	4	51
澳大利亚	3	2	2	7	3	7	5	48
意大利	3	4	3	5	5	4	6	47
新西兰	5	3	4	7	4	5	5	44
中国香港	5	4	5	5	5	6	4	43
西班牙	5	5	4	6	5	6	6	40
捷克共和国	8	6	5	4	5	5	7	37
匈牙利	6	5	6	4	6	3	10	37
马来西亚	7	10	–	2	10	50	4	29
中国	6	–	–	7	6	1	6	29
葡萄牙	8	6	6	7	6	9	7	28
哥斯达黎加	10	80	–	5	8	4	6	27
斯洛伐克	8	6	5	6	7	7	–	27
波兰	7	6	6	7	7	9	9	26
希腊	9	5	5	8	7	–	–	21

续表

俄罗斯	7	8	–	9	5	8	10	21
南非	6	7	–	9	9	–	7	20
保加利亚	–	7	7	8	8	6	–	19
巴西	6	9	8	9	8	10	8	19
土耳其	7	8	8	10	9	8	8	19
印度	5	–	–	–	8	6	7	19
智利	9	7	7	10	9	10	8	17
墨西哥	7	10	7	6	–	–	9	16
罗马尼亚	–	9	8	8	9	5	–	16
克罗地亚	10	7	–	–	6	7	–	16
阿根廷	8	7	7	9	10	–	–	14
乌克兰	9	10	–	9	7	7	–	14
沙特阿拉伯	6	9	–	–	–	–	5	14
泰国	10	–	–	6	–	8	8	12
菲律宾	10	–	–	6	10	9	9	11
阿拉伯联合酋长国	–	8	–	–	–	–	5	11
白俄罗斯	–	9	–	8	–	8	–	9

表 3.4 所证实的信息是类别排名之间有很强的相关性。尽管来源不同，时间段存在差异，但是排名之间有显著的关联。在一个类别中得分高的国家或地区往往在其他类别的排名也靠前。它们的相关性并不完善，还有一些奇怪的例外（例如，韩国的低全要素生产率 [TFP]、马来西亚的高技术出口、中国的高 INSEAD 指数）。然而，相同国家或地区在不同类别的排名相差不是太多。在这个表中，我们看到的是典型的创新数据的信号和“噪音”的组合。每一个类别在捕捉到一些科技产出的客观方面的同时也会捕捉到一些随机或不相关的方面。这些不相关的方面可能是政策、历史因素和其他国家或地区固定效应（例如，

马来西亚是日本高科技产品的主要基地，但没有创造多少自主科技）。

当然，重要的是不要误用或滥用表3.4。它提出了一个公认的简单的排名，但是有一些缺陷。例如，它将技术变革和科学进步混为一谈。另外，一个国家或地区的全要素生产率排名可能是其先天条件、制度或政策的结果，与科技无关。世界经济论坛（The World Economic Forum，WEF）指数是在调查数据的基础上产生的，因此带有很大的主观性。由于最近不断变化的问题，三个创新指数（Florida、INSEAD和WEF）只能提供最近一年的简要说明而不能提供数十年来的平均值。但正是这些问题使得不同类别之间的相关性高得惊人！它们表明，有一个真正的、强大的、持续的创新"信号"在穿过所有的"噪音"数据。当然，一个人不应该因为瑞士的总评分比瑞典多一分就从表3.4得出类似"瑞士的创新明显好于瑞典"的结论。不过，我们可以更加自信地说，相比总分数是50多分的国家或地区，总分数达到60多分的国家或地区是更好的创新者。另外，我们对国家或地区分数巨大差异的重要性更加有信心。

国家创新率的流行性解释

先前给出的数据使得我们可以挑战一些关于卡德韦尔定律看似明显的非政治化解释。例如，许多观察家认为科学进步和技术变革的速度和方向是随机产生的。这种观点被称为"复活节蛋"或"英雄"的创新模式。这种模式很少有明确的说明，但它隐含在许多创新理论和政策中。根据"复活节蛋"的模型假设，新技术如同一个个复活节蛋隐藏在某个地方。创新者就像寻找"复活节蛋"的人。他们或多或少独来独往，或组成很小的团队进入未知的黑暗。创新者如英雄一般通过无数次的实验，凭借他们的脑力和运气，最终迎来"找到了！我找到了！"这一时刻，发现新的创新。然后，他们接着寻找隐藏在其他地方的蛋。不幸的是，没有任何手段可用来预测能否成功地找到复活节蛋。如果STEM工作者在错误的地方"挖掘"，正如他们经常做的那样，即使投入研发资金也是徒劳。创新是一个随机搜索的过程。重要的是，这意味着创新外生于政治，因为随机与政治无关。

然而，我们从以前的数据（表 3.1 和表 3.2）中得出的教训是，国家创新率并不是随机决定的，至少从显示的时间尺度上看是这样。也就是说，如果创新主要是一个随机现象，那么我们预计每年会看到非常不同的排名。任何一个国家都不可能长期维持其世界技术领先地位，新的创新国家会经常崛起。但数十年以来我们并没有看到这种创新数据的随机性。只有少数几个国家的科技在过去的 70 年里经历了巨大变化。那些确实实现了转变的国家数十年来兴衰不断。因此，要么是有一些因果力量让国家长期以来保持这种趋势，要么是缺乏一种足够强大的力量来破坏国家惰性。

当然，复活节蛋模型的一个常识推论是，一个国家的人口或经济规模将决定其国家创新率。如果创新是复活节寻蛋，那么社会必须有尽可能多的训练有素的猎人进入该领域，并给予他们足够的资源以开展搜索工作。因此，有更多人口的国家可以提供更多的STEM工作者和企业家，因而产生更多的创新。此外，更大的经济体有更多的资源投入科技，有更大的规模经济以获取利润和全球市场份额。因此，规模应该对国家的科技绩效起决定性作用。当然，美国、日本和德国符合这一描述：他们是世界上最大和最具创新性的经济体。但是在其他方面，规模不能很好地反映国家创新率（图 3.4a 和图 3.4b）。它肯定不适用于新加坡、以色列、芬兰、丹麦等这些极具创新性的小国家。在极端情况下，瑞士和瑞典都位于科技创新前沿，但它们人口规模非常小（人口规模在全球范围内排名 96 和 93）、经济规模也小（GDP 全球排名 37 和 35）。[17] 加拿大从人口（排名 38）和经济（排名 14）来看是中等规模的国家，但全球科技竞争力很强。最后，如果规模决定绩效，中国、印度、印度尼西亚、俄罗斯、巴基斯坦和墨西哥等大国应该是世界上最优秀的创新者。但奇怪的是，它们并不在顶尖科技创造者之列。

有关国家创新率差异的另一个流行的解释是军费开支。军事能力长期以来与技术变革相关。几十年来，著名的历史学家、社会学家和经济学家们一直认为，军事技术能力的发展，无论是武器系统还是其生产过程，在很大程度上决

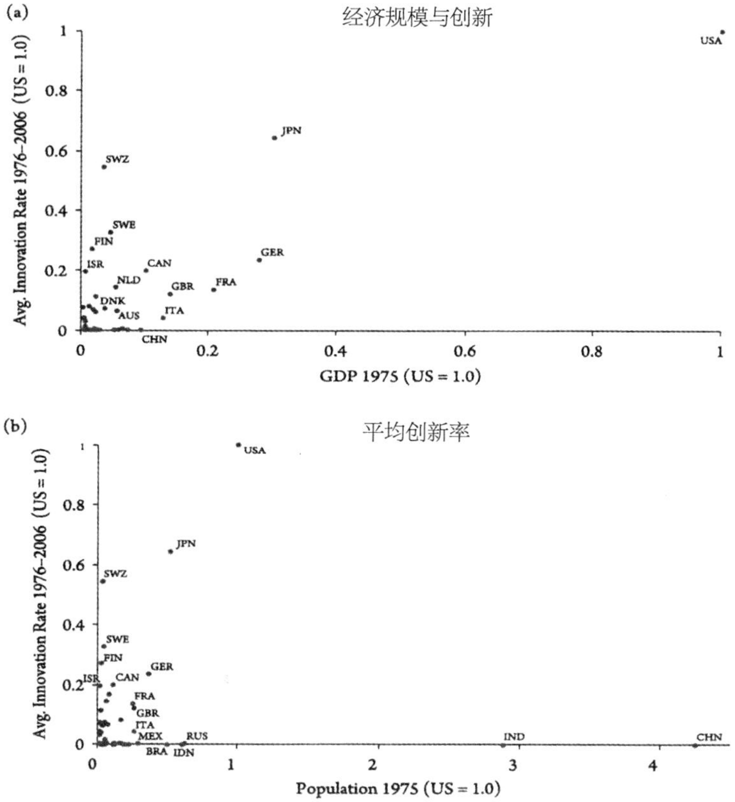

图 3.4 a–b 创新和国家规模

来源：NBER Patents Dataset，World Bank Development Indicators；美国、日本、德国被弱化以表明普遍关系的缺点。

定了国家创新率。[18]然而，即使粗略审视也会发现先前数据跟这一观点是相左的。军事方面的解释当然适用于美国，因为美国的国防创新在不断溢出到民用经济。[19]然而，这一观点不能解释其他国家尤其在冷战期间的高创新率（图 3.5）。在过去的 70 年里，瑞典、瑞士、德国、加拿大或日本中没有一个是军事研究的重要力量。事实上，许多观察家认为，在这一时期内，几个国家的科技进步是从民用到军用逆向流动的。[20]与此同时，世界上许多顶尖的军事武器生产商并没有出现在顶尖创新者的名单上。

根据斯德哥尔摩国际和平研究所（Stockholm International Peace Research

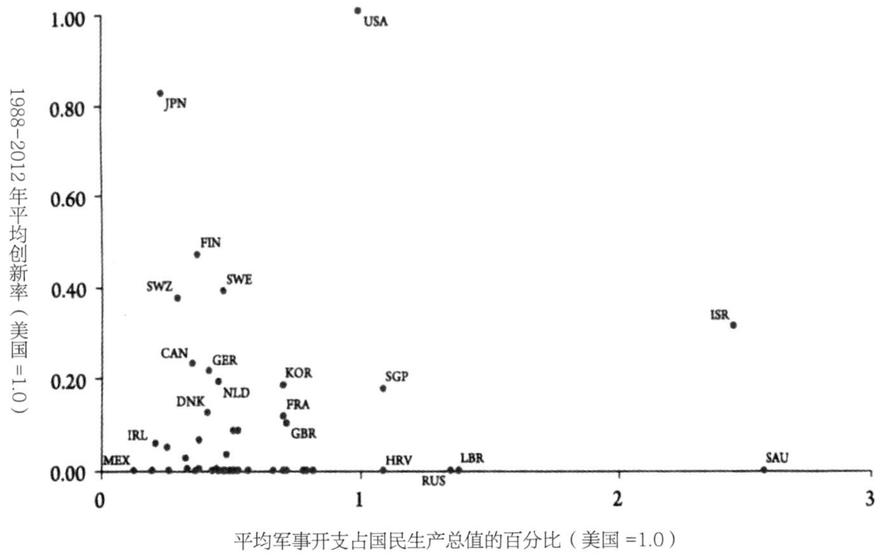

图 3.5　创新和军事开支

来源：SIPRI　Expenditure Database，NBER Patents Database。

Institute）的统计，世界上最大的武器生产和军事服务公司位于美国、意大利、法国、英国和俄罗斯。[21] 它们中有一些是极具创新性国家，有一些稍差一些。总体而言，无论是军费开支还是武器生产都不能很好地反映国家创新率。

另一个流行的解释认为，先发优势让一些国家在科技方面取得了历史上的领先地位，将其他国家挤出竞争之列。也就是说，创新的准入门槛很高。建立前沿研究和生产能力的成本很高、很耗时。国家一旦建立了教育系统，训练了大量的STEM人才队伍，建立了实验室和研究机构，创建了以科技为基础的产业，维持技术前沿的地位就变得容易很多。对于新加入的国家来说，与建立已久的科技国家竞争很困难，因为这些固定的成本只会随着技术进步而增加。例如，2010 年开展航空研究和开创飞机行业的成本要比 1910 年高得多。

因此，早期的开发者会有创新优势。一个国家一旦实现了高创新率，往往会将这种高创新率保持下去。然而，这一理论显然被日本、以色列等后起创新者打破了。这一理论与英国的相对衰退也相抵触。英国的相对衰退导致了 18 世纪至 19 世纪的第一次工业革命，也是英国许多主要研究的来源，这些研究构成了第二次工业革命与计算机和互联网革命的基础。也许更让人吃惊的是经常被忽略的中国。中国在14世纪时科技发达，几乎先于欧洲300年实现工业化。然而，中国没能保持其全球科技领先地位，而是很快陷入了创新衰退。到18世纪时，中国不得不重新向欧洲学习许多自己的自主发明。[22]

有种理论来自经济史学家亚历山大·格申克朗（Alexander Gershenkron）的学生。他们推翻了“先发优势”论点，认为后期工业化可以解释国家创新率。[23]这一理论受到日本、韩国、以色列等成功案例的驱动。这些民族国家都曾经是贫穷、落后的农业国，在创新方面起步很晚，20世纪中期才开始创造科技经济。[24]但他们很快超越了许多更富裕的、更先进的科技国家。这一理论认为，这些不发达的后来者由于相对贫困，跻身科技前沿的动力最大。这些欠发达国家也可以搭上先进科技国家科学成就的顺风车。他们只需要强大的政府干预去合理配置资源，向着早期工业化国家开辟的科技前沿进军。这些后起国家也不需要投入大量成本去创造已经建立的科技。相反，他们可以以创始人创造科技时耗费的成本的一小部分去购买、仿效或窃取先进创新国家的科学技术。当然，这种解释似乎可以描述一些国家。但这种观点的问题是，美国是持续将近一个世纪的领先创新者，在今天仍然胜过最强大的新兴科技国家。同时，德国、瑞典、瑞士等19世纪的工业化国家继续在很多行业比韩国和以色列等新兴科技国家更具创新性。这些重要的例外严重损害了“搭便车”的论点，至少作为一般理论而言是如此。

还有一种理论强调国家文化在培育创新方面所起的作用。[25]文化对于创新非常重要，因为它从宏观层面上建立了有关风险、回报以及引导经济活动的机会的基本预期。[26]文化也有助于确定社会的信任程度，从而影响创业、投资以及成功创新所依赖的经济交易的广度和深度。[27]正如一个创新历史学家所说：“所有的社会都要生存，但文化因素会决定各个社会最优秀和最聪明的人是摆弄机器或化学品，还是完善自己的剑术或研究犹太法典。”[28]不过，历史还尚未产生不创新的大文化团体。希腊人、罗马人、印加人、玛雅人、阿兹台克人、中国人、穆斯林哈里发人、法国人、比利时人、荷兰人、英国人、俄罗斯人、日本人和以色列人，他们都在某个时间为科学技术做出了重大贡献。但是这些社会有广泛的不同的文化价值观。最后，学者们还未就长期促进国家创新率的“正确的”文化价值观达成共识。[29]

这里的重点不是要争论前面所述的因果因素对国家创新率没有任何影响，而是要化解一些古老的、未经证实的有关相对技术力量来源的概括。先前给出的解释在有关国家创新率的讨论中时常被标榜为“公认的智慧”。当然，其中一些在解释特定国家在特定时间点的创新率时可能是合理的。然而，仔细考虑以后发现，这些流行的理论都不能在时间和空间上始终适用于世界上最具（或最不具）创新性的国家。统计分析也证实了这些。因此，认为这些单独的变量，特别是那些相互矛盾的变量不具备整体系统性或确定性解释力是有正当理由的，我们需要一个更好的解释。

结语

先前的数据表明，卡德韦尔定律仍然具有很强的解释力。尽管全球化和科技发展的重要性达成了广泛共识，国家科技产出因时间和国家不同仍然存在很大的差别。即使只是在过去的70年里，少数国家的科技能力也有了巨大的改进。这些快速创新的国家包括日本、芬兰、以色列、韩国、新加坡、爱尔兰。我们还可以发现世界上顶尖创新者的科技产出所发生的巨大变化。例如美国、瑞士、德国和瑞典几十年来一直保持强劲、稳定的领先地位。其他许多国家都同样保持其中等水平创新者的地位，如法国、英国、丹麦、比利时。这些中等水平的创新者之间有过争夺相对位置的现象（如丹麦），但是，当一些国家居于中等水平创新者前几名的时候（例如荷兰、英国和法国），有些国家却一直处于中等水平创新者中排名靠后的位置（例如澳大利亚、意大利、新西兰、西班牙）。还有许多低水平的创新者，如匈牙利、马来西亚、葡萄牙、波兰、南非、土耳其、阿根廷、菲律宾、哥斯达黎加和墨西哥。这些国家有充足的经济资源来创新。事实上，许多创新程度低的国家比一些顶尖或快速创新国家更富裕。有些甚至有更好的政府和更自由的市场。但他们始终未能以接近中等水平创新者的速度和质量去创造科学技术。

在这一章中，数字和图表所揭示的国家差异和稳定性的组合令人费解。几乎每个工业化国家都会将大部分资源用于追求技术进步。然而，尽管促进创新行为的政策和财政要求看似明确，一些国家在创新上始终比其他国家更成功，即使富裕的民主国家也不例外。数据中的规律需要解释，那些违反了这些规律的国家也需要解释。在过去的几十年里，这一解释的答案在于政府。“为什么创新需要政府支持？”下一章我们将就这一问题进行探讨。

第二部分

国家如何创新？政策和制度

第四章　创新需要政府支持吗？

现在，专家们在尝试解释卡德韦尔定律时很少依赖随机或国家规模等因素。相反，他们倾向于强调国内制度和政策的重要性。特别是两个主要思想学派已经出现，它们都对前一章中观察到的国家科技绩效的差异进行了解释。

第一个学派认为政府在创新中起着至关重要的作用。这一点在我们审视数据时是有意义的，至少初次看来如此。国内的制度和政策是政府用来促进创新的工具。此外，不同的国家使用不同的制度和政策。因此，这些国家制度和政策的差异一定可以解释为什么有些国家在科技方面比其他国家更出色。为了支持这一观点，学者们举了很多事例来说明缺失的、损坏的或腐败的制度和政策如何阻碍了科技的进步。同时，大多数国家成功案例也涉及促进创新的政府制度和政策。

然而，第二个学派却持截然相反的观点：政府干预的缺位促进创新。这是经典的自由市场假说。这一观点在一些美国和英国的思想家中尤其强烈，他们坚持认为大多数经济问题要靠市场来解决。创新不是他们唯一关注的方面。一般来说，自由市场的支持者称赞市场有三个主要好处：创新、效率和自主性。更为关键的是，市场往往比政府更善于提供这些好处。在自由市场中，消费者自由地要求特定的商品或服务，并乐意为它买单。相应地，生产者以双方都满意的价格创造一种平衡，满足客户的需求。所有这些买家和卖家之间竞争的结果便是质量和价格的不断提高，以及新产品和服务的创新。据自由市场主义者所言，自由市场的奇迹在于没有一个政治家或政府机构来协调或者下命令。创新和效率是市场力量的自然结果。独裁者和社会规划者们不必运用这些力量。因此，现代的“新古典”经济学家和他们的追随者往往崇拜自由市场，蔑视国有经济。

20世纪共产主义和资本主义之间的竞争似乎为支持自由市场学派提供了充足的证据。一些政府创建了专门的官僚机构，研究经济和“科学地”决定该国的生产、消费、价格、分配。[1]起初，结果似乎相当令人惊叹。然而，这些制度都慢慢地陷入完全的停滞。[2]

以苏联为例。苏联在经历几十年的神奇创新之后，于20世纪80年代陷入了技术落后状态，[3]其效率低下和技术失误的故事比比皆是。例如，有工人后来承认，为了实现生产目标和获得奖金，“我们在过去的一个星期里根本没用过螺丝刀。我们都是用锤头把螺钉敲进去”。[4]同时，工厂生产的焊接机器人，出故障的频率比“最能喝伏特加酒的酒徒”还要高。[5]

对许多观察家来说，这些清楚地表明市场比政府更具创新性。这也意味着，创新与效率和自主性是密切相关的，这三个因素对于国家经济表现和个人价值而言都是必不可少的。如果系统是自主的，那么个人或组织就不需要也没有权力去任意确定供应、需求、价格、分配或生产。个人可以根据自己的判断决定什么是正确的。高效的经济体会在很少或根本没有浪费的前提下最大限度地利用现有的资源，实现供需平衡，在理想的状况下既不产生盈余也不出现短缺。[6]创新经济体随着时间的推移会生产新产品和服务，它们往往采取新技术的形式，这些新技术以新的科学和工程知识为基础，或者会带来新的科学和工程知识。[7]此外，新科技会提高效率，为个人和企业提供更大的自主决策能力。同时，自主选择的自由往往创造竞争，从而提高效率和创新。因此，如果市场可以比政府更好地提供创新、效率和自主性，那么自由市场就有可能在解释国家科技绩效方面发挥重要作用。

在自由市场中，创新需要政府吗？

如果自由市场的历史经验如此引人注目，那么第一个学派面临的挑战便是解释“市场为什么需要政府？”也就是说，科技的进步确实需要我们称之为“国家”的实体的支持和干预吗？为什么不让自由市场来主导？

要解决这一明显的矛盾，我们需要对到底什么是“市场”以及它如何促使参与者创新这一问题有更好的理解。我们在学校里学习的传统定义认为，当产品或服务的潜在销售者接触潜在的买家，并且有交易手段可利用时，市场就形成了。不幸的是，这种模糊的描述在解释卡德韦尔定律方面没有用处，它不能帮助我们确定政府在创造和维持自由市场方面应起的作用（如果有的话）。

因此，本书采用了一个更有用的市场描述：市场的特点是大量知情的、理性的个体参与商品、服务和资本的自由交易，从而带来经济效率和创新。这一定义迫使我们专注于市场的基本组成部分：明智的、理性的、自由的个体，拥有可靠的（商品、服务和资本）产权。这些特点使得市场成为一个竞争的环境，因为只要个体可以自由选择跟他人进行交易（购买 / 出售），他们就必须竞争。在这一提法中，商业公司就像大的个体。那些未以合理的价格提供优质商品和服务的商业公司要么改善他们的产品，要么退出市场，而新的买家和卖家可以很容易地进入市场取代它们。因此，如果我想变得富有，给我的同龄人留下深刻印象，实现我的梦想，我就必须通过竞争来创新，以确保我所卖的东西满足需求。至少从长远来看，更有用的市场定义同时确定了市场失灵的警告标志：实际价格的上涨、质量的恶化、创新的缓慢和选择自由的减少。

更有用的市场定义也为我们确定了市场失灵的两条主要途径。第一条，也是最奇怪的一条，市场的基本组成部分在无一缺位且运行正常时，反而产生了坏的结果（图 4.1）。即市场失灵的第一类包括那些离奇的案例。在这类案例中，明智的、理性的个体参与了货物、服务和资本的自由交易，但却没有带来创新、效率或自主性。典型的例子是银行挤兑。想象一下，你把你的钱放在一家运行良好的银行，手头上有充足的存款。一天早上，你看到你的邻居从那家银行取走了他所有的钱。你不知道为什么。也许他发现银行有什么问题，或许他要用这笔钱买大件东西或用于家庭度假。谁知道呢？最后，这并不重要，因为你意识到，如果其他存款人发现这件事，那么他们可能会担心并且取出他们的钱。如果有足够多的人将他们的钱取出银行，那么银行会倒闭，你就拿不到自己的钱了。所以你自由、理性地决定取回你的钱来保护自己。如果其他银行客户也采取同样明智、理性、自由的方式取钱，那么那个运行良好的银行也会倒闭。你信不信任银行并不重要，因为一旦开始银行挤兑，门外的第一批客户就会去拯救他们的存款，而掉队者将失去他们的存款。这家银行将不复存在，也就不能投资于创新企业或个人。这种结果显然是低效的。[8]

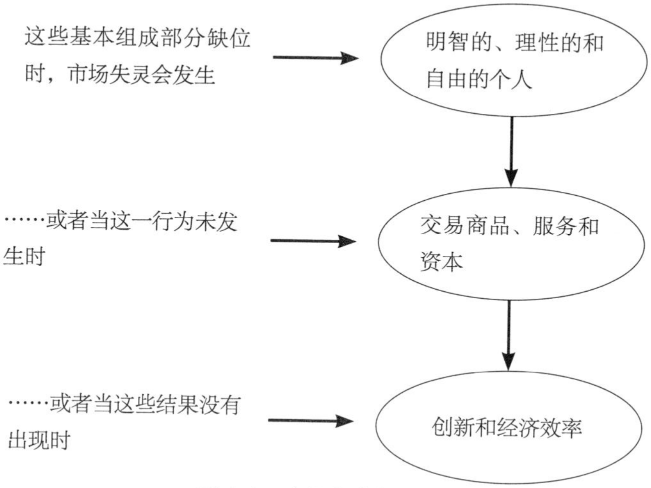

图 4.1　市场和市场失灵

第二种类型的市场失灵现象发生在市场的基本投入（即理智的、理性的个人参与商品、服务和资本的自由交易）不存在或运行不正常时（图 4.1）。例如，这种情况有可能在人们没有明确的、严格执行的产权时发生。如果我不能确定某个产权是不是可以专门归我使用或者交换，我不会投入太多去改善它，因为我的投资可能会被别人挪用或抢走。有一种类似的市场失灵被称为“溢出”或“外部性”。在这种情况下，提供某个商品或服务的收益和成本会溢出给外人。

当这些外人在事先不同意的情况下被迫承担成本或可以享受收益时，效率低下和停滞的情况就会出现。当人们掌握了不正确或有限的信息，或者一些参与者比其他参与者掌握了更多的信息时，另一个市场失灵的例子就产生了。在这种情况下，人们可以放弃市场，因为他们不知道自己是买或卖，或适当的价格是什么。在另一个市场失灵的例子中，买方或卖方非常强大，他们将对手挤出竞争，减少了选择的自由，从而破坏了激励参与者高效创新的机制。

重点是，我们要通过描述市场失灵的各种状况来回答“为什么需要政府？”这一问题。这一问题明确地确定了政府在建设和支持市场，从而促进创新经济发展方面所起的具体作用。就连轻视政府干预的经济保守派中的许多人也承认，我们确实需要政府采取行动来防止或解决市场失灵。当然，保守派和自由派在究竟哪些问题构成市场失灵及到底应该作何反应这些问题上存在分歧。不过，一般来说，市场定义表明，当政府采取以下行动时，它便是在尽最大努力促进创新[9]：

· 界定和实施产权；

· 最大限度实现交易、消费和生产自由；

· 提高市场参与者可以利用的信息的质量和数量；

· 防止少数市场参与者消除竞争；

· 更有效地提供那些私人市场不提供的商品和服务（也被称为“公共产品”）；

· 确保投资者、生产者和消费者各自为自己的经济活动承担成本，并获取收益；

· 降低市场参与成本（例如，降低交易成本，解决协调困境）。

我们现在可以回答这一部分开头的问题：创新需要国家支持吗？这一问题的前提是，如果市场失灵阻碍创新或减慢创新速度，那么政府解决这些市场失灵的行动可以解释世界科技大国的兴衰。如果政府的制度和政策运用得当，那么创新就会蓬勃发展。如果政府不作为或者行动不到位，创新就会失败。因此，国家创新率差异的原因可能在于国家行动。

因此，本章的其余部分为研究科技市场失灵提供基础。这部分调查了五个最突出的制度和政策的优缺点，它们是政府用来纠正妨碍创新的市场失灵的工具。这五个制度和政策构成了我所说的创新的“五大支柱”：知识产权、研究补助、教育、研究型大学和贸易政策。在这次讨论中，要记住的主要问题是，为什么这些制度和政策会促进创新？也许更重要的是，它们有没有真正解释了有些国家在科技方面比其他国家更出色的原因？下面的证据表明，这五个支柱确实在一定程度上帮助我们了解了一些国家在科技方面更为出色的原因，但同时也留下了许多无法解释的成功和失败案例。

支柱一：产权

也许对于力求提高国家创新率的政府来说，它最明显的任务是创造和执行新科技领域的产权。美国人在意识形态上面临困境。他们深信自由市场资本主义，但他们 20 世纪的最伟大的竞争对手通过大量的政府干预，似乎取得了科技上的成功，甚至击败了美国。苏联发展的同时，全世界同样见证了日本于 19 世纪 90 年代到 20 世纪 30 年代创造的国家扶持工业化的奇迹，以及希特勒时期德国的科技复苏。然后是二战时期大量卓有成效的政府研发（R&D）项目。同盟国（Allied）和轴心国（Axis）制造了喷气式飞机、雷达、青霉素、核武器、火箭、电子计算机，取得了其他一系列重大科技进展。长期以来，人们一直认为科学是独立于技术变革，有别于技术变革的。[10] 现在人们开始接受科学可以推动技术创新，[11] 政府在这个过程中可以发挥重要作用等观点。然而，生活在一个被自由市场思想主导的社会中，美国人面临的问题是：单靠市场是否是产生科学进步和技术变革的最好机制。

1962 年，经济学家肯尼斯·阿罗（Kenneth Arrow）正式回答了这一问题。[12] 他认为创造性活动的核心是产生新知识。但这不仅仅是任何知识。创造性活动需要生产高风险和高成本的科技知识。他解释道，问题在于所有的知识都是“非竞争性”和“非排他性”的。即：跟很多人分享知识是很容易的（非竞争性），阻止人们分享知识基本是不可能的（非排他性）。因此，高风险、高成本的科技知识一旦被创造出来，就会很容易被旁观者以低成本和低风险效仿和传播。因此，他认为自由市场经济总是在发明和研究方面投资不足。毕竟，如果旁观者可以轻而易举地得到这些新科技并加以效仿，我们为什么还要承担研发这些新科技的所有风险和费用呢？事实上，让别人发展新科技，然后只是重复它，对于一个企业更具有经济意义。这是典型的市场失灵：有人以经济合理的方式（重复另一个公司的技术）行动，但是产出了总体看来效率低下的非创新性结果（研发投资的减少）。

阿罗的解决方案很简单。首先，政府必须规定科技知识产权，然后，政府必须支持产权交易的市场。换言之，为了解决创造性活动中的市场失灵，政府需要让重要的科技知识在未经所有者许可的情况下难以仿效和分享。同样重要的是，科技产权必须是可转让的。如果知识可以出售或被授权用来获利，那么个人和企业就会受激励投资研发。滥用许可或者拒绝购买许可的违法者必须处以罚款、予以取缔。当然，这都是针对经济学上所说的知识产权（专利、商标、版权和商业保密法）而言的。

专利和其他知识产权（IPRs）是社会和发明者之间的重要协议：如果发明人与社会分享他们的新知识、新发现，那么社会要准许他们短期的垄断（技术专利一般 20 年）[13]，以这些知识为基础进行产品制造，这样一来，发明者可以收回投资成本并获得利润。在美国，这项协议写入了 1790 年确立的专利制度。[14] 从那时起，专利成为推动美国科技进步的主要政策工具。

专利问题

尽管专利从历史上看改进了创新的激励机制，但是自 20 世纪 90 年代中期以来，专利系统出现了一些问题，这些问题可能会严重阻碍专利培育未来创新的能力，对于高新技术行业更是如此。[15] 其中的一个问题是，虽然专利授予的范围越来越广，科学主张越来越模糊，公众对专利列出的科学主张却知之甚少。这意味着公开专利知识不再有太多的价值。[16] 另外，在一些行业，专利会授予给无聊的发明（“万象森罗”）以用来阻止合法创新或起诉要求高昂的许可费用和法律调节赔偿。[17] 因此，专利诉讼在许多行业已然飙升，抬高了创新成本，彻底赶走了一些投资者。这是对创新的束缚，因为专利对高科技行业内的商业活动而言是不可缺少的，但是现在它们的诉讼费用远大于专利意在培育的创新所带来的利润。

滥用合法专利的故事比比皆是。最古怪的逸事经常会成为头条新闻，如 J. M. Smucker 公司在 1999 年取得了花生酱和去掉了面包皮的果冻三明治专利，然后用该专利起诉小杂货店卖未经许可售卖不带面包皮的三明治。[18] 对于创新更严重的威胁包括软件及业务流程电算化的专利。例如，亚马逊取得了“一点击”订购程序的专利权，并威胁起诉所有使用了类似程序的网站。亚马逊随后威胁起诉了竞争对手 Barnes & Noble 的网站。[19] Priceline.com 也做了同样的事情。当时，这个网站利用其“自己定价”的拍卖专利起诉或威胁微软、Expedia 和其他几十个国内和国外竞争对手。[20] 流行音乐经销商 Spotify 目前正因其音乐流媒体技术被起诉，而最畅销的“愤怒的小鸟”视频游戏的制造商因为玩家在游戏中购买新级别的方法而被起诉。[21] 这样的专利或诉讼活动不能激励创新。相反，它的目标是防止竞争对手创新和对明显的、交叉的或先前发明的技术收取租金。

20 世纪初期，这种新型的商业方法专利扩展到健康和医疗过程。2002 年，蒙特利尔的两位研究者获得了克罗恩病等自身免疫性疾病治疗方法的专利。他们没有发明一种新的药物，只是确定了表明需要提高或降低药物剂量的血液代谢物水平的特定范围。他们的专利很快便被普罗米修斯实验室购买。2011 年，普罗米修斯实验室用这一专利起诉梅奥诊所发明的将代谢物水平与用药剂量处方相联系的做法。[22] 这一“表明需要”的专利不仅使得医疗决策（例如，医生诊断）可以获得专利，各种正式的技术咨询也可以获得专利：财务顾问推荐股票给客户；厨师写食谱或使用食谱；建筑师和工程师提供建筑安全结构分析。[23]

美国专利商标局（The US Patent and Trademark Office，USPTO）有时是这些现代专利问题的根源。20 世纪 90 年代，美国专利商标局在国会的好心推动下积极授予知识产权。评论者还认为，由于拨给美国专利商标局的资源不断减少，美国专利商标局已经无法正确判断产品的质量或确定现有技术。因此，美国专利商标局将专利越来越多地授予给那些非常宽泛，有时很明显的主张，如亚马逊的“一点击”或普罗米修斯的“表明需要”技术。这些模糊或过于宽泛的专利会破坏创新。一个过于慷慨的专利主张可能会造成一种局面：无辜投资者可能不明白他们什么时候在既定知识的基础上创造新产品是合法的。有些投资者一不小心就会被卷入昂贵的、频繁的、冗长的诉讼，使得创新资源被挪作他用。还有些投资者会放弃问题，彻底停止创新。

在最糟糕的滥用案例中，一些企业创立的目的就是利用这些专利系统中的漏洞，它们在创新方面贡献很少，或者根本没做贡献。例如，企业可能会为其发明寻求最模糊和最灵活的主张以吓跑潜在的竞争对手。公司也可以用合法的手段隐藏其主张或随着时间的推移增加主张，从而进一步模糊和混淆知识产权的界限。在极端的情况下，“专利流氓”公司获得专利的目的不是把受保护的发明推向市场，而仅仅是利用专利去威胁诉讼，向合法创新者索要费用。[24]

例如，2010年，得克萨斯州的一家公司Geotag起诉大约400家公司侵犯其“找到零售商”功能的专利，这一功能允许用户通过向一个公司的网站提供邮编来浏览附近的商店。[25] Geotag没有发明此项技术，只是在2009年买下了这项专利，唯一目的就是从诉讼中牟利。在一个影响更大的诉讼中，一家摇摇欲坠的软件公司，即SCO集团于2002年做出决定，全面停止生产或销售全新产品。相反，它选择利用其最近购买的Unix版权向Linux操作系统的所有用户，尤其是世界上最大的和资金最雄厚的1500个公司，勒索费用和赔偿。在被IBM、红帽公司、Novell、“汽车地带”和戴姆勒－克莱斯勒公司等合法创新者招致多达千百万美元的诉讼成本之后，这一策略以失败告终。[26]

当专利知识与新知识有交叉时，专利问题也会出现。具体地说，当专利所保护的知识渐增时，专利是促进创新还是破坏创新就不清楚了。[27] 例如，单单是1948年晶体管专利会限制多少后来企业进行以晶体管为基础或由晶体管组成的计算机、收音机、电视、汽车、飞机、卫星、武器和医疗技术的发明呢？21世纪的大部分创新以不同所有者的多个专利所保护的科技知识为基础，这一事实使得这些问题变得更为复杂。例如，2007年，乔布斯向苹果公司强调“在iPhone的所有发明上已经申请了200多项专利，我们要保护它们”。[28] 这还不包括数十家苹果公司已经授权的专利或在没有将其他研发工作资源挪作他用的情况下从其他公司获得的改进苹果手机的专利。[29]

这些交叉的知识产权网络被称为“专利灌丛”（patent thickets）。它们指的是单一的、新型的、复杂的技术可能侵犯的分散于不同所有者之间的各种基本专利的集合。由于其多样性和范围，专利灌丛提升了协调、谈判、授权和许可的成本，并可能引发相矛盾的、不明确的所有权主张。它们造成了一种局面，例如，在不侵犯某项专利或者不同所有者共有的数十项专利的前提下开发新软件或者制造新的电信设备几乎是不可能的。[30] 例如，到2005年，发明家想要把新技术引入3G通信市场，就必须跟持有大约8000个专利的40多家不同的公司进行洽谈。[31]

也许最有启迪作用的问题是：为什么几个世纪以来专利在激励创新方面卓有成效，但到了20世纪末期突然似乎崩溃了呢？一般来说，当专利就像空沙地周围的栅栏时，效果是最好的。换句话说，栅栏不需要在保护空地时坚不可摧，但它必须显而易见。虽然偶尔的闯入者是一种烦恼，私有财产真正的威胁是别人在未经许可的情况下使用它或以它为基础建造自己的财产。好的栅栏定义了私人土地的边界，清楚地向外界传达他们能够和不能建立的区域。没有栅栏，即使是无辜的投资者也可能不经意地将投资建立在别人的财产基础之上，然后在失去投资的同时被迫支付高额罚款。

专利必须如好的栅栏那样适当促进创新。[32] 它们必须通过明确界定科技知识的“边界”限制新科技知识这一肥沃土地的生产。局外人必须能够很容易地辨别哪些是公共知识，因此是可以合法利用的，哪些是私人知识，因此未经许可是禁止使用的。这意味着当新发明和新发现定义明确、很容易“被围起来”加以保护时，专利在推动创新方面会卓有成效。这有助于解释专利为什么在20世纪90年代之前可以很好地促进创新，但自20世纪90年代之后就出现了一些问题。专利在界定和保护机械、化学和基本的电力发明时，确实发挥了栅栏的作用。这些技术都是建立在界限分明的知识基础之上的。它们也是大多数 19 世纪和 20 世纪创新发生的领域。专利似乎也促进了现代制药和化学工业的创新，非常具体的分子或生产技术可以在专利中得到精确描述。

然而，评论者们警告说，阿罗提出的过于简单化的专利模型可能不再适用于 20 世纪的某些高科技行业。这一警告适用于软件和生物科技领域中授予专利较少的发明，以及以计算机化的商业做法、临床医学和数学统计分析为代表的更加抽象的创新。这些知识领域往往太抽象，不能明确地加以界定。因此，这些行业的专利非常模糊，不能提供可预见的法律界限，并有可能会损害创新。

专利在富裕的发达国家比在贫困的发展中国家更能有效地促进创新。[33] 贫困国家资源少科技基础薄弱，却仍然被迫与来自美国、欧洲、日本等科技巨头的产品进行竞争。例如，专利有助于波音公司与空客公司、福特与尼桑、苹果与诺基亚等展开竞争。相比之下，设想智利或越南的小型创业公司试图推出可以在全球或者当地市场上与苹果、福特或波音公司的产品相竞争的新型计算机、汽车或飞机。这样的新公司永远不可能以足够低的具有竞争力的成本产生足够的自主创新。如果这家公司可以仿效（有人可能会说“窃取”）现有的技术知识，那么它就有可能以这些投资为基础（有人可能会说“搭顺风车”）制造出自主产品。因此，富裕国家的专利和其他知识产权就像是一堵墙，把贫穷国家的私营企业挡在了高科技行业的门外。这有助于解释为什么欠发达国家在取得足够的创新能力并从中获益之前常常不尊重知识产权。[34]

然而，尽管存在这些问题，专利仍然是全世界创新政策的经典“支柱”之一。加强、扩大知识产权的国际条约已成为世界贸易谈判的核心，部分原因在于来自先进国家的高科技企业的压力。当多边条约不充足时，外交压力和公司威胁成为加强知识产权的一种有效手段。[35] 因此，在经济学家沃尔特·帕克跟踪的 122 个国家中，82 个国家在过去的十年显著加强了它们的知识产权，削弱了知识产权的国家只有 5 个（孟加拉国、玻利维亚、塞浦路斯、土耳其和委内瑞拉）。[36] 美国也在努力改善其专利制度。20 世纪初，最高法院着手管理“方法”的可专利性，而最近的 2012 年《美国发明法案》则尝试通过把美国转变为第一申报系统而不是更难确立的第一发明系统来减少昂贵的诉讼费用和不确定性。[37]

尽管如此，许多评论者认为，我们在实现世界专利系统现代化方面还有很多事情要做。[38]现在还不清楚每个国家的专利制度，如果有这么一个制度的话，其最好的设计是什么。专利系统会因为授予垄断的时间长度，知识覆盖范围，专利主张保护的知识的特殊性，以及申报、授予和更新的不同存在很大差异。最近的几十年也表明，即使是这些特性中轻微的、看似无害的变化也会对创新率产生重大的影响。一些分析师甚至认为，专利要么不必要，要么太容易被滥用，因此应尽量最小化或彻底消除。[39]

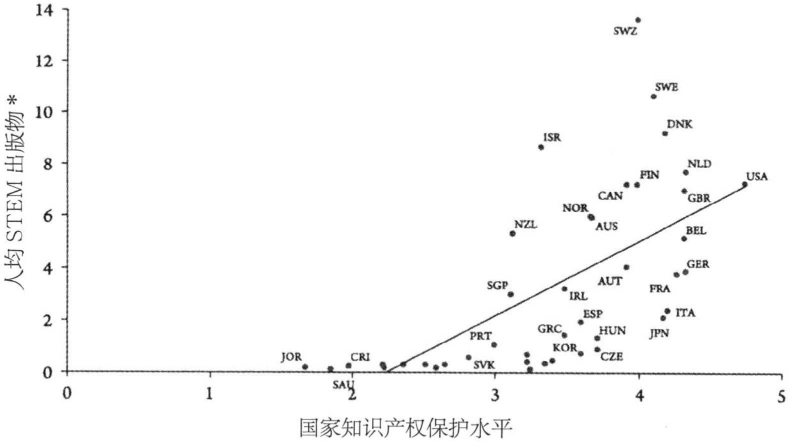

图 4.2 知识产权保护和国家科学绩效（1981-2011）

来 源：Thomson-ISI National Science Indicators database；Ginarte and Park （1997）；most recent update at：http：// nw08.american.edu/~wgp/。

* 每百万人，前向引用加权。

鉴于知识产权对创新的混合效应，专利权可以解释多少国家创新的成功或失败呢？图 4.2 显示的是国家科学绩效与这些最富有成效的科技国家的知识产权的常用测量方法的绘图，这些国家生产了世界上约 99% 的产出。当然，知识产权倾向于保护技术而不是科学，因此，他们在激励科学研究方面只起到间接的作用。但是前向引用加权人均科学和工程出版物与国家技术能力高度相关。此外，科学往往是技术创新的先导。因此，我在这里用科学代替国家整体创新率以避免重复测量技术产权与技术绩效，因为技术绩效本身就是经常用产权进行测量的。

正如理论和历史所预测，图 4.2 表明国家知识产权保护与创新率高度相关。这种关系在可用数据所覆盖的整个时间段内都成立。这包括在 20 世纪 90 年代中期之前的时期，在这之前，评论者认为知识产权滥用行为越来越具有系统性而非偶然性。不过，统计分析同样表明，国家知识产权制度的差异只能解释不到 40% 的国家创新率差异。[40] 对于这样一个有力的政策工具而言，这个比例似乎低了些。事实上，如果我们作弊，回归专利相对于知识产权的国家创新率测量方法，后者也只能说明 50% 的国家创新率差异。这个有点重复的方法所叠加的结果应该对知识产权有利，但即使是这一优势也给我们留下了相当多的无法解释的国家创新率差异。总之，知识产权对创新很重要，但它们只能说明 50% 的国家创新率差异。也许剩下的一半可以用另一个支柱来解释：研发补贴。

支柱二：研发补贴

创新成本很高。新的科学技术的发展往往需要漫长的试验 — 错误的过程，忍受许多僵局。它还要求雇佣在科学、技术、工程和数学（STEM）方面高度熟练、训练有素的工人。这些工人的需求往往很高，但常常供不应求，因此成本很高。有形资本，如实验室和配备科学设备的检验设施，进一步增加了创新成本。因此，如果政策制定者在提高国家的创新率的过程中只支持一种形式的政府行动，这种行动很可能就是增加研发支出。因此，研发补贴形成了传统上政府支持创新行动的经典形式的第二大支柱。

公共投资在研发上的重要性已是常识。自古以来，自然哲学家都在寻求国家、富有的资助者或宗教机构的支持。古希腊和罗马的主要科学和工程成就是政府和私人投资相结合的结果。[41] 在中世纪时期，天主教会往往是科技支持的唯一来源。[42] 文艺复兴和近代早期，君主和贵族成为科技的主要资助者。[43] 虽然历史告诫我们，慷慨的资助并不能保证成功，大多数科学进步和技术变革案例都离不开大额的资助。同时，在缺乏资金的情况下取得成功的创新案例很少见，也很有限。

但投资研发的为什么是国家，而不是私人市场?再次，关于政府支持研发的最有说服力的理由与阿罗对科技市场失灵的洞察有关。[44]具体而言，研发会面临被称为“正外部性”的问题的影响。这里的市场失灵与知识产权解决的市场失灵类似。科技知识可以轻而易举地被仿效或采用（非排他性），也很容易被分享（非竞争性），因此，即使有很强的产权，研发带来的一些好处还是可以溢出到公共领域。这就是说，知识产权可以提供一些保护，但这些保护并不完善。而且，正如前面的章节所显示的，如果你不能强迫人们为科技知识买单，人们就没有动机去投资科技生产。加上创新特有的高风险、不确定性和较长的开发周期，你就成为胆小的私人投资者。在这种情况下，那些承担了巨大的创新风险和成本的参与者往往无法较快地获得足够大的收益以证明他们的初始投资是合理的。基础研究尤为如此。基础研究甚至比应用研究或开发成本更高、风险更大。[45]

众所周知，我们很难对科技知识溢出进行测量，但是，研究一再表明，它们的影响可能是巨大的和广泛的，会影响整个经济领域。[46]例如，最近对财富500强公司的样本的创新分析发现科技知识溢出影响了各级各类科技创新民营企业。[47]科技知识溢出造成了多大损失很难说清楚，可能会因为产业或地缘优势而存在不同。最近的一项热核能源研究表明，科技知识的溢出带走了近20%的初始研发投资。[48]对20世纪80年代和90年代半导体产业的“黄金时代”的创新分析发现，由私人公司拨款的知识溢出的总价值高达内部研发支出的50%。虽然溢出效应的损失（或收益，这取决于一个人的观点）因物理距离的减小而降低，随着国际贸易、知识流动、人才流动的成本每十年就下调一些，溢出效应的影响已经遍布全球。[49]

制药行业的药物开发更为具体地表明了正外部性所造成的损害。制药行业研发支出占销售收入的比例远高于任何其他行业：分别高于通信设备、计算机产业和制造业的30%、300%和600%以上。[50]在原始金额方面，20世纪70年代和80年代早期的早期药物开发分析发现，新药物的开发往往需要十几年的时间，产生的平均税前成本约为4.43亿美元。[51]在随后的十年中，平均研发费用增长到了 10 亿美元。[52] 在 21 世纪初，研发成本超过了 18 亿美元，而药物开发周期延长至 30 年之久。[53]

这一宝贵的科技知识可以通过各种机制零成本地溢出到竞争对手手里。研发人员换工作单位，或开始他们自己的公司时，会把他们的经验和培训一起带走。科学研究的结果毫不费力地得到公布和流通。在最坏的情况下，竞争对手一旦发现某个药物配方便可以廉价地仿效和生产。这些溢出效应中的每一个都可能抵消原始创新者的投资回报。[54] 例如，1971 年，惠氏制药首次销售抗焦虑药物劳拉西泮（Ativan），并在其生产的第一年获得了 910 万美元的销售额。然后，1985 年底，竞争者仿效 Ativan 生产出 lorazepam，获得了预计 460 万美元的收益。[55]

另一个减少自由市场研发投资的常见困难是结果的不可预测性。如果研究结果是不可预测的，那么无论是投资者还是创新者都不能正确评估投入某一特定研发计划的资源数量或者研发周期。在药物方面，70% 至 80% 的进入 I 期试验的新药物不会得到美国食品和药物管理局（FDA）的批准。而那些获得批准的少数药物只有通过了商业市场竞争，才能为投资者赚取利润。[56]

更糟糕的是，一个特定研发项目的产品有可能不适用于一个公司现有的商业模式，并因为浪费投资而被注销。我们可以从 20 世纪 70 年代和 80 年代个人计算机革命中找到几个例子。有些公司发明的许多重要的计算机创新对自己毫无用处：Xerox 和 Hewlett Packard 等类似公司先是发明了鼠标、Windows 风格的用户界面、简单的文字处理软件、甚至个人电脑，然后又将其废弃不用了。因为他们看不到这些创新的适用性或利润。[57]

作为对这些持续的市场失灵的回应，公共研发支出已经成为一种相当有效的提高创新的方式。当然，将税收收入用于解决问题是简单的、经典的政府解决方案，是一个经常被选民和政策制定者所要求的解决方案。这也是当选的官员向他们的选民证明他们认识到并解决某一问题的传统方式。因此，对于许多观察者来说，投入更多的研发资金自然成为解决创新问题的答案。表 4.1 和表 4.2 显示的是相对富裕的经济合作与发展组织（Organization for economic cooperation and development，OECD）国家中研发支出排名靠前和垫底的政府（占 GDP 的百分比）。这些数据证实，许多世界上最具创新性的国家为科技研究提供的公众支持最多，而许多最不具创新性的国家政府提供的研发支出最少。

表 4.1 研发费用总额（GERD）占 GDP 的百分比，十年平均值

20 世纪 80 年代研发支出最多的国家（%）		20 世纪 90 年代研发支出最多的国家（%）		21 世纪初研发支出最多的国家（%）	
美国	2.61	瑞典	3.23	以色列	4.50
瑞典	2.58	以色列 +	2.83	瑞典	3.76
德国	2.56	日本	2.80	芬兰	3.42
日本	2.48	瑞士	2.61	日本	3.23
瑞士	2.41	美国	2.58	瑞士	2.72
英国	2.18	芬兰	2.39	韩国	2.67
法国	2.11	德国	2.32	美国	2.65
		法国	2.27	丹麦	2.52
		韩国 +	2.14	德国	2.49
				奥地利	2.36
				新加坡	2.19
				法国	2.13

注：1.“支出最多的国家”指的是研发支出占 GDP2% 及以上的国家。

2. 经济合作与发展组织（OCED）对该国家的收据收集开始于此十年间。

来源：OCED Main Science and Technology Indicators。

表 4.2 研发费用总额（GERD）占 GDP 的百分比，十年平均值

20 世纪 80 年代研发支出最少的国家 (%)		20 世纪 90 年代研发支出最少的国家 (%)		21 世纪初研发支出最少的国家 (%)	
新西兰	0.87	新西兰	1.00	葡萄牙	0.93
南非	0.78	匈牙利	0.87	匈牙利	0.93
爱尔兰	0.74	西班牙	0.83	南非	0.85
西班牙	0.54	波兰 +	0.71	波兰	0.58
葡萄牙	0.36	罗马尼亚	0.70	希腊	0.57

续表

希腊	0.25	南非	0.68	土耳其	0.55
		中国 +	0.67	斯洛伐克	0.54
		葡萄牙	0.58	阿根廷	0.45
		希腊	0.45	罗马尼亚	0.43
		阿根廷 +	0.43	墨西哥	0.38
		土耳其 +	0.34		
		墨西哥 +	0.30		

注：1.“支出最少的国家”指的是研发支出占 GDP1% 及以下的国家。

2. 经济合作与发展组织（OCED）对该国家的收据收集开始于此十年间。

来源：OCED Main Science and Technology Indicators。

然而，表 4.1 和表 4.2 还表明，一些高度创新的国家虽然增加了研发支出占 GDP 的比例，其相对位置还是出现了下降。两个例子很突出：瑞典和瑞士从 1981 年起稳步增加了研发支出的比例，但结果喜忧参半。瑞士的科学生产率飙升，但这并没有转化为更高的技术发明率。瑞典的科技很出色，但在科学上却慢慢地失去了领先地位。与之相反的是，加拿大几十年来的研发支出一直不到 GDP 的 2%，但依然是世界上最重要的高科技来源之一。相反，经济合作与发展组织内部一些研发支出最低的国家仍然保持了其中等水平创新者地位。这些国家包括新西兰（20 世纪八九十年代期间研发支出不到 GDP 的 1%，现在只占 GDP 的 1.2%）、爱尔兰（1981—1991 年间研发支出不到 GDP 的 1%，1992—2006 年间占 GDP 的 1%—1.25%）和西班牙（1981—2002 年间不到 GDP 的 1%，2008 年只达到 GDP 的 1.35%）。这三个国家的研发支出远远低于世界上最具创新性的国家，但他们并没有完全从技术前沿消失。

那么到底发生了什么？首先，仅仅增加研发支出不一定带来高水平的技术变革。研发资金很容易跟其他任何类型的政府援助一样被浪费或被挪用。美国超音速运输计划（SST）就是一个例子。[58] 美国超音速运输计划最初是出于对国家安全和经济竞争力的担忧。这一计划开始于 1962 年，持续到 1971 年，共投资 9.2 亿美元。美国之所以制定这一计划，主要是由于苏联、法国和英国在

20世纪50年代末开始了类似的超音速研究计划。早在1963年的12月，为约翰逊总统进行的财务分析就建议美国放弃超音速运输计划的部分或全部，认为如果没有大量的政府支持，这一计划就没有经济竞争力。[59] 7年之后，尼克松总统的超音速运输计划科学技术顾问评审委员会同样推荐终止此方案。然而，该计划已成为利润丰厚的研发合同、就业机会和全国各地其他经济刺激的来源。

它已然在公众心目中与国家安全紧密联系在了一起。因此，国会和行政部门的许多人不愿意取消该计划，这使得成本连年超支，进度一度延迟。1970年，超音速运输计划的空气污染问题在环境政治学的热潮中遭到公开谴责，这一计划最终被取消。[60] 从此，评论者认为航天飞机、合成燃料、乙醇、B-1轰炸机和战略防御计划（Strategic defense Inititative，SDI）等主要研发项目，动辄花费几十亿美元，但是对于投资的每一美元来说，其产生的应用广泛的创新却少得可怜。

研发补贴面临的另一个问题是，私人投资者会故意夸大成本以赢得政府资金支持。例如，怀疑论者认为前面所引用的药物研发的高估计往往基于小型的、不具代表性的专有行业数据集。有时这些估计包括对缺失数据的可疑的猜想或对资本成本、发展周期、节省税收和机会成本等重要变量的英雄式假设。一个关键的独立性分析估计新药物的平均研发成本为4340万美元，而不是其产业所鼓吹的18亿美元。[61]

此外，政府慷慨的研发补贴可能会产生不正当的创新激励机制。当政府大量干预已有行业时，纳税人通常会资助具有革命性潜力的基础研究。这使得私营企业专注于开发和营销小型的、风险较低的创新。再次以制药行业为例。现在政府每年用于医疗和药物研究的研发经费高达数十亿美元。2006年的一项研究表明，超过80%的新药物和疫苗的基础研究资金来自公共资源；而同样一项活动，私人企业只需花费投入的1.3%。[62] 同时，研发出的新药很成问题。在过去的几十年里，大多数药物创新只是对现有药物的微小变化，从而提供一点额外的益处。1996年《巴拉勒报告》（Barrel Report）对1974—1994年间的药物开发进行了研究，发现国际市场上只有11%的新药从治疗和药理学方面是创新性的。[63] 自 2000 年以来，美国和欧洲的独立研究已经证实了这一发现，这表明大约 85% 到 90% 的新药物相对于现有治疗方法而言没有什么优势。[64] 评论者们认为，有些新药物与万络（默克）、文迪雅（葛兰素史克）、加替沙星（杏林），和奇格瑞（礼来）等的现有药物相比，可能是不安全的或不太有效的。[65]

当然，药物只是一个行业，可能是一个孤立的行业，所以整体的情况会是什么样子？为此我们回归到国家统计数据。对国家专利、STEM 的出版活动以及经济合作与发展组织研发支出数据的统计分析表明，大约 52% 的国家技术创新差异是由于研发支出占 GDP 的百分比。只有 35% 左右的科学进步与研发支出相关。[66] 此外，研发支出在解释科学进步方面没有什么变化，它对技术创新的解释力从 20 世纪 80 年代的 58% 下降到了 20 世纪 90 年代的 48%。也就是说，随着时间的推移，国家研发支出的回报可能会减少。

如果我们把知识产权保护（支柱一）和研发支出（支柱二）结合起来解释 1980—2010 年间国家技术创新率的不同，它们可以解释 68% 的国家技术创新率差异和 49% 的科学进步。因此，我们离充分解释国家创新率差异又近了一步。研发支出仍然是创新的一个非常重要的政策工具，但还有相当多的国家绩效得不到解释。对于这一点，我们需要看看科技政策的第三大经典支柱：教育。

支柱三：教育

早在 1840 年，德国经济学家弗里德里克·李斯特（Friedrich List）在他广为流传的经济民族主义理论中就指出，教育在决定国家生产率方面起着至关重要的作用。具体地说，他认为教育跟科学、发明和国家经济竞争力是紧密结合的。因此他在亚当·斯密（Adam Smith）去世后谴责了他依赖简单分工提高技能和培育发明的做法。他写道："（斯密），甚至认为那……培养和促进教育、宗教、科学、艺术的脑力劳动者缺乏创造力。"[67]

教育以三种方式促进创新。[68] 第一种方式，接受过正式培训的科学家和工程师是创新活动的直接来源。当然，情况并不总是如此。在第一次工业革命期间，很少或根本没有受过正规教育的技术工人经常承担关键创新者的角色。这些人包括理查德·阿克赖特（Richard Arkwright）、塞缪尔·克朗普顿（Samuel Crompton）、詹姆斯·瓦特（James Watt）和许多来自纺织品、钢铁制造、电力、蒸汽等18世纪英国突破型创新的开拓者，他们都没有接受过正规的学校教育。不过，研究型大学（1810）、工业实验室（19世纪70年代）和专职企业研发设施（1900）兴起之后，接受过正规教育的STEM工作人员逐渐成为国家创新活动的重要来源。[69] 在其他地方，熟练工人在车间不断地促进过程创新和产品改进。这些工人一般接受过至少十年的正规教育，之后由雇主进行大量的内部培训。他们的创新性贡献是日本和德国于20世纪70年代到80年代期间取得制造“奇迹”的重要因素。[70]

第二种方式，即使工人不负责创造新技术，他们中的很多人仍然需要科技教育来完成他们的工作。例如，技术变革可以补偿受过教育的工人，其中一方需求的增加会带动另一方需求的增长。这是经济学家约翰·希克斯（John Hicks）观察的逻辑结果，“生产要素相对价格的变化会激励发明，会激励某种特定的发明，以节约相对昂贵的成本要素的使用。”[71] 在18世纪和19世纪，这通常意味着技术会取代昂贵的劳动力。然而，20世纪，技术变革增加了技术工人使用技术的需求。创新和熟练劳动力之间相互的积极影响已经由经济学家大卫·奥特（David Autor）、艾伦·克鲁格（Alan Krueger）等整理成文，[72] 后由经济学家达龙·阿西莫格鲁（Daron Acemoglu）发展成“指导”或“偏重”技术变革的理论。[73] 随着技术工人进入市场，他们创造了更多和更高层次的技术需求，这些需求需要他们从事劳动。[74] 因此，随着更高层次的教育创造更多的技术工人，这些工人会要求越来越多更高水平的技术。

第三种试，受过教育的消费者往往会促进技术变革。例如，埃里克·冯·希佩尔（Eric Von Hippel）表明，许多领域的用户，而不是生产者，会驱动创新。他详细记录了从科学设备到软件再到体育用品行业，消费者是如何推动了相当数量的技术变革。这些行业的技术爱好者往往非常善于识别所使用产品需要改进的地方，他们有时甚至建立原型，并与制造商分享。他们做了多少工作并不清楚，但研究表明，10% 到 40% 的用户在开发或改进他们使用的产品等创新方面做出了贡献。即使没有创新，受过教育的消费者往往也会要求不断提高技术。通常情况下，突破型创新之所以成功，部分原因在于他们打入高学历消费市场的能力。汽车、收音机、飞机、电视机、个人电脑和手机首先出现在精通技术的爱好者活动中，然后成为受过高等教育的、富裕消费者的奢侈品。最后，学校往往是年轻消费者首先接触新技术、学习这些技术的工作和日常生活应用的场所。

我们从数据来看教育对科技绩效的影响。国家教育政策的最佳综合指标是开支数据。[75] 表 4.3 和表 4.4 显示的是经济合作与发展组织观察到的教育支出最多和最少的国家。

表 4.3　教育支出占 GDP 百分比最高的国家，十年平均值 *（经济合作与发展组织观察的国家）

1970s		1980s		1990s		2000s	
加拿大	7.83	以色列	8.95	丹麦	7.99	丹麦	8.37
美国	7.35	瑞典	7.94	挪威	7.39	瑞典	7.30
荷兰	7.06	加拿大	6.66	瑞典	7.20	挪威	7.10
瑞典	6.96	荷兰	6.52	以色列	6.97	以色列	6.71
丹麦	6.38	丹麦	6.49	新西兰	6.61	新西兰	6.56
以色列	6.08	美国	6.43	南非	6.21	芬兰	6.20
比利时		挪威	6.03	芬兰	6.16	比利时	6.04
				加拿大	6.03		

* “排名靠前的国家”指的是教育支出占 GDP6% 及以上的国家。

来源：World Development Indicators，World Bank。

表 4.4　教育支出占 GDP 百分比最低的国家，十年平均值 *（经济合作与发展组织观察的国家）

1970s		1980s		1990s		2000s	
中国	1.49	土耳其	2.02	中国	2.06	中国	2.9*
阿根廷	1.67	阿根廷	2.02	希腊	2.65	新加坡	2.98
希腊	1.73	希腊	2.10	土耳其	2.65	希腊	3.16

续表

西班牙	1.78	中国	2.51	新加坡	3.04	罗马尼亚	3.32
葡萄牙	2.29	西班牙	2.60	卢森堡	3.25	俄罗斯	3.48
印度	2.39	印度	3.03	罗马尼亚	3.36	日本	3.61
韩国	2.79	葡萄牙	3.42	韩国	3.50	印度	3.67
新加坡	2.91	新加坡	3.56	日本	3.55	土耳其	3.69

* 估值。

来源：World Development Indicators，World Bank。

正如预期的那样，我们发现，许多顶尖的创新者也是教育开支大国。然而，这种相关性不强。我们还发现几个中等水平创新者（丹麦、挪威、新西兰、比利时）和一些低级的创新者（南非）在教育方面开支也很大。例如，虽然瑞典一直将GDP的7%用于教育，但在过去的几十年里，其创新率却遭遇了相对下降。与此同时，虽然美国从20世纪80年代以后就从教育支出大国的名单上销声匿迹，但它仍然处于技术前沿的边缘。有趣的是，虽然韩国和日本的教育支出在过去的几十年里排名很靠后，它们现在已经从技术落后国家一跃成为顶尖创新者。同样，中国和印度一直是教育支出较少的国家，却被普遍视为新兴的创新者。

表4.5揭示了另一个有趣的趋势。随着时间的推移，教育支出降幅最大的国家中不乏一些引领创新的国家，而这并没有损害它们的国家竞争力。与此同时，教育支出增幅最大的国家，其相对创新率几乎没有什么变化。[76]

表4.5 教育支出比例变化最大的国家（1970–2000）*

增加		减少	
葡萄牙	3.16	加拿大	−2.65
阿根廷	2.54	荷兰	−1.94
西班牙	2.49	美国	−1.69
墨西哥	2.38	日本	−0.98
		英国	−0.79

* 占GDP百分比，数据显示的是每十年平均值的百分比变化。

来源：World Development Indicators，World Bank。

当然，仅仅把钱花在学校，不一定会培育出受过良好教育的学生；也许更准确的测量标准是学生的实际表现。为了获取相关数据，让我们来了解一下经济合作与发展组织国际学生评估项目（Program for International student Assessment）。这一评估项目是在 70 多个国家或地区进行的三年一度的调查，旨在通过测试 15 岁学生的阅读、数学和科学能力来评估一个国家或地区的教育系统。自从 2000 年该评估项目启动以来，相关的测试成绩显示，新西兰、波兰和中国香港拥有世界上最好的教育体系，他们的学生在科学和数学取得高分的比例最高。[77] 其他的高分获得者包括澳大利亚和爱尔兰。然而，这些国家或地区中没有一个跻身于最具创新性或快速创新的国家或地区行列。相反，我们发现，三个顶尖的或快速的创新者（以色列、瑞典和美国）在国际学生评估项目的得分一直处于中等水平数学和科学教育者位置。事实上，如图 4.3 所示，学生的考试成绩排名和国家或地区相对创新率之间的相关性很低。总之，测试分数只能说明前 34 名最具创新性的国家或地区中约 10% 的创新率差异，这些国家或地区创造了全球 99% 的科技产出。

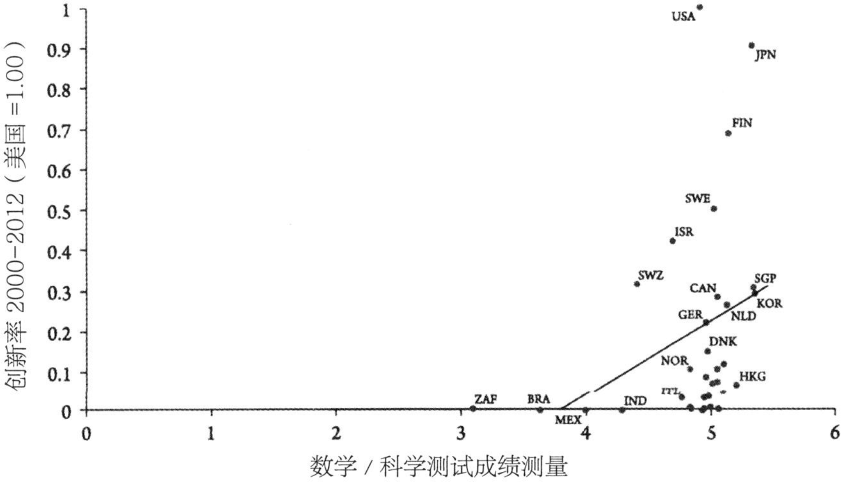

图 4.3　科学、数学测试分数与国家或地区的创新率（2000–2012）。数学和科学测试平均成绩，主要是中学毕业前的所有年份（根据国际学生评估项目量表测量，除以 100）。前 34 名最具创新性的国家或地区如图所示

来源：Hanushek and Woessmann（2012）。

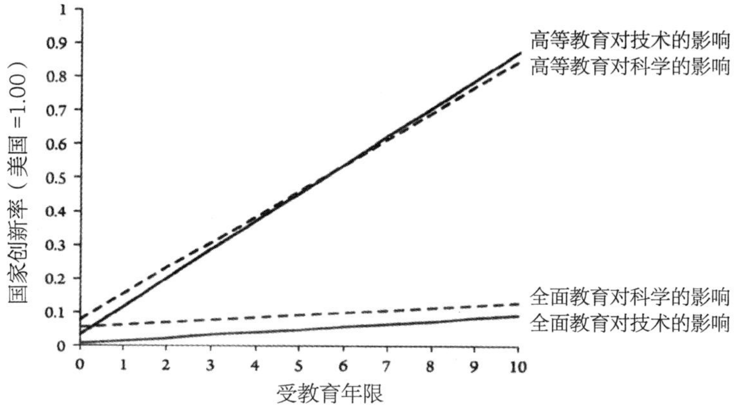

图 4.4　国家科技绩效和平均受教育年限。绘图是估值，代表四条单独的 STEM 学术出版物和技术专利（两者都是人均前向引用）与平均受教育年限回归线

来源：Barro and Lee（2010）；NBER Patent Dataset；and Thomson-ISI。

有人可能会认为，小学和中学教育不是寻找与国家或地区科技绩效相关性的最佳选择。这方面的证据可以在图 4.4 更清楚地看到。图 4.4 绘制的是四个受教育年限与科技绩效的二元回归方程。它清楚地表明，高等教育比整体教育的创新回报更大。然而，虽然高等教育的影响相对较大，统计分析表明，它仍然只能解释 31% 的国家或地区技术创新率差异和 37% 的国家或地区 STEM 研究产出差异。

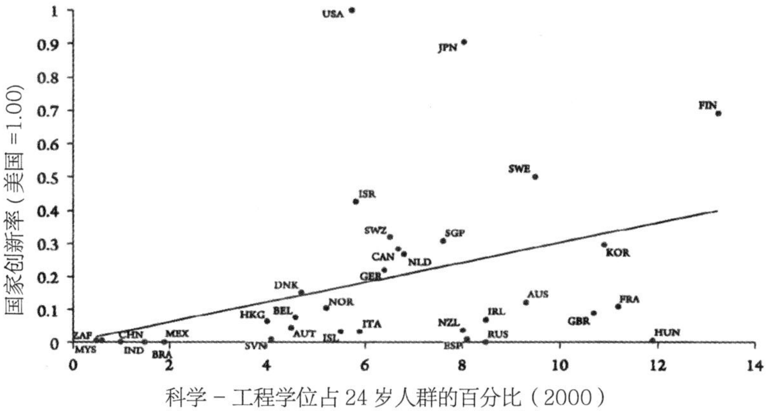

图 4.5　STEM 本科生和国家或地区技术绩效

来源：National Science Foundation (2004). 附录表 2-33：选定位置的 24 岁人群获得的第一大学学历和第一大学学历的比率以及科学—工程学位，以区域划分：2000 年或最近几年（修订）；NBER Patent Database。

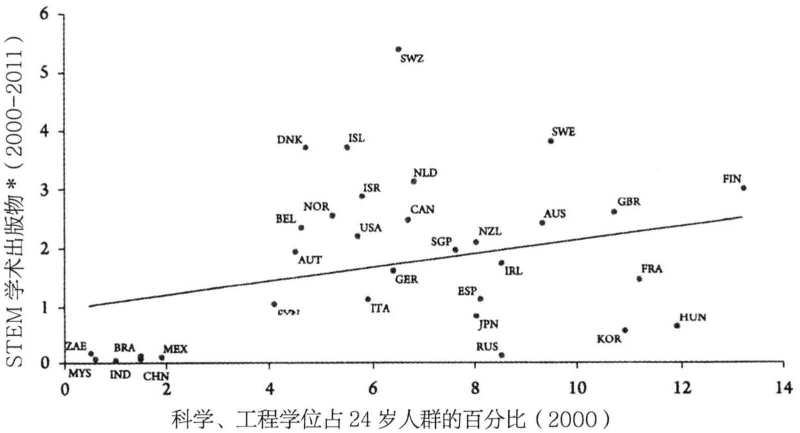

图 4.6 STEM 本科生和国家科技绩效

来 源:National Science Foundation (2004). Appendix table 2-33: First university degrees and ratio of first university degrees and S&E degrees to 24-year-old population in selected locations, by region: 2000 or most recent years (revised); Thomson-ISI。

* 人均前向引用。

图 4.5 和图 4.6 通过绘制 STEM 高等教育和国家或地区科技绩效的图进入下一个逻辑步骤。在这里,STEM 学生对创新的影响也很大,但它仍然只解释了大约 8% 至 15% 的国家或地区的科技绩效差异。这一发现虽然令人惊讶,却与其他数据相吻合。1950 年,从事研发的科学家和工程师只占到美国劳动者的 0.25%。[78] 到 2008 年为止,这个数字已经增长到 1.62%。[79] 换句话说,虽然从事研发工作的 STEM 劳动者的百分比增长了 6 倍,它仍然只代表美国劳动者的一小部分。为了阐明这一点,如果以总人口的百分比来计算,美国在过去的 60 年中取得的科技进步都是基于不到 1% 的美国公民所做的工作。[80]

如果我们在三大支柱(知识产权保护、研发支出和 STEM 高等教育)的基础上把数据进行组合,它们仍然只能解释不到 70% 的国家技术创新率差异和大约 56% 的国家科学进步差异。因此,虽然我们离充分国家创新率差异解释越来越近,但收获越来越少,部分是由于三大支柱之间的关系。三大支柱,至少有一部分是类似国家现象的表达;它们代表广泛共享的价值观和目标,甚至风险和回报的概念,因此会产生交叉影响。它们对国家创新率都很重要,但仍然有相当多的科技绩效差异无法得到解释。对于这一问题，我们需要调查公共研究组织，特别是大学的作用。

支柱四：研究型大学

高校和类似机构自古希腊第一个哲学流派以来一直承担了科技堡垒的角色。然而，纵观高校历史，大学更多的是纯理论和现有知识扩散的地方，而不是科学发现或新技术创造的场所。1810 年普鲁士政府在柏林建立了第一个研究大学，情况开始发生改变。[81] 重视科学调查而非教学的“洪堡（Humboldtian）”大学模式很快传遍了欧洲。19 世纪，成千上万的美国学生前往德国完成学业，并最终把这种大学模式带回了美国。

建立科技研究型大学的想法在战后的美国盛行起来。1862 年的《莫利尔法案》（The Morrill Act）为美国建立公立高校和学院以开展农业科学和机械艺术教学提供了依据。紧接着，联邦政府对以高校的实验基地为依托的农业研究（《1887 年哈奇法》，Hatch Act of 1887）和新科学知识的扩散（《1914 年史密斯杠杆法》，Smith-Lever Act of 1914）提供支持。这些努力和洪堡运动一起在美国高等教育和科学研究领域掀起了一场革命。这场革命以 1876 年约翰·霍普金斯大学的成立为开端。[82] 约翰·霍普金斯大学开创了美国科技研究型大学的先河，这所大学以先进的实验室和巨大的学术自由吸引着顶尖科研人员和那些希望接受这些科研人员培训的学生们。这所学校非常成功，到 1900 年为止，美国的几所大学：哈佛大学、哥伦比亚大学、芝加哥大学、康奈尔大学、斯坦福大学、密歇根大学和威斯康星大学都采用了约翰·霍普金斯大学的方法。

在随后的几十年里，美国研究型大学慢慢地呈现出我们今天看到的形式，常常与嫁接于 17 世纪英国绅士学院的 19 世纪的德国研究型大学相联系。[83] 20 世纪 30 年代，法西斯种族主义在欧洲的兴起迫使很多顶尖科学家和工程师涌入美国的高校，这其中包括像阿尔伯特·爱因斯坦（Albert Einstein，现代物理学的奠基者）、麦克斯·德尔布吕克（Max Delbruck，分子生物学之父）和利奥·西拉德（Leo Szilard，电子显微镜和回旋加速器的创造者）等重要人物。政府资助的高校在二战中为美国科技做出了宝贵贡献。这些高校随后在冷战时期发挥了更大的作用。[84] 近几十年来，联邦政府发放大量研究经费和国家补贴给美国大学以提高国家科技竞争力，首先是打击复苏的日本和德国，然后是韩国、中国、印度。[85]

高校通过几种途径提升国家科技竞争力。显然，大学实验室是许多科学研究和技术创新工作开展的场所。人工心脏、万维网、DNA 测序和核能等无数的重大发现和发明均是大学研究的直接结果。大学还通过学位授予项目为一个国家的 STEM 人才提供培训，这是另一个重要的创新投入。大学也会通过与工业和政府之间的联系间接地促进技术变革。例如，有关 1267 名企业研发经理的调查列出了高校间接促进产业创新的十种纽带[86]：学术出版物（41% 工业领域受访者认为这些很重要）、非正式的信息交流（36%）、会议（35%）、大学咨询（32%）、合同研究（21%）、毕业生招聘（20%）、联合研发项目（18%）、高校专利（18%）和许可（9.5%）使用，以及 STEM 人员的相互交流（5.8%）。[87]

因为这些原因，世界各国政府都主张高校扩招。在中国，高校正在以前所未有的速度激增，同时，政府也在北京大学、清华大学、复旦大学中寻求可以与西方最好的研究型学校相竞争的地方。印度也试图效仿英国和美国的科技大学，印度的 15 所科技大学中，一半以上是于 2008-2009 年建立的。与此同时，美国和欧洲的大学，无论是教师还是学生，都越来越重视研究。就连一些中东国家，如卡塔尔，也把大学作为从石油经济向全球竞争性高科技经济转变的桥梁。[88]

然而，大学在解释国家和地区科技绩效方面作用有限。例如，日本、韩国几乎没有排名靠前的大学，但这并没有阻止它们生产具有全球竞争力的科技。同时，英国排名很靠前，其受人尊崇的研究型大学的总数仅次于美国，但其从多种测量方法来看都只是中等水平的创新者。也许更令人失望的是，德国、法国和意大利不乏高等教育机构，但是却没有产生多少专利、出版物或赢得 STEM 奖项。如图 4.7 所示，研究型大学与国家创新率之间的关系是很强的，但却不是决定性的。例如，统计分析揭示，排名最高的大学只解释了全球 10% 的国家创新率差异。

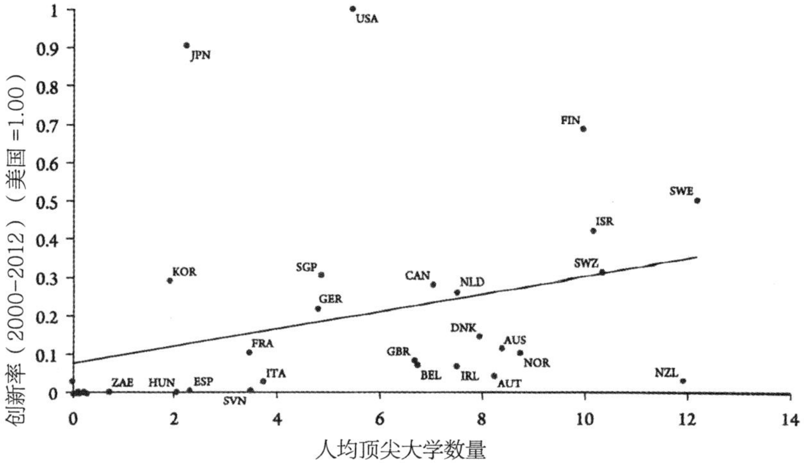

图 4.7 顶尖大学与国家科技绩效。每 1000 万人口拥有的顶尖大学的平均数量，2003–2013

来源：NBER Patent Database；上海交通大学世界一流大学和高等教育研究中心公布的世界大学学术排名（Academic Ranking of World Universities，ARWU）。

当然，加利福尼亚的硅谷和波士顿 128 公路都有几所顶尖的研究型大学，这些区域的企业可以将实验室里创造出的科技商业化。这样的大学商业区被视为国家科技竞争力的关键。[89] 然而，位于亚特兰大、纽黑文或安娜堡的顶尖的研究型大学却没有类似的高科技地区。墨西哥、中国和韩国等国家也没有成功地引进硅谷模式。[90] 同时，硅谷的历史表明，在 20 世纪 60 年代集成电路兴起前的几十年里，是斯坦福大学吸引了周围的电子公司建立早期研究计划，而不是其他方式。[91]

近年来，高校科研经费和方向也出现了问题。每个教师的总研究成本在不断迅速增加，终身教师的平均研究成本从 1.7 万美元（1975）增长到超过 25 万美元（2010）。[92] 在一些科技领域，如工程领域，聘请研究人员的启动成本由于实验室与设备要求最高可达 1500 万美元。[93] 同时，州政府对大学研发的支持已经缓慢并稳步下降。1975 年，联邦政府支付了研究型大学科学和工程研发资金的 67%，而州政府支付了 9.7%。2010 年，这些数字已经分别下降到 62% 和 6.2%。[94] 虽然这些下降以百分比来看幅度很小，但却是数亿美元，必须从其他地方找回。

为了支付这些高昂的成本，大学越来越多地转向私营企业寻求资金支持。截至 2010 年，私人投资者资助了平均 5.8%（或 31 亿美元）的学术研究费用；在某些领域，如生物技术领域，资助比例高达 25%。[95] 但是，为了获得投资回报，私人企业往往要求获得知识产权的所有权。私人投资者经常限制教师的自主权，把教师视作聘请来解决具体研究问题的承包商，而不是自由思想家。一些私人资助者的知识或意识或日程也会影响大学研究的方向或结果。因此，工业和大学的关系可能会与公众、目标以及美国大学开放的传统相冲突。[96] 这些问题便是众所周知的大学研究“私有化”。

1980 年的《拜杜法案》（Bayh–Dole Act）通常被认为是大学研究私有化的关键驱动因素。《拜杜法案》是联邦政府对人们普遍抱怨大学研究在 20 世纪 70 年代没有产生多少实际应用的回应。这一法案还承诺提供一种机制，让大学把获得的收入用于研究。该法案允许联邦政府资助的大学研究人员为他们的发现和发明申请专利，然后将这些技术应用到私营企业的发展中。据此，授予美国大学的专利似乎有了显著增加，从每年大约 300 项（1975）上升到 2818 项（2008），并成为许多学校教师晋升和终身教职的基础。[97] 著名的成功例子包括卡耐基 – 梅隆大学从 Lycos 搜索引擎获益 2500 万美元；斯坦福大学从新的基因剪接过程专利中获益 1.43 亿美元。然而，随后的研究表明，大多数高校没有从专利和许可中获取巨额收入。[98]《拜杜法案》也没有明显影响高校科研产业化；大多数领域的商业化仍在发生，《拜杜法案》并没有加速商业化趋势。[99] 事实上，在大多数高校研究领域，只有一小部分教师从事许可证交易。[100] 许多学者也担心《拜杜法案》限制了信息披露和数据共享，降低了研究质量，迫使应用性研究替代基础性研究，对科技教育激励产生了不利影响。[101]

另一个已经悄悄进入公立大学的问题是学术专款。这涉及以纯粹的游说和政治因素而不是以科学同行评审为基础的研究经费的确定。至 2010 年，美国的 875 个学术机构共收到 19.8 万亿美元的联邦拨款，其中大部分资金都拨给了美国国会高级成员所在州的高校。[102] 问题是，相比那些有竞争力资金扶持的研究，这些专项拨款资助的研究往往水平低，影响力低；另外，收到拨款的学校不能立刻提高他们的研究地位。例如，由于参议员撒德·科克伦（共和党人密西西比州）在参议院拨款委员会（Senate Appropriations Committee）供职，密西西比州的四所大学在2010年位居前25名获得学术专款的高校行列，尽管事实上这些学校都不属于前100名研究型大学。附近的奥本大学和阿拉巴马大学之所以能获得学术专款，在很大程度上得益于强大的阿拉巴马州参议员理查德·谢尔比。[103] 这种学术专款在资助低影响力的研究的同时，也挤占了同行评议的竞争性研究补助。因此，学术专款的净效应便是使得公共研发资金从一流研究型大学转向那些质量中下等但在华盛顿有强大游说机构的高校。[104]

支柱五：贸易政策

贸易政策将前四大支柱延伸到国际经济。根据贸易保护主义的不同，一个国家的贸易政策可以制造市场壁垒来锁定正溢出效应，将负溢出效应拒之门外；同时防止国外垄断在促进出口的同时控制本地市场。因此，它间接地影响了科技。也就是说，虽然很多人认为贸易政策不是创新政策的一种形式，但它确实是。我们从历史上所有技术领导者从大量参与世界贸易中获益的观察中便可认识到这一点。古希腊人和罗马人，中世纪的阿拉伯人和威尼斯人，后来的荷兰人、英国人、美国人、德国人和日本人，以及最近的中国人，这些国家都经历过世界贸易崛起带来的科技能力的提升。

贸易通过各种机制影响创新。最明显的是，贸易带来了国外的先进科技，以及关于科技应用和销售的不同想法。美国人可能发明了晶体管，但日本人懂得如何以它为基础生产一系列新的低成本消费类电子产品，如收音机、玩具、手表、计算器和电脑。贸易也会产生企业间和国家或地区间的竞争，引起追求更大效率和新产品的国际竞争。通常，只有通过投资技术变革才能赢得这些竞争。贸易也允许专业化，由此把经济重点放在特定行业的科技上，如新加坡最近专注的生物技术，以及北欧移动电信的专业化。[105] 贸易可以创造研发和高新技术产业投资所必需的剩余财富。通常情况下，这一点需要通过大型的具有国际竞争力的金融部门和主要的交易业务来实现。此外，贸易创造了对遥远消费市场、分销链和生产设施的实体保护和稳定性的安全需求。从这一点来看，贸易可以转化为军事研发，在制造新武器的同时，将技术溢出到民用行业。也许最重要的是，贸易可以创造规模经济，使得大型科技投资创造出小型国家市场不可能得到的丰厚利润。总之，要了解贸易对科技的所有益处，我们只需要随便问问一个州，比如如果密歇根州没有与其他 49 个州组成大型美国自由贸易区，成为其中的一部分，并可以跟世界其他地区开展贸易活动，它能否像现在一样享有先进的技术。

具有讽刺意味的是，几个世纪以来，保护主义一直被认为是技术发展必不可少的因素。关于贸易保护主义的最古老的经济理由是“新兴产业论”。这一论断认为，发展中国家在高科技领域有潜在的比较优势，但高科技产业在发展中国家是很难从无到有发展起来的，因为它们没有能力与先进创新者所创造的现有技术进行竞争。这一点同样适用于科技。因此，发展中国家在国内产业足够强大、足以在世界技术市场上竞争之前，必须使用关税或进口配额限制外国竞争；否则，发展中国家的市场就会充斥着进口的前沿创新者的高科技，这些国家因而永远不能实现工业化或发展。即使在 21 世纪，这仍然是反对自由贸易的争论中最受人尊敬的一个论断。毕竟，世界上先进的三大经济体，美国、日本和德国，每个国家都在巨大的贸易壁垒的支持下开始了提高国家高科技竞争力的征程。

然而，20 世纪 70 年代，观察者意识到了新兴产业保护的主要问题，特别是在它采取进口替代工业化（ISI）形式时。进口替代工业化是国家限制进口其想要本国生产的具体技术时的一种战略。通过限制进口某项技术，政府推动了这一技术的国内需求，因此推高了价格和利润，从而吸引国内生产商来填补这一空白。进口替代工业化是 20 世纪 30 年代到 70 年代深受发展中国家欢迎的战略。但它面临一个问题，只有这些领域的企业更具竞争力时，保护高科技行业才是好的政策，但这并不总是发生。

几十年来，所有的拉丁美洲国家，以及印度和巴基斯坦，都对它们的技术先进行业实施了保护。它们首先是建立了自主创新产业，从而带来了初步的现代化和工业化。然后许多国内生产商要么只是隐藏在这种保护背后，没能提升其竞争力，要么由于与保护主义无关的原因变得极具竞争力。说得严重些，保护主义可以切断一个经济体的资本、专业知识、熟练劳动者，甚至新技术本身的流入。在这种情况下，国家必须从零开始，彻底改造整个行业，这是非常危险的、耗资庞大的举动。因此，实施进口替代工业化的大部分国家不得不进口先进的技术产品，如计算机、电子仪器、精密工具等，因为他们的现代化没有发展到可以在国内生产这些技术产品的程度。进口替代工业化可以创造更多的国内制造业,但采用进口替代工业化的国家几乎没有任何赶超先进国家的迹象。因此，现在许多经济学家怀疑进口替代工业化在实现国家现代化，或帮助它们发展高新技术产业方面的能力。

20 世纪 70 年代以后，对保护主义的热情逐渐被支持出口导向型增长战略所取代。出口导向战略的主要思想是让发展中国家利用其廉价的但受过良好教育和训练有素的劳动者的比较优势，成为制造高科技商品的基地。这就要求发展中国家开放经济，进口所有不具有比较优势的投入。然后国内企业或者政府可以自己建立高新技术产业（例如日本、韩国）或允许外国企业通过外国直接投资建立高新技术产业（如中国和新加坡）。这些行业通常会在向东道国提供工厂、更多的 STEM 工作机会、更高的工资及大量的技术和专业知识转让的同时，将产品出口到富裕的市场。慢慢地，东道国的工人、管理者和工程师就从先进的外国人那儿学到了足够的技能，建立自己的国内公司，开展竞争，从而向价值链上游转移。

起初，20 世纪 60 年代，主要是东亚一小部分国家奉行这样的出口导向型战略（例如日本、韩国、新加坡）。之后，中国、智利、芬兰，在某种程度上印度和其他国家也加入了这一行列。观察者强调，追求出口导向型战略的国家有三个显著特点：他们的经济增长速度快；现代化和工业化同样迅速；贸易相对开放。虽然出口导向型战略会因国家的不同而存在差异，相比进口替代工业化的国家，出口导向型国家受到保护主义影响的概率较低，较为稳定。

对发达国家来说，贸易政策通过影响市场规模、专业化和竞争性来促进创新。首先，贸易可以增加潜在消费市场的规模。更大的市场转化为更大的潜在利润，从而激励更大的创新投资。技术开发和生产在一个封闭贸易的小国家可能是无利可图的，但在世界市场上可能是利润丰厚的。例如，瑞士先进的制药工业开发的许多新药物如果只服务微小的瑞士市场将不会有利可图，特别是对那些只有很少人才会得的疾病而言更是这样。只有将产品出口到世界各地，诺华药业、默克和罗氏集团等类似公司才能成为技术前沿阵地上利润丰厚的创新者。类似的动态使得技术可以定制以迎合特定消费者的口味，这一技术带来了各种各样的汽车、信息和通信技术，以及不久之后的基因药物。

其次，发达经济体的产业内贸易促使他们的公司根据自己的竞争优势进一步专业化。这使得国家能够把投资更有效地集中于这些工业的创新，以及它们最具创新性的供应链环节。起初，这种专业化是相当广泛的，比如，20 世纪 80 年代，日本专注于家庭汽车创新；德国和意大利则专注于跑车创新。20 世纪 90 年代，国家科技专业化更加细化：一台笔记本电脑可能会在日本设计，运用美国、德国和以色列编写的软件。21 世纪，产业内贸易已经转变为产品内贸易，这带来了更多高度专业化的创新。例如，波音公司的新型 787 梦想飞机包括美国的车身设计，英国的引擎，法国的座椅、安全设备和航空电子设备，日本的锂离子电池、机上娱乐、机翼组件，澳大利亚的机翼组件，意大利的机身和稳定剂，以及其他几个国家的创新产品。[106]

第三，贸易促进发达国家之间的竞争，迫使他们创新现有工业，并摒弃日益过时的工业。20 世纪初，纺织品、金属和化学、轻工制造业的外国竞争推动了美国早期汽车和消费电子产业的发展。20 世纪 60 年代之后，日本在汽车、电子和计算机领域的竞争力的提高迫使美国和其他领先的创新者在提高自己科技竞争力和生产能力的同时，更加强调网络、软件、航空和电信等新技术的重要性。最近，随着中国、韩国、以色列、爱尔兰和北欧国家进军到这些工业，美国被迫成为创新、生物技术、医疗设备、纳米技术和能源领域的领导者。

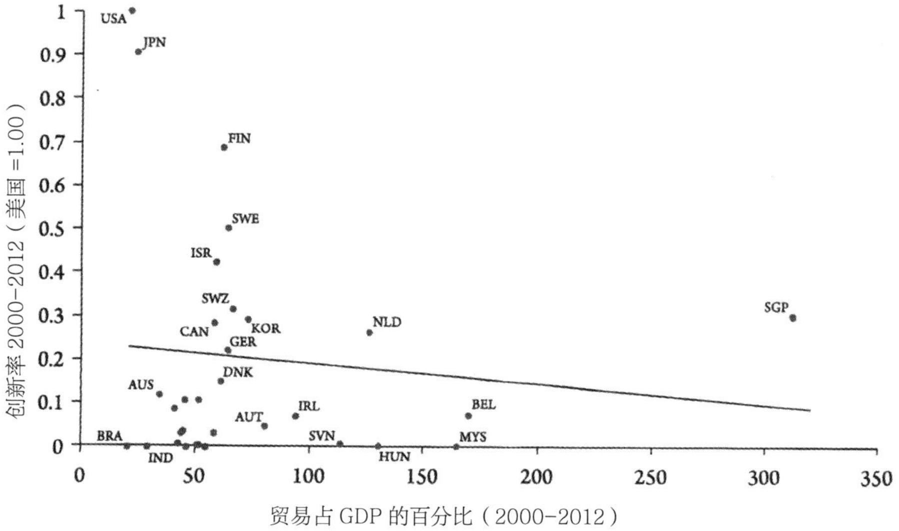

图 4.8　贸易和创新（2000–2012）

来源：world Bank Development Indicators，World Bank； NBER Patent Database。

然而，在所有的五大支柱中，贸易政策与任何创新测量的相关性似乎在任何时期内都是最弱的（图 4.8）。也许我们可以在 20 世纪 70 年代初找到贸易和创新之间最紧密的联系，然而，即使在这一时期，统计分析表明贸易开放度仍只能解释 15% 左右的国家创新率差异。这种相关性在 20 年内已经降到 3% 以下。这并不是说贸易会损害或抑制创新，而是说，一些较少接触世界贸易的国家创新做得相当好，而一些经常从事世界贸易的国家则没有。事实上，不可否认，不管是中国通过出口带动高科技发展的对外开放策略，还是日本采用合法或非法的新兴产业保护发展成为科技强国的封闭策略，它们都取得了重大成功。这两种策略都可以起作用。

作为整体的五大支柱

前面的章节表明，这五大支柱中，没有哪个单一的支柱可以成为促进科技竞争力的“银弹”，所以，国家必须很好地实施每一个支柱。也就是说，一个政策支柱的影响力可能部分取决于其他政策支柱的力量。例如，超过 55% 的美国基础研究是在高校进行的，[107] 这些高校在《拜杜法案》的激励下对部分基础研究进行了创新。《拜杜法案》允许高校从知识产权中获取利润，这在美国是坚决执行的。然而，总体来看，这些相关性似乎无效（表 4.6）。一方面，研发支出（占人均 GDP 的百分比）和知识产权水平有很高的相关性（0.7）。另一方面，研发和教育支出之间的相关性稍低（0.54）；知识产权和顶尖大学之间的相关性也低（0.44）。支柱之间的相关性相对较弱。因此，一个国家的主要科技制度和政策必须足够强大才能获得好的结果，这一点不见得是正确的。

此外，这五大支柱政策可能相互矛盾。例如，《拜杜法案》的评论者认为，将知识产权引入大学研究提高了原先透明的公共机构的保密性。有报道称，大学教授为了保护研究的商业化而隐瞒数据、方法和结果。[108] 同时，增加的 STEM 高等教育资金有时被用于研究或资助国外学生，这些国外留学生归国后会为我们的竞争对手开展创新活动。[109]

表 4.6　五大支柱创新政策的相关度

研发支出	1				
教育支出	0.54	1			
知识产权	0.70	0.25	1		
顶尖大学	0.36	0.00	0.44	1	
贸易开放度	0.11	0.28	0.12	−0.37	1
教育支出	研发	教育	知识产权	大学	贸易

统计分析表明，这五大支柱一起可以解释高达 90% 的国家创新率差异。[110] 然而，这一发现也有问题。即使从表面来看，违反“五大支柱作为一体”论点的重要现象也需要得到解释。例如，经济合作与发展组织的数据所覆盖的国家中，没有一个国家的得分出现在任何一个支柱政策领域的前几名或后几名（表 4.7）。而且，令人惊讶的是，经济合作与发展组织观察过的国家中，只有少数几个做得不好（土耳其和斯洛伐克共和国），同时只有少数几个在两个类别以上的排名很高（加拿大、美国、日本）。事实上，具有讽刺意味的是，一些顶尖的创

新者在一些类别的排名很靠后（美国和日本），或只是在某一类别的排名很靠前，甚至有些在所有类别的排名都不靠前（以色列、瑞典、芬兰、德国和瑞士）。

五大支柱的设计也存在重要的细微差别。例如，研发经费可以分配给基础研究、应用研究或发展。教育支出可以侧重于识别和培训最优秀的和最聪明的学生，或者提高中等学生甚至是差生的水平。知识产权充斥着各国之间重要的法律差异，包括申请资格、专利权期限和发明专利类型。这些细节可能会影响这些制度促进科技发展的效率。

显然，五大支柱和国家的创新率之间存在众多显著因果关系，但我们最终从所有的数据和案例研究中提取出两个重要的观点。第一点：每一个支柱对提高国家创新率都很重要。市场失灵会阻碍创新，因此，公共政策的作用就是纠正市场失灵，从而提高科技绩效。第二点：五大支柱并没有如我们所期待的那样解释很多创新。无论我们先前调查的是哪一个主要政策，即使把五个支柱放在一起考虑，我们仍然发现有很多创新无法解释。

表 4.7 五大支柱政策领域的相对排名 *

	研发支出	产权保护	顶尖大学	高等教育年限	贸易开放度
加拿大	—	靠前	靠前	靠前	—
美国	—	靠前	靠前	靠前	垫底
日本	靠前	靠前	靠前	—	垫底
意大利	—	靠前	靠前	—	—
法国	—	靠前	靠前	—	—
比利时	—	靠前	—	—	靠前
爱尔兰	—	靠前	—	—	靠前
以色列	靠前	—	—	—	—
瑞典	靠前	—	—	—	—
芬兰	靠前	—	—	—	—
荷兰	—	靠前	—	—	—
丹麦	—	靠前	—	—	—

续表

德国	—	—	靠前	—	—
英国	—	—	靠前	—	—
新西兰	—	—	—	靠前	—
新加坡	—	—	—	垫底	靠前
卢森堡	—	—	垫底	—	靠前
澳大利亚	—	—	—	—	垫底
南非	—	—	—	垫底	—
葡萄牙	—	—	—	垫底	—
斯洛文尼亚	—	—	垫底	—	—
捷克	—	垫底	—	—	—
波兰	垫底	—	—	—	—
希腊	垫底	—	—	—	—
墨西哥	垫底	—	—	垫底	—
罗马尼亚	垫底	—	垫底	—	—
阿根廷	垫底	—	—	—	垫底
斯洛伐克	垫底	垫底	垫底	—	靠前
土耳其	垫底	—	垫底	垫底	垫底

* 澳大利亚、巴西、匈牙利、印度、韩国、马来西亚、挪威、俄罗斯、西班牙、瑞士和中国香港地区未列在内，他们既不属于靠前的类别，也不属于垫底的类别。

同样，有些创新国家五大支柱的得分不高，但仍然创造了尖端科技和科技产业，这样的重要案例实在是太多了。一些国家的经验表明，简单地增加研发投入，保护知识产权，或建立学校和大学不会带来科学或技术领域的创新。那么到底发生了什么？一个可能的答案是，“好的”政府行动不仅仅包括经典的五大支柱。也许我们还没有确定正确的制度和政策，或者它们的正确组合。因此，下一章将就更广泛的、可能决定国家创新率的“宏观”制度和政策展开调查。

第五章 影响国家创新力的因素

有趣的是，这本书关于为什么有些国家在科技创新方面比其他国家更出色的探索发生了转折。到目前为止，我们已经从数据中了解到，尽管全球化已经实现，令人费解的国家创新率差异仍然存在。理论和历史表明，这些难题可以通过政府制度和政策的差异来解释。具体而言，市场似乎是创新的绝佳驱动力，但科技市场也会失灵。因此，政府在解决这些市场失灵现象时的行动差异可以解释国家创新率的差异。这一问题引导我们在上一章中探索了创新的“五大支柱”：知识产权、研究补贴、教育、研究型大学和贸易政策。它们是解决阻碍科技进步的市场失灵过程中五个最值得信赖的、使用最广泛的制度和政策。但奇怪的是，五大支柱留下了大量难以解释的科技成败案例。本章要回答的问题便是：造成难以解释的国家创新率差异的原因是什么？

大多数创新研究人员认为，答案仍然在于制度和政策。毕竟，国家各级政府的几十项国内制度和政策会影响国家科技绩效。那么，资本主义、民主和政治分权的宏观制度又当如何呢？当然，他们在促进创新发展方面发挥了关键作用。如前面的章节所做的，仅仅选择五个政策进行调查，研究面似乎太窄。很明显，我们没有看到足够的制度和政策，或它们的正确组合。如果将更多的制度和政策加入我们的列表，我们会获得更大的解释力吗？

在过去的 30 年里，调查多种不同国家制度和政策的影响成为包括我在内的许多创新学者的兴趣所在。我们相信，制度和政策的复杂的“特殊调味汁”一定存在，它是解释为什么一些国家在科技方面更出色的关键。我们的目标就是发现这个配方。为此，我们研究了全球大量的制度和政策。本章就我们的发现进行调查。这是这本书中最“怪异”的章节，但同时也是最重要的，因为它消解了传统智慧认为特定的制度和政策集合会引起科技进步的观点。

本章会涉及两个有用的概念：内生和外生。[1]外生因素是系统之外影响其性能的因素。以非科技为例，我的体重很大程度上是由我的基因、年龄、饮食、运动决定的。我不能改变前两个变量。我的基因和年龄都是自然给予我的，因此，它们会被称为外生变量。外生变量可能会发生变化，但不会因为模型中的任何因素而改变。事实上，通常情况是，我们不能模拟外生变化，必须接受它，它是由尚未解释的或过于复杂的力量所决定的。相反，内生因素是指系统内部影响其性能的因素。我的体重也受到饮食和运动的影响。我可以改变这两个变量。因此，如果我要设计一个关于人体体重差异的科学理论或经济模型，那么饮食和运动将被称为内生变量，因为它们处于模型的“内部”，可能会受到心理、财富、文化等的影响。同时，内生变量可以影响模型中的其他变量（例如，当一些人外生性长胖或年纪变大，他们开始节食和多运动）。这两个概念在这一章很重要，因为研究制度和政策的学者们在哪些是外生变量或内生变化；哪些是不变量和受其他力量影响的变量；以及哪些是社会能改变的变量这一更为重要的问题上争论激烈。

国家创新系统

国家创新系统（National lnnovation System ,NIS）方法在解释国家科技绩效方面的思想是：多项国家政策和制度共同促进创新。NIS 也许是第一个系统研究创新率的跨国方法。[2]这一方法兴起于 20 世纪 80 年代中期，是对 20 世纪 70 年代国家创新率的重大和意想不到的变化所引发的实证谜题的回应。当时，美国和英国等科技大国地位明显下降，日本快速崛起为科技强国，韩国和其他新兴工业化国家出现在或接近技术前沿，这些着实让经济学家们感到震惊。现有经济学创新理论很难解释这些现象。此外，许多尝试解释这些异常现象的案例驱动研究带来的是一系列令人费解的矛盾理论和政策处方。针对这一情况，美国和欧洲的政治经济学家创造了 NIS。[3] 第一批 NIS 学者想要解决他们当时称之为一般创新理论和“大肆宣传和相当随意的”创新研究与政策的缺陷。[4] 具有讽刺意味的是，NIS 造成了相反的局面：虽然有关国内制度和政策的绝佳实证案例研究极其丰富，有关国家创新率的一般性理论却无处可寻。不管怎样，NIS 自创立以来已成为创新研究的主导模式。[5]

解释国家创新率的 NIS 方法首先承认，无论是由企业还是由个人进行的创新，都发生于更广泛的政治和经济制度和政策的环境之中。NIS 进一步指出，这些制度和政策共同构成一个系统，决定国家的创新速度和方向。由于这些制度和政策因国家不同而存在差异，实际上在一定程度上定义了国家，因此，它们构成了“国家创新系统”。当然，NIS 学者承认这并不是有关技术变革的全新观点，但会让人想起亚历山大·汉密尔顿（Alexander Hamilton，1791）和弗里德里克·李斯特（Friedrich List，1841）提出的类似的想法，他们都曾就国家经济系统如何运行提出过有影响力的看法。[6]

NIS研究项目的新颖之处在于支持者探讨这一问题时的实证深度和全面性。NIS 学者一般采用案例研究的方法，把研究重点放在确定和探究几十项具体的国家制度和政策在影响创新方面所起的作用。他们在经济学家克里斯托弗·弗里曼（Christopher Freeman）、伦德瓦尔（Bengt Ake Lundvall）、理查德·尼尔森（Richard Nelson）和查尔斯·艾奎斯特（Charles Edquist）[7] 的引领下研究了不同的教育制度、科学政策、贸易制度、法律框架、金融机构、反垄断法等等对于创新的作用和影响。他们还留意观察了许多国家的国内制度和政策，很多在以前的创新研究中很少涉及。例如，在一个开创性的研究中，学者们分析了大型的富裕前沿创新者（日本、美国、德国）；小型的富裕创新国家（丹麦、加拿大、瑞典）；具有创新性的不发达国家（以色列）和看似停滞的不发达国家（阿根廷和巴西）。此后，其他研究人员用 NIS 方法分析了从芬兰到中国，从斯洛伐克到阿尔及利亚，从匈牙利到印度等许多悬殊很大的国家。[8]

表 5.1 NIS 制度和政策简表

财政制度	反托拉斯政策	政府采购项目	科学政策
国防政策	劳资关系	环境法规	劳动政策
太空政策	视频政策	政府预算程序	能源政策
汇率制度	法律制度	卫生政策	土地管理
分区法	电信政策	交通政策	技术转让政策
农业补贴	税收政策	安全法规	移民政策

然而，虽然 NIS 研究项目在实证方面对国家创新率争论做出了重要贡献，有关普遍性的问题仍很快就出现了。总体来看，单独的 NIS 案例研究表明的是几十项政策和制度（表 5.1），每一项政策和制度都可能根据其相对于其他政策和制度的配置在技术创新方面发挥作用。

因此，NIS 揭示了创新过程的复杂性和涉及因素的多样性，却未能产生任何一般性理论。

以美国为例。NIS 学者认为二战以来技术进步的主要驱动力包括军事采购项目、及时和强有力的反垄断行动、小企业和大学。[9] 然而，这些变量没有在日本的国家创新系统中扮演重要角色。相反，战后时期，日本的创新实力源于政府对贸易和投资的严格控制、合作型产业劳动关系和具体的企业管理技术，这些都是美国所不具备的。[10] 同样地，有关英国、德国、法国和韩国的研究也扩展了变量列表。[11] 每个国家都有自己独特的一套制度和政策，构成了其独特的 NIS。

此外，由于每项 NIS 制度或政策的成功运作往往取决于与其他制度和政策的关系，NIS 学者发现切实可行的国家创新系统在快速扩散。因此，虽然相对强劲的美国反垄断制度有利于美国创新，但它在自由贸易和资本流动的背景下也是如此。相反，东京相对薄弱的反垄断法在与日本的工业政策和金融系统配置在一起时，似乎促进了日本的创新。因此，除了大量的变量，NIS 方法还外生了许多可能的变量组合，每一种都可能促进或阻碍创新。这种不够简约的做法给理论和检验带来了问题，尤其是在相同的制度或政策对不同国家的创新率产生了不同影响时。[12]

因此，经过近30年的研究，NIS学者还没有产生一般性的假设来解释国家创新率的差异。也就是说，虽然他们已经实现了增加数据点集和它们之间潜在关系的实证目标，NIS学者尚未找出适用于它们的理论。

事实上，任何人都能识别NIS学者尚未研究过的政策或制度。当然，我们仍然经常会听到这样的说法：政策或制度“X”是国家提高创新力必不可少的因素。有时，这些评论者是某个区域、国家、行业或时期的专家，制度“X”可能会充分解释特定研究领域的创新率。但是，这些人往往都没有留意到NIS文献，这些文献已经对多个行业、国家和时期内的特定“X”进行了研究，只是没有发现一致的结果。

其他的NIS研究有可能会确定特别的制度、政策或其组合，并由此确实提出了国家创新率的普遍性解释。但到目前为止，NIS研究一直保持其高质量和全面性，使得很多人认为我们应该采取新的方法，考虑新的变量。在回答这一难题的学者中，坚持“资本主义多样性”的理论家们想出了令人兴奋的新的创新研究领域。这便是下一节要探讨的主题。

资本主义多样性

“资本主义多样性”（Varietes of capita liam ,VoC）理论是尝试解释NIS失败的流派中一个比较著名的学派。[13] 该理论认为，一个国家的NIS制度行为，甚至在上一章中讨论的这五大支柱，都是内生于市场的。[14] 一个国家的创新者同样是内生的。换句话说，NIS制度和政策的目标，以及实现这些目标的效率，取决于更大的政治和经济制度。尤其是，VoC理论认为，一个国家越是允许其市场构建国内经济关系，该国的经济参与者就越具创新性。相反，一个国家越是选择通过非市场机制协调经济关系，其经济参与者的创新就越缓慢、渐进。不可否认，这是高浓缩版的微妙而复杂的理论，但它对我们的目的来说具有准确性。

这听起来好像是有关市场与国家的争论使得我们最先考虑五大支柱，但情况并非如此。这五大支柱是微观经济的解决方法。在设计这五个支柱时，我们关注的主要问题是确定个别的市场失灵，然后解决它们。因此，我们最终确定了那些专注于在特定市场（如教育、研究、知识产权）上最大限度地提高效率和创新的政策或制度。相比之下，VoC 理论采取宏观的方法。它更感兴趣的是如何设计并在各种经济参与者（公司、工会、国家）背景下保持一个完整的市场体系。这些经济参与者必须分担该系统带来的成本、风险和回报。它们的问题是如何分担分配责任以及在多大程度上让市场本身决定责任的分配。因为不同国家对于这些问题有着不同的答案，我们就找到了世界范围内各种各样的“资本主义”。VoC 理论家们利用这种差异来说明很多具有可比性的国际政治经济行为。

因此，这一理论范围广泛、至关重要，它涉及政治、经济生活的多个方面，创新只不过是其中的一部分。有趣的是，这一理论没有按照传统方法把世界分为“国有与私有化”或“自由贸易与贸易保护主义”系统。相反，VoC 理论把企业当作资本主义经济贸易和生产的重点。因此，它把企业，而不是国家或个人，作为分析的主要单位。当然，公司不是 VoC 分析中孤立的或独立的经济参与者。公司的成功运作取决于它与劳动者、投资者、政府和其他公司的关系。正是这些关键的关系反过来解释经济活动和决策的模式。因此，VoC 理论的重点是讨论国家的宏观制度环境如何决定这些关键关系行为，经济参与者如何据此组织解决困扰这些关系的协调问题。

在最基本的层面上，Voc 理论是资本主义的分级理论：一些国家相比其他国家允许自由市场更多地协调经济参与者。例如，Voc 的一端是“自由市场经济”（Liberal Market Econornies，LMEs），如澳大利亚、加拿大、英国、爱尔兰、新西兰和美国。在 LMEs 中，企业往往会以诺贝尔奖得主经济学家奥利弗·威廉姆森（Oliver Williamson）所描述的方式协调他们的关系和活动：公司内部通过层级和公司外部通过原子状竞争市场安排。[15] 非市场合作往往是规章制度所不允许的。[16]自由市场统治一切另一端是“协调型市场经济”（Coordinated Market Econornies，CMEs），如奥地利、比利时、丹麦、芬兰、德国、日本、荷兰、挪威、瑞典、瑞士。在 CMEs 中，公司更像家人或朋友一样：不仅通过非市场关系协调与其他公司的关系，也常常通过非市场关系协调与劳动团体和政府的关系。在 CMEs 中，经济参与者更依赖于长期的、有时非正式的关系。合同往往是不完整的，信息交流发生在持久的联盟的背景之下，它们之间保持的是高度的合作，而不是激烈竞争或直接对抗。

这两个理想类型中间是一些混搭类型，被称为“地中海市场经济”（Mediterranean Market Econornies，MMEs），这是 VoC 理论学者不太重视的市场类型，兼具自由主义市场经济和 CMEs 的特点。这些国家包括法国、希腊、意大利、葡萄牙、西班牙和土耳其。卢森堡和冰岛等国家因为面积太小被排除在 VoC 类型学之外，而其他国家，如墨西哥，则因为是发展中国家而被取消资格。[17]

LMEs 和 CMEs 之间的区别对解释和预测国家创新差异有重要意义。根据 VoC 理论，技术创新有突破型和渐进型两种类型，每一种都构成了不同生产方式的基础。突破型创新带来的是全新商品和服务的发展，因此，需要生产线或生产工艺发生重大改变。[18]突破型创新不管是对于需要快速和显著产品变更的高科技行业的生产（例如生物技术、半导体和软件），还是对于以复杂系统为基础的产品的制造（例如电信、国防、航空等）都至关重要。另一方面，渐进型创新的主要表现是定期小规模改进现有的生产线和生产流程。[19]速度和灵活性是以突破型创新为基础的生产的关键因素，与之不同的是，以渐进型创新为基础的生产把维护已有商品的高质量作为重点。渐进型创新包括不断改进制造工艺、降低成本和价格，但只是偶尔对产品线进行细微改进。因此，渐进型创新对资本货物生产（例如机床、工厂设备、耐用消费品及发动机）的竞争力而言是必不可少的。

VoC 预测，LMEs 和 CMEs 往往会在不同类型的技术创新上发挥更大的作用并获得成功。这并不意味着某一特定的政治经济结构会只带来一种创新，相反，不同的制度将创造不同类型的创新者比较优势。例如，渐进型创新需要足够熟练的劳动者来实现，他们可以放开冒这个风险，并有足够的自主性把创新视为工作的一部分。这反过来又要求企业为员工提供安全环境，工作自主性，影响企业决策的机会，不仅仅局限于具体任务的技能培训和教育（最好是专业技能），鼓励客户和供应商提议创新产品的企业间的密切合作等等。这些正是 CMEs 制度提供的装备。

事实上，CMEs 由为渐进型创新提供比较优势的制度所界定。这些制度包括高度协调的产业关系系统，以劳资委员会和共识式决策为特征的企业结构，公司间密集的联系网络（如连锁企业董事、交叉持股），防止敌对收购和降低当期利润敏感性的体系，以及企业之间基于关系的、不完全契约的合适的法律。VoC 理论学者认为，这种制度组合的结果便是雇佣期限长，公司的战略以产品差异化而不是激烈的产品竞争为基础，对员工的正规培训体系以高技能和公司特有的特定行业的技能培训为重点，也就是说，要将这些要素结合起来培育渐进型创新。

另一方面，坚持 VoC 的学者认为，这些相同的 CMEs 制度为渐进型创新提供比较优势的同时也成为突破型创新的障碍。例如，企业领导中的工人代表与共识风格的决策相结合，使得重大变化和重组面临困难。同时，就业时间长使得习得新技能和调整劳动组合也面临困难。此外，公司间密集的网络使得破坏性创新的扩散缓慢而艰辛，使得通过并购或收购实现技术收购困难重重。所有这些都会阻碍或减少突破型创新的潜在回报。

LMEs 面临的情况则正好相反。LMEs 是由一些为突破型创新提供比较优势、为渐进型创新制造障碍的制度来界定的。LMEs 就业市场灵活，对于裁员几乎没有限制，这意味着公司可以在彻底改变它们的产品线的同时，仍然可以获得适当的劳动组合。此外，LMEs 通过让分散的股东为不同规模的创新者提供相对自由的融资渠道对股票市场提供广泛支持。同时，LMEs 中的企业关系允许多种积极的资产交易和并购，在兼并收购、买断、人才挖角、许可等方面没有什么限制，这使得企业可以很容易获得科学知识和新技术。以 LMEs 为基础的企业高层的权力集中会强化这些制度，让管理人员迅速推动复杂机构发生重大变化。所有这些因素结合起来为突破型创新创造了广泛的激励措施和宽松的环境。反过来，LMEs 开展渐进型创新的能力受到以下因素的限制：强调目前盈利能力的财务安排；高层集中单向控制和消除员工安全的企业结构；阻碍渐进型创新中企业间合作的反垄断法和合同法。同时，流动的劳动力市场和短期工作任期会激励员工追求自私的职业目标和获得流动性的一般技能，而不是特定公司或特定行业的技能。因此，在有关 VoC 的分析中，LMEs 中的企业和个人都不具备维持渐进型创新的动机或资源。

检验资本主义多样性论断

之前有关 VoC 的因果逻辑的概述在理论上很有吸引力，并且与一些有关国家创新差异的普遍成见相吻合。但是有什么证据吗？首先，早期的研究似乎支持 VoC 的论断。在 1983–1984 年和 1993–1994 年这两个独立的两年期间，有关欧洲专利局 30 个行业的专利数据分析表明，美国（典型的 LMEs）专注于以突破型创新为代表的行业专利，而德国（典型的 CMEs）则专门从事以渐进型创新为代表的行业专利。[20]

当然，只靠两个国家四年的专利数据来证明 VoC 的普遍论断很难站得住脚。事实上，如果我们扩展数据集，这些研究结果将不攻自破。例如，随后的一项有关美德 1978–1995 年间专利申请的研究发现，有少数行业没能满足 VoC 的预测。当把专利产业化的比较扩大到所有 LMEs 国家与所有 CMEs 国家，或将专利产业化放在更长一段周期内考量，或使用美国专利局的数据时，更多的差异开始显现。但最引人注目的差异出现于美国被排除出 LMEs 行列之后；在这些条件下，VoC 理论的预测能力只比随机高一点。[21]

因此，在分析了不同的专利数据集和相互竞争的工业分类方法后，VoC 理论的成功似乎在很大程度上取决于把美国纳入 LMEs。

图 5.1 是对整体情况的最好总结。垂直度量是 1970—2012 年期间引用加权人均专利。它代表了每个国家在 40 年里的全部创新产出，虽然较小的时间周期

也会产生类似的结果。为方便比较，该图被横向分为三组（LMEs，CMEs 和其他国家）。作为一个群体，LMEs 一般比 CMEs 更具创新突破性。但这完全取决于将美国计入 LMEs 国家。如果不把美国计入分析，便如一些最近研究表明的那样，[22] 其余的 LMEs 比 CMEs 缺乏创新突破性。

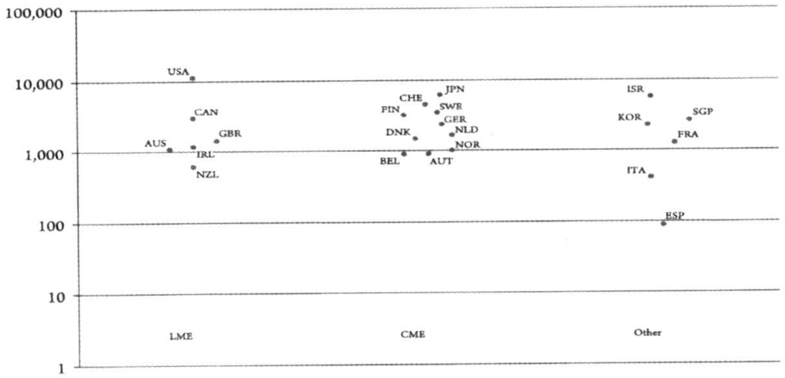

图 5.1 总前向引用人均专利（1970-2012），每 10 万人口（1970-2012 年间平均人口）

来源：world Bank；NBER Patent Dataset（2001，2006）；USPTO。

对图 5.1 的最真实的解释也许是：不同的 VoC 国家类型之间不存在创新率的巨大差异。[23] 有趣的是，澳大利亚、新西兰、爱尔兰甚至英国是 CMEs 的主体，而日本和瑞士则属于最具突破型的创新者。虽然我们不会立刻关注混搭的地中海市场经济，这三个地中海市场经济国家（法国、意大利、西班牙）之间存在显著差异，似乎并没有形成一个有凝聚力的团体。另外，以色列（可以说在 20 世纪 70 年代以前属于 LMEs，20 世纪 70 年代之后越来越倾向于 CMEs）的排名很靠前，这一点没有在 VoC 理论中提及，进一步表明突破型创新不仅仅是 VoC 理论的变量。最后，对于行业类别或子类别额外的控制（未显示）除了有些小的变动之外，没有改变这些结果。CMEs 或 LMEs 也未对所选择的产业的创新率产生影响。[24]

STEM 学术论文是另一个有用的创新测量方法，强化了先前讨论的跨国家发现。VoC 理论并没有对学术出版模式做出具体的预测，事实上，它的研究者可能从来没想过这么做。尽管如此，我们可以从 VoC 理论做出以下假设：LMEs

研究者发表的学术刊物应该会体现革命性科学进步的专业化，而 CMEs 的研究者们发表的学术刊物应该会体现渐进型科学进步的专业化。虽然我们不是很清楚什么是“突破型”与“渐进型”创新领域，我们可以将 VoC 学者用于工业部门的类型映射到学术领域。例如，CMEs 擅长出版工程、技术杂志，LMEs 则擅长出版生物学、医学、物理学杂志。第二个假设认为，CMEs 的研究人员在渐进型研究更为显著的专业期刊和应用科学出版物上更有优势，而 LMEs 研究者则会在革命性研究的学术和理论科学刊物上发表更多的文章。第三个假设，也是少有争议的假设是，LMEs 的出版物比协调市场经济出版物拥有更高的前向引用平均值。

然而，我们并没有从跨国家出版物数据中发现任何假设模式。以表 5.2 中编制的简单的 STEM 期刊发表数据为例。将 LMEs 和 CMEs 的全球出版率按照不同领域进行对比。LMEs 作为一个整体往往擅长临床医学、生物学、地球太空、心理学、社会科学、医疗和专业期刊；而 CMEs 往往擅长临床医学、化学和物理。随着时间的推移，CMEs 加强了生物医学研究、物理、地球 – 太空领域的专业化，削弱了临床医学、化学、工程和技术领域的专业化；LMEs 加强了生物医学、物理学和地球 – 太空领域的专业化。我们发现，当运用前向引用指数（表 5.3）时，LMEs 在各个领域都胜过 CMEs。当我们把美国从 LMEs 中排除之后，LMEs 在除地球 – 太空、工程、物理之外的所有领域的引用数量均高于 CMEs。相对而言，LMEs 的强项是化学、物理、生物研究与数学。CMEs 的长处则是化学、工程、物理和生物学。这些都不是我们期望从资本主义多样性理论中得到的研究结果。

最后，尽管 20 世纪 60 年代之前创新与扩散的测量方法存在问题，历史为研究人员提供了一些值得进一步调查的自然实验。例如，日本在初步进入资本主义时（20 世纪初至 20 世纪 30 年代），明显带有“LMEs 化 ”特征，但却比战后实行 LMEs 时缺少创新性。在此之前，日本爆发了强大的、对抗性的劳工运动，为了技术进步，企业不惜造成频繁和严重的混乱。此外，战前的日本依赖对外贸易和融资，使得强大的集团公司不得不应对国际市场的风云变幻，催生了许多 LMEs 类型的举措以激励经济参与者。然而，日本在 20 世纪前 1/3 时期一直

表 5.2 学术出版物专业化（每个领域的出版物占总出版物的百分比）

1986	临床医学	生物医药	生物学	化学	物理学	地球－太空	工程技术	数学	心理学	社会科学	医疗	专业	总计
世界	29.8	15.0	7.9	12.5	12.2	4.4	6.7	1.8	2.7	3.7	0.9	2.7	100%
LMEs	31.6	14.6	9.1	7.7	9.1	4.9	6.4	1.8	3.9	5.1	1.4	4.4	100%
CMEs	34.2	15.1	6.8	14.2	12.9	3.0	8.0	1.7	1.4	1.8	0.3	0.6	100%
LMEs（不包括美国）	32.7	13.8	12.2	8.6	7.9	5.3	6.3	1.7	3.1	4.8	1.0	2.6	100%
1999	临床医学	生物医药	生物学	化学	物理学	地球－太空	工程技术	数学	心理学	社会科学	医疗	专业	总计
世界	29.0	15.0	7.0	12.5	15.0	5.4	6.8	2.0	2.0	2.7	0.9	1.8	100%
LMEs	32.1	16.0	7.3	8.0	10.0	6.2	5.9	1.8	3.3	4.2	1.5	3.3	100%
CMEs	32.7	15.0	6.5	13.5	17.0	4.0	6.2	1.5	1.2	1.3	0.4	0.5	100%
LMEs（不包括美国）	32.0	14.4	10.0	8.5	9.4	6.4	6.1	1.7	3.0	4.4	1.6	2.2	100%

来源：National Science Board 2002，附录表 5-43、表 5-52。

表 5.3　科学文献的相对显著度，以国家 / 经济和领域划分（1999）

	所有领域	生物学	生物医学	化学	临床医学	地球－太空	工程技术	数学	物理学	社会科学	心理学	医疗	专业
美国	1.35	1.16	1.40	1.50	1.27	1.31	1.20	1.24	1.47	1.28	1.12	1.14	1.16
英国	1.04	1.25	0.98	1.14	1.00	1.03	0.99	1.23	1.07	1.07	1.16	0.90	0.64
加拿大	0.99	1.05	0.91	1.30	1.11	0.89	0.89	0.92	0.99	0.84	1.07	0.87	0.89
澳大利亚	0.87	1.04	0.78	1.05	0.91	0.88	1.05	1.02	0.90	0.65	0.80	0.88	0.84
爱尔兰	0.82	0.99	0.57	0.98	0.87	0.67	0.85	1.02	0.93	0.56	0.76	0.67	0.47
新西兰	0.76	0.89	0.57	1.00	0.86	0.71	0.99	0.65	1.07	0.78	1.06	0.97	0.73
LMEs	1.235	1.136	1.264	1.381	1.188	1.190	1.123	1.193	1.340	1.167	1.104	1.055	1.069
LMEs（不包括美国）	0.986	1.104	0.918	1.160	1.007	0.944	0.966	1.082	1.027	0.932	1.066	0.889	0.729
瑞士	1.37	1.41	1.40	1.45	1.08	1.16	1.77	1.07	1.36	0.66	0.59	0.48	0.86
荷兰	1.12	1.19	0.89	1.41	1.08	1.14	1.24	0.94	1.26	0.87	1.03	1.13	0.86
瑞典	1.07	1.30	0.87	1.33	0.99	0.78	1.11	1.02	1.10	0.86	0.78	0.93	0.53
丹麦	1.04	1.21	0.77	1.20	0.94	0.85	1.34	1.36	1.35	0.55	0.63	0.70	1.17
芬兰	1.02	1.17	0.86	0.94	1.03	0.63	0.95	0.92	1.01	0.72	0.89	1.38	0.73

续表

德国	1.01	1.08	1.00	1.07	0.83	1.11	1.06	1.08	1.27	0.42	0.72	0.48	0.31
比利时	0.95	1.14	0.80	1.06	0.92	0.75	1.01	1.04	0.96	0.72	0.86	0.34	0.81
奥地利	0.91	1.04	0.83	096	0.81	0.64	1.01	0.64	1.15	0.45	0.65	0.83	0.51
日本	0.83	0.79	0.78	0.99	0.76	0.83	1.00	0.72	0.87	0.41	0.43	0.53	0.62
挪威	0.82	1.18	0.67	0.80	0.82	0.86	1.04	1.23	0.84	0.76	0.82	0.71	0.58
CMEs	0.968	1.041	0.899	1.078	0.871	0.968	1.070	0.968	1.069	0.613	0.762	0.854	0.612

注：每一个数字代表了一个国家因为发表文献份额而做出调整的被引文献份额。例如，1.00 表示一个国家引用的文献份额与该国科学文献的世界份额是相当的。高于（低于）1.00 则表明这个国家被引文献多于（少于）该国科学文献份额。

来源：National Science Board（2002），附录表 5-43、表 5-52。

是渐进型创新者。另一方面,这一时期的德国在科技进步方面与美国展开了竞争,在多个领域掀起突破型创新的浪潮,这些领域包括燃气汽车、飞艇、哈伯制氨法、血型鉴定、阿司匹林和有机化学品等等。然而,德国的许多 CMEs 类型制度和激励措施跟我们现在所发现的一样,包括国家福利制度、国家医疗保健型以 CMEs 方式在集团之间及有时在集团与工人之间进行谈判的大型商业集团。

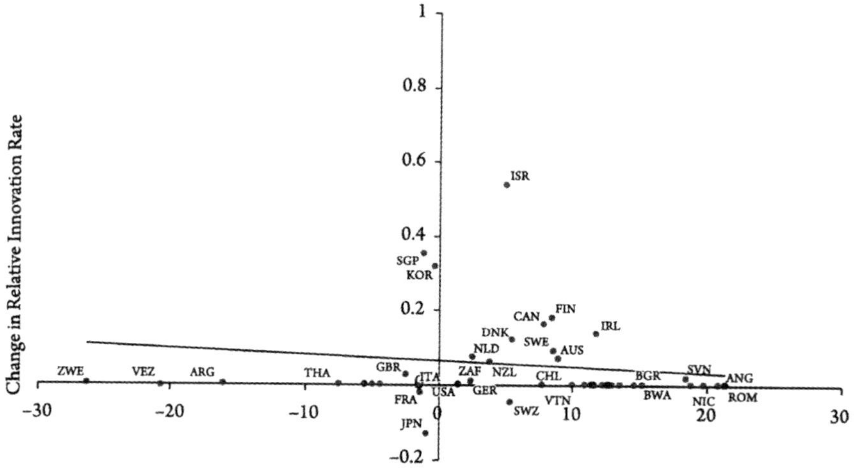

图 5.2 国家的创新与自由市场(1995-2010)。

来 源:Index of Economic Freedom (Heritage Foundation), World Bank, NBER Patents Database.

当然,资本主义不仅仅是 VoC 的理论,平息自由市场资本主义是创新经济的原因的普遍假设也很重要。因此,图 5.2 给出了 50 个国家的市场自由与国家创新率关系的完全不同的数据。在水平尺度上,市场自由测量采取美国传统基金会的经济自由度指数(Heritage Foundation's Economic Freedom Index)。这一测量方法结合了从产权到监管效率的市场自由的十个维度,形成全国平均水平。[25] 在垂直尺度上,创新以人均引用加权专利相对于美国的方法进行测量,虽然其他测量也会产生相似的结果。另外,因为经济自由度指数数据只能追溯到 1995 年,因此测量的时期是 1995-2010 年这一短暂的区间。图 5.2 包含的是这段时期经济自由变化最大的国家,以及"最具创新性国家"和"快速创新国家"。当然,我们期待经济自由度高的国家在技术创新方面表现更出色。然而,数据显示，市场自由增加幅度最大的国家，其创新率没有什么提高（例如，罗马尼亚、安哥拉、摩尔多瓦、阿尔巴尼亚、尼加拉瓜、斯洛文尼亚、博茨瓦纳、保加利亚、秘鲁、克罗地亚）。可能有人会反驳，自由市场需要更多的时间来施展它们的魔法；然而，一些国家的自由市场已经存在了几十年，但仍然处于中等水平创新者位置或根本没有产生什么创新（例如，澳大利亚、新西兰、英国、智利）。此外，根据美国传统基金会的数据，一些世界上最快速的创新者（新加坡和韩国）也都同时经历了市场自由的下降，或者从来没有获得“自由市场”的高排名，但这些国家仍然在创新。此外，至少还有两个国家的自由市场经历了大幅下降（阿根廷和泰国），然而矛盾的是，他们的国家创新率实现了边际增加，虽然增加幅度太小，不能在图 5.2 显示的比例尺上看到。自由市场和创新的其他测量方法证实了这些结果。

总之，自由市场资本主义并没有解释国家创新率。无论是使用专利或出版数据，行业分类系统类型还是使用简单的计数或前向引用，我们发现这一事实在不断重复。随后的研究通过使用创新和产业研究的更宽泛的测量方法[26]、集群分析和人工神经网络[27]、国内案例研究[28]证实了这一发现。我们将在以后的章节中更深入地探讨这些国家的案例。

那么自由市场假说的问题出在什么地方呢？自由市场理论很明显的问题是过分重视企业。虽然企业是资本主义经济的主要参与者，是商品和服务的主要生产者，我们不能像自由市场理论家那样忽视国家在创新中的作用。在世界各地，许多有用的创新是国家资助和国家管理研发的结果。在许多国家，相当数量的创新来自公立大学体系或从国家的大力支持中受益的私立大学。在其他国家，创新采取进口技术渐进型发展的形式，政府在决定进口哪些技术方面起着决定性作用。通常，政府也在新创新市场的开拓和新创新的扩散方面起着重要的角色。然而，自由市场理论往往完全摒弃这些因果机制。

我们不是说自由市场对国家的科技绩效无关紧要，或根本不重要；相反，极端的市场自由不是国家创新的充分必要条件。其他因素正在决定一个社会的创新程度。

民主

民主可以为国家科技竞争力提供另一种制度途径。事实上，有关国内制度争论的最新观点认为，民主是实现国家权力与繁荣的必要条件。它认为，民主可以解释为什么一些国家比其他国家拥有更强大、更具创新性的经济，而民主的缺失可以解释“为什么国家会遭遇失败”。[29] 因此，民主可以解释第三章观察到的国家创新率的差异。作为额外的收获，民主争论也可以解释为什么 NIS 和 VoC 理论的解释力较弱。该观点认为 VoC 市场和 NIS 的制度和政策列表内生于国家政治制度。

政治制度像民主政府一样被道格拉斯·诺斯（Douglass North）引入了现代经济增长的争论，这为他赢得了 1993 年诺贝尔奖。[30] 他通过历史分析表明，技术变化内生于政治制度。他暗示说，以技术为基础的工业化、现代化和经济竞争力需要“健全的”制度。类似于在第四章中所采用的方法，诺斯所关注的“健全的”制度是产权和交易这些产权的有效市场，因为这些制度会激励创新所需的投资和风险承担。[31] 他后来承认，产权和市场的规范和实施属于政治问题。因此，政治制度也需要是高效的、民主的。[32]

为什么是民主？诺斯认为，最有效的政治制度是那些随着时间的推移促进经济增长的立法和政策。这样的立法可能促进新科技的发展、新产业的建立、新市场的开放、工人技能的提高、新自然资源的发现。问题是，经济增长的成本和收益从来没有在全社会公平地传播。所以要想赢得国家对经济增长政策的支持，经济“成功者”必须通过双方都能接受的低成本补偿“失败者”。当然，只有消息灵通的参与者才能够计算出不同的政策体系下的成本和收益。这意味着，要达成复杂的国家政策协议，所有参与者都需要不断地了解影响他们的政策（税收、补贴、法规等）。这些参与者还必须能够清楚地将他们的政策偏好传达给立法者，这些立法者必须根据这些意愿忠实地行动。最后，在国家层面，所有这些偏好必须加以综合，这样一来，结果就会清晰可见，国家便可以确定政策，“失败者”也会得到适当补偿。而这个复杂的决策过程的成本必须足够低，这样一来，所有的谈判和沟通的收益才会大于它们的成本。[33]

诺斯认为，民主的政治制度最有可能实现这些目标。民主国家可以比非民主国家更高效地通过有利于增长的立法，因为他们以最低的成本收集和沟通了大多数信息。他们搜集偏好与安排分配补偿的效率远高于非民主国家。当然，即使最好的现代民主国家也未能实现完美的理想。选民往往是不知情的。立法者会根据私利行事。经济“失败者”很少能得到足够的补偿。参与者没有平等的机会参与政治过程。但即使有这些缺陷，从长远来看，民主国家在制定高效的、以增长为导向的决策方面仍然比非民主国家做得要好。

最近，增长经济学家达龙·阿西莫格鲁（Daron Acemoglu）、西蒙·约翰逊（Simon Johnson）和詹姆斯·鲁宾逊（James Robinson）进一步发展了这些论断。[34] 他们认为竞争性民主是包括科技绩效在内的国民经济长期发展的根本性制度要求。他们的基本观点（图 5.3）是：一个国家的经济制度和政策会影响科技投资的积极性，但这些经济制度和政策由一个国家的政治过程决定，而国家的政治过程又由国家政治制度决定。这里的因果关系链非常微妙，我们把这一观点分解为它的组成部分。

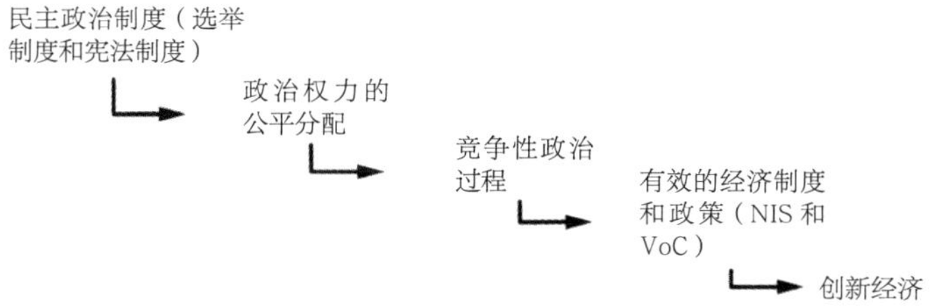

图 5.3　民主如何决定国家科技绩效

第一步是经济制度强烈地影响了社会成员创新的积极性，正如 NIS 和 VoC 理论的学者认为的那样。当然，任何社会都不乏最优秀和最聪明的成员。但在某些国家，他们追求卓越的科技，而在其他国家，他们从事军事、艺术、宗教、政治或有组织的犯罪等活动。经济制度有助于确定这些选择。它们通过影响多种行为的积极性、资源和奖励来实现这一目的，这些行为包括：接受 STEM 学科和技能教育；存款和投资于研发；成为企业家并把新技术推向市场；建立新产业等。

然而，一个国家的政治过程决定了这个国家的经济制度和政策以及它们的有效程度。专利系统、研发补贴和大学系统不会从天而降；它们也不是通过仁慈的机器人维持和运行的。这些经济制度和政策是通过政治过程得以建立和管理的。在这个过程中，有着不同利益、偏好、希望和担心的人们共同决定创建哪些经济制度以及如何运行它们。

最后，国家的政治制度强烈影响政治决策过程和它所产生的结果。一个国家的政治制度决定谁是统治者，如何选择这些统治者，以及如何在政府间分权。因此，政治制度决定政治权力在整个社会的分配以及权力的制约因素。此外，社会内部政治权力的制约和平衡自然会影响决策过程的实施。

政治制度和经济制度之间的这种联系对于科技绩效等经济结果是非常重要的。例如，独裁或君主政体的政治权力相对集中和相对不受限制。在这种情况下，小的统治阶级往往会使用已有的权力创造经济制度，从而进一步丰富自己，让自己拥有更多权力。这些制度会抵御任何经济竞争，并将国家资源转向统治阶级。这些被称为“掠夺型制度”，因为它们剥夺了其他社会阶层的资源，让少数统治精英受益。

另一方面，政治权力局限和分布于广泛的社会团体联盟中，这被称为“多元化”。在多元化政治体系中，广泛、多元化群体之间的共同利益与竞争的结合往往会带来丰富整个社会的诺斯派经济制度和政策。这些经济制度包括私有财产、契约自由、强大和公正的法律制度，以及开拓新业务的自由。它们被称为“包容性的制度”，因为它们允许并鼓励广泛参与经济。因此它们会促进创新所必需的投资、流动性、效率和创造性破坏。[35]

当然，极端的多元化可能是毁灭性的。在索马里、伊拉克、阿富汗或巴基斯坦这样的国家，政治权力广泛地分布在整个社会（宗族、部落和帮派），很受制约，以至于混乱当道。政府既难以建立任何经济制度和政策，也不会做出可靠的承诺，维护已有的制度和政策。因此，极端多元化社会的创新积极性较弱。

民主是最有效的多元化形式。它将政治权力广泛分布于整个社会，但又不会造成无政府状态。民主有选举和宪法作保障，也会制约政治权力，但又不会让政府陷入无能的境地。[36]因此，民主国家的政治进程从广义上讲具有包容性，会产生具有包容性的经济制度。发明家和企业家都会给予获得成功的激励和自由，而效率低下或过时的公司和行业有破产的自由。

在不民主的社会，强大的统治阶级没有动力让新企业或行业侵蚀他们的经济财富。他们也不会容许通过征收重税来支付广泛的公共商品开支。因为他们的权力不存在政治竞争或限制，他们便会利用政治制度来创建捍卫自己财富的经济政策。这在民主社会是不可能发生的，因为人们会阻止自私的统治者行使这样的权力；而那些试图尝试的人一旦被发现，便会落选下台。

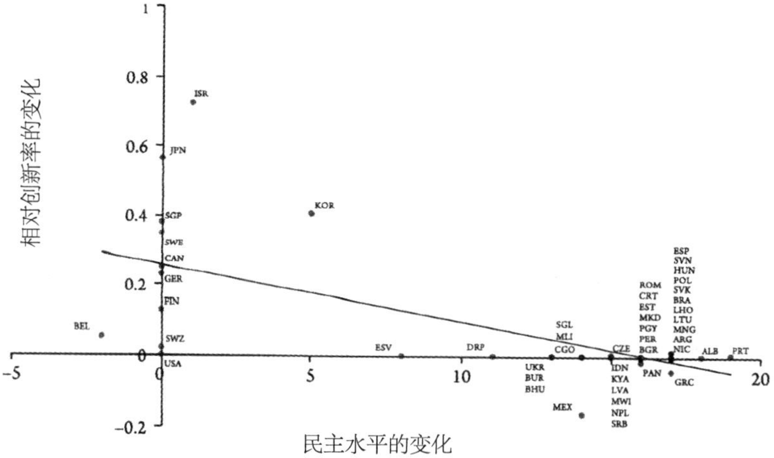

图 5.4　国家的创新与民主（1970–2010）

当然，民主创新理论听起来有说服力，但我们能在创新数据和国家历史中找到任何证据吗？为了回答这个问题，图 5.4 绘制了数十个国家在 1970–2010 年间的民主化与创新。其中，38 个国家的民主变化最大，12 个国家先前被认定为是同一时期内最具创新性的或快速的创新者。所采用的民主测量方法来自于政体 IV 数据集，该测量方法在从 –10（世袭）到 10（巩固的民主）的 21 个点量表上对国家政府进行排名。[37]如果民主对国家创新率有如此强烈的影响，那么我们应该看到一条清晰的数据点的对角线从左下角延伸到右上角。相反，如果我们将回归线强加到数据上，就会发现相反的情况：在 40 年的时间里，民主似乎在损害科技生产。然而，考虑到多数是十字形散点图，对数据最诚实的解释或许是，民主和科技绩效的关系并不密切。

表 5.4 强劲持久的民主不足以让这些国家成为顶尖科技竞争者

强劲持久的民主 中等收入国家 缺乏创新的国家	强劲持久的民主 低收入国家 缺乏创新的国家	强劲持久的民主 富裕国家 缺乏创新的国家
博茨瓦纳（1966）	阿根廷（1983）	澳大利亚（1901）
哥斯达黎加（1919）	巴西（1985）	奥地利（1983）
萨尔瓦多（1984）	塞浦路斯（1974）	比利时（1944）
印度（1950）	希腊（1975）	意大利（1948）
毛里求斯（1968）	牙买加（1963）	新西兰（1877）
	葡萄牙（1976）	挪威（1945）
	西班牙（1978）	
	特立尼达（1962）	
	乌拉圭（1985）	

“强劲持久的民主”持续期的起始年份如圆括号内所示。“强劲”指的是政体 2 得分在 8 分及以上；“持久”指的是到 2014 年止，连续持续时间长达 30 年及以上。经济财富指的是人均 GDP（1984 年，以准许足够的时间进行创新，以 2005 年美元计算）：低收入指的是人均 GDP 低于 3000 美元，中等收入指的是人均 GDP 在 0.3 万 -1.5 万美元；富裕国家指的是人均 GDP 达到 2 万美元及以上。为了便于比较，美国人均 GDP 是 2.84 万美元；世界平均值是 8660 美元。

+ 挪威在技术方面相对较弱，但是在科学方面较强。

来源：World Bank，Polity IV，NBER。

当然，这个可怜的结果可能是由于选择偏差，如财富或持久性。也就是说，许多在过去一代经历过最大民主浪潮的国家要么最近又经历了一次民主浪潮（例如自冷战结束以来），要么被贫穷所困，要么两者兼而有之。当然，从长远来看，持久的民主会带来更具创新性的社会，特别是考虑到有些经济体拥有足够的财富用于教育和研究。但表 5.4 有效地推翻了该假设。它表明世界上许多拥有悠久民主历史的国家（例如，印度、哥斯达黎加和牙买加）在科技方面的表现并不出色，即使它们拥有中等收入或富裕的经济（例如，西班牙、新西兰、澳大利亚和意大利）。回归分析采用多种方法测量民主、创新和不同种类的条件变量，也证实了这些发现。这并不是说民主对于科技不重要，而是说，民主不是解释一些国家比其他国家更擅长科技的充分必要条件。

政治分权

政治分权为高创新率提供了另一种可能的途径，这一途径或许能解释民主假说微弱的解释力，以及 NIS 和 VoC 理论的明显不足之处。[38] 政治分权与民主不同。当然民主国家与由法西斯或专制政府统治的国家相比，少了一些政治上的集中。然而，民主国家在集权和分权方面也存在很大的不同。因此，这些差异或许能解释为什么一些民主国家没有创新，而其他国家则在科技方面表现出色。

政治分权也是有关国家科技成就的最流行的解释之一。人们普遍认为，分散的政府敏捷、有竞争力、结构良好，能够适应创新的强风带来的创造性破坏。

同时，所有规模的集权组织，从企业到民族国家，是顽固的和反对创新的。他们反对风险、成本和与新科技相关的变化。他们因为过于执着鲁莽的或过时的技术项目而遭到指责。这些看法非常普遍，经常可以在大众媒体 [39] 和整个学术文献 [40] 中看到。但这些成见是真的吗?

首先，让我们来定义政治分权这一相对术语。随着一个国家政治权力和决策中心数量的增加和地位上的平等，该国的政治会进一步分权，这可能发生在纵向或横向两个方向上。纵向分权指的是联邦制：中央政府和地方政府之间（州、县、市）共享政治权力。横向分权意味着政府不同部门之间的制衡。

行政机关、立法机关、司法机关，在某些情况下甚至是强大的官僚机构或自治的军队之间共享政治权力。[41] 最后，衡量分权程度的时候，有必要认识到，政治权力的分配既有正式的要素（例如，法律或宪法所规定的部分），也有非正式的要素（例如，政府分支机构政党结盟的程度，或每个立法机构偏好差异的程度）。

美国是高度分权的国家。它的政府权力在联邦、州、县和市政府之间纵向划分，并在行政、立法和司法部门之间横向划分。在联邦和州的层面，大量的制约和平衡强化了政府三个分支间的水平分工。在设计上，政府的各个水平分支涉及其他司法管辖区。这对许多政策决定、人事任命和政府职能创造了交叉和竞争的责任。纵向来看，重要的权力，特别是在国防和国际关系方面的权力只保留给联邦政府，个别的州政府仍然享有剩余权力，承担所有美国宪法中没有明确给予联邦政府的责任。这包括税收、开支、管理，甚至运用有限的军事和准军事力量等相当大的权力。但这还没有结束。每个州将重大的政治权力进一步下放至县和市政府。此外，在整个美国的政治制度中，联邦和地方政府的行为受纵向划分和政治独立的法院系统的司法审查。在美国，很少能有某个单一的政党控制一个以上的政府分支机构。这种情况一旦发生，政党成员很快就会展开争斗。事实上，美国的主要政党是相当异质的，共和党和民主党内部政党成员之间的政策偏好差异很大。

英国在 20 世纪的大部分时期处于另一个极端。英国的政府高度集权统一，每个政府部门都集中在政府周围。具体地说，议会下院（House of Commons），通常由一个单一的、有相对凝聚力的一方控制，行使巨大的权力。地方政府或其他政府部门很少有自治权或“制约”或“平衡”下议院的重要权力。下议院决定了行政部门的领导，因此决定了国家的官僚机构。下议院也决定地方和区域政府的政策。地方政府虽是普选产生的，却在政策方面没有话语权。区域性问题由伦敦中央政府和准政府机构处理。

各地方政府往往只是执行上面传下来的政策，他们的权力取决于总理部长或议会。[42] 英国司法机构在形式上也不是独立的。所有法官和重要司法人员都是由总理任命的，[43] 高级司法官员是内阁大臣，是议会的成员，或在内阁会议上有席位。[44] 即使到了今天，英国司法部门也没有任何实质性的司法审查权。事实上，任何一个英国法庭的法律裁决都可以被议会的法案推翻。在最好的情况下，司法机关只能质疑个别行为的权威，并由此迫使议会正式澄清其政策。[45]

那么，政治分权该如何促进创新呢？第一个机制很简单。分权增加了资助、参与和要求创新活动的政府和机构的数量。这不仅仅成倍增加了研发工作，[46]还会增加工作的多样性和通过这些工作获得的信息量。[47]更多的研发和研发的多样性会从整体上带来更多的创新。例如，美国联邦政府有联邦资助研究与发展中心（Federally Funded Research and Development Centers，FFRDCs），例如，洛斯阿拉莫斯、喷气推进实验室、美国国家大气研究中心，以及国防部、能源部和农业部等行政部门的实验室。50 个州政府通常也会在多个州立大学体系内部资助他们自己的研究设施。此外，在美国的政治体系内，创新者也可以获得来自美国政府部门的补助、补贴和资金。

第二，政治分权通过增加经济中政治单位的数量增加了它们之间的竞争，从而增加了创新的激励措施和资源。高科技公司带来了高税收，对各种支持企业的需求涉及这些公司所在城市和州工作的高收入的员工。对于那些可以吸引高科技公司的州和城市来说，这将会转化为更大的预算和较低的失业率。因此，独立的州和市政府经常感到被迫互相竞争，以吸引高科技的商业投资和 STEM 工作者。为此，地方政府会不断完善法律、税收以及监管环境以吸引邻近州和城市的创新者。这被称作“特拉华效应（Delaware effect）”，因为特拉华（Delaware）在利用低税收法规和简单法规吸引商业投资方面是极其成功的，相当数量的公司因此将总部设在那里。在学术界，这一概念被称为“市场维护型联邦主义”（market-preserving federalism），认为由联邦政府孕育的政治竞争防止政府以掠夺性的态度对待创新者。[49]这场由联邦制所引发的竞争，也迫使政府致力于支持市场的政策，并提供与科技相关的公共产品，如教育、基础设施、研发补贴。

第三，政治分权也应通过在地方层面设计更好的政策和提供公共产品来扶持创新。这一观点是指当地的政策制定者比遥远的国家立法者或官僚更了解当地条件。因此，他们可以因地制宜，制定适合本地环境的策略。[50]反过来，更好的政策意味着资源可以在当地的创新者和投资者之间得到更有效的分配；激励机制也会适合当地的创新者和投资者。此外，分散的地方公共产品的生产往往比集中的国家公共产品生产更能反映大众的偏好。

不同的、独立的地方政府还可以提供一系列不同的政策环境。这样一来，不同种类的公共物品的消费者可以从中选择适合他们的环境。[51] 他们有可能是利用科学知识的创新者、寻找研发机会的投资者、寻求就业机会的高科技人才，等等。所以，举例来说，马萨诸塞州的创新者可以使用州政府的资金进行干细胞研究；而堪萨斯更多的农村和宗教纳税人则可以资助农业科学项目；加利福尼亚的公立大学可以专注于替代能源。在单一制国家，这种类型的公共产品偏好匹配不会系统性产生。有人认为这是一种由分权驱动的专业化，可以提高创新者的生产率和效率。[52] 或者，它可以被视为一种有利于创造“创新城市”的国家环境。[53]

第四，一些学者认为，政治分权通过让现状利益集团难以获得政府政策来提高国家创新率。[54] 简单地说，集权的政府更容易被利益集团利用，因为他们控制的决策点和否决者很少。因此，在其他条件不变的情况下，更易被利用的集权政府更有可能制定阻碍技术创新的政策。由于这些国家政府的集权性质，这样的政策一旦制定便会在全国范围内强行实施。相反，在分权国家，类似的政策即使出现也可以被更改或被地方政府推翻。美国的一个范例是 20 世纪 80 年代的艾滋病研究。强大的商业和保守团体反对将资金用于艾滋病研究，他们对联邦执行部门施加影响，要求取消对艾滋病研究的支持。然而，联邦立法机关、州政府和市政府推翻了行政部门的反对意见，并为该研究提供监管或预算支持；同时，独立法院成为技术进步支持者的另一个入口点。[55]

政治分权的第四个方面也有助于解释为什么 NIS 和 VoC 制度未能从总体上概括不同国家和不同时间周期。根据政治分权的论点，科技进步不仅仅会造成公共产品的困境，也面临被利益集团利用的问题。技术变革损害了现状利益集团的资产（例如，技能、资本和土地）。为了阻挠威胁他们的技术变革，这些利益集团往往会试图影响或利用 NIS 学者用来解释创新率的制度和政策。即使自由市场也不能阻止这种现象，因为市场和产权只是制度，受制于被利用的国家机器的意志。[56] 因此，NIS 和 VoC 的解释无法跨越时空进行概括，因为他们所规定的制度和政策内生于政府机构。他们的技术目标，以及实现这些目标的效率取决于国家抵制被利益集团利用的能力。

检验政治分权论断

政治分权的论断听起来很令人信服。但是有什么证据吗？到目前为止，就像国家创新系统和资本主义多样性的理论，有关政治分权的流行的观点远远强于主要由轶事观察和典型事例研究组成的实际证据。相反，对数据的严格而全面的审视使得创新者的分权优势变得更加模棱两可。

在理想的状况下，为了检验政治分权的论断，我们需要进行一次实验，在所有其他因素保持不变的情况下，通过观察创新活动的变化了解政府结构的变化。虽然没有历史状况完全符合这种理想，我们确实掌握了许多政府在一段时间内进行分权的案例，我们也可以从这些案例中收集一些创新产出的定量数据。这些在图 5.5 都有展示。这一曲线图绘制的是政府分权发生过重大变化的 20 个国家在 1970–2010 年间的分权变化与相对创新率变化。此外，我还绘制了 20 个相对创新率发生重大变化的国家的结果。使用的创新测量方法（垂直轴）基于引用加权人均专利；我们可以通过使用 STEM 出版物和科技绩效的其他测量方法得到类似的结果。[57]

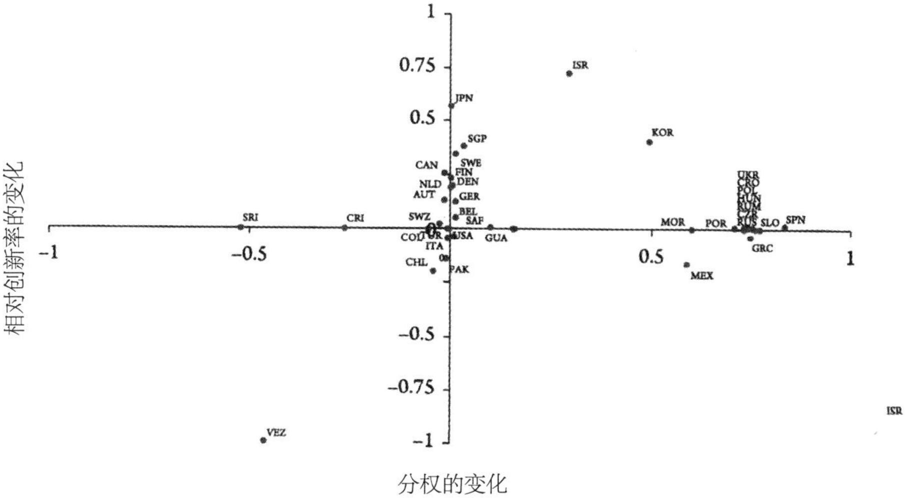

图 5.5　国家的创新和分权（1970–2010）

Source： United States Patent & Trademark Office，NBER（2006，2012）

图 5.5 采用由宾夕法尼亚大学沃顿商学院的维托尔德·赫尼兹（Witold Henisz）提出的 POLCON 指数作为该图（水平）总体分权的测量方法。[58] POLCON 指数测量方法将具有政策否决权的政府独立部门的数目考虑在内，依据跨部门政党结盟程度和每个立法部门偏好异构性程度加以修正。[59] 将政党结盟与立法偏好包括在内意味着 POLCON 使得我们可以控制那些形式上分权但实际上遭受无效制衡的国家。它还提供了比传统技术的是或否的评判标准更为精细的标准来判断政治分权。此外，该指数在影响不同国家的企业投资决策和技术扩散方面有着重要的统计学意义和积极意义。因此，询问它是否对国家创新率有着相同的意义是自然而然的问题。[60]

如果分权如文献里所假定的那样会产生重大影响，那么那些分权程度最高的国家的创新率应该会有显著提高。也就是说，我们应该看到图 5.5 中一条清晰的数据点对角线向上和向右延伸。然而，该图显示，只有以色列、韩国经历了这两个变量的显著增加，只有委内瑞拉在高度集中的同时遭受了相对创新率的下降。其他方面，那些分权程度最高的国家（西班牙、希腊、葡萄牙和墨西哥）的创新率没发生什么变化，而许多创新绩效发生重大变化的国家（日本、新加坡、瑞典、芬兰）的政府结构没发生多少变化。当然，一些国家的“分权”是横向的、非正式的，可以更恰当地被描述为从专制或一党政府向真正的多党民主的转变。但这正是关键：即使使用最广泛的定义和最不正式的测量方法，也很难找到政治分权与创新的相关性。

图 5.6 运用同样的创新测量方法，选取了 1970—1975 年和 2000—2005 年间创新率发生重大变化的国家（使用不同的或更长的时间段产生的结果与这里显示的结果是类似的），[61] 比较了每个国家在每个时间段内占世界总科技产出的比例，并以百分点表示变化。让我们吃惊的第一件事是，相对创新率几乎没有什么变化。162 个国家抽样中，很少有国家的相对排名发生显著变化，那些变化小于 0.05% 的国家在图上全部忽略不计。

对图 5.6 粗略的审视表明，分权程度最高的国家（美国、德国、瑞士、奥地利、澳大利亚、加拿大），无论其规模大小或财富多少，均很少有超越其他国家的创新优势。实行分权制度的澳大利亚和加拿大都获得了人均创新产出的相对收益；同时，美国、德国和瑞士则遭受了明显的相对下降。受益最多的是日本、韩国、以色列、新加坡等这些政治权力相对集中的国家。两大创新国家（日本和加拿大）甚至略微增加了政治集权，至少用 POLCON 指数测量是这样。

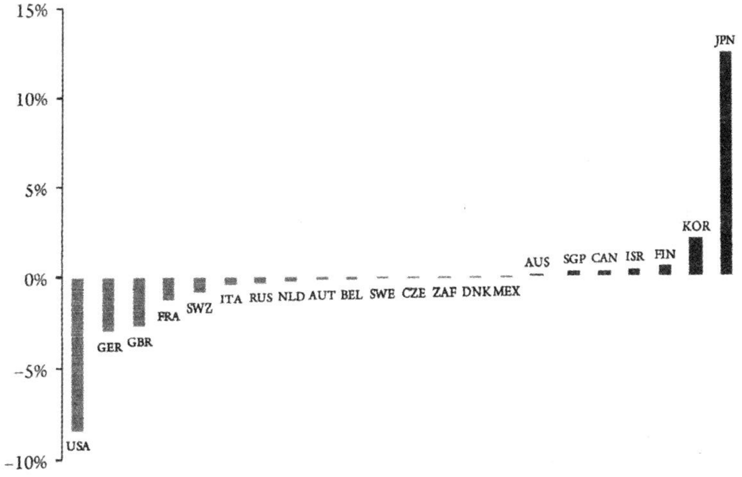

图 5.6　引用加权专利（1970–1975 年与 2000–2005 年）占世界总量的百分比，1970–1975 年和 2000–2005 年间百分比的变化如图所示。N=162，变化小于 0.05 百分点的国家未呈现

来源：United States Patent & Trademark Office，NBER（2001，2006）.

在肯定政治集权的成绩之前，我们也要注意到，三个权力最为集中的欧洲国家（法国、英国、瑞典）的相对创新率下降幅度最大。最有趣的是，西班牙没有出现在图 5.6 中，西班牙从任何可以计算的测量方法来看都是高度分权的。尽管在整个采样时间段里，西班牙政府在不断分权，不管是横向的还是纵向的，正式的还是非正式的，西班牙的相对创新率均没有发生正变化（仅 –0.014 个百分点），因此本图没有记录。因此，即使我们“作弊”，只看成功案例，忽略失败案例（即选择因变量），我们仍然不能证实政治分权和创新之间的关系。

当然，这些简单的统计检验不允许我们同时控制重要的、可能影响创新率的条件变量。当然，当一个国家对经济发展、民主、教育等进行控制时，政治分权的因果强度应该会变得明显。2007年的一项研究正是沿着这条思路进行了定量分析。[62]令人惊讶的是，出了一个例外，当政治分权的测量方法和创新测量方法或者条件变量结合使用时，分析没有产生重要的关联系数。当使用多个不同的、独立的国家创新率测量方法，不同的政治分权测量方法（横向和纵向），以及十几个不同的控制变量（表5.5）时，结果出现了三角化。这些控制变量不是在“无所不包”的回归中运行，而是根据理论进行了建模或通过与政策专家进行讨论形成的。当国家按财富被进一步划分时，拒绝无效假设的单独案例就会发生。不过，影响很小，只适用于最富裕的国家，而且会因分权测量方法的不同而发生变化。这不是人们期望从这种合理推理、广为接受的因果关系中得到的。

表5.5 分权－创新回归总结

不同的分权测量方法	多个控制变量	不同的创新测量方法
· 联邦主义样本（Watts）	· 经济发展	·（引用加权人均）专利
· 联邦主义（Lijphart Scale）	· 人均耗电量	·（引用加权人均）科学－工程研究STEM出版物
· 横向分权（Lijphart Scale）	· 人均GDP	· 高科技出口（占GDP的百分比）
· 否决者（Henitz POLCON）	· 滞后因变量	·（引用加权人均）专利
	· 规模	
	· 人口	
	·GDP	
	· 民主（政体IV）	
	· 贸易开放度（占GDP的百分比）	
	· 军事开支（占GDP的百分比）	
	· 自然资源诅咒	
	· 耕地（占土地总面积的百分比）	
	· 燃料出口（占总量的百分比）	
	· 金属/矿石出口（占总量的百分比）	

续表

	· 教育	
	· 读写能力	
	· 数学 / 工程本科生	
	· 教育支出（占总数的百分比）	
	· 科研支出（占 GDP 的百分比）	
	· 美国样本	
	· 经济合作与发展组织成员样本	

当然，统计分析也有它的弱点和局限性。因此，鉴于分权理论的优点，随后进行的一组比较案例研究会证实以前的定量分析。[63] 这种方法价值更大，因为它使我们能够更好地确认（否认）因果机制，暴露潜在的内生性问题，并能揭示模型设定误差——在这种情况下，变量偏差是特别令人关注的。为此，案例研究调查了五个国家（法国、德国、日本、英国和美国）在两种截然不同的技术和时间段（1981–1987 年的血液制品和 1879–1914 年的电力）的创新。这些案例研究大体上证实了统计调查结果。政治分权并没有在这两种技术上对创新率产生重大的、系统性的影响。

然而，案例研究发现，与分权的国家相比，技术在这两个部门和两个时间周期内一直以缓慢的速度扩散。[64] 这可能说明这些国家的创新发生得更加迅速。也就是说，因为这两种创新和扩散都通过新技术的出现来体现，这两种现象从表面来看很容易被张冠李戴。

鉴于许多有关分权创新理论的现有证据涉及典型事实和轶事的案例研究，先前研究报告中的实证观察有可能实际上是政治分权促进创新被误认为是创新的技术扩散的实例。

稳定的快速创新者

最后，有关制度争论的重要问题是，许多世界上最伟大的科技成功者并没有高度自由的市场、高度民主的制度或高度分权的政府。例如，日本一直是一个高度集权的国家，其经济自 1955 年之后，即美国结束占领日本三年之后，一直由政府官僚积极管理。在日本强大的众议院，执政的自由民主党（LDP）在 1955–2008 年间的每次选举中都赢得多数票，这使得它在半个多世纪的时间里主导了行政部门和决策部门。LDP 的统治很重要，因为在这段时间里，日本强大的官僚机构因为软弱的司法机构和地方政府而失衡。相反，日本的地方政府由选举和任命的官员组成，他们在财政和政策问题上只有很小的地方自治权限。[65] 在国家层面，贸易工业部[66]和财政部管理经济。这些自民党控制的部委被称为“日本的公司”，它们与大企业一起阻碍自由贸易，严格控制资金分配，确定投资目标，选择全国的优势产业，放弃过时的产业，限制消费者和环境保护，抑制社会动荡，阻止不受欢迎的外资参与经济。[67] 然而，尽管这些制度很“糟糕”，日本却迅速地从农业和基础产业国家一跃成为历史上最先进的科技国家之一。[68]

新加坡和韩国的制度比日本还要“糟糕”。韩国在二战之后 1987 年第一次民主选举之前一直被各种独裁者和军事独裁者统治着。即使这样，军方在 1993 年之前也没有放弃对韩国总统任期的控制。像日本一样，韩国的经济也是由一个强大的行政官僚机构统治，该机构与少数的企业集团密切合作，高度干预经济事务。新加坡迄今为止是一个软专制国家，行政部门主导政策设计和实施，而公众只提供反馈。我们将在下面的章节中更深入地研究这些情况，但这里的观点是：韩国的民主化发生在创新率开始激增之后，而不是之前；而具有创新力的新加坡在今天也不太民主，它们的政府仍在大力干预市场。

同时，虽然数十个国家拥有充分运作的民主、分权政治和相对自由的市场，或者在这些方面有了很大的提升，但仍然未能像日本、韩国、新加坡和其他国家那样取得令人瞩目的科技成就。例如澳大利亚、新西兰和英国长达几十年的制度从各个测量方法来看都是“强有力” 的，然而，他们仍然是中等水平的创新者。还有几个国家（例如，比利时、伯利兹、巴西、智利、希腊、哥斯达黎加、泰国、意大利、挪威、葡萄牙和印度）拥有长达数十年的“健全的”或大幅改善的国内制度，但国家创新率没有相应地提高。如果国内制度如此强大，那么我们如何解释西班牙？西班牙从1975年起实现了制度转变，从社会主义的军事独裁转变为以市场为导向的、竞争性的、分权的民主。然而，尽管出现了这场革命，西班牙的国家创新率几乎没有发生变化！

最后，重要的是要认识到，美国本身就违反了民主和自由市场的论题。19世纪中期到20世纪早期，美国经历了第一次科技绩效浪潮。不过，在这段时期，只有不到一半的人口有投票权或可以任职。女性、非洲裔美国人和许多移民（当时占了美国人口的大部分）依法或事实上被剥夺了参加选举、供职于选举职位、被任命为政府官员或仅仅担任公务员职位的权利。在这段时期，进步党控制了美国政府，大大扩大了联邦政府在市场上的权力。罗斯福和威尔逊政府通过了一系列的经济法规、价格管制和贸易保护措施，以牺牲州政府为代价增加联邦政府的权力，甚至在第一次世界大战期间将一些产业收归国有，并限制公民权利和自由。然而，也正是在这段时间，美国从一个经常因为技术和科学而被欧洲人嘲笑的落后国家发展成为世界科技的领导者。这是民主和自由市场理论无法解释的异常现象。

结语

那么我们的立场是什么？NIS学者发现：挑选你最喜欢的政策或中等水平的制度（财务制度、反垄断制度、教育政策等），你就可以找到那些运用这些政策或制度的极具创新性的国家和不具创新性的国家。创新的“恶魔”可能不存在政策细节之中，但30年的研究还没有确定它。VoC的学者试图对此解释，他们认为NIS制度和创新行为内生于市场，但经验数据没有显示任何国家的资本主义类型会对创新率产生任何聚合效应。民主和政治分权理论认为，NIS制度和国家的资本主义类型内生于政府结构。但几十年的技术专利、科学工程出版物和高科技出口数据无法证实这些假设。

重申一下，我并不是说民主、分权和自由市场对国家创新率没有影响。相反，我认为那些把这些制度作为核心，作为科技持续进步的必要和充分条件的理论被夸大了，被过于简单化了，需要重新检查。它们根本不像我们所假设的那样有预测力或解释力。国内制度和政策不能决定国家创造性活动的速度和方向。制度和政策如木匠的工具会影响结果，但它们不构成因果关系。好工具不能使人成为木匠能手；健全的制度和政策也不会迫使社会进行创新。

这里发生了什么？我在本书的其余部分会提到，发生的事情是“遗漏变量偏差”。换句话说，我们丢失了一些东西。为了发现这些丢失的东西，我们需要摒弃有关促使社会创新的因素的成见。我们需要摒弃“制度与政策很重要”这一模糊的陈词滥调。因此，下一章将让数据告诉我们到底是什么在不同的国家（没有）起作用。我们将审视一些近期的成功案例（例如，以色列），然后，将它们和一个适度成功案例（爱尔兰）以及一个相对失败案例（墨西哥）进行对比。通过比较，我们可以更好地了解如何将制度和政策融入创新的方程中。我们也可以明确地确定成功的科技国家会从事而不那么富有成效的国家则不会从事的一项活动：建立网络。

第六章 为什么有些国家在创新方面更出色？

迄今为止，我们发现，我们所期待的决定科技绩效的每项政府政策和制度实际上只有有限的预测力或者没有预测力。很多国家拥有“健全的”制度和政策，却未能在创新上有很大进展；也有很多国家缺乏制度和政策或者其制度和政策“非常糟糕”，却在创新方面相当出色。此外，各种数据和案例研究表明，国家取得高科技成就的制度关键不在于不同程度或类型的资本主义、市场自由、民主或政府结构。我们也不能从不断增加的“国家创新系统”名单中定位科技成就，这一“宇宙”体系充满了不同政策和制度的“星座”。

也许我们太过理论化。到现在为止，各种各样抽象的假设和偏见主导了我们对创新的思考。因此，这一章开头让数据告诉我们，而不是让理论指导我们去解释国家创新率。也就是说，解释为什么一些国家在科技方面更出色的最好方法是调查最近的成功和失败案例。然后，我们可以提问：成功的政府做了什么，或没有做什么；失败的政府没有做什么或者做了什么。这项调查的合理起点是快速创新的国家。这些国家在一代人的时间内从农业和基础制造业升级到在高科技领域具有全球竞争力。更好地理解推动这些成功案例的政府行动或者不作为，比起“制度和政策很重要”等模糊的陈词滥调对我们理解创新更有用。

本章通过比较成功的和失败的案例有两个令人惊喜的发现，值得先吐为快。首先，“银弹”并不存在。成功国家似乎并没有一个共同的“最佳”的制度或政策设计。国家取得科技成就的关键不在于政府采用了哪种特定的制度或政策，而在于能够解决市场失灵。此外，有证据表明，许多不同的制度和政策设计能解决阻碍创新的市场失灵。这些不同设计之间的差异可能并不重要或者只有些许重要性。因此，各国政府有相当大的自由来制定提高国家创新率的国家策略。简单地说，国家可以选择。他们不需要采纳美国、德国或日本等过去成功案例的制度。每个国家都可以设计最适合本国历史、政治和文化的科技制度和政策。[1]

其次，接下来的国家案例研究指出国家创新系统研究中经常被忽略的因素：社会网络，产业集群和技术标准。案例一致表明，非正式的国内和国际社会网络在决定国家科技成果方面发挥着重要作用。也就是说，创新不只是市场失灵问题，也是网络故障问题。社会网络提供无论是市场还是政府都不容易捕捉的重要信息。这包括有关STEM人才的基本信息、投资机会的信息、高度专门化的科技投入和产出的市场信息。当然这类信息问题困扰着所有的企业，但在科技产业尤为棘手。科技参与者是非常专业化和独立的，而这些行业的业务条件变化比其他行业要更迅速，更出人意料。在廉价地捕捉和发布信息的过程中，社会网络帮助科技参与者找到彼此，并增加他们应对快速变化的灵活性。这样一来，网络大大降低了高昂的创新成本和风险。市场和政府不会以低廉的价格捕获这种信息或者很好地获取这些信息。因此，政府需要思考如何创造和保持科技创新的积极网络。集群是网络的一种特定形式，它可以降低成本，创建互补，增加集中地理区域内的溢出效应。最后，建立成功网络的一个条件是标准。标准有助于确定网络的规模，以及其成员如何进行操作。标准还解决了几种阻碍新科技创造或采用的市场失灵类型。

两个科技成功案例：以色列、爱尔兰

首先，我们审视一下有关两个国家创新的最新研究。这两个国家大大加快了向科技价值链上游移动的速度，它们是以色列和爱尔兰。本节中的案例研究部分源于丹·布雷兹尼茨（Dan Breznitz）的研究，他对发展型国家的创新实证研究改变了很多学者对快速创新国家的认识。[2] 从政治经济学的角度来看，以色列和爱尔兰有许多相似之处。20 世纪 50 年代，它们在规模、人口、教育水平和熟练的劳动者（即几乎没有 STEM 人才）方面具有相似的人口统计学特征。所有两个经济体严重依赖农业。最重要的是，它们都曾遭受了典型的阻碍创新的市场失灵。在以色列和爱尔兰，知识产权的权利定义不清并且没有得到很好的执行，特别是与美国或西欧最先进的技术国家相比时。20 世纪 50 年代，私人投资研发和 STEM 教育的规模是最小的，它们甚至很少或者根本不提供基本的基础设施和国家通信系统等公共物品，因此创新停滞不前。

这些状况持续了几十年之后，以色列和爱尔兰才认识到国家干预解决阻碍经济创新的市场失灵的重要需求。为此，各个国家建立了各种制度和政策，大力发展自主高新技术产业。当然，它们的政策策略有相似之处。例如，以色列和爱尔兰都采取行动完善基础设施、通信网络和国家教育体系。而且，它们没有像韩国和日本那样制定基于国家大型企业的发展战略，相反，它们依靠中小企业寻求发展。

然而，在其他方面，这两个国家选择了非常不同的发展战略，这本该带来截然不同的结果。在以色列，政府大力资助研发，国内私营企业赢得了技术领先地位。它们研发的重点是开发国内高新科技产品，这些产品通过国际网络融资和销售。爱尔兰奉行最自由的市场战略，专注于高科技跨国公司（MNCs）的外国直接投资（FDI）。在爱尔兰，政府的重点是在技术服务行业创造就业机会，而不是在自主制造业或研究能力方面。

有趣的是，尽管采取了不同的制度和政策策略，它们都在相当短的时间内成功地克服了类似的障碍，成为具有全球竞争力的高科技生产商。[3] 让我们简要地探讨一下它们是如何做到的。

以色列：高度成功案例

以色列于 1948 年建国。建国后的几十年里，它没有前沿科技，是一个高度保护主义的准社会主义国家，大量依赖农业经济。强大的工会及其在政府强有力的代表与私人市场的支持者在友好的紧张局面下共存。这样的结果是自由市场充斥着大量政府干预的混合经济。[4] 不过，产业研发很少见，尤其是在私营行业。此外，迅速涌入的低收入国家的贫困犹太人降低了以色列的国民教育和技能水平。在以色列，“高新技术”最多是指家用纺织品产业和国防工业下属的几个部门，它们都是由政府补贴的。因为以色列尊重科学和教育，因此也许以色列在科技上唯一的、最初的强项是它的几所研究型大学，众多的中小学，以及以小型武器、核研究和计算机为重点的微型的、不断成长的国防工业研发计划。

20 世纪 60 年代，以色列技术落后的状况得到迅速改变。1965 年，政府创造了新的产业研发资助计划。以色列很快着手将政府的现有资金和资源转向发展以色列的科技能力。20 世纪 60 年代末时，以色列的科学顾问被分配到各大政府的各部门担任领导。以色列人并没有将研究工作局限于基础科学；他们也有针对性地发展基于基础研究的新技术和新产业。此外，他们认为即使成功来得迟些，所有的研发也都有价值。一名以色列最高科技决策者后来回忆，“从国家的角度来看，研究和发展项目的失败不是损失……这是我给予公司补助时唯一的指导原则。”[5]

起初，以色列的国防研究计划一路领先。有趣的是，这些实验室的运行更像是大学院系，而不是军事单位，具有扁平型结构层级，对实验更加开放。信息技术方面，以色列军队的军备发展计划于 20 世纪 50 年代建造了以色列的首批国产计算机，于 20 世纪 60 年代迅速成为国家科技孵化器。它的员工、知识产权被鼓励进入其他的政府研发计划，甚至私营行业，这使得以色列的高科技初创公司在 20 世纪 70 年代遍地开花。政府各部门委随后开始实现管理计算机化。在这个过程中，他们进一步资助计算机技能和研发的培训和需求。技术熟练的 STEM 人员开始有目的地在政府与私营企业间流动。一方面，政府培训的 STEM 人员迅速促进了私营企业在计算机、航空和电信领域的发展。[6] 另一方面，这些人员将他们与私人市场的关系和私人市场的专业技能带入政府部门，这成为修订和更新国家科技政策的基础。

以色列政府从私营产业中引入的一个想法是国家风险投资。当时，以色列仅有的几家银行不愿意投资于高风险的国内高新技术行业。因此，以色列政府把“首席科学家办公室”（OCS）[7]提升为主要的科技投资机构。多年来，首席科学家办公室是以色列高科技企业的主要的、经常是唯一的资金来源。然而，以色列政府并没有选择获胜者。相反，以色列把私营企业作为其战略中心，给它们提供公共研发资金和大量来自于军事研究项目的熟练劳动者支持。例如，首席科学家办公室的第一个全职领导回忆给以色列高新技术企业提供的优惠：“给我一个你想开展但却因为缺乏资金而无法开展的研发项目，我会宣布它为国家项目……给予你 80% 的成本补助。”[8]除了资助研发，国家基本上放任私营产业。同时，政府除了与私营企业的联合项目外，大幅减少了公共研究机构的资金。这一想法是减少但不能消除私营企业创新的成本和风险。

另一个成功的想法，主要是国家提出的想法，是迫使以色列公司形成国际网络。这意味着以色列公司为了实现金融、营销和技术转移需要联系国外，特别是美国的企业。[9]为了实现这一点，以色列的金融家飞到了旧金山和纽约，与硅谷和华尔街的高级犹太金融家建立联系，收集专家意见。其中的一些关系促成了早期美国–以色列合资企业，使得以色列公司从 1972 年开始在美国证券交易所上市。1976 年，以色列政府在首席科学家办公室创造了美以两国工业研究基金会（BIRD）。该基金会的使命是培育以色列和美国公司之间的网络和合资企业。美以两国工业研究基金会资助了高达 50% 的联合研发项目，在吸引美国高新技术企业在以色列设立联合科研设施方面起着积极作用。很快，IBM、朗讯、Digital、摩托罗拉、美国国家半导体和因特尔等全球科技的领导者就在以色列建立了研发设施。有趣的是，这一基金会的基金不是政府赠予的。跟首席科学家办公室的融资一样，美以两国工业研究基金会也需要收回投资。事实上，美以两国工业研究基金会的国际合资企业非常成功，在一些情况下为以色列政府赚取了超过偿还补助金 50% 的利润，这些利润随后又被投资于新的研发项目。[10]

随着时间的推移，以色列政府的科技网络方法变得高度复杂。例如，首席科学家办公室创建了法律机制，这样一来，外国跨国公司可以通过投资于以色列的研发中心而免于在国内缴税。贷款和融资甚至增加了这一协议的吸引力。以色列政府也积极参与，建立起以色列企业和国内金融与国外金融市场之间的关系网。因此，国外的金融市场很快成为以色列高科技公司的主要资本来源。此外，政府制定了各种贸易政策，帮助以色列公司进入美国和欧洲市场。这些贸易关系解决了以色列高科技的两个弱点：对于重要出口市场的需求以及对外营销和企业发展供应合作伙伴关系的缺乏。最后，来自更先进的科技发达国家的犹太移民组成了另一个主要的国际网络。以色列的第一批移民潮包括大量的农民和非技术劳动者；现在，以色列不断上升的科技行业也吸引犹太 STEM 人员从经济和社会机会少的国家，特别是欧洲和共产主义集团的国家回到以色列。例如，以色列政府在招募受过高等教育的苏联移民方面发挥了核心作用。这些移民于 20 世纪 70 年代到 20 世纪 90 年代期间大量移民以色列。以色列甚至赢得了美国的财政援助来安顿他们。成千上万的拥有 STEM 背景的苏联犹太人回到以色列，成为以高科技行业的重要投资者。[11]

由于这些制度、政策和网络，以色列成为当今几个科技行业的领导者。以色列企业现在在电脑软件、网络安全、药品、医疗设备、通信、先进的国防技术领域参与国际竞争。以色列经常被列为继美国和加拿大之后纳斯达克（NASDAQ）上市业务最多的国家，有 100 多家高科技公司在美国证券交易所上市。虽然风险投资者普遍预期只有 10% 的高科技初创企业的存活期会超过五年，以色列的五年成功率接近 65%。[12] 按人均计算，以色列发明家在专利众多的民族中始终排名前十，拥有许多高引用专利。在科学和工程方面，以色列的人均学术出版物居世界前三位。自 2004 年以来，以色列科学家在科学和数学领域获得了四个诺贝尔奖和一个菲尔兹奖，并且赞助了 24 个其他团队中的 12 个竞争谷歌月球 XPvize 奖。此外，由于以色列广泛的国际网络，外国公司现在每年投资 40 亿—50 亿美元用于以色列的研发，这几乎相当于以色列投资民用研发（约 100 亿美元）的一半。[13] 在短短的 40 年内，以色列从科技“小人物”一跃成为全球范围内备受重视的竞争对手，成就了卓越的成功案例。但以色列哪些成功的制度和政策是其他成功的科技国家所共有的呢？

爱尔兰：适度成功案例

在绿宝石岛上，你可以找到另一个成功案例，但在这里，进步姗姗来迟，远比以色列温和。20 世纪 80 年代末，爱尔兰实现了从农业经济到高科技竞争者的转变。与以色列相似，爱尔兰最初的经济以自然资源、农业和纺织品为基础，1970 年的主要出口产品为牲畜、乳制品和基本纺织品。1990 年，计算机和办公机器进入出口名单，但评论者们仍然认为爱尔兰的经济“产生硬化”，具“反知识的”，甚至“相对落后的”。[14] 尽管如此，到 20 世纪 90 年代末，爱尔兰在计算机软件、信息科技服务、化学药品和药品等具有全球竞争力的领域生产迅速崛起，被誉为凯尔特之虎。[15] 不过，爱尔兰未能成为新科学的主要生产国或是革命性的新技术的发明者。从许多科技绩效测量手段来看，爱尔兰仍然是中等水平的创新者，甚至低于西欧平均水平。爱尔兰政府做了什么，或者没有做什么，可以用来解释这种好的，但是温和的结果？

爱尔兰政府确实成功地采取行动，创造了解决市场失灵的国内制度和政策。从 20 世纪 50 年代末到 90 年代中期，工业发展局（IDA）作为爱尔兰的初级发展局领导了这项工作。在市场失灵方面，爱尔兰扩大了它的教育系统，重视补贴高素质 STEM 人员供应。爱尔兰也升级了其物质基础设施和通信基础设施以增加对寻求出口基地的跨国公司的吸引力。工业发展局在这些工作中扮演了一个重要的角色，它积极改革爱尔兰的教育系统，并最终成为爱尔兰的工业土地的最高所有者。[16] 政府还降低了投资税，并提供补助奖励。爱尔兰专利制度是又一次胜利。20 世纪 60 年代，爱尔兰的专利保护令人沮丧，以经济学家沃尔特 · G · 帕克（Walter G. Park）的国家知识产权（IPR）系统“0–5 点”来测量，得分只有 1.71。[17] 到 2000 年，这一得分高达 4.67，美国国务院称赞它为“欧洲最全面的知识产权保护体系之一”。[18] 最近，爱尔兰增加了更有针对性的研发补贴。例如，在 2000 年，爱尔兰科学基金会成立，把生物技术、信息和通信技术和能源方面等领域约 6 亿美元的研究资助纳入预算。[19]

不过，爱尔兰的国内制度和政策远比以色列受限制。爱尔兰的平均研发支出（人均 GDP）大约是以色列的 1/3，并始终落后于经济合作与发展组织（OECD）和欧盟的平均水平。[20] 与以色列相比，爱尔兰很难获得研发补贴，并且资助的也只是费用的一小部分。[21] 另一个问题是爱尔兰的大学和公共研究机构更多的是面向 STEM 培训而不是自主研发；在多年疏忽后，最近爱尔兰学校才获得了开展高质量的研究需要的资源。[22] 此外，与以色列不同，爱尔兰不怎么重视开发自主生产能力。爱尔兰国家没有通过补助、补贴或军事采购计划积极支持国内高科技初创企业。爱尔兰政府只是在一些私营行业取得成功之后才于近期着手在计算机软件等少数行业改变发展战略，加大政府干预。即使这样，爱尔兰国家也经常把它的作用限定在促进出口方面，在创造国内风险投资行业方面没采取什么行动。[23]

爱尔兰在一定程度上创造并维持了必要的制度和政策，取得了一些显著成果。例如，20 世纪 90 年代，一个具有全球竞争力的软件产业在爱尔兰兴起，国家政策在其中发挥了积极的作用。都柏林分发补助金，为营销和管理创造软支持，促进商业协会的发展，甚至积极资助一些初创企业。[24] 然而，软件业的成功是脆弱的。由于科网泡沫爆裂，软件业于 2001–2003 年遭受重创。此外，爱尔兰公司一般落后于国外科技企业。这些国外跨国企业通常能挺过经济衰退，而爱尔兰科技企业要么失败要么被收购。今天，爱尔兰的创新无疑为多元化的软件和商业服务部门创造了基础，但还需要更多的投资。[25]

爱尔兰国内科技制度与政策的相对缺陷源于都柏林的创新战略。国家制度和政策自从建立起一直在起作用。然而，爱尔兰的做法是基于国外技术转让，而不是本土的国有实验室或大量的政府干预。爱尔兰的科技发展战略已吸引国外高科技跨国企业在爱尔兰设立大型的生产设施，但不一定是研发中心。爱尔兰最初的计划是重点发展出口和使用低税、补助金、资金匹配和低成本的 STEM 人员来吸引外国直接投资。爱尔兰取消了对国外所有权的限制，以吸引国外跨国企业设厂生产。同时，工业发展局在主要交通点创建经济特区，成功地游说削减出口税。这一切都是巨大的成功。一系列领先的美国高新技术企业从 20 世纪 90 年代开始在爱尔兰建厂生产，这些企业包括数字设备公司、IBM、戴尔、微软、甲骨文公司、赛门铁克和 Novell。然而，自主的高科技公司很少出现，国内研发项目也没有蓬勃发展起来。爱尔兰的科技企业在竞争稀疏的金融投资和 STEM 人员时遇到了麻烦，大部分投资和劳动者流向了国外跨国企业。爱尔兰的大学也缺乏财政支持。[26]

爱尔兰政府在建立国际网络方面也敷衍了事。首先，爱尔兰的网络只是意在建立与英国和欧盟的自由贸易关系。工业发展局当时在国外成立办事处，吸引高科技跨国企业到爱尔兰这些活动部分地解释了为什么美国企业较多地聚集于爱尔兰的高新技术产业。美国企业试图进入欧洲市场。到 1998 年，爱尔兰超过 60% 的电子产品工厂为美国公司所有，这些工厂占了电子部门就业的 80% 以上。[27] 通常，爱尔兰政府寻求网络的方式比以色列更表面化，缺少针对性。例如，由于爱尔兰把注意力完全放在吸引和保持国外直接投资上，大多数爱尔兰的科技企业充当了强大的国外跨国公司的灵活供应商。这意味着，爱尔兰企业参与更多的是非常短暂的网络而不是稳定的网络。这些网络具有高度流动性，参与者之间的合同是不断变化的、短期的，而不是可以促进新研发领域大规模投资的可靠的长期关系。[28]

与以色列相比，爱尔兰的国内网络获得的政府支持要少很多。在国内，工业发展局将其国内网络限制在国家参与者内部，主要是协调不同的政府部委支持其政策。20 世纪 80 年代，爱尔兰创立了一些项目，建立起大学、政府发展机构和行业之间的合作伙伴关系。然而，这些努力也是温和的，几十年后，培训、教育和劳动力市场之间的联系仍然相对薄弱。[29] 以色列创立科技信息网络，提供低成本获取详细技术知识的途径，作为对研究的支持和集合。在 20 世纪 90 年代，爱尔兰尝试将合资企业中的爱尔兰公司联系起来。这些努力是成功的，但项目是短期的，也没有进行更新。[30] 结果，爱尔兰的企业网络往往是跨行业的，而没有专门化。这意味着爱尔兰的科技公司常常专注于广度而不是深度。因此，很少有爱尔兰的国有企业会成为小企业的靠山。[31]

总之，像以色列一样，爱尔兰的成功战略是建立国内的和国际制度和网络，以解决市场失灵。然而，爱尔兰是这三个高科技“奇迹”中最不成功的。可以说，这是因为爱尔兰制度在解决科技市场失灵方面一直不太积极，因为爱尔兰在创建国内或国际网络、将国外高科技行业纳入爱尔兰政治经济方面做得最少。因此，爱尔兰及其 STEM 人员的慷慨供应成为国外跨国公司的出口基础，并日益成为高新技术服务的源泉。爱尔兰只是制药领域的研发枢纽，不过这一研发枢纽被国外公司控制着。[32] 最重要的是，如果国外跨国公司继续寻找更便宜的或不同类型的 STEM 人员，爱尔兰也就剩下本土的小高新技术行业可以参与国际竞争了。

墨西哥：相对失败案例

创新研究的一个问题是，大部分创新研究只看成功案例，而忽略了失败案例；因此，可能会错过它们之间的重要差异。在科学中，这个错误被称为“选择因变量”。这会让研究者错把无关紧要的特征作为决定性的因果差异。也就是说，如果我们不去调查失败案例，就不会知道某个因素是不是成功国家和失败国家之间的共同点。即使所有的成功案例都有一个共同的特征，如果失败案例也有这一共同特征的话，那么它肯定不是一个决定性因素。

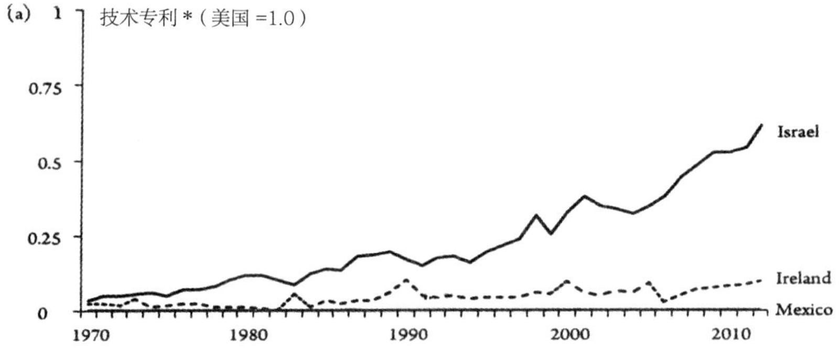

图 6.1 a-d　科技绩效选择比较

来源：NBER Patent Database；Thomson-ISI；OECD；National Science Foundation。
* 人均前向引用。

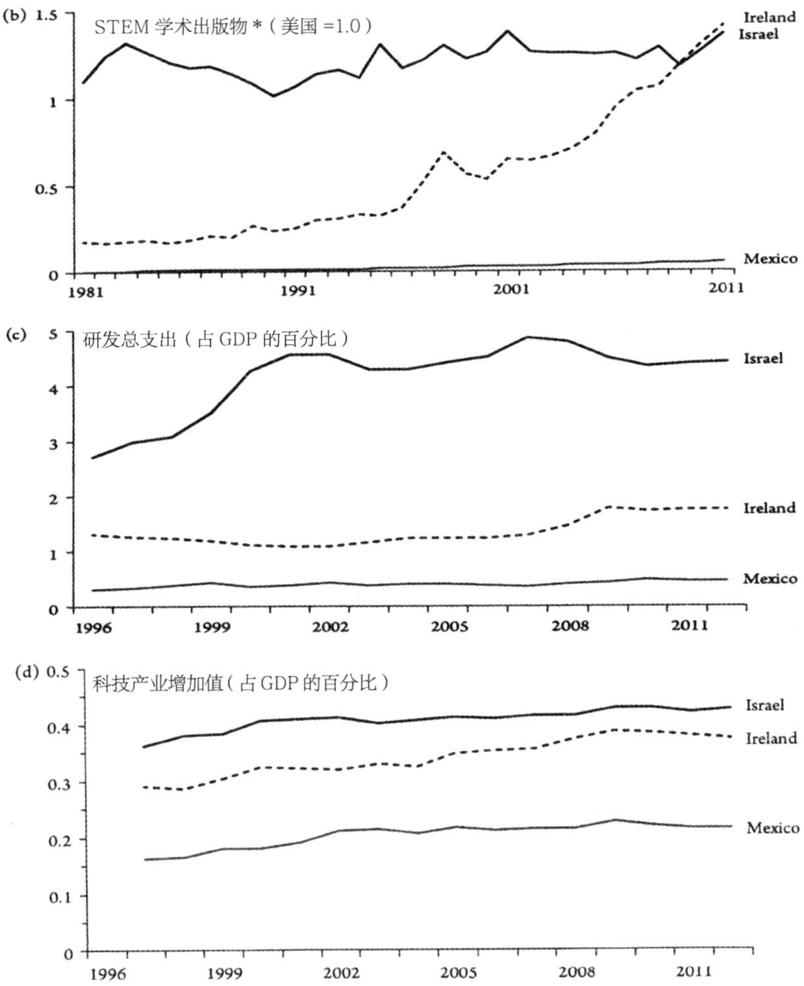

图 6.1 a–d（续）

为了对比以前的科技成功案例，我们找到墨西哥这一精辟的失败案例。诚然，墨西哥与以色列、爱尔兰相比，是完全不同类型的国家，尤其是在规模、自然资源、政权类型、文化、历史、地理等方面。但这正是关键所在。如果类似的因果关系可以在这样一个如此迥异的国家发现，那么它就会强化有关制度和网络在影响国家创新率方面的作用的观点。

从任何测量方法来看，墨西哥均一直是一个科技不作为者，尤其是相对于以色列、爱尔兰（图 6.1）而言。几十年来，墨西哥专利只占其他任何国家的人均专利数的一小部分。另外，墨西哥专利的平均前向引用只及其他国家的1/2左右。[33]同样，墨西哥的人均科学产出也仅为爱尔兰的5%，占以色列的比例要更少些。[34]尽管如此，墨西哥仍然设法建立了强大的高科技出口行业，特别是在汽车、电子和电信产业。然而，这些领域的企业几乎都是边境加工厂：国外所有的和国外经营的工厂雇用低技能的墨西哥劳动者，很少使用自主技术。如果我们只考虑墨西哥的企业，它们中的90%在今天仍然只专注于零售、服务和农业方面的低技术本地市场。[35]我们找不出墨西哥的高科技生产商。

是什么使得墨西哥的科技绩效不佳？当然，墨西哥在历史的大部分时期都是一个贫穷的国家，但财富不是原因。[36]有趣的是，墨西哥人在20世纪90年代之前也比某些后起国家或地区享有更大的政治权利和公民自由。如果我们把韩国和新加坡这两个快速的创新者一起比较，墨西哥的财富和民主在二战之后的几十年里看起来更好一些。[37]相反，问题是墨西哥在克服阻碍创新的市场失灵方面的投资额远小于其他国家，墨西哥也未能创建和维护促进创新的网络。

这在信息产业行业最为明显，墨西哥确实有过短暂的繁荣。从20世纪70年代开始，相对成功的国内计算机产业围绕墨西哥的高科技自给自足项目成长起来。在墨西哥的国家科学技术委员会（CONACYT）的指导下，许多项目解决了市场失灵，并建立了类似于以色列的国际网络。在这些项目中，墨西哥邀请外国企业投资计算机生产，不过只是通过合资企业来实现。在合资企业中，当地的合作伙伴获得了多数股权。国外计算机制造商也需要投资墨西哥的研发以及STEM训练中心。它的国产含量要求、政府采购项目、税收和财政激励机制等其他政策完善了成功战略。因此，墨西哥的国内制度确立了将国外高科技生产商纳入国内经济的网络。[38]

这些网络继续存在的同时，20世纪70年代，国家科学技术委员会的项目在吸引国外直接投资方面取得了较大成就。60多个国外高新技术企业进入墨西哥的合资生产企业，包括惠普、IBM、Digital、NCR、Tandem和王安电脑公司等大型计算机跨国企业。墨西哥的计算机产值达到4亿美元，集中在微型计算机、迷你电脑和外围设备方面，有一半出口到美国和加拿大。墨西哥公司 Printaform 成为国内顶级个人电脑生产商，该公司很快就制造出高质量的计算机。墨西哥的顶尖大学（墨西哥国立自治大学，UNAM）开始购买这些国产的而不是由国外竞争对手制造的计算机。[39]

然而，从 20 世纪 80 年代中期开始，墨西哥改变其政策策略，大幅度实行经济自由化。这改变了墨西哥国内政策和其所推动的国际网络的性质。墨西哥通过降低关税和许可要求奉行极端自由市场政策，最终于 1994 年加入北美自由贸易协定（North American Free Trade Agreement，NAFTA）。这一新的发展战略旨在通过几乎完全的市场自由化来吸引国外直接投资，发挥墨西哥低工资劳动者的优势吸引国外旗舰科技企业。墨西哥的政治领导认为，一旦国外公司建立了制造业设施，知识溢出和技术转移便是水到渠成的事情，因为国外跨国公司培训了当地工人和科技生产的供应商。[40]

这一战略的问题是，随着经济的自由化，墨西哥的国外电脑制造商开始要求免除墨西哥自给自足的要求。这意味着外国的高科技企业可以脱离本地网络。这也意味着，先前墨西哥的国外创新合作伙伴现在成为竞争对手。第一次免除是在 1985 年。墨西哥要求 IBM 建立 STEM 训练中心，作为交换条件，墨西哥允许 IBM 在瓜达拉哈拉建立全资生产设施，没有任何当地合作伙伴。其他国外公司很快纷纷效仿，通常是以没有地方开发项目的规定为交换条件。[41] 这带来了灾难性的后果。20 世纪 90 年代，墨西哥的工业政策保护让步于北美自由贸易区和新自由市场发展策略。因为国外电脑制造商的命运没有与当地的高科技行业维系在一起，墨西哥的国外电脑制造商轻而易举地摧毁了他们的墨西哥竞争对手。[42]

此外，与先前的国家成功案例不同的是，墨西哥政府没有通过干预解决与高科技生产相关的市场失灵。国家很少主导工作以改进 STEM 教育，资助研发中心，或为国内高科技初创企业提供金融支持。相反，为了吸引国外直接投资，国家取消了在 20 世纪 70 年代相对成功的保护措施，[43] 墨西哥政府也没有投资由投资者、企业家、行业和 STEM 人才组成的国内网络。国家也未能将国外的科技制造商纳入现有的国内创新网络。例如，墨西哥没有在与国外高科技企业有联系的墨西哥大学开发自主研发能力，而是由国外企业给墨西哥的大学分配任务，帮助控制质量和完善装配操作。国外企业没有利用当地的组件制造商，而是引进了像伟创力和旭电公司的国外供应商。很快，墨西哥提供的唯一的主要投入就是低技能的劳动力，政府和市场都没有提供措施激励国外科技制造商将知识或技能转移到当地经济。[44]

最后的打击是在 2001 年，国外电脑制造商抛弃国内小型的计算机产业或 STEM 人才撤离墨西哥。中国作为高科技国外直接投资的目的地加入世界贸易组织（World Trade Organization，WTO），成为墨西哥强有力的竞争对手。墨西哥可能在运输成本上比中国有竞争优势，但在工资、技术人才或潜在国内市场规模方面却不是中国的竞争对手。[45] 几乎同时，科网泡沫破灭，给整个产业的计算机公司增加了额外的压力，迫使他们减少在墨西哥等相对较小的 IT 市场的国外业务。中国的竞争和 IT 行业的萧条就这样结束了墨西哥进入具有全球竞争力的高科技行业的企图。如果国外高科技投资被纳入墨西哥网络，并得到解决阻碍创新的市场失灵的国家政策支持的话，那么它们离开墨西哥将没有什么意义。[46] 墨西哥的 IT 产业将会创新其提高竞争力的途径，而不是以失败告终。

因此，墨西哥在发展国家科技能力方面取得了一定的成功，至少 20 世纪 70 年代在 IT 产业取得了成功。当时，它的国内机构致力于解决与创新相关的基本市场失灵。墨西哥的政策也创造了国际和国内网络，不仅将 STEM 人才与当地企业家和投资者联系在了一起，也将国内创新者与国外出口市场、投资资本和国外的技术技能和知识资源联系在了一起。然而，当墨西哥放弃这些类型的国内机构和国际网络时，便失去了提高全球高科技竞争力的机会。

这里的重点并不是说墨西哥是一个完全失败的案例，而是说它是一个相对失败的案例。墨西哥确实开展过创新活动。蒙特雷市便是一个受人尊敬的创新中心，是国内顶级工程学校蒙特雷科技大学的所在地，合格的 STEM 人才源源不断地从这所学校毕业，少数高新技术企业也在这里诞生。此外，在汽车行业，墨西哥公司几十年来成为向北美各地先进的汽车制造商分销产品的供应链基地。

墨西哥的科技绩效不佳，这并没有阻止 Cemex、Alfa、Vitro 等世界级跨国公司的出现。然而，尽管有这些成就，墨西哥从整体科技绩效来看仍然落后于许多国家，拥有的资源也少很多。[47]

成功与失败的线索

这三个相对成功和失败的案例研究为解释国家创新率提供了重要线索。首先，每个成功案例是不同的，但失败案例却有许多相似之处。也就是说，这些案例研究的一个惊喜发现是，成功的科技国家一般都致力于解决市场失灵，而不是特定的制度或政策设计。供世界政策制定者汇集以实现国家科技竞争力的“健全的”制度或政策设计并不存在。这意味着国家可以选择。政府可以按需制定他们的科技制度和政策，以适应他们的社会文化、历史和政治经济形势。重要的是，阻碍创新的市场失灵得到了解决。

这些市场失灵指的是什么？在每一种市场失灵情况下，政府都需要创造条件，让大量知情的、理性的个人参与科技货物、服务、资本的自由交流。为了实现这一点，成功的政府制定制度和政策来提高市场参与者可利用的信息的质量和数量。成功的政府施以援手提供或资助那些私人市场未有效提供的商品和服务（例如，研发和 STEM 教育）。积极的溢出效应不仅得到了补偿，而且还得到了鼓励。政府在知识产权较弱的行业强化或资助投资本身。政策制定者采取行动降低交易成本和解决协调困境，以降低市场参与的成本。然而，不同国家使用不同的国家战略和政策方法解决了这些市场失灵。

这一发现有多少概括性？我们怎么知道它是否适用于其他国家？单一的最优制度或政策并不存在，这一点是确定无疑的。前几章调查了一些有关制度和政策的影响的数据，并列举了另外几十个调查案例。我们还未发现某个单一的制度或政策，或它们的组合，是促进科技竞争力的必要或充分因素。每项科技制度和政策都有其优势和劣势。此外，一些国家在重要制度和政策上的得分较低，但却具有高度创新性；一些国家制度健全，在创新方面却没进展。事实上，有几个国家（例如，韩国和以色列）只是在大大改善了他们的科技绩效之后才采用了“健全的”制度。在解释国家科技成功或失败这一问题上，我们还需要探究制度之外的其他因素。

社会网络

以前的研究也给我们指出第二个往往被忽视的发现：社会网络的重要作用。[48] 以色列、爱尔兰和墨西哥的例子都表明，社会网络在决定国家科技竞争力方面发挥了重要作用。国内社会网络必须与 STEM 人才紧密结合，然后与当地的企业家和投资者联系起来。国际网络必须连接国内创新者与国外出口市场、投资资本以及技术技能和知识资源。事实上，制度、政策和网络这些工具相互依托：不管其设计如何，成功的国内制度和政策都创建和维护了国内和国际网络。[49]

比市场或政府更好的社会网络究竟是什么？最近，有关社会网络及其在经济活动中的作用的研究出现爆炸性增长。[50] 这些调查的一致发现是，社会网络提供了无论市场和政府都很难收集到的重要信息。这意味着网络有时能比市场更好地将人和资源结合在一起。这样，社会网络积累社会资本，并大幅降低创新成本和风险。这可能有点令人困惑，因为第四章表明大量的科技信息是很容易获得的。也就是说，科学发现和技术知识等信息可以廉价地仿效和共享，政府必须创造制度和政策（如专利、补贴、高校）激励生产。然而，国家成功和失败的历史表明，仍然有其他类型的信息是难以获得的；拥有这些信息可以大大降低成本和创新风险。

让我们用一个思想实验来说明。你管理一个总部设在波士顿的公司，这个公司需要聘请一个生化工程师从事一个研究项目，开发一种新药物。采取自由市场的方法，你在顶级大学和招聘网站刊登了招聘广告。很快，你收到 100 份简历，这些简历看起来都令人称奇。现在，你怎么知道哪些简历属于高素质的、经验丰富的、有责任心的研究人员？毕竟，有些申请人会撒谎或夸大他们的背景。

其他人可能通过作弊通过重要的大学课程考试，或在很大程度上依赖于更聪明的同学来完成他们的工作。还有一些人可能智力合格，但不负责任，或在完成项目上很吃力，或不具备团队合作精神。显然，雇用一个懒散、不称职的工程师将增加研究项目的成本和风险，而聘请一个聪明、精力充沛的团队成员则可以降低成功的成本和风险。问题是，这些信息都很难从简历甚至是面试中辨别，这是就业市场要解决的典型问题。不过，这些信息可以通过一个人的朋友和同事等社会网络获取。教授们通常知道哪些学生聪明、勤奋、负责。前雇主和同事可以告诉你，哪些同事是你想要的类型，哪些是白痴、不满者或骗子。因此，招聘合格生化工程师的一种方法是利用你在本行业和学术界的朋友和同事网络，这些人有可能跟你要雇佣的人打过交道。[51] 一些廉价的电话和电子邮件可以给你有价值的信息，这些信息在自由市场可能是相当昂贵的，甚至是你获取不到的。

此外，网络甚至在提供远程信息方面更有优势。继续刚才的例子，作为一个生活和工作在波士顿的经理，你可能已经获得了当地人才库的很多信息，知晓如何评价它，但对遥远城市的信息了解相对较少。[52] 也就是说，你可能已经十分了解从新英格兰地区的哪家公司挖人，利用哪所大学的实验室。但你对亚特兰大、洛杉矶和芝加哥周围的人才库可能知道很少，而且没有线索去评估那些来自亚洲或欧洲的简历。这时，自由市场再次给你提供低成本的帮助。然而，你可能有老校友、前室友和以前的同事现在生活在这些地区，他们掌握了许多有价值的信息。因此，你可以把你的社会网络作为获取他们的社会网络的一种手段，从而挖掘到所有的远程知识。从这些朋友的朋友那里，你可能会了解到，伦敦帝国学院罗伊·安德森（Roy Anderson）教授实验室的毕业生 [53] 或日本久光制药的前员工 [54] 比您公司的那些来自许多大学或公司的员工素质更高。这些扩展的网络可能包含个人信息，这些人的声誉在他们生活的区域之外是完全不为人知的。通过他们，你可以找到那些想搬到波士顿，但从来没见过你的自由市场的招聘广告的熟练研究人员。

这种类型的信息问题不仅仅局限于雇用优秀 STEM 人员。如先前的简短国家研究所显示的，网络也包含将企业家和投资者与新科技商业机会匹配的重要信息。网络也帮助创业者找到高度专业化的科技产品的商业市场。网络甚至可以支持科技公司寻找可靠的复杂产品的供应商和分销商，这些复杂产品是新技术研发和生产的投入。这些类型的信息问题困扰着所有的企业，但对科技行业尤其不利，因为它们的参与者高度专业化、相互独立，而商业条件变化如此迅速。无论是市场还是政府都不能很好地解决这些信息问题，但网络可以做到这一点。由于网络可以是国内的，也可以是国际的，我们在下一节将更深入地探讨这两种类型的网络是如何促进创新的。

国内网络：创新集群

也许了解国内网络如何促进创新的最好方式是通过专注于某一特定类型的网络：工业集群或研发集群。许多研究创新和竞争力的学者指出，美国最具创新性的企业经常聚集在相对明确的小区域。这些高度创新的集群包括底特律的汽车制造商、加利福尼亚南部的航空航天和国防公司以及罗利达勒姆教堂山的三角研究中心。此外，集群现象并不是美国独有的。最近国外成功的集群例子包括印度班加罗尔周围的高科技园区，以及德国南部的高性能汽车制造商带。我们的问题是，集群是创新活动的原因也是结果。如果集群确实促进创新，那么政府可以做什么来帮助创造和维持生产集群呢？

虽然集群看似是最近才出现的现象，但并不是新生事物。现代经济学的创始人之一阿尔弗雷德·马歇尔（Alfred Marshall）于 1890 年观察到，产业集群已有几百年的时间。他注意到，英国的专业化产业经常聚在特定地区，如威尔士的炼铁业、斯塔福德郡的陶瓷，以及谢菲尔德的餐具。[55] 他认为集群有三大好处。首先，他认为特定行业技能集中在一个地点，可以帮助熟练劳动者和他们的工业雇主更容易找到彼此。第二，产业集群创造了专门针对该产业的有效的市场投入。例如，汽车配件定制制造商希望接触尽可能多的汽车制造商，因为，除了汽车生产，很少有其他产业需要他们的专业配件。因此，没有集群，这些专业化的投入很难进行交易，甚至很难找到。第三，生产工艺和市场营销的技术信息自然地从一个公司溢出到另一个公司。也就是说,集群产生有价值的工业“八卦”,有助于附近的公司提高竞争力和生产率,而远处的公司要么是从未听说过这种技术八卦,要么听到时为时已晚。

集群看起来如此新奇,其中的一个原因是经济学家和政策制定者普遍忽视了它们,直到20世纪90年代,集群才被大张旗鼓重新发现。最突出的是,保罗·克鲁曼(Paul Krugman)获得了诺贝尔奖,这在某种程度上是由于1991年的集群经济学研究。[56]然而,在集群如何起作用这一问题上,克鲁曼不同意马歇尔的观点。克鲁曼认为,规模经济既是集群的主要受益者,也是其驱动因素。[70]当制造商位置很接近时,他们的主要客户和供应商也将在附近聚集。这就创造了一个工业规模的大型购物中心,所有的便利、选择、竞争和低运输成本随之而来。如果所有人都聚集在同一个位置,那么买家和卖家可以以最低的价格进行各种行业相关产品和服务的交易。

同时期的哈佛商学院学者迈克尔·波特(Michael Porter)将集群上升到国家层面。他认为,高科技产业集群的存在有助于解释“国家竞争优势”。[57]他认为,制造业和高新技术产业集群是增加国家出口的驱动力,并且吸引大量国外直接投资。波特也观察到,全球化使企业在最具成本效益的地方购买投入,并设立他们的业务。因此,地理位置对现代商业活动影响不大。然而,地理集聚仍在发生。由此,波特得出结论,竞争优势一定是取决于集群,而不是特定行业。他认为,集群之所以起作用,是因为它们在各种宝贵资产方面(技术、信息、技能、市场营销和客户需求)为其成员提供了联系、互补性以及溢出。在他看来,集群的好处是它们通过创造激烈的地方竞争增强竞争力。也就是说,集群通过结合合作与竞争,提高了生产率和创新率,同时刺激了新业务的产生。

1994年,安娜尼·萨克森尼(AnnaLee Saxenian)对集群热潮泼了冷水。她大致同意集群的潜在效益,但她展示了集群如何会变得停滞、生产率低下和落后。举例来说,萨克森尼亚研究了波士顿附近128号公路的高科技集群的衰退,并将这一高科技集群的表现与另一个成功的集群,即加利福尼亚的硅谷进行了比较。[58]她发现,当集群使得STEM人才很容易在公司之间流动,甚至允许这些人分拆企业和创立自己的初创企业时，它的作用是最有效的。在波士顿集群中，数字设备公司（DEC）体现了停滞不前的集群面临的所有问题。DEC开始是一个创业和创新公司，20世纪70年代和80年代上升为计算机系统软件和外围设备的主要制造商。然而，随着时间的推移，DEC演变成一个纵向整合的、高度集中的巨头，要求工人对其绝对忠诚。这种类型的行为不是DEC独有，而是发生在整个波士顿集群。他们的员工麻痹了，许多128号公路周围的大公司变得彼此孤立、高度保密、僵化、自成体系。最终，波士顿集群的企业相继变得缺乏竞争力，技术落后。到20世纪90年代，128号公路沿线的大多数顶尖公司破产或被迫寻求收购。它们包括DEC、王安实验室、通用数据、Compugraphics、Prime Computers等产业领导者。128号公路提供了明显的证据，表明集群也会失败。

20世纪80年代，硅谷的集群也经历了一场危机。然而，这些公司共享信息，组成联盟，甚至允许他们的员工跳槽或开始自己的事业。几十年来，不同硅谷公司的员工定期在贸易展览、会议，甚至社交聚会上交流想法。来自竞争公司的工程师们经常一起解决共同的技术问题。整个地区的STEM人才和企业家以忠诚于手艺而不是公司为基础建立起了职业友谊。跳槽和出现新合资企业司空见惯。著名的区域合作是成立于1975年的家酿计算机俱乐部（the Homebrew Computer Club），这是一个非正式的微型计算机爱好者组织。该组织迅速成为包括苹果电脑、奥斯本电脑和北极星在内的20家电脑公司的发源地。[59]因此，当半导体和大型机的低迷期到来时，硅谷群很快就恢复了，这部分是由于初创企业、分拆企业和进入新信息科技产品和服务的合作企业激增的结果。[60]

从20世纪90年代初开展这些研究开始，集群层出不穷，政府开展一系列的活动推动集群发展。2001年，日本政府创建了一个双计划，在日本建立19个产业集群和18个知识集群。第二年，加拿大发起了国家创新战略，目标是在十年内创造出10个国际公认的集群。2004年，法国建立了一个最激进的集群方案，试图创造大约80个具有竞争力的集群促进传统和高新技术产业的创新。

除此之外，奥地利维也纳附近的生物技术集群、新西兰达尼丁附近的工程集群，以及在斯堪的纳维亚药谷的国际生命科学集群也都得到了该国政府的支持。另外，整个新加坡试图将自己转变成一个国家生物技术产业集群。[61]

这些项目提供了丰富的数据和案例研究，带来了新集群研究的发展。因此，几个集群创建和行为的规律现在已经相当完善。首先，熟练劳动力的大量供应很重要。密集的地方劳动力市场，及其对有才能的员工及经验丰富的工人的强大动态供应似乎是集群成功必不可少的因素。同时，熟练劳动力的缺乏可以解释许多集群故障。熟练劳动力的稳定供应不仅吸引企业群聚集在特定区域，长期来看也可以稳定该地区的企业。

第二，理查德·佛罗里达（Richard Florida）和其他人已经表明，多样性和宽容很重要。大量的统计数据和案例研究表明，同性恋、“波希米亚人”，[62]以及在国外出生的居民的高度集中是大都市地区高科技成功的主要指标。[63]这不是说生物工程师和软件设计师都是外国的同性恋艺术家，而是说，反传统观念的群体可以作为流动人才的衡量指标。创新和有创造力的人几乎是从定义上来讲打破了传统。他们的工作是对已有想法进行创新设计和组合。因此，他们倾向于寻求一种环境，在这种环境下，不同的人、经验和想法可以提供充足的资源供他们利用，并且激励他们。同性恋者或“波西米亚人”像“煤矿中的金丝雀”，可以表明一个城市的环境对于不同生活方式而言是否健康。[64]一个城市的包容性和多样化水平高，表明其各种社会准入门槛低。在其他一切相同的条件下，加入各种类型的网络、租公寓、买房子、获得贷款、获得人身安全感、享有更好的社会生活等会更容易，或者至少生活方式和生物学上的差异不会带来障碍。这一理论是说具有包容性和多样化的城市吸引了创造性的高层次人才，继而吸引企业，或创立企业，形成创新的高科技集群。

第三，集群差异很重要。最近的历史和案例研究表明，一刀切的集群行为不存在。[65]集群中最重要的区别是行业、规模和年龄或成熟度的差异。例如，年轻的企业和新兴产业似乎比老企业和成熟行业从集群中获利更多。他们的集群在经济大城市更能繁荣发展，而成熟的常规企业往往位于专业化的小城市。[66]

并且，不同的行业产生不同的集群动态。例如，大学和公共研究机构往往是生物技术和生命科学集群的重要参与者，但在汽车或工业工程集群内，企业间的关系更重要，大学和公共研究机构的参与少很多。[67] 集群差异的重要性不可低估。事实上，跨国家的集群研究表明集群类型的异构性是决定性的，其他的国家差异与之相比相形见绌。[68]

除了这些基本发现，创新研究人员还指出为什么集群会起作用，以及它们的好处有哪些。例如，集群会对初创企业、分拆子公司和供应商的业务产生强烈影响。然而，这可能只是企业家倾向于在本地做生意的结果。此外，有关法国新集群企业的研究似乎显示克鲁格曼（Krugman）的规模经济在起作用。也就是说，集中在某一特定的法国产业和地区的工人越多，该地的企业生产率就越高。不过，这种影响很小。此外，一些法国行业甚至看到他们的生产率因为集群而遭遇下降。其他的比较表明，由法国政府的新集群政策扶持的高科技行业并没有比其他行业获取更多的收益。[69] 我们还不清楚，集群效益在多大程度上是部门特有的，在多大程度上是所有集群普遍所有的。这一点很重要，因为如果效益属于特定部门，那么某一特定行业中的企业集中便是最重要的，但如果集群利益是跨部门的，那么城市的规模是最重要的。也许最令人费解的是，随着我们集群经验的增加，观察者们发现，集群故事并不总是美好的。例如，集群给它们所在的区域带来的是巨大的成本：局部拥塞、公共物品（学校、公园、道路、医院）负担过重、当地价格不断上升、绿地不断减少，以及收入不平等不断加剧。当我们把这些更广泛的负面影响包括在内时，集群的好处可能抵不过其成本，或者成本和效益的组合可以显示财富在集群地区和其他地区的再分配。[70]

集群发展的统计数字也许太新，不能提供深刻的见解。尽管如此，图 6.2 提出了量化的最佳尝试。Y 轴是 2000–2012 年间的创新测量标准（引用加权人均专利）。X 轴是最近创建的 2014 年“集群发展状态” 测量方法，是全球创新指数的一部分，由康奈尔大学、欧洲工商管理学院（INSEAD）和世界知识产权组织（联合国的一个机构）创建。散点图表明，集群只有在充分发展之后才能和创新产生密切关系。当然，图 6.2 还表明，一些国家拥有发达的集群，却未能看到他们的技术绩效有起色（例如，意大利、挪威、马来西亚）。这可能是由于时间跨度短，时间段选择有偏差，或将因果倒置的数据约束造成的。或者它表明集群和创新之间存在更微妙的复杂关系。显然我们需要开展更多的研究。

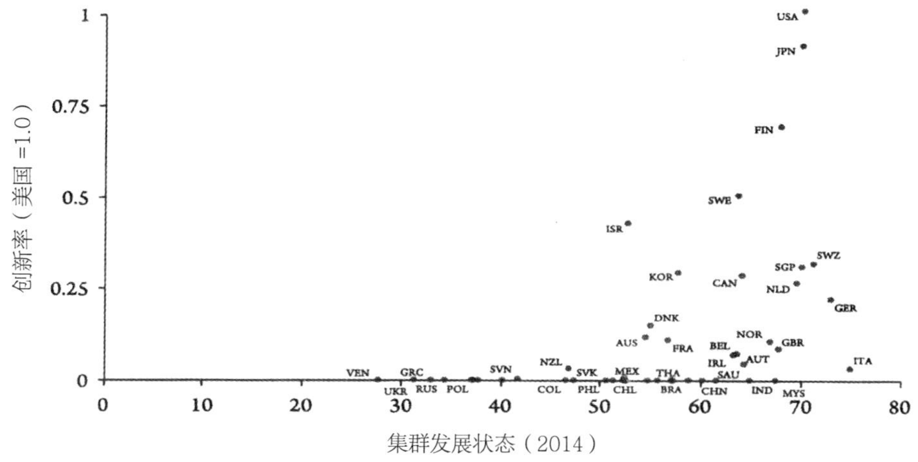

图 6.2　集群发展与 2000–2012 年间的创新率

来源：NBER Patent Database；Global Innovation Index。

目前还不清楚政府可以做什么来创建集群或促进集群发展。一些共识已经达成，政府可以通过投资教育和基础设施，刺激新企业产生，促进多样性和宽容性，保障公民基本权利和公民权利自由来促进集群发展。政府也可以鼓励现有参与者在联合研究项目、公共研究机构、科技园以及知识交换网络领域开展合作。然而，集群学者也认为，许多高度成功的集群是独一无二的。尽管有几次尝试，硅谷并没有成功复制到其他地方。[71] 政府也不应该试图在不存在大量基础设施和熟练劳动力的地区创建集群。事实上，共识是自上而下的，政策干预在成功创建集群方面总是无效的。[72] 相反，政府最好的角色是清除集群自然形成过程中的障碍，包括政府自己。[73]

最后，集群只是研究国内网络和创新的许多方法之一。另一个比较突出的研究项目是三螺旋理论，这一理论关注的是大学、产业和政府这三种具体科技制度之间关系的国家差异。[74] 其他学者将国家创新系统作为起点，把国家创新系统方法分解为地区 [75]、行业 [76] 或技术创新体系方法，认为这些层次的分析使得我们更直接地调查推动国家科技绩效的国内网络。这样的清单应该包括有关知识经济 [77]、信息社会 [78]、新知识生产 [79]（模式 1 和模式 2）的学术研究，以及伦德瓦尔（Bengt-Ake Lundvall）最近提出的全球创新学术网络（GLOBELICS，全球 / 区域经济学学习网络、创新和能力建设体系）研究项目。[80] 它们都强调知识创造、扩散与应用网络的不同方面。

国际网络

以色列和爱尔兰的案例研究也揭示了国际网络提高国家创新率的几种方式。国际网络提供有关远程市场的信息，有助于企业家和投资者找到合适的科技商机。例如，这是以色列为什么在纽约和旧金山的犹太金融家之间建立网络，在特拉维夫建立高科技初创企业的原因。这些网络使得投资者和企业家可以相互交流，不然，他们可能找不到对方，亦不能获得足够的信息，以此为基础大量投资以色列高科技产业。另外，国际网络帮助企业家寻找高度专业化的科技产品的商业市场。当爱尔兰把自己定位为美国高科技制造商和欧盟企业的转口港时，尽管范围很小，这种情况仍发生了。网络甚至可以帮助科技公司寻找可靠的复杂产品供应商和分销商，作为新技术研发和生产的投入。

但是国际网络可以解释其他国家的创新率吗？展示国际网络的普遍性是一项复杂的工程，因为网络比制度更难以识别和进行数据收集。此外，最近的社会网络和创新研究揭示了大量的不同类型的国际关系，各国运用这些关系构建其科技竞争力。表 6.1 列出了其中的一部分。数据问题是，没有单一的国家统计来表达表 6.1 中列出的多种国际关系。此外，根据国际网络的可用性、成本、收益和历史经验，不同的国家有不同的国际网络组合。重申一次，即使每一个国家科技失败案例有相似之处，成功案例也有所不同。例如，日本的创新研究突出了该国对进口逆向工程、技术许可证以及利用外国顾问的依赖，[81] 而美国曾经依赖国际资本的流入以及科学家、高技能人才移民；[82] 许多芬兰顶级科技公司则利用了美国和欧洲的研究机构。[83]

表 6.1 对国家创新率很重要的国际网络

· 海外培训与 STEM 学科教育
· 利用外国顾问和技术援助
· 海外工厂咨询
· 与外资商品和高科技供应商 / 消费者协商
· 引进先进国家在生产和科研设施方面的外国直接投资
· 兼并收购
· 联合研发项目、营销协议和融资关系
· 科学家、工程师和高技能人才的移民
· 在高科技国家建立研发设施
· 出席国际展览、会议、讲座
· 技术许可协议
· 有针对性地进口资本产品和高科技产品

虽然网络多样性不利于统计分析，研究人员还是审视了一些最有可能和最易测量的国际科技联系指数。这些测量方法包括在顶尖大学攻读 STEM 学位的留学生 [84]，STEM 人才的国际流动，[85] 资本货物贸易 [86] 与外国直接投资流动。[87] 显然，这些测量方法只表达了表 6.1 中列出的许多国际联系的一部分，但结果是强大的和稳健的。这些分析的最重要的发现是，国际网络会强烈影响国家创新率。多项研究显示，无论采用什么统计技术，考虑哪个时间段，或者控制（或省略）哪些因素，国际网络都会对国家创新率产生重要的、积极的影响。粗略估计表明，平均而言，国际网络可以解释至少 20%–30% 的国家创新率差异。[88] 这正是前几章所调查的国内制度和政策未能解释的差异比例。研究还表明，是国际网络有助于提高创新率，而不是创新率有助于国际网络发展。首先是网络，然后才是创新。最重要的是，在控制民主、自由市场、政治权利和公民自由时，这些结果甚至保持不变。[89]

我们可以通过 KOF 全球化指数看到这一点。[90] KOF 全球化指数由苏黎世瑞士联邦技术研究所（Swiss Federal Institute of Technology）的研究人员公布，这一指数捕捉经济流动、信息流、国家与外部世界的人际关系和政治联系。[91] 因此，它是测量一个国家与世界其他国家网络程度的粗略的单一标准。1970–2012 年间，每年有 207 个国家运用 KOF 指数进行计算。KOF 指数与国家创新率之间的关系图示见图 6.3。

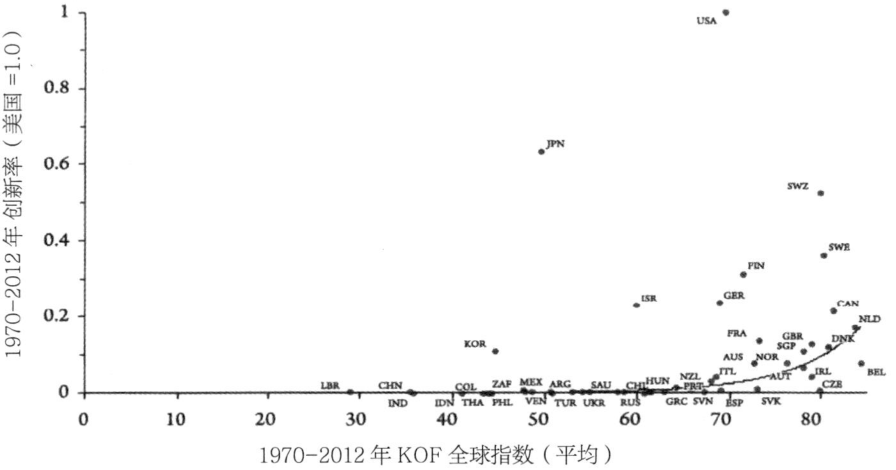

图 6.3 全球化和国家创新率（1970–2012）

来源：NBER Patent Database（2001，2006）；USPTO；World Bank；Dreher，Axel. 2013. KOF Globalization Index. Swiss Federal Institute of Technology，Zurich http:// globalizatioin. Kof. Ethz.ch/。

图 6.3 显示，国家的全球网络越多，其国家创新率越高；一个国家的网络越多，全球化对其的影响就越大。例如，非洲、拉丁美洲国家的科技绩效水平往往很低。当然，这些地区的国家的国内制度和政策“非常糟糕”：市场运作不良，知识产权松散执行，缺乏 STEM 教育以及研发的公共投资，高度腐败。因此，国内制度和政策似乎是他们创新率低的主要原因。然而，这些国家的国际网络，尤其是与领先创新者的网络，要少很多、浅很多。相比之下，韩国虽长期面临军事法律、一党统治和军事独裁等“不完善的”国内制度，但却迅速发展为创新国家。民主的以色列于 20 世纪 70 年代开始在科技绩效方面全速冲刺，

当时其经济市场制度正受到不断增加的政府干预、补贴和转让的困扰。

日本在 20 世纪和美国在科技绩效激增初期也面临过类似的情况。在这些国家中，贫穷的民主和市场制度不适应稳步提高的创新率。然而，韩国、以色列、日本和新兴的美国拥有强大的国际网络，特别是与领先的外国创新者的国际网络，通过表 6.1 所示的不同的联系类型进行重大科技知识转让。

当我们把 KOF 指数的高点和低点与制度的“优点”和“不足”进行比较时，事情变得更有趣了。我们一直困惑，一些国家虽然制度“健全”，但在创新方面却不如那些制度糟糕甚至是制度缺失的国家。KOF 指数表明，网络有可能解释这个悖论。以法国和意大利为例。从大多数测量方法来看，这两个国家的制度和政策相当“健全”。法国和意大利是富裕的工业化民主社会，都曾经在科技领域引领世界。法国仍然拥有至少 20 个世界最好的研究型大学，[92] 而意大利的研发经费数额相当可观。[93] 这两个国家也拥有世界上最强大的知识产权制度。然而，它们都只属于中等水平创新国家，比那些国内政策薄弱的国家逊色很多。也许这是因为相对于大多数同等条件的国家来说，法国和意大利的网络至少从 KOF 指数来看是极其糟糕的。本书将 25 个国家划分为世界顶尖的、快速的，或是中等水平的创新国家，法国和意大利在 1970–2012 年间的 KOF 平均指数分别排在第 12 位和第 18 位。具体来说，虽然法国和意大利是欧盟和世界贸易组织的成员，它们在贸易、投资、劳动力以及与其他国家的文化联系网络方面的 KOF 指数得分的只是处于中等水平。[94] 新西兰、匈牙利和斯洛文尼亚也面临类似的情况，它们的制度良好，但是科技绩效差强人意。KFO 指数排名显示它们的网络相对较差。[95]

新加坡

新加坡是一个很好的反例。从制度的视角来看，新加坡的创新环境自 1965 年独立以来极其糟糕。新加坡有世界上最集中的政治制度，“软威权主义”，在这一政治制度下，首相和内阁决定政策，立法机关将政策合法化，脱离政治的公众仅仅提供反馈。[96] 虽然新加坡强烈支持自由贸易，其国内经济远非自由市场。例如，新加坡政府大量干预当地劳动力、财政、教育、土地、住房、医疗和娱乐市场。国有的或与国家相关的企业遍及国内商业，在某些年份占到了GDP的60%。新加坡尤其干预航空航天、电信、军事、钢铁、造船行业。[97]新加坡在研究型大学和STEM教育方面成绩斐然，但评论者们指责其教导学生死记硬背，而不是进行独立分析或批判性思考，而这些才是创新的关键。[98]另外，新加坡知识产权保护的排名也只是处于中等水平。[99]然而，尽管新加坡的制度和政策存在“不足之处”，它还是快速成长为创新国家。

新加坡之所以取得科技成功，主要是由于它的国际网络和国内网络在全世界范围内都很健全。例如，1970年以来，新加坡的KOF排名几乎每年都位于前十大全球化程度最高的经济体之列。仔细观察发现，几十年来，新加坡一直在积极招募STEM领域著名的高科技跨国公司在新加坡设立研发中心。这些跨国企业包括主要的科技公司，如惠普、日立、西门子、IBM、英飞凌、伟创力。它们给新加坡带来了巨大的创新能力。我们也会看到，新加坡的外籍精英在创业、研发、引导外资进入当地的科技创业产业方面发挥了重要作用。[100]同时，新加坡最高学府的那些国外研究人员和教师与世界其他顶尖研究大学发展了广泛联系。[101]这大大提高了新加坡的研发绩效，同时把新加坡变成了一个区域STEM研究和教育中心。[102]新加坡甚至在国外建立了工业园区。[103]在国内，新加坡政府一直积极促成国内制造商和处理商与化学品、电子、运输设备以及最近生物技术的全球生产网络建立联系。[104]总之，网络大大提高了新加坡的创新能力。[105]

韩国

网络也有助于解释韩国案例。这个很有说服力的证据表明，“健全的”国内制度决定创新率。[106]韩国拥有强大的产权和交易这些产权的自由市场。首尔政府根据一套公正的法律进行裁决，为商业创造公平的竞争环境和自由进出的竞争环境。因此，韩国发展成为全球顶尖创新者之一，在电子、半导体芯片、汽车、手机等科技产业，以及最近的生物技术领域具有全球竞争力。[107]

当然，真相更为复杂。韩国只是在最近才成为民主国家。韩国在成为富裕的创新国家之后很久才实现民主化。

韩国也没有自由市场经济。[108] 到20世纪90年代末21世纪初，美国传统基金会（the Heritage Foundation）认为韩国经济只是“适度自由”。这是因为韩国政府一直在大量干预引导市场，[109] 特别强调建设国家支持的大规模全国冠军企业，即集团公司。这些集团公司在韩国的科技部门，以及许多基础和中间产业仍占主导地位。这些企业包括三星、LG、现代等知名的高科技巨头。[110] 同时，数十个政府下属的研究机构为韩国企业提供以工业为导向的基础研发。即使在今天，韩国的知识产权保护排名仅次于西欧、美国、加拿大和日本。[111] 不过韩国成为创新国家，不是因为其自由市场和自由民主。

相反，制度主义者忽视了韩国在社会网络方面的优势。韩国首先与美国，然后与日本密切建立起具体的外贸、金融和技术网络，这使得韩国获得了重要的科技知识，以及投资资本和进入国际市场的机会。[112] 韩国确实保护了新兴的科技产业，使之不受外国竞争的影响。韩国还拒绝了很多外国直接投资，但却建立了出色的国内和国际网络。韩国接受了美国和日本的大量财政援助，首尔用这笔援助建立了新的产业，补贴出口商。几十年来，韩国还大量从日本进口资本产品、技术许可和外国技术援助。这使得韩国不断定期开拓更先进的科技企业。此外，自20世纪60年代以来，成千上万的韩国研究生被派往国外排名最高的科技研究大学学习，他们在获得STEM学科的高级学位之后归国。[113] 在韩国，大型的多元化集团公司迅速成为国家和国际网络的重点，它们在新科技企业和产品线形成过程中将STEM人才、国家和私人资金以及当地商人汇集在一起。集团公司在把自己的很多员工和管理人员送往先进的科技国家进行培训的同时，也会慷慨地给他们的供应商和流动的STEM员工提供技术咨询。这些网络是韩国快速创新率的关键。[114]

总之，这些观察表明，为了更好地理解国家科技竞争力的来源，我们不应该仅仅关注国内制度和政策的比较，而应该更深入地调查网络的影响。国际和国内网络作为科技知识的宝贵传输途径，可能会通过允许形成认知或商业共同体，或尚未确定的机制影响创新率。这并不是说国家制度是微不足道的，而是说，未能考虑国家网络范围和深度造成了遗漏变量偏差和关于创新率的相互矛盾的解释。因此，我们应该调查表 6.1 中所列的那些因素，尤其是领先的创新者和其他国家之间的因素对创新的影响。简言之，社会网络对创新有着至关重要的影响！

标准

我们在谈及网络时会强调标准的重要性。标准可以大致定义为货物、服务及活动的良好的技术规范。它们可能是测量方法、权重或语言等基本标准；也可能是非常深奥的标准，就像打印机电缆上的连接器针脚数或传输线的精确电压。虽然所有类型的标准都很重要，但技术标准却已经成为 21 世纪提高国家创新率的主要政策工具。研究标准尚未随着时间的推移形成大量的跨国案例研究或统计数据。因此，本书没有提出标准的具体差异会影响国家创新率的假设。然而，标准已经成为一些参与者用以影响创新的强大的工具。因此，标准可能是未来创新研究的课题。这儿应该有一个基本的解释。

标准对于成功是必不可少的，因为它们使网络参与者之间能够开展交流，不管是个人、政府、公司还是政府。没有标准，个体参与者会因为缺乏相互理解而不能合理组建网络。他们语言不通，因而无法交谈，致使无法建立联系或在没有真正分歧的地方进行无谓的争论。因此，标准使得网络参与者之间可以进行有效协调和交流。标准也决定了网络规模，以及它的参与者如何操作。

标准在我们的日常生活中非常普遍，以至于我们往往忽视它们；但是，一旦标准出了问题，结果可能是灾难性的。美国航空航天局在 1999 年遭遇了这种标准的悲剧，火星气候轨道器在进入轨道的前几个小时失踪了。显然，飞船进入了距离火星表面 60 公里以上的大气层，而不是计划的 150 公里，因此破坏了任务。事故分析发现，“在进行一项关键的航天器操作时，一组团队使用了英制单位（英寸、英尺和英镑），而另一个团队使用了公制单位”。[115] 这种简单的测量标准的不统一造成了 9400 万美元的灾难和多年天文勘探损失。标准也不是重要科技项目的问题。每天，人们在外国插座上给美国的电子设备充电，试图用旧软件打开新的电脑文件，或在不同的网络上使用手机时，都会遇到标准的问题。

标准对于创新尤其重要，因为它们也解决了可能导致网络故障和市场失灵的协调问题。在这些情况下，只要人们随着时间的推移做出相互一致的决定，所有人都可以从合作中获益。我们应该使用公制测量方法还是英制测量方法？是建立 220 伏还是 110 伏的电气系统？是在 450 – 460 MHz 频段还是 470 – 480MHz 频段传输电视信号？新技术生产者和消费者要想取得进步，就必须解决这些通常没有争议但具有战略意义的相互作用问题。协调问题之所以发生，是因为有多个选项，没有一个选择比其他任何选择有可取之处。社会只需要统一一个标准，并坚持下去。

标准也可以解决信息问题。创新者在某些情况下不会创造新技术，除非他们相信新技术会与现有或后续技术同时运行。同时，如果消费者对新技术的质量、安全性或与他们已购技术共同运作的能力不满意，可能会停止采购。如果消费者不愿意购买，生产者不愿出售，那么经典的“柠檬市场”失灵就产生了，随着参与者因为不确定因素而退出，市场便会萎缩。通过确认新的无线路由器符合 IEEE 802.11 标准，某主要印刷公司遵守 ISO 14001 标准，或一个新的电动车床满足 NFPA70E 标准，标准提供了降低风险、提高信任和降低新技术生产和消费的交易成本的重要信息。

标准的最佳功能是建立规模经济。想象一下这样的世界，每隔十英里，以下事件都在发生：地铁和铁路轨道改变了仪表，手机网络改变了频率和编码规则，DVD 播放器使用了不同的格式，互联网使用了不同的地址和路由协议。其结果将是数以百万计的碎片技术市场，每个市场的直径只有十英里。在这个支离破碎的世界里，每个小市场制造的不同的列车、手机、DVD 播放器或互联网软件都会贵得离谱。同时，消费者不得不在通过支离破碎的土地时每隔十英里变换一次技术。整个市场的商品将会异常昂贵，难以使用，如噩梦般恼人。使用全国或全球技术标准避免了这种类型的问题。当大经济区域采用一种标准时，规模经济可以做大，从而降低成本和价格。同时，使用一台笔记本电脑、一部手机或乘坐一列火车在不同的州或国家进行无缝运行的能力既增加了这些技术的有用性，也间接地为消费者降低了成本。

标准从哪里来？技术标准有三方面的来源。首先，市场本身可以采用一个标准。毕竟，考虑到标准的巨大好处，私人参与者提出标准是很有意义的。问题是，先行者可以获得相对于对手的竞争优势。因为随着更多的生产者和消费者采用某一标准（即，由于网络效应和规模经济），这一标准会变得更有价值；如果一个生产者最先让市场采用它的标准，那么他就可以用它的标准来支配市场，其他竞争标准将因为来得太晚而被淘汰，这样一来，胜利者就可以收取极高的许可费；同时，一些人认为市场会因此缺乏开展创新或提高质量的激励措施。当一个公司的专利或专有技术与特定标准挂钩的时候，如微软操作系统，ETSI GSM 手机标准，日本胜利公司的 VHS 录像带格式，或飞利浦的光盘格式，情况更是如此。这些公司与其竞争对手相比，在“标准战争”中获利丰厚，有时取得近乎垄断的地位，如苹果的 Mac 操作系统、高通的 CDMA 网络、索尼的 Betamax 录像带和索尼数字录音带。[116]

最令人沮丧的是，当私人市场采用较差的标准时，这一标准就被锁定了，因为该标准应用非常广泛，切换到更高标准的成本会很高。QWERTY 键盘就是一个典型例子。设计它的目的是放慢打字速度，因为早期的打字机很容易出故障。然而，这一问题解决之后，低效的 QWERTY 系统由于生产者和消费者已经投入很多的时间和金钱而沿用了下来。20 世纪 30 年代到 40 年代，一些公司尝试普及一种更为高效的 DVORAK 键盘。尽管这种键盘需要的手指动作变少，提高了打字速度，减少了错误，却以惨败告终，因为 QWERTY 键盘几十年来被广为使用，已经被锁定。[117] 其他锁定的例子包括轻水核反应堆（其效率低下导致了三哩岛核灾难）、化石燃料（称霸全球能源市场，在为许多专制国家和恐怖主义国家增加财富的同时污染了环境），以及广泛使用的微软 Windows 和办公软件。

技术标准的第二个来源是正式的标准组织。这些可以是国家机构，如法国标准协会（AFNOR），也可以是国际机构，最有名的和最活跃的是国际标准化组织（ISO）、国际电气和电子工程师协会（IEEE）和国际电信联盟（ITU）。[118] 这些标准组织高产高效，是大部分已有标准的制定者。例如，自 1947 年成立以来，国际标准化组织已公布 1.9 万多个国际标准，几乎涵盖所有技术和商业领域（例如食品安全、制造业、计算机、飞机、农业和医疗保健）。这些组织是私营的，因此它们的标准是自愿的。虽然各国政府经常采用、参照这些标准制定国家规章制度，但 ISO、IEEE 和 ITU 及其制度仍不具备强制力。

在标准组织内部，由数百个委员会、小组委员会和工作组组成的大型网络进行设计标准的技术工作。他们为来自行业、研究机构、公共管理机构、非营利组织的数以万计的专家提供辩论和决策论坛。国家标准设计组织的代表（如美国的 ANSI、德国的 DNI、英国的 BSI）往往是国际标准组织（ISO 和 ITU）的主要贡献者。

标准组织的问题是，组织里往往有很多生产者和企业代表，而没有多少消费者代表。这是因为，虽然新技术消费者深受标准化过程的结果的影响，他们一般不参与标准化过程。对于大多数消费者来说，个人参与成本远远高于扩散收益所得。此外，技术知识要求积极参与标准审议过程，这对于普通消费者来说通常过于晦涩难懂。即使消费者参与了标准审议过程，他们也往往不能影响标准化进程的结果。因此，政策制定者的问题之一便是确保标准组织更好地顾及消费者的利益。

为了避免市场驱动标准的垄断问题或制度驱动标准的生产者偏见，许多人主张第三种标准来源：政府。部分理由是许多标准有公共物品性质。跟新的科学知识一样，标准往往具有非竞争性和非排他性，因此，国家提供它们有经济道理。另外，如果标准具有私人物品的性质，政府可以防止单个公司使用其专有标准主导市场。这正是 20 世纪上半叶 AT&T 对电话行业所采取的行为，它还威胁对计算机产业采取同样的行动。几十年来，AT&T 利用其对电信标准的法律控制权消除竞争对手，防止新竞争对手的产生，即使在外围设备等小产品方面也是如此。任何与 AT&T 网络有关的新技术如果侵犯了 AT&T 的合法垄断将会被禁止。这种状况直到政府介入，要求进一步自由开放，情况才有所改观。[119] 同样，20 世纪 60–70 年代，IBM 利用其计算机硬件和软件标准垄断商业计算。直到政府强迫公司允许竞争对手进行互操作，情况才发生改变。[120] 这些例子的解决方案采取了反托拉斯的形式；然而，更有效的解决方法或许是创建或采用公共标准。另外，政府也会尽可能制定和执行这些最低质量标准，以确保健康、安全、治安和环境保护等其他公共物品的供应。

政府也使用标准推进国家经济议程。例如，从 20 世纪 70 年代起，日本利用其国家标准禁止进口外国药品、农产品，甚至国外的滑雪板，理由是这些进口产品不适合日本的生理学、营养或体能。类似的保护主义标准得到了法国和德国等欧洲高新技术出口国政府的支持。作为回应，世界贸易组织将标准列入 1995 年的形成性协议。加入世贸组织的成员国现在需要采用已有的国际标准，不能故意利用标准歧视外国进口。然而，这并没有阻止政府使用技术标准来推进国家议程。[121]

目前，中国国家技术标准的问世充当了潜在的科技力量角色。[122] 自 20 世纪 90 年代中期以来，中国将技术标准纳入其不依赖外国技术或专业知识发展自主创新能力的国家战略。中国还采用国内标准减少对外国标准的依赖，降低外国标准的特许使用金，同时将这些特许使用金和销售转向中国的实体。例如，为了达到这一目的，中国政府首先支持被称为超级视频 CD（SVCD）的国内视频光盘标准。SVCD 获得了短期成功，后来被日本、美国和欧洲公司共同研发的 DVD 标准取代。同样，1995 年，中国政府致力于发展第三代（3G）移动电话国家标准，TD–SCDMA。中国成功地让国际电信联盟及欧洲的竞争对手接受这个标准为“国际化”标准。然后，中国政府投资数十亿人民币发展 TD–SCDMA，在 SCDMA 准备好投入商用之后才允许 3G 电话服务在中国推出。[123] 在另一个实例中，2003 年，中国利用标准提高其企业在无线局域网领域的地位。北京宣布将努力创建一个独特的、自主的、强制性的局域无线网络协议标准 WAPI。WAPI 的技术细节只提供给了 11 个中国生产商。这意味着外国制造商要想在中国市场出售无线网络设备，就不得不与这些中国公司进行交易。

尽管有这些努力，评委会在标准对国家创新率的影响及与政府应有的角色等问题上仍然过时了。政府有时可以在标准制定中扮演“盲目的巨人”，推出标准的速度太慢或设计的标准太过低劣。

大多数研究表明，标准可以在一定条件下促进创新，推动经济增长，提高国际贸易竞争力。这些条件是，标准可以在发展和公布的各个阶段被广泛获取，可以通过利益相关者的广泛共识公开达成，不需要实施费用便可在全球范围内实施。[124] 政府在创造和规定最低的健康、安全与环境质量标准方面扮演着重要角色。政府也可以保持标准过程的开放性和可访问性，甚至在谈判论坛中代表豁除权益。然而，为了让标准促进技术的兼容性、信息的供应或多样化的减少，政府可能会阻碍设计或授权。政府必须解决的问题是，标准会随着时间的推移而过时，不能在需要时出现，或者过于密集，像标准的“灌丛”制约创新发展。在这种情况下，政府应该像一个辛勤的园丁修剪他的树木，以最大限度地提高它们的开花率。这意味着政府应该推动标准全面覆盖，而且还要鼓励创新，限制垄断，尽量减少重复，并迅速剪掉过时的标准“朽木”。[125]

结语

本章表明，政府可以利用制度和政策争论中常常被忽略的其他工具来提高科技竞争力：网络。网络有助于解释为什么制度和政策不足以实现国家科技成功。也就是说，科技成功不仅是政府解决市场失灵的问题，而且是处理网络故障的问题。国家要寻求创新经济，必须首先将国内 STEM 工人网络与当地企业家和投资者紧密联系起来。而且，政府必须帮助创建几种类型的国际网络，特别是国内创新者和外国出口市场、投资资本、技术技能和知识资源之间的联系。国家也必须在创造技术标准并使之国际化，以及是否接受外国科技标准的决策方面具备战略性眼光。这也解释了为什么单纯关注国内因素不能解释国家创新率。成功的科技国家拥有贸易、金融、生产、知识和人力资本流动的国际网络，这些在决定国家创新率方面发挥了重要作用。

我们对国家创新有了更好的理解。最具创新性的国家会设计国内制度和政策以解决阻碍科技进步的基本公共物品问题。从理论上讲，这意味着成功的制度必须降低交易成本，降低信息成本，分散和降低风险，并提供这些私人市场不能提供的公共物品。在实践中，这意味着国家必须建立制度以维持研发、STEM劳动力教育和培训、技术和知识转移、消费者信息市场,最重要的是低廉的、有耐性的金融资本。但创新型社会也必须创建和维护国内和国际网络以存储知识、传递信息、建立新科技公司所必需的信任和社会资本。事实上，这三种工具（制度、政策和网络）互为基础。具体而言，本章探讨的案例研究明确表明，创造和维护国内和国际网络的国内制度和政策非常重要。

最后，国家仍然有选择。迄今为止，还没有证据表明网络类型必须与特定的制度或政策相结合才能为科技竞争力打造“特殊的调味汁”。所有国家必须趋同的最佳制度、政策或网络并不存在。网络也不是“银弹”。它们既可以促进科技进步，也可以很轻易地用于助长贩运毒品、旅游或非法金融交易。网络和制度一样也不是原因，而是国家实现技术目的的手段。这一事实有助于解释成功案例之间的巨大差异。

当然，这仍然给我们留下了一个大难题：为什么一些社会创造制度、政策和网络以促进创新，而其他国家却没有这样做？为什么有些政府没有掌握必要的创新工具（制度、政策和网络），正确使用它们，并随着时间的推移维护它们？答案是科技进步有微妙的敌人。这些敌人是一些利益集团，它们受到了促进创新的制度和政策的威胁。它们通过诉诸政治采取行动，迫使政府改变国家制度和政策，阻碍科技长期发展。下一章将介绍这些敌人，并解释它们为破坏国家创新率所采取的行动，以及它们为什么这么做。我们只有理解了科技的阻力，才能完全解释国家创新率。

第三部分

国家为何创新？创新不安全感

第七章　技术失败者和创新的政治阻力

我们简要回顾一下调查的立足点。有关卡德韦尔定律的解释往往将国家创新率的方法和原因混为一谈。例如，前三章调查了卡德韦尔定律的主要政策、制度和网络原因。我们发现，如果一个国家想提高其科技绩效，那么这个国家的政府必须采取行动解决市场失灵与网络故障。这是从大量案例、统计分析、事实证据，甚至创新研究者进行的国家和产业研究中得出的教训。它也有很好的理论意义。但这一教训并不完全正确。机构、政策和网络解释国家如何创新，而不是为何创新。也就是说，如果解决创新难题的方法仅仅是“拯救市场和创建网络”，那么我们会问：为什么有些政府在创造和支持科技市场和网络方面比其他政府做得更好？市场和网络只是让我们沿着因果链寻根究底。毕竟，几百年来，人们一直主张加强知识产权，增加研发支出，建立大学，推动教育发展，启动战略贸易以提高国家科技竞争力。如果政策制定者和选民都已经非常了解如何提高创新，那么为什么这么多国家没能做好呢？为什么有些国家分配更多资源用于实施“健全的”的科技制度、政策和网络？为什么他们在维护这些制度、政策和网络方面比其他国家做得更好？接下来的三章将尝试性地回答“为什么”的问题。[1] 也许最好的方法是从 19 世纪早期英国技术失败的故事讲起。

早期的汽车：失败的革命

1829 年 7 月 27 日，一项新技术出现在英国的乡村大道上：第一辆汽车。[2]这辆试验车是以蒸汽为动力的客车，被它的发明者戈兹沃西·格尼（Goldsworthy Gurney）博士进行“完善”之后，在从伦敦郊区到巴斯的路上运行了 90 英里。那天，格尼的蒸汽客车时速达到 14 英里，远远超过了传统的邮件马车和轻便马车。这次道路试验成功之后，格尼安排提供定期客运服务，并赢得工程师、银行家、军人和一名东印度公司退休官员的财政支持。1831 年 2 月，他的第一条汽车运输路线开始在彻特纳姆市和格洛斯特之间崎岖的道路上运营。19 世纪 30 年代，为了发展自己的技术，几十个相互竞争的汽车运输线路很快在英国出现。同时，格尼向惠灵顿公爵和英国军队展示了他的汽车。很快，投资汽车公司成为金融投资者的流行时尚。随着不断的创新，汽车速度不断加快，有些观察家由此预测最高时速可达每小时 50 英里。另外，美国、法国、德国和比利时也出现了汽车。美国早在 1832 年就成立了简单的汽车公司。法国、德国和比利时的汽车创新和创业花了更长的时间才得以发展起来。

格尼的汽车改变了世界，迎来了一轮创新，从而改变了地面运输方式。这种技术变革当然有市场。从 1710 年代起，蒸汽改变了欧洲的煤矿运营；从 1790 年起，蒸汽改变了欧洲的工业生产；自 1807 年起，蒸汽改变了欧洲的船只和航运运营。[3]因此，将蒸汽动力应用于陆路交通是一个自然的过程。事实上，在格尼发明汽车后，英国的蒸汽动力车在 19 世纪 30 年代早期流行起来，在短短的几年内，客运里程达到数万英里。汽车运输服务尤其受到下层阶级的重视，因为他们买不起私人马车，而且，乘坐汽车速度快、相对舒适，也比较划算。同样的旅行，乘坐汽车只需一先令，而乘坐四轮马车则需要两先令。

然而，1832 年底，格尼破产了，他的竞争对手也渐渐倒闭。到 1841 年，英国的汽车工业萎靡不振；在接下来的 40 年里，汽车创新也随之陷入低迷。其他国家的汽车企业经历了同样的命运，这几乎扼杀了世界各地新兴产业的创新。汽车再次变成了集市和展览会上个人爱好者或好奇者的消遣。当以石油为动力的内燃机出现时，人们对于汽车创新的持续的兴趣才得以再次扎根。因此，今天大多数人认为“第一辆汽车”是卡尔·本茨（Karl Benz）和戈特利布·戴姆勒（Gottlieb Daimler）于1885–1886年发明的，格尼和他的创新早已被遗忘。

是什么扼杀了英国的第一批汽车？同样的力量也在阻碍当今世界的创新行为，它就是来自科技失败者的政治阻力。只要格尼的汽车只是个人爱好，那它就不会影响他人。然而，当汽车发展成可行的产业时，它便开始威胁到英国众多的利益集团。马车所有者担心，如果蒸汽动力代替了马，他们便没有了收入来源。那些向传统驿马产业贩卖燕麦和出租马厩的店主及其劳工也面临同样的问题。道路受托人，马主和行人，以及农民因为土地邻近汽车运输路线而反对汽车在收费公路上运营，因为他们相信汽车扰民，还会产生致命的危险。不过，到目前为止，新兴的铁路行业及其受益者对汽车的破坏力最大，他们拒绝容忍任何有关乘客、运费或投资资本的竞争。

为了阻止他们的共同敌人，这些反对者诉诸政治。他们提出了许多“客观的”观点来论证为什么汽车必须课以重税并且接受议会监管。道路受托人抱怨汽车损害道路，其商业模式不负责任。马业警告锅炉爆炸和汽车事故。公民和文化精英担心重要的地标和建筑物可能会被损坏。铁路行业警告说，汽车惊吓人和马，从而扰乱工作和旅行。当然，铁路本身也会面临这些抱怨。然而，铁路可以获得更丰厚的利润和好处，是更强大的利益集团。因此，铁路的政治阻力是温和的。此外，铁路代表参与了所有的与汽车有关的议会小组，并经常担任调查证人。有充足的证据和证词表明，汽车具有良好的经济意义，不会让马受惊，不会炸毁或破坏道路。尽管如此，1836年，议会委员会仍然认为蒸汽汽车具有危险性，而且价格昂贵，而铁路却没有受到任何来自委员会或官方的指责。

为了应对这种广泛且财力雄厚的政治压力，议会和地方政府很快就对汽车运输业征收重税和进行监管。道路受托人通过收取过高的通行费或在道路上乱丢石头来阻碍过往车辆。在一些道路上，汽车被要求支付的通行费是马拉货车通行费的六倍。随着过路费在英国的兴起，它们实际上封杀了汽车公司，并为铁路利益群体提供了宝贵时间，让他们在议会安排自己的代表。到19世纪30年代，越来越多的铁路支持者控制了英国各级政府，他们击败了大多数要求废除对汽车征收天价过路费的努力。更糟糕的是，他们颁布了新的法令对汽车实行严格限速。汽车在乡村公路上的速度被限制在每小时十英里，和马车速度差不多；在市里是每小时五英里，虽然公共马车速度更快一些，每小时七英里。在一些城区，汽车甚至被贴上“不方便”的标签而被彻底禁止。也许最苛刻的是臭名昭著的《红旗法案》（Red Flag Act），该法案要求有人走在汽车前面一百码的地方可以示意汽车停车。

这些收费和法规无处不在，给汽车创新带来致命一击。在整个英国，只要有新汽车运输线的地方，就会有新的过路费突然被征收，有时候是在第一次运行之后。随着通行费打击并使得汽车运输线不得不关闭，政府的反对开始吓跑投资者、企业家和创新者。铁路公司还警告并威胁投资者不要融资汽车，诱使他们把钱投进铁路运输。毕竟，铁路公司的规模经济更大，是自然垄断行业，在议会中获得了越来越多的支持。投资者和银行家现在把钱投进了铁路，使得英国铁路的资本流入在1835年以后突然加速。愿意投资铁路的企业家和创新者从金融理财中获利丰厚。此后，国会的一系列稳定的法案进一步支持铁路和歧视汽车，迫使汽车客运服务于1839年在英国彻底消失。

其他国家的汽车试验同样在19世纪早期和中期被反对者中止。法国创造了令人望而却步的法规和登记要求，同时对汽车进行限速，使它们不能与马车竞争。德国经常完全禁止汽车并逮捕司机。在资本匮乏的美国，铁路（通常由英国金融家资助）吸收了所有的可用资本，汽车投资少得可怜，这尤其是因为汽车无法在更长的旅行距离上与铁路竞争。

因此，第一次汽车革命在开始后不久就宣告流产。由于过路费和法规消除了汽车的利润，投资者和创新者把他们的精力转移到了其他地方。在铁路投资回报大为减少的时候，这些人再次大量出现，将兴趣转移到了新的投资领域：石油。

创新及对创新的不满

格尼汽车是政治力量阻碍创新的典型例子。不幸的是，格尼汽车只是成千上万或者数以百万的创新中的一个，它们因为所威胁的失败者的政治反对而被迫减慢速度或停止。[4] 抵制新技术的例子可以大篇幅援引。纵观历史，我们可以在各部门和各国找到有关创新的政治或经济阻力的案例，包括日本明治时期的缫丝业、[5] 瑞典的渔业、[6] 挪威的木材加工、[7] 当代英国的报纸生产、[8] 法国的半导体、[9] 遍布工业化世界的艾滋病毒安全血液制品、[10] 欧洲文艺复兴时期的机械机床，[11] 以及古代罗马的货物运输。[12]

新科技的政治阻力妨碍了传统的国家创新率理论，有可能破坏旨在促进创新的政策和制度。它违背了创新的流行性假设。也就是说，根据 LMEs 的原则和普通常识，我们倾向于认为创新是中性的：[13] 新科技扩大了国家生产和消费的可能性，因此，创新尤其从长远来看会造福于每个人。根据这个假设，技术进步的唯一对手要么是低效的寻租者，要么是非理性的卢德派分子（Luddites）。[14] 因此，到目前为止，我们讨论的技术进步的主要障碍是市场失灵和网络故障。

本章所述表明，这种成见是不正确的。科学进步和技术变革不是中性的。新科技会帮助一些人，也会伤害其他人。有时被新科技伤害的那些人的利益正在不断地和不可挽回地被消灭。[15] 例如，新科技是可以在经济上分配的，因为它允许人们以更高的效率执行既定活动。因此，它可以通过提高生产率或因素积累使采用者在经济中处于竞争优势。社会学家和历史学家也表明，新科技可以通过改变劳动力需求、消费模式或信息的获取使一个社会群体受益或处于不利地位。[16] 新科技也可以改变工作、通信、战争、制造、运输等人类活动的性质，从而从根本上改变从事这些活动的人的角色或身份，并因此改变他们的社会、经济或政治地位。[17] 新科技可以侵蚀那些与注定要失败的旧科技密切相关的人的财富和政治权力。科技发展的新制度、新政策和新网络亦是如此。它们可以跟创新一样重新分配财富、权利和威望。这意味着，即使人们普遍支持科技发展，也会有人反对推动创新所必需的制度和政策。

变革会威胁一些团体，而有利于其他团体。创新的这一方面正是我们讨论科技政策和制度时经常忽略的问题。[18] 这样的威胁是经济学家约瑟夫·熊彼特（Joseph Schumpeter）创新见解的核心。他把创新称为“创造性毁灭”，是新生事物杀死旧事物的过程。[19] 破坏元素至关重要，因为它为新生事物清除道路。航空公司在改善商业和休闲旅游的过程中击败了城际客运铁路和跨远洋航班。人们愿意为更快的出行手段买单。随着航班安全性和舒适性的提高，航空公司逐渐取代了其他交通工具。熊彼特的观点解释了为什么有人会反对创新。失败者看到了自己的命运。创新会造福社会，但也会产生受害者，这些受害者会反击。

这里的观点并不是说这些“技术失败者”反对所有的科技。很少有人发现恐惧症患者渴望居住在茅草屋或将社会恢复到工业化前的简朴。事实上，一般来说，大多数“失败者”公开称赞科技。他们反对的通常是某种特定创新，这种创新威胁了他们个人的经济财富、社会地位、政治权力或坚信的文化价值观。这种反对既不少见，亦不是特别邪恶。事实上，我们中的大多数人对这种反对形式是心怀内疚的，至少间接来看如此。例如，汽油消费者和石油产业都不喜欢缴税以支持替代能源研究。工会反对可以代替工人的技术。科德角的度假者和企业主激烈阻挠在近海建造丑陋的风车的计划。福音派基督徒不希望他们缴纳的税钱花在干细胞研究或者新的避孕技术上面。没人想要核电站或垃圾场建在他们的街区。我们热爱科技，只要它不是威胁我们个人利益的特定创新；另外，我们不想承担发展或扩散新科技的费用或风险。

问题是，即使对零碎科技的微弱的间接反对，也可以不断累积，产生很大的影响。当“失败者”反对某种特定技术时，他们也打击生产这一技术的行业，以及所有相关的工作和投资者。如果这些现状利益集团赢了，那么他们可以阻止未来的创新者、企业家和投资者把他们的时间、精力和资源用在其他新技术上。失败者反对的所有的税收、法规、补贴等会不断累积，阻碍社会科技进步。一千次削减之后，科技就会消亡；数以百万计的微小拖累之后，它就会停滞——虽然在某些情况下，几个重要的利益集团就可以阻挠科技进步。

还要注意的是，政治阻力会影响创新者、投资者和企业家，因此会妨碍科技进步的每一个阶段：从研究到开发到批量生产。我们发现扩散和创新之间混乱交叉。这两种现象有时是相互依存的，很难将它们分开。这本书没有解决这一长期存在的问题。然而，理论和历史都强烈表明，有效阻碍扩散会导致创新减少。如果一项创新得不到广泛推广，那么 STEM 人才、企业家和投资者将无法获得足够的投资回报。许多人因此会远离科技，追随其他的投资。

如果你的发明从来没有走出实验室，并得到普遍使用，你为什么还要承担所有的风险、费用，花费宝贵的时间进行创新？许多创新者会回到“正常”的工作或把他们的创造力和资源转向金融、宗教、战争或其他途径，这样，他们可以得到所追寻的回报。

革命性的还是进化性的？无关紧要！

革命性创新发生时，反对新科技的声音尤其强烈。例如，当托马斯·爱迪生（Thomas Edison）于 19 世纪 80 年代开始推行他的新发电站时，经济和政治领域出现了抵制的声音。电力的“失败者”包括 70 年的天然气产业（几乎在大多数城市垄断了照明，试图维持垄断地位）、市政府（其权力因为当地电力垄断的规模和范围受到了前所未有的威胁）、消费者（他们害怕由于垄断性价格和服务而遭受剥削），以及不同行业的人们，他们认为电气火灾和电击对其生命和财产构成严重威胁。几乎在爱迪生试图建立发电站的所有国家，这些利益集团均呼吁政府通过限制用电来保护他们的政治或经济资产。

因为电力是通用技术，在整个社会都可以应用，这些规定通过降低创新激励或彻底阻止的方式减慢了整个经济进行技术变革的速度。例如，第一个中央电站差不多同一时间出现在美国（1882）、英国（1882）、法国（1883）和德国（1884）。这些国家也都遭遇了电力创新和推广的政治阻力。然而，美国遭遇的政治阻力最轻。那里的电力供应商通常可以通过贿赂城市官员或州政客来获取他们的支持。因此，美国人很快在照明、有轨电车、交流电和整体发电的发展和推广方面引领世界。在欧洲，由于天然气垄断单位、城市政府和一系列的城市利益相关者的坚决抵制，那里的电气化更为复杂、成本高昂。例如，在伦敦，证新发电站的建立需要国会法案通过或贸易委员会主席的临时命令。[20]英国和法国的反对是最激烈的，其电力创新和推广因此大大滞后（表 7.1）。它们多年以来甚至落后于德国，尽管约瑟夫·斯旺（Joseph Swan）于 1878 年在英国独立发明了白炽灯，而法国自 18 世纪 80 年代以来一直引领电力研究。[21]

表 7.1 不同电力技术的出现及扩散

	第一座中央电站	白炽灯，1887（美国 =100）	第一辆有轨电车	有轨电车里程数，1990	第一种交流电源 *	发电量，1912-1915（千瓦时）
美国	1882	100	1887	20，000	1893	5，165，000（1912）
德国	1884	37.5	1890	1，800	1891	2，075，000（1913）
英国	1882	25	1896	572	1899	1，135，000（1914）
法国	1883	8	1895	292	1895	1，800，000（1913）

* 现代三相电。

来 源：Hughes（1983）；Levy-LeBoyer and Morsel（1994a，1994b）；Millard（1981）；Todd（1984）。

渐进型创新遭遇的反对往往比革命性创新要小；然而，引发人们抵制的新发明不见得是诸如电力、汽车或动力织机等被内德·卢德（Ned Ludd）嗤之以鼻的“革命性”发明。以 Hygrade 灯具公司于 1934 年设计的日光灯为例。这家公司是中型灯具生产商。[22]荧光灯是一种渐进型发明，自 20 世纪 20 年代起主要用于户外装饰色彩照明。Hygrade 对此进行了改进，生产出可以在室内使用的超高效率的“白色”荧光灯泡。这种灯泡取得巨大成功，到 1939 年，他们威胁要把通用电气（General Electric，GE）和西屋这两个主要的电灯生产商赶出仍在增长的国内市场。Hygrade 灯所使用的材料和电改变了室内电力照明业务的参与者之间的相对市场份额和利润。因此，当消费者开始使用该荧光灯时，他们不仅对 GE、西屋和与它们相关的灯具设备（插座、反射镜、开关等）厂家构成了技术挑战，他们还威胁将电力公司的电力照明利润份额削减一半。

对此，GE、西屋及灯具设备制造商和电力公司联合起来保卫它们的市场。它们一起设计了一款更重的、低效率的荧光灯，这种灯有不同的生产材料要求，比 Hygrade 灯耗电。但这样一来，它们将利润重新分配给了既有的参与者。为了进一步把 Hygrade 赶出市场，这些企业制定了一个认证计划，为这种低效率的灯具建立测试、标准，提供担保，让 Hygrade 产品“得不到认证”。当 Hygrade 拒绝成为 GE 的受许方，从而接受其市场份额的限制时，GE 发起了专利侵权诉讼。虽然 Hygrade 提起反诉，而且司法部很快开始对 GE 实施反垄断制裁，第二次世界大战开始了。GE 便利用其在战争中的重要性说服美国陆军部从中斡旋，中止了反垄断调查。所以，渐进型的技术变革只是削弱了电力产品的子市场，却最终让美国陆军部部长卷入其中并促成了对技术变革的抵制。

创新的军事阻力

即使军队也会受技术阻力的影响，尽管它有极其紧迫而危险的国防使命。[23] 事实上，许多军事功能是以特定技术（枪、炮、飞机、轮船）为基础的，因此它们对可能取代这些特定技术的新技术的抵制是相当激烈的。创新对军事人员具有威胁性，因为技术变革有时要求他们对长期确立的战略意义、战场战术或官僚组织进行重大调整。军事进步是以上述因素为基础的，因此，士兵和水手经常抵制可能改变或破坏他们事业的技术变革。此外，新技术可以创建新的晋升途径，这往往以牺牲或侮辱更多传统服务工作为代价，会引发其他阻力。同样，新军事技术会优待某一部门或者任务而不是其他部门或任务，从而触发各军种间或军种内的对抗。此外，通过改变或降低战斗的危险，新技术会影响特定任务的声望。所有的士兵都珍视自己的生命，但许多士兵在从事最危险的工作的同时，也在享受危险带来的尊重和兴奋。因此，有些士兵抵制创新，这些创新降低了他们的危险，或为更多规避风险的同事创造了职业道路。

平民也会阻碍军事创新。例如，当一个政党或派别支持的创新引起另一个政党或派别反对时，政党政治便开始起作用。有时，总统可能会维护一种特殊的军事技术，这给立法者提供了抨击他的政治机会，或成为立法者坚持自己对外交政策倾向的工具。

最后，为金钱而斗争一直是技术阻力的常见原因。把预算拨给新军事创新开发通常意味着提高税收或削减其他项目和任务的开支。

美国海军在 1899 年采用无线电通信便是一个典型例子。[24] 在古列尔莫·马可尼（Guglielmo Marconi）于 1896 年成功展示他的无线电报之后，无线电创新快速增长。4 年之后，White Star and Cunard 航运公司已在他们的远洋班轮上安装了新技术；到 1907 年，跨大西洋无线服务已经在为《纽约时报》等企业提供服务。然而，大约 15 年之后，无线电才完全融入美国海军的行动，远远落后于英国和德国海军。这是因为，数不清的美国组织和政治力量抵制新技术。孤立主义的国会议员反对罗斯福主义，反对为无线电进行预算拨款；同时，保守派试图阻碍他进行海军改革。就海军官员而言，他们认为自己有更重要的任务，如建造船舶或收购弹药，因此往往忽视了创新。

无线电网络也没有为陆军或海军军官提供明确晋升路线，因此无线通信没有得到他们的关注。最重要的是，高级海军军官们认为无线电直接威胁到他们在船上的权威。一旦出了港口，船长和舰队指挥官就有自主权，经常像独立的管理者一样管理他们自己的力量。无线电通信将消除这种独立性。海上军官无论多远都要服从他们的陆上对手和华盛顿的军事官僚，这些人都可以随心所欲地指挥他们。因此，海军无线电设备被放置在了过道上，交由士兵保管，主要用于个人通信，或完全被禁止使用。1912 年，为在整个舰队促进无线电通信的发展，高级军官职位最终得以确立。海军上将让新就任者监督划船比赛和拳击比赛，借此破坏他的工作，打击他的地位声望。高层抵制的最好例证是大西洋舰队司令、海军少将雨果·奥斯特豪斯（Hugo Osterhaus）。他曾在 1913 年拒绝他的船只部署无线电，只允许通过旗帜进行通信。经历了第一次世界大战之后，加上国会的一些举动和威尔逊总统的行政命令，海军最后被迫转为使用无线电通信。

最近的例子是巡航导弹。“战斧”巡航导弹的极度准确率在 1991 年海湾战争中得到证实之后，成为美国国防的基石。[25] 然而，美国开发巡航导弹花了 30 多年的时间，曾多次被军事和政府部门的反对者取消或延迟。[26] 第一个重大的巡航导弹研发计划是 1953 年的 Regulus。这一计划于 1958 年告吹，因为它占用了海军上将里科弗（Rickover）所钟爱的北极星弹道导弹潜艇的资金。十年之后，作为对 1967 年埃及反舰导弹击沉以色列驱逐舰的回应，人们恢复了对巡航导弹的兴趣。海军部长提出巡航导弹研究计划，要为美国武器库制造出类似的武器。然而，海军内部的空军反对任何远程的舰对舰武器或舰对岸武器，这些武器与空军存在的价值相互矛盾。他们认为载人飞机已经完成了这些任务，而且效率更高。飞行员必须确保最终产品即 1977 年服役的“捕鲸叉”反舰导弹的射程有限，由海军巡逻飞机发射。

20 世纪 70 年代初，人们对开发潜艇发射的核巡航导弹产生了兴趣，这种导弹的反舰能力是新开发的能力。这一次，美国空军加入了海军航空母舰部队的反抗阵营。他们认为长距离巡航导弹对其主要任务构成了威胁。轰炸机飞行员在有人提议空军变种由宽体巡航导弹运载器承载时尤其愤怒。宽体巡航导弹运载器是一种装有巡航导弹的巨型喷气式飞机，有可能最终取代载人渗透轰炸机。[17] 于是，空军要求海军巡航导弹的预算重新用于研发新 B-1 轰炸机。此外，所有这些军事研发项目都遭到了政府部门军备控制支持者的反对，他们试图撤销所有可能会危及与苏联谈判的新武器系统。[28] 反战人士最后也加入进来，他们认为巡航导弹要么太具攻击性（因此成为战争的诱因），要么必然会产生故障（因此浪费纳税人的钱，这些钱可以更好地用于社会项目）。[29]

具有讽刺意味的是，军备控制拯救了“战斧”。1972 年达成的《战略武器限制公约》（SALT I agreements）具有里程碑意义。该公约限制弹道导弹系统，但对巡航导弹没有限制。国会鹰派利用该漏洞改善美国核态势。因此，在核战略任务的伪装下，国会最终在20世纪70年代中期悄悄通过了远程反舰和对陆攻击战斧计划。水门事件以及五角大楼高级人员的流动率分散了军民注意力，这些进一步促成了战斧的存留。然而，1983年引入战斧之后，海军指挥官仍然继续抵制武器安装。他们担心缺乏控制会导致新的超视距导弹的出现，这些超视距导弹既不能被召回，也不能用肉眼锁定目标。如果战斧发生故障，打中中立或友好的船舰，那么高级军官可能会失去指挥权，被送上军事法庭。即使战斧能准确瞄准敌人，它依靠的仍然是一系列新的可信度值得怀疑的复杂系统。传统的载人空中袭击和枪支袭击被视为更值得信赖。因此，反舰版的战斧从未在战斗中使用过，并在20世纪90年代初退役。而陆攻战斧在“沙漠风暴行动”大规模的任务要求迫使它投入战斗之前一直处于闲置状态。[30]

军事史上还有很多类似案例。装甲骑士反对长弓的到来，因为箭术让普通农民走上战场，使得他们比马上的贵族更具优势。[31]同样，中国明朝初期、奥斯曼土耳其以及日本德川幕府的精英们试图限制枪支，维持他们对战争与国家政治的统治。[32]埃及的马穆鲁克战士因抵制枪支出名，部分是由于他们的政治合法性在很大程度上取决于他们骑乘射击的优势。[33] 19世纪，全世界的海军反对采用蒸汽机和钢壳，因为新技术要求技巧、设备和作战策略发生重大变革。两次世界大战之间，战列舰的海军将领强烈反对航母战斗机群的到来，因为他们有可能因此被淘汰。[34]二战前夕，英国政府不得不下令皇家空军建设现代化防空系统，以应对飞行员坚持战略轰炸的原则。[35] 20世纪50年代，美国海军陆战队司令提出直升机对未来服役至关重要。他遭到了自己的固定翼飞机部队、步兵以及炮兵团的抵制（固定翼飞机部队担心直升机会把他们用于主要任务的资源挪作他用；步兵担心他们的战术和战略会被中断；炮兵团怀疑武装直升机将消除他们的使命）。[36]

失去权力或预算不是创新的军事阻力的唯一原因。声望、荣誉和文化也能引起对新技术的坚决反对。例如，美国战略空军司令部（SAC）的指挥官柯蒂斯·爱默生·勒梅（Curtis E. LeMay）将军，出了名的不愿意支持洲际弹道导弹（ICBM）技术的发展。他坚持认为，虽然ICBM可能在遥远的未来获得战略价值，但它主要还是“政治和心理武器”或载人轰炸机的突防手段。勒梅认为，由训练有素的飞行员操作飞机才是适用于空军轰炸任务的手段。因此，在整个20世纪50年代，他和美国战略空军司令部的其他飞行员拖延ICBM，担心新导弹会把他们的指挥权变为“60年代无声的导弹发射者”。[37] 21世纪的军事飞行员也一样，他们为了能在无人机可能取代载人飞机的时代找到一席之地而抗争。[38]

失败者及其失败原因

到底新科技创造了哪些“失败者”？他们为什么反对创新？从广义上讲，失败者有四种类型：经济失败者、社会失败者、文化失败者和政治失败者（表7.2）。

这些类型用于描述目的。从历史上看，反对创新的经济、社会、文化和政治力量会共同对抗科技。

表7.2　新科技创造的主要失败者

失败者类型	描述	通常包括人群
经济失败者	资产所有者，其资产价值因为新科技而减少	劳动者、土地所有者、环境主义者、当前科技的消费者/生产者、当前科技的投资者
社会失败者	一小部分人，创新将改变他们利用或控制现有技术的能力；或者他们会对现有技术的成本、风险或收益产生负面影响。	所有类型中的少数群体
文化失败者	个人或群体，他们反对那些与其长期持有的道德或规范价值相矛盾的科技进步	宗教或其他文化群体
政治失败者	个人或群体，他们的政治权力或合法地位受到科技进步威胁。	选举的官员、政党、官僚、军事官员、利益群体

经济失败者

从经济方面来说，技术失败者作为资产的持有者，其资产价值会因为科学进步或技术变革而减少。经济失败者可能是竞争技术的生产者，他们设法保留市场份额和盈利能力；可能是在现有技术中存在较大沉没成本的消费者；可能是设法避免其土地或环境遭到破坏或退化的所有者（或环保主义者）；甚至是那些寻求最大化投资回报的股票、债券或实物资本的投资者。不论他们各自的特点如何，经济失败者通常是资产（技能、资本、土地、资源等）的持有者，其资产价值会因技术变革对供需状况的影响而受损。他们越是被创新威胁的资产所牵制，他们抵制与之相竞争的新科技的动机就越强。[39]

创新创造的典型的经济“失败者”是劳动者。以现代标准化的集装箱为例。[40]运输集装箱虽看似简单的金属箱，实际上是先进的运输技术和计算机软件的综合体。20 世纪 60 年代海运集装箱的出现急剧改变了码头劳动者需求。[41]在集装箱运输之前，船舶在码头停留的相对较短的时间占到了整个航线成本的 3/4，码头工人的工资占全部海运成本的一半。[42]码头工人了解这些成本，并认识到他们极易受到托运方创新的影响，这些创新会让他们中的某些人失业。因此，他们往往打击任何可能减少码头工作的技术变革，即使这些变化很微小。在新港口或工会软弱的港口实行集装箱运输最终会创造竞争，使工作远离纽约等工会强大的港口，并迫使集装箱托运方和工会达成妥协。但是，劳动者对集装箱的抵制导致了多年的罢工和谈判，最终把肯尼迪和约翰逊政府，以及国会卷入其中。这让许多客户和港口放弃使用集装箱；也让一些使用集装箱的客户和港口宣告破产。因此，在一些港口，劳动者的抵制多年来阻碍了集装箱运输。

此外，码头工会不仅强大，而且他们控制的主要港口是地方经济工作机会的重要来源，因此也是国家和城市的政治家政治支持的重要来源。例如，20 世纪 50 年代早期，纽约的港口在使用集装箱运输前夕负责了美国制造业远洋贸易的 1/3。这转变成了近 11.4 万个就业岗位，这些工作直接与纽约的海运运费相关。另外 10 万个制造业岗位来自于码头区林立的工厂和加工厂，它们为通过纽约口岸的货物增加价值。海洋建设中的其他工作、船舶修理、银行、法律、保险和其他与港口相关的服务带来了 40 万—50 万份工作，当时全市就业机会大约有 300 万。[43]纽约政客因此没有动力去改变现状。结果，任何在纽约港口使用集装箱的建议都被工会、城市交通部门以及市、区的政客坚决予以回绝。甚至当现代集装设备于 20 世纪 50–60 年代在新泽西港涌现时，纽约也只是修复或增加了已有码头的吞吐能力而未采用新的集装箱技术。

因此，集装箱运输创新和扩散的速度部分取决于政治上的考虑。在世界各地，那些能够补偿或控制失败者的国家和地方政府发现他们的港口和运输企业在现代集装箱航运领域成为全球领导者。这些创新组织的例子包括新加坡、上海、洛杉矶、纽瓦克和蒂尔伯里（英国）的港口以及海陆服务公司，长荣海运和马士基集团。然而，无力解决集装箱的政治阻力的政府发现他们的港口在萎缩，企业在倒闭。这些失败的例子包括曾经占主导地位但现在几乎灭绝的港口，如伦敦、利物浦、纽约的港口以及航运业的领导者格雷斯丝公司。

社会失败者

第二种失败者反对优待一个社会群体而不是其他社会群体的科学技术。这常常意味着，他们反对的是那些改变了已有科技的利用、控制、风险、能力以及分配效应的科学技术。社会失败者的抵制也许纯粹是政治性的，但它可以极大地影响新技术的物质形态和技术操作、技术能力以及技术的使用和控制。[44]例如，纽约高速公路和国家公园设计师罗伯特·摩西（Robert Moses）故意使用桥梁、道路甚至水池设计，以限制穷人、下层中产阶级家庭，特别是非裔美国人使用这些设施。设计桥梁是为了防止廉价的大众交通从下面经过；设计道路是为了禁止公交车通行；在假定“黑人不喜欢冷水”的前提下，公共游泳池都保持在较低的温度；巴士（下层阶级最经济实惠的运输技术）必须有某些道路的通行证。[45] 更臭名昭著的是，20 世纪 30 年代，许多人认为犹太人文化和“优生”的罪恶使得犹太人被从德国科学家的名单中剔除，导致德国化学、原子物理学和医学严重受挫，并且让希特勒承担了未研制出原子弹的代价。[46]

文化失败者

第三种类型是文化失败者。他们反对与其坚信的道德或规范价值相冲突的科技进步。这种抵制类型的一个例证是近百年的避孕药具销售联邦禁令和美国公众于 1873 年起对避孕药具的讨论。许多抵制者认为避孕是不道德的，是对娱乐性行为、未婚性行为的鼓励。联邦禁令禁止投资和进行避孕研发。结果，避孕药等创新在美国被大大推迟，不得不在国外或相对保密的情况下进行研发。[47] 在更大的范围内，一些人认为，“不在国内发明”这一典型表现成本高，损害内部科技和外部技术转让，是一种产生于文化不安全感的抵制形式。[48] 近年来，文化争论限制了进化生物学、干细胞研究、机器人和转基因作物（GMOs）的发展。[49]

政治失败者

创新创造的政治失败者是政治权力或合法性受到科技进步威胁的个人或群体。政治家和政策制定者通常会寻求连任或者续聘，因此需要获得选票和金钱以实现这些目标。即使在民主社会中，政治精英如果不能赢得重要利益集团的支持也不能长久执政。政治精英也是唯一能够制定财政和监管政策支持或阻碍技术变革的参与者。当然，政治地位的力量可能与随之而来的技术或群体的经济、社会，或文化力量成正比（如，汽车监管者的权力远比今天马车的监管者大）。这些事实将政治失败者与经济、社会和文化的失败者联系在一起。例如，许多反对现代集装箱的纽约政客如果当时没有采取行动反对新的物流技术，他们就不可能长期任职。如果当初计算机化的洲际弹道导弹（ICBMs）很快替代了轰炸机飞行员，勒梅（Curtis E. LeMay）将军的政治权力早就受到了沉重打击。如果当时希特勒的顶级科学家都是犹太人，他的反犹政策的日程早就遭遇严重破坏。来自煤炭和石油地区的政治精英坚决反对气候变化研发。

失败者团体

通常，反对创新的经济、社会、文化和政治力量会共同参与反对科技的斗争。以打击避孕创新为例。文化反对者认为避孕是不道德的，是反对上帝、助长邪恶的行为。社会反对者攻击避孕，认为这威胁了妇女的传统角色，是“种族自杀”的一种形式。早期，由节育技术催生的经济“失败者”是那些阻止非专业医疗供应商进入其市场的医生们。因此，虽然单单医生就可以阻碍这些创新，宗教和其他团体的加入大大增强了他们的政治抵制，这些团体认为避孕带来了文化和社会威胁。[50]

创新的分配方面也有助于解释为什么革命性科技可以长久立于不败之地，而渐进型创新的发展能够更为迅速。渐进型创新只会威胁单个公司的产品线，从而降低其利润，革命性的创新则会威胁整个产业、产业工人以及他们所在地区的经济活力。因此，在革命性技术变革的情况下，政治精英的压力来自寻求保护的更大利益集团（整个产业、工会、消费群体等），他们往往掌握着更多的资源。因为他们抵制的革命性技术不针对某一企业，这些利益集团可以寻求相对简单的政策解决方案：一般性税收，法规，撤销政府对革命性技术的支持，或者增加对现状技术的采购和保护。这些利益集团（产业、工会）在地理位置上集中于特定的选区。因此，他们可能也代表了政治代表的大部分选民。所以如果一个地区的关键或大型利益集团选择抵制新技术，他们的政治精英就会在税收、监管、政治分肥以及采购方面制定有利于现状科技的法律法规，并且提高（或者阻碍）革命性技术创新和扩散的成本。因此，如果失败者选择抵制，那么他们的政治精英往往会支持他们。相比之下，革命性创新几乎没有支持者。也就是说，从政治家的角度来看，一项新技术尚未建立一个拥有自己选民的选区。因此，源自支持科技的利益集团的“斗争”要少很多。现状利益集团往往因此成为政治行动的主要决定因素。

一些经济学家进一步认为，对新科技的抵制程度应该与摒弃它所取代的旧技术的成本直接相关。[51] 从某种现有技术移动资产的成本越低，该技术对威胁它的技术变革的抵制就越小，也就越乐于支持技术变革。相反，摒弃某种现有技术的成本越高，该技术就越抵抗和反对威胁它的创新。例如，与核工程师的技能有密切联系的是核能技术，而不是某个投资者持有的杜克能源公司[52]的债券。因此，这个投资者可能会支持新清洁燃料的创新（如风车、潮汐发电、太阳能），因为他或她可以很容易地将债券出售和投资于新技术；而工程师则有可能抵制这些技术，赞成支持核电的政治家和政策，因为他或她的技能是与该技术的命运联系在一起的。流动性最大的资产要么是一般不受技术变革（例如，会计技能、物理学学位）影响的高度流动资本（如股票和债券），要么是不受约束的资产（例如，现金、大学生）。这些流动性较强的资产的所有者会寻求以最低风险获得最高的投资回报率，并且支持提供这些特征的技术。不动产的所有者会拼命反对威胁其资产价值的新科技。

反对科学

虽然本章大部分侧重于技术变革的政治阻力，利益集团也在利用政治阻碍科技中“科学”方面的进展。这与技术阻力背后的动机很相似。科学创造的经济、社会、文化和政治上的失败者利用他们的政治影响力阻碍他们认为损害自己利益的研究。一些抵制者反对那些威胁自己或与自己相关的科学研究（例如，转基因生物、干细胞和核能）。在其他情况下，反对者担心科学研究，而不是科学本身对于政策的影响，但他们必须攻击后者以防止前者。例如，有关气候变化、反弹道导弹系统以及农药等现象的研究进行了几年而没有引起太多的反对。只有当这些研究项目建立足够的证据，对公共政策产生严重影响，并由此创造出成功者和失败者时，政治阻力才会介入。

科学进步的政治阻力往往导致不同于反对技术变革的行动。例如，最极端的情况是削减科学经费或禁止研究。典型例子是2001年布什总统下令严厉打击干细胞研究以应对来自宗教保守派的压力。几十年前，联邦超音速运输机研究遭遇了相似的命运，部分原因是来自民间团体对音爆和空气污染的压力。

一种更常见的阻力形式是迫使科学家沉默、辞职或放弃研发。联邦政府的科学家们差不多从第一次进入政府时就被免去了鱼类及野生动物保护局、环保局、卫生与公共服务部及各种科学咨询委员会的职位，因而不能提出与政府卫生或环境管理政策相冲突的发现。[53] 其他人已经自愿离开。例如，21世纪初，许多科学家从美国疾病控制和预防中心（Centers for Disease Control and Prevention，CDC）辞职，因为布什政府多年来施加压力，要求放弃性传播疾病和意外怀孕的科学解决方法，支持禁欲计划。[54] 又如，2000年，美国农业部（US

Department of Agriculture，USDA）的微生物学家詹姆斯·扎恩（James Zahn）开始研究美国养猪场刚出现的耐抗生素细菌。考虑到农场选票，他的政治长官命令他不要发表或公布他的发现，然后迫使他结束研究。扎恩很快就放弃了他的研究，离开了 USDA。[55]

另一种阻力形式是失败者压制、改变、淡化或审查科学发现，以推进或捍卫自己的利益。例如，2003 年，保守派改变了美国国家癌症研究所形成的情况说明，以表明流产会提高妇女患乳腺癌的发病率。[56] 又如，2001–2005 年间，石油行业的一名律师系统地审查了美国政府关于气候变化的报告。他被任命负责白宫环境质量委员会，在那里他定期删除发现，修改证据，扭曲分析，目的是为了表明气候变化背后的科学是模糊的，其影响是温和的。[57] 同时，鱼类及野生动物保护局的政治官员偶尔夸大动物种群的预测，以防止其被列入濒危物种名单。[58]

一种特别微妙的阻力形式是以“诚实的科学争论”的名义创建对立的伪科学，以蒙蔽政策制定者和公众的头脑。这种技术主要由烟草行业开发，它们花了几十年和几千万美元用于“研究”，以模糊吸烟引起肺癌和心脏病的共识。一则 1969 年行业备忘录解释说：“怀疑是我们的产品……这是与存在于公众头脑中的诸多事实相竞争的最好手段。这也是建立争议的手段”。[59] 反对者成功地将这种创造怀疑的策略运用到气候变化科学中。至少从 1995 年起，尽管人为全球变暖背后的科学原因几乎确定无疑，[60] 气候变化的反对者在公众和许多政策制定者之间建立了虚假的印象，认为“[气候变化] 的科学还未得到解决”。[61] 为了做到这一点，气候变化的反对者利用从石油工业和自由派团体获得的大量经费，创办了自己的科学期刊，创建了智囊团，开展了科学研究，系统地歪曲了合法科学，故意曲解数据和误报发现。政治盟友随后利用这个伪科学模糊争论，拖延行动。[62]

重要的是要认识到，保守派和自由派之中都存在反科学的抵制者。[63] 保守派反对的科学通常不利于大企业（气候变化）、宗教（进化生物学）或被视为威胁个人自由和自主权（社会科学）。他们常常抨击联邦民用研究浪费资源和过于轻率，要求国家科学基金会（National Science Foundation）大幅削减开支的同时，指责其高达数十亿美元的欺诈、重复、垃圾科学和管理不善。[64]自由主义者对军事研究进行了几乎相同的批判。[65]政治左派中的反对者也经常对抗科学研究，他们担心这些科学研究对健康（例如，化学农药、牛生长激素和机场X射线扫描仪）、环境（例如，超音速运输、风力发电、核能）和动物权利（例如，医学研究使用动物做受试）不利。有时，这些反对很少或根本没有事实根据。例如，人们反对手机和电力线路，因为它们可能导致癌症；疫苗会导致自闭症的观点；转基因食品对人类的健康有害等完全没有根据的论断。具有讽刺意味的是，这些毫无根据的攻击往往对穷人和弱势群体造成最严重的影响，他们从科学进步和以科学进步为基础的技术中获益最多。[66]

最后，科学内部也存在自相残杀，从而阻碍科技进步。物理学家长期与生物学家争夺联邦研究经费的控制权，前者强调国家安全或能源政策，后者则引用其医疗和健康益处。冷战期间，物理学家持续赢得这些资金；最近，健康科学家反而获得了胜利。就连研究领域内部也存在着资源争夺战。在物理学中，弦论的支持者以相互矛盾的研究理论和实验途径为代价，掌握了大量可用的研究经费，赢得了大量期刊报道。在医学领域，外科医生约旦·福克曼（Judah Forkman）在20世纪60年代提出了血管生成理论，彻底改变了癌症研究。传统的癌症研究人员削减了他的研究经费，因为"我们不想让福克曼建立一个帝国"，因为他们憎恶临床医生侵入他们的科学地盘。然而这样一来，他们将癌症研究和治疗推迟了数十年。[67]

从广义上讲，大学实验室也在与军事实验室和私人研究机构争夺政府的经费。研究项目或得到发放，或予以取消，跟急于取悦选民的国会议员实施的政治分肥项目一样。这些国会议员在增加地区联邦支出和从总体上削减税收这两个相冲突的欲望之间进退两难。[68]因此，林登·贝恩斯·约翰逊（Lyndon B. Johnson）设法让美国宇航局的设施建在他的家乡德克萨斯州并不是巧合；众议院议长纽特·金里奇（Newt Gingrich）将这么多的军事研究集中于格鲁吉亚的玛丽埃塔区，同时还主张大规模减税也不是巧合。

这些压力的总和会严重损害科学研究。政治阻力会对科学家可以提出的研究问题进行正式或非正式的限制。它会限制 STEM 人员开展研发活动的方法。政治对手可以限制选择由谁提出科学问题、提出或执行研究项目，或甚至只是提供科学建议。即使在民主国家，反对者也可以压制与强大利益集团利益相冲突的科学发现报告。政治阻力甚至会在实际上引发对误导性的或不合理的科学主张的制裁。总之，这意味着减少奖励，甚至惩罚最有才华的科学家。这些障碍打消了研究者、企业家和投资者承担研发风险和费用的积极性。

对制度和政策的抵制

科技本身不是创造成功者和失败者的唯一因素，科技制度和政策也会创造成功者和失败者。其中最明显的是政府补贴、研发资金和采购计划。所有这些政策都明确地让政府挑选成功者和失败者。然后成功者通过税收收入，以经典的再分配形式获得资金支持。例如，经济学家认为支持替代能源研究的最有效方法是对化石燃料征税，然后利用税收收入来支持风能、太阳能、潮汐以及其他非碳能源的研发。[69] 这样，财富实现了从石油公司和汽油消费者到替代能源的生产者和消费者的再分配。事实上，任何公共研发补贴都是将纳税人的财富重新分配到新的科技领域。因此，反对税收的保守派，特别是纳税人的回击也会阻碍科技进步，这些纳税人认为自己资助的研发会损害他们的工作或其他资产。

知识产权是另一种创造成功者和失败者的科技制度。关于这一点，一个鲜明的例子是米利亚德基因公司（Myriad Genetics），这家公司多年来拥有自然发生的乳癌（BRCA）基因专利。[70] 当人们发现 BRCA 基因突变会大大增加乳腺癌和卵巢癌的风险时，Myriad 的专利使它垄断了 BRCA 基因测试。该公司的专利也限制了其他个人或组织合法开展 BRCA 基因研究。从理论上讲，这些专利意味着人们不能使用自己的基因。实际上，这意味着任何公司都可以申请一项人类基因专利，然后使用该专利来控制基因的研究和使用。这明显创造了一系列成功者和失败者。支持者认为，专利保护 Myriad 免于知识偷猎者和搭便车者，它们在刺激研发投资方面是必要的。然而，基因专利持有人可以垄断任何与其专利指定的基因相关的疾病的研发和治疗。他们以牺牲竞争对手、消费者、科学家和疾病患者为代价，抬高价格，甚至拖延进展。

重点是，虽然公众广泛支持新科技以确定和治疗乳腺癌和卵巢癌，不同的利益集团激烈争夺基因专利权。美国媒体，除了 Myriad 的公司总部所在地犹他州之外，普遍抨击基因专利。[71] 当 Myriad 试图在英国执行其专利时，英国认为这是外国企业对他们公共健康和国家主权造成的威胁。英国反对党迅速行动起来，普遍反对基因专利。他们说服国会建立了一个由政府管理的国家级 BRCA 检测服务中心，向所有人开放。在美国，美国公民自由联盟（the American Civil Liberties Union）代表的科学家、医生和病人联盟提起诉讼反对 Myriad。2013 年 6 月，美国最高法院宣布自然发生的基因专利无效。[72]

另一个创造成功者和失败者的科技制度是技术标准。例如，如果一个厂商的集装箱与另一个公司的基础设施（例如，起重机、船室、卡车车厢、轨道车等）不匹配，现代集装箱的效率提升可能会大打折扣。然而，谁控制了标准，在市场上就有竞争优势。因此，几个利益集团就集装箱的不同标准和技术规格展开了竞争。1958 年，美国海事局（MARAD）在美国海军的支持下，以维护对国防至关重要的后勤舰队为使命，率先采取行动。它形成了两个专家委员会，以确定美国船只使用的集装箱的最佳尺寸和重量。这引起了美国标准协会（ASA）的反对。美国标准协会由货运和铁路行业把持着。他们形成自己的标准委员会，要求 MARAD 解散标准化项目。与此同时，由商业和军事运输以及后勤服务构成的民用供应商组成的国防运输协会也开展了标准化的工作，给海事局和标准协会当头一棒。最后，国际标准组织（ISO）及其 37 个成员国采用了完全不同的标准化方法。它们关注的是性能而不是大小，因此强调集装箱建造材料的标准，而不是尺寸或重量。

不同的标准化项目代表了不同的选区，它们就集装箱技术规格的每个方面展开了竞争。出人意料的是，甚至仅仅是关于集装箱的尺寸和配件的政治斗争也具有拜占庭式风格，产生了严重的分配效应。每个参与者都有理由赞成自己的设计，因为不同的大小将利润分配给不同的参与者。另外，不同的集装箱长度为不同的货物和路线产生经济效益。高度的变化可能会影响东海岸与西海岸的卡车司机，他们在各自州面临不同的交通规则。短集装箱会减少货物体积，从而损害海运托运人的利润。小集装箱对卡车司机有利，但同时意味着需要花更多的时间装载火车和船只。有关建造和配件标准的斗争加剧了政治问题。铁路想要端墙更重一些（以抵御轨道上发生的频繁变化），而海运托运人反对增加更多无用的重量。欧洲人要求使用较小的钢制集装箱，而美国人则要求用更大的铝制集装箱。

同时，专利和专利纠纷在阻碍起重和锁闭装置标准的采用的同时，每个国家都在为了不同的角件相互争斗。即使这些微小的技术也会影响利润。抓取和提升集装箱的时间多一秒钟，每艘船每年的额外费用就达数千美元。仅仅更换公司现有的集装箱角件和起重机框架角件的成本便高达 100 万美元。因此，许多原先不依靠政府补贴的集装箱托运人不得不取消对现有集装箱及其支持技术的数百万美元的近期投资。采用集装箱运输的后来者中有许多人得到了补贴，他们试图以牺牲已有参与者为代价，使用标准获益。

血液浩劫

如果我们用一个例子把所有观点以一种引人注目的方式联系在一起，这个例子便是早期艾滋病（AIDS）危机中的血液科技创新。[73] 人们发明了防止世界血液供应污染艾滋病病毒（HIV）的技术。我们可以从与这些技术的斗争中发现一些令人震惊的抵制科技的例子。危机开始于 1980–1981 年冬季，当时纽约和旧金山的医生开始注意到先前健康的男性患者发生了奇怪的病变，患了肺炎。很快，巴黎、伦敦、柏林的健康专家开始报告他们的人口出现了类似的症状。没有人清楚这种新疾病的原因和传播途径。在接下来的 30 年内，这种疾病夺去了大约 3500 万人的生命，还感染了全球 3500 万人口。[74] 在美国，专家们最终认识到，HIV 于 1977 年最早进入美国的血液供应，并一直在感染美国人。因此，

AIDS 对所有接受输血的患者造成了致命的威胁，尤其是血友病患者，他们有时每周靠输入血液制品维持生命。[75] 这对血友病患者是毁灭性的打击，1977–1985 年因此被称为“浩劫”，AIDS 在这段时期夺去了 40% 血友病患者的生命。[76]

输血问题的技术解决方案最终通过两个创新实现。第一种方法是血液测试：使用酶联免疫吸附试验（ELISA）确定血液中是否存在 HIV。第二种解决方法是热处理工艺，旨在杀死临床输血和血液制品中的 HIV。[77] 这些创新是难以捉摸的，但并不困难。大多数构成 HIV ELISA 检测和热处理工艺基础的组件技术，如果并非所有的组件技术，已经存在了至少十年。

令人吃惊的是，技术变革需要很长的时间。1983 年 7 月至 8 月，第一次 HIV ELISA 试验在法国研究实验室开发和应用；1981 年，第一次成功的热处理工艺授权给了德国的产业开发者 Behringwerke 公司。[78] 这些创新的扩散耗时数年，直到 1985–1986 年才得到广泛应用，对 HIV 所引发的问题的解决方法产生影响。与此同时，成千上万的人因输血感染 AIDS，有时在不经意间把病毒传染给别人之后死亡。鉴于威胁的广泛性和致命性，以及技术解决方法的相对简单性，技术解决方案竟然花了这么长的时间；前期采用者和后期采用者的时间间隔即便没有数年，也有数月的时间，这些着实令人费解。

抵制

是什么延缓了技术创新和扩散？抵制！社会各条战线都抵制将政治或经济资源拨给科技部门以防治 AIDS。最明显的是文化抵制。在大众普遍对同性恋采取敌对态度的时代，AIDS 往往被视作同性恋的痛苦。“不道德”的同性恋者因为自己的命运而遭到指责；支持 AIDS 研究的人们，尤其是呼吁更多资金的政治家们，很容易因选举失败遭到批评。[79] 静脉吸毒者是 AIDS 患者的另一大组成部分，他们很少能赢得选民或政治家的同情。在日本，血友病患者的人数远远超过男同性恋或者静脉注射毒品的 AIDS 受害者，使其没有成为一个道德问题。[80] 但日本文化重视身体的洁净。因此，对于许多日本人来说，AIDS 患者血液中的杂质比其同性恋内涵更让人忌讳。再次，AIDS 患者是社会的弃儿，遭遇诅咒和回避，得不到救助。

世界各国政府由于预算原因也推迟了对 AIDS 研究的行动。政府行动为什么很重要？一个主要原因不外乎资金。采用科技手段而不是隔离或压制性社会规范应对 AIDS，成本极其昂贵。HIV 及其传播手段的发现需要训练有素的科学家和技术人员，先进的设备，专业设施建设以及有时大规模的流行病学研究。这些资源的成本远远超出大多数私人研究机构的预算。这些成本甚至难以纳入现有的公共研究预算。此外，在疾病的早期阶段，私营行业没有明显的利润。这使得新的政府资助成为 AIDS 科学研究的主要来源。

在 AIDS 出现时，没有一个国家政府为相关科学技术研究提供重大预算支出。美国的反应不失为典型。罗纳德·里根总统任期期间，AIDS 成为一个公共卫生问题。里根政府因其主张约束财政、精简政府机构、降低税收、放松管制和强大军事赢得选举。因此，里根政府重点削减了几乎所有政府非军事功能的财政预算，包括美国健康问题主要研究机构——疾病预防控制中心（CDC）和美国国立卫生研究院（NIH）的预算。[81] 在 AIDS 被宣布为流行病之后，里根政府仍然继续这些政策。当联邦政府允许将开支用于 AIDS 时，里根政府则坚持把现有项目的政府资源转向 AIDS，而不是在 AIDS 上投入任何新资金。[82]

英国的撒切尔政府也曾经有类似的政策倾向，AIDS 研究在整个 20 世纪 80 年代初期被认为是“小鱼苗”。[83] 英国的医学研究由医学研究理事会（MRC）控制，这是一所由教育和科学部完全资助的政府机构，该机构同时控制了对顶级大学的资助。[84] 1987 年之前，医学研究理事每年用于 AIDS 研究的经费不到 100 万英镑，这些钱经常被分成小的款项，分配给许多偏重于收集信息而不是研究的项目。[85] 他们进行政策变革的力度有限，主要是在议会会议上提出有关血液供应安全和公众对于英国缺乏研究的批判等问题。这些都没有推动撒切尔政府采取实质性的行动。[86]

即使在当时由社会党总理领导的法国，政府对 AIDS 研究也毫无兴趣。在法国，国家公共卫生保险意味着大规模的 HIV 测试和热处理需要重大的公共开支，因此需要内阁批准。[87] 然而，法国的行政部门，像美国一样，倾向于把钱花在其他重点事项上。法国的研究和高等教育部（MRES）控制了许多公共研究机构和所有大学的研究资金，这意味着在高等教育和研究部改变议程之前，多数最顶尖学校和研究中心根本不重视 AIDS。[88] 由于法国有一个大型国有商业部门，工业研究甚至也受到政府资助决策的影响。在法国的制药行业，用于解决 AIDS 威胁的支出相对较少。最终的结果是，整个法国公共研究机构大约在 1989 年之后才开始开展 AIDS 研究。[89]

盖洛事件

然而，创新的另一个阻力是科学界内部资源的囤积，盖洛事件就是最好的说明。罗伯特・盖洛（Robert Gallo）博士是美国国立卫生研究院国家癌症研究所（NCI）的高级研究员。1980 年，作为“抗癌战争”的一部分，盖洛证明逆转录酶病毒引起了日本常见的白血病，赢得了全球的认可。1982 年年中，他把 AIDS 研究作为业余爱好。[90] 盖洛认为，AIDS 的原因和白血病是类似的，为他进一步发展逆转录酶病毒研究领域提供了一次机会。然而，他和美国国立卫生研究院国家癌症研究所一样，只是把对 AIDS 的兴趣当作副业，因而进展很慢。

突然，1983 年 4 月，盖洛的 AIDS 研究成为研究所重点发展的项目之一。当时，AIDS 折磨着成千上万的美国人，美国国立卫生研究院国家癌症研究所因为没有付出多少努力而遭遇尴尬。盖洛享有盛名，因此得到了美国联邦政府的大部分 AIDS 研究资金，而 NIH 的其他艾滋病研究实验室则因缺乏资源而告吹。[91] 盖洛实验室成为整个美国联邦系统获取支持最多的研究团队，这意味着因为行动不力而备受批评的里根政府与盖洛的研究有利害关系。问题是，盖洛的研究方向是错误的！盖洛误认为 AIDS 是由类似白血病逆转录病毒的病毒引起的。

其间，法国一个小规模的、资金不足的实验室取得了真正的科学发现。[92] 法国艾滋病主要研究员蒙塔尼耶（Luc Montagnier）应巴斯德研究所的工业子公司——巴斯德生产研究所（IPP）的邀请于 1982 年进入该领域。IPP 想研究从美国进口的血浆传播 AIDS 的可能性。1983 年 1 月，蒙塔尼耶团队在预算有限的条件下成功地分离出 AIDS 病毒。[93] 然而，蒙塔尼耶发现的是一种慢病毒，一种特殊的逆转录酶病毒，会破坏而不是感染 T 细胞群，其繁殖方式也不同于盖洛发现的白血病病毒。

在研究过程中，巴斯德研究所发明了许多首个有效的 HIV 抗体检测。1983 年 3 月，蒙塔尼耶凭借上个月的放射性试验成为首个确定 HIV 的科学家。[94] 1983 年 7–8 月，他的实验室完善了一项简单的 HIV ELISA 试验，9 月初在欧洲提交专利申请，12 月初向美国专利局提交了专利申请。巴斯德研究所通过这些试验于 1983 年 8 月证实法国血液供应中存在 HIV，并立即通知了法国政府。

在美国，盖洛成为美国研究机构内有力的竞争者。他吸收了宝贵的资金、设备和人员，而这些资源在当时是稀缺的；同时，他利用自己相当大的影响力，反对包括蒙塔尼耶在内的其他实验室竞争性研究的资金、探索和科学接受。[95] 由于盖洛的最终研究方向是错误的，美国发现 AIDS 病毒以及 HIV 检测用于商业开发的时间被推迟了一年之久。多年后，盖洛的声望、美国国立卫生研究院的声誉以及美国国立卫生研究院和里根政府投入大量政治资本寻求美国的解决方案这一事实共同蒙蔽并限制了人们对蒙塔尼耶 1983 年发现的认识。[96]

在蒙塔尼耶的工作获得全球认可之后，里根政府仍然坚持支持盖洛，甚至将发现 HIV 的功劳归功于他。1984 年 4 月，卫生与公共服务部部长玛格丽特·赫克勒（Margaret Heckler）与盖洛一起宣布，美国和里根政府“发现”了 AIDS 病毒，HIV 血液检测将很快跟进。然而，事实上，蒙塔尼耶的 HIV 检测专利申请早在 1983 年 12 月就已提交给美国专利商标局。在最后关头，有人在仔细检查后发现，盖洛于 1984 年发现的艾滋病病毒实际上是蒙塔尼耶最初发现的慢病毒！ 盖洛如何将其据为己有不得而知，或许是通过偶然的交叉污染，抑或是通过公然盗窃。[97] 最终，他们不得不通过条约解决专利问题以及由此所导致的诉讼问题。[98]

产业占领

在一些国家，技术进步由于高度有效的产业占领被大大推迟。例如，在法国，由于法国官员和血液工业阻止进口国外的 ELISA 试验，成千上万的受害者在输血过程中感染 HIV。法国政府犹豫一年多后最终于 1985 年承认国家血液供应已经被感染，并下令强制检测。但是，尽管巴斯德研究所实验室进展迅速，法国 ELISA 试验的产品仍远不能与美国第一批 ELISA 出口产品相竞争。1985 年 3 月，由雅培实验室（Abbot Laboratories）发明的美国 ELISA 获得了美国许可证，并在一个月后用于商业用途，其成本是巴斯德试验的一半。美国雅培预见到欧洲大市场的机会，于 1985 年 2 月中旬向法国申请 ELISA 试验许可。然而，法国政府推迟了几个月才批准美国雅培的 ELISA 试验，为 Diagnostics Pasteur（原先的 IPP）完善 HIV 抗体检测争取了时间。巴斯德的 ELISA 试验最终在 6 月下旬获得许可，它们有足够的时间加速国家强制性血液检测的生产；强制性国家血液检测为了适应巴斯德的生产计划也被推迟（至 8 月 1 日）。美国雅培最终于 7 月 25 日收到进口许可证，而不到一个星期之前，法国开始了强制性检测。[99]

法国热处理工艺的发明也比美国和德国的创新落后数年。在 AIDS 危机爆发之前，法国政府曾向全国输血中心投入资金，以消除进口。但是，1985 年秋季，输血中心才开始完善其热处理工艺。其间，1983 年 3 月，廉价进口安全的、经过热处理的血液产品成为一种可能。然而，政府拒绝进口安全血液制品，因为它们会转移国内产业的利润，并预示着产业政策的失败。因此，尽管感染近乎确定无疑，法国官员还是坚持继续分发国内血液产品。[100]

在日本，血友病患者迅速对美国第一起因输血感染 AIDS 的报道（1982 年 7 月）做出回应，要求日本政府禁止进口美国血液制品。[101] 正如他们担心的那样，1983 年 7 月，一名血友病患者死亡。这是日本第一例 AIDS 死亡病例。[102] 这意味着，日本的血液库几乎可以肯定被感染了。但是，尽管 CDC 的客座研究人员确诊并警告输血会感染 AIDS，卫生福利部（MHW）拒绝报道这起 1983 年的 AIDS 病例。[103] 1985 年 3 月，日本才报道首例“官方”AIDS 患者病例。1985 年的这名患者更容易被日本文化所接受，因为从职业和受害的场所来看，他是一个社会露宿者。[104] 1987 年神户的一名妓女死后，日本才掀起了一场全国性的政策争论。在此之前，AIDS 被普遍认为是一个国外才有的问题。

更重要的是，1985 年的 AIDS 病例不同于早期的血友病患者死亡，没有对日本国内的血液供应并因此对与卫生福利部有着密切联系的血液工业造成威胁。日本的卫生福利部在很大程度上依赖于顾问委员会，而顾问委员会则主要由那些在卫生福利部的监管决策方面有着经济利益的人员组成。另外，卫生福利部的高层官员经常会因为其监管的制药行业的政府服务而获得利润丰厚的工作。[105] 因此，很显然，市场份额往往是卫生福利部制定监管决策时思考的问题。[106] 此外，廉价的外国进口产品是日本医生和医院利润的重要来源，他们以更昂贵的国内价格水平得到政府的偿付。[107] 因此，对进口药品有监管权限的卫生福利部接受了从进口药品中获利的医疗界人士的意见，没有采取任何行动。[108] 事实上，直到 1985 年下半年，日本政府才终止对未经过热处理的血液制品的配送。直到 1986 年 11 月，日本才引进血液检测。[109]

也许最令人震惊的是日本最大的制药公司绿十字（Green Cross）的抵制。[110] 绿十字是一个商业血库，成立于 1950 年，到 20 世纪 80 年代，控制了日本血液衍生品市场的 1/2。[111] 该公司的主要外国竞争对手是美国的百特医疗用品，它在 1983 年拥有了完善的血液热处理工艺，并且迅速向日本的卫生福利部提出获准在日本销售其产品的申请。当时，百特在日本市场的份额不到 20%，因为日本市场还没有出现热处理血液衍生品的竞争对手，百特便以此为契机，开拓市场。[112] 然而，尽管未经热处理的百特产品畅销日本，卫生福利部仍拒绝给百特公司经过热处理的任何血液衍生品颁发许可证。[113] 政府对于一个血友病 AIDS 患者病例的鉴定让局面变得更为复杂，这给绿十字造成了重大威胁，因为绿十字没有生产出经过热处理的血液产品，并且持有大量未售出的未经过热处理的血液库存。这个事实很重要，因为日本的制药工业，尤其是绿十字，在 1983 年卫生福利部艾滋病工作组中的代表最多，该小组负责就 HIV 威胁做出政策及报告决定。后来，人们发现 1983 年艾滋病工作组的主席接受绿十字的贿赂，并向绿十字的竞争对手索取费用，作为交换条件，支持他们进行热处理血液产品临床试验。[114] 艾滋病工作组的其他成员以及卫生福利部的高级官员接受了政府部门或制药行业有权势的或有利可图的工作，包括绿十字及其分支机构的高级职位。[115]

在美国，产业占领的延误也困扰着技术进步。20 世纪 80 年代，美国食品和药品管理局（FDA）内部的血液制品顾问委员会（BPAC）负责管理血液供应安全规范，虽然血液制品顾问委员会没有直接的决策权，它的确建议美国食品和药品管理局制定血液法规，给新血液产品授予许可证和批准。[116]AIDS危机出现时，血液制品顾问委员会由约瑟夫·博韦（Joseph Bove）博士主持，他同时也是美国血库协会（American Association of Blood Banks）的领导，美国血库协会也是美国食品和药品管理局管理的行业。博韦及他所代表的行业，直到1984–1985年才承认输血会感染AIDS。博韦利用他在美国食品和药品管理局的地位淡化AIDS的威胁，反对可能推高生产成本的法规，包括检测和热处理。例如，1982年12月，博韦发布血友病患者感染AIDS的病例后，在网络电视上宣布没有证据表明输血会感染AIDS。[117]当疾控中心在第二年的1月份召开血液行业会议，警告输血感染AIDS的危险时，博韦警告说，不要仅仅因为"一个孩子输血得了AIDS"[118]就反应过火。1983年8月，博韦在国会作证时继续这场争论，嘲笑"关于AIDS的歇斯底里的元素"。[119]

其他所有人

具有讽刺意味的是，即使是那些受AIDS威胁影响最大的利益集团（血库、同性恋者、血友病患者）也试图阻碍艾滋病的科技解决方法。例如，许多热衷政治的同性恋者把血液检测看作是一种歧视的工具，会导致隔离，或相当于赋予他们一种让人想起纳粹的生物。[120]其他同性恋者担心检测重点会偏离寻找治愈方法，这也会妨碍那些检测呈阳性的同性恋的性生活。基于上述原因，许多同性恋者强烈反对发展AIDS检测。

血液收集者和血库，如红十字会，认为HIV检测和热处理技术的有效性虽然值得怀疑，但肯定会提高交易成本。他们还担心HIV检测在吸引潜在的AIDS患者寻求免费和匿名诊断的同时，会赶走某些地区高度重视的同性恋献血者。由于热处理使血液产品的价格上涨了60%，血库、血库的顾客和医疗保险公司并不热衷于对盈亏底线的影响，尤其是因为这种疾病的病因尚待讨论。[121]如何组织全血市场或者血浆收集并不重要。私人和公共组织，营利和非营利组织都试图阻碍创新。

就连血友病患者最初也提防任何技术变革。血友病患者有时每周要靠输血或血液制品衍生物维持生命。20 世纪 60 年代冷冻抗血友病因子以及后来粉末状抗血友病因子（AHF）的发明才使他们于最近获得“正常生活”。[122] 这种新型的抗血友病因子不需要昂贵的储藏设备，非医疗人员也可以注射。而且，它们结束了大多数血友病患者频繁到医院就诊的需要。然而，抗血友病因子还是由捐赠的血液制成的，因此是潜在的 HIV 载体。然而，当 AIDS 威胁初次显露时，血友病群体强烈反对任何技术变革，这些变化可能会影响他们珍视的抗血友病因子的质量、可用性或费用。

多年来，这些团体利用 AIDS 科学的不确定性及 HIV 抗体检验和热处理工艺的不确定性，阻碍技术变革，捍卫他们的政治和经济利益。他们逼迫政客和官僚政府改变预算和法规以减慢创新速度。是的，科学技术最终会向前发展，有时拖延只会持续几个月。但是科技原本可以发展得更快，从而挽救无数人的生命。在某些情况下，挽救生命的科技会遭遇多年的抵制，引发灾难性的后果。

结语

本章提出了三个重要的观察发现。首先，科技进步创造成功者和失败者，失败者会诉诸政治来阻碍威胁他们利益的创新。技术历史学家西里尔·史密（Cyril Smith）对总体形势的描述最为恰当，他观察到，“创新出生在不和谐的社会，没有朋友，树敌很多，只有最坚强和最幸运的创新才能够存活下来”，大量的案例似乎也支持这一说法。[123]

其次，在这些动荡中，政府很难保持中立旁观者的地位，相反，成功者和失败者都在争取政府，以期在致命的冲突中获得政策优势。[124] 创新研究人员经常忽视这些政治，他们往往认为科技进步会获得广泛支持，然后询问哪种类型的政策将达到最好的结果。然而，技术变革的政治阻力会阻碍或扭曲其他“健全的”科技政策。一次又一次，由科学进步或技术变革所创造的失利集团说服政治家阻止、减缓或改变政府对科技进步的支持。他们支持那些阻碍新科技进步和有利于现状科技的税收、法规、补贴、采购政策、支出等。失败者及其政治代表干预市场、公共制度和政策，甚至科学争论本身，尽其所能来保护自己的利益。

第三，“创造性破坏”的政治阻力有助于解释为什么一些国家比其他国家在科技方面更加出色。政治阻力会降低创新动机，赶走创新者、投资者和企业家。目前尚不清楚心怀不满的创新阶层发生了什么。他们可能将自己的才能用于其他社会追求，如宗教、艺术、战争或犯罪。或者他们可能搬到了其他国家，以更充分地获取他们所从事的科技活动带来的好处。无论如何，当政治阻力减慢一个国家的创新速度时，它为其他国家超越该国提供了一个机会。

当然，阻力并不能说明所有问题。创新在所有国家创造失败者。这意味着所有国家都有反对创新的现状利益集团。因此，创新者无论在哪里都会遇到阻力。从长远来看，科技在所有社会应该以同样的速度前进。但我们没有从数据中看到这一点。因此，如果技术失败者的政治抵制是反对创新的力量，那么一定会有一些力量支持创新。毕竟，格尼汽车可能遭遇了失败，从而将自主创新推迟了一代人的时间，但铁路和铁路创新突飞猛进。法国和英国的反对者们成功地阻止了电力创新，但美国的反对者却没有做到这一点，在美国，电力技术飞速发展。巡航导弹尽管遭遇了广泛的甚至是众多指挥官的反对，最终还是被制造出来，并成功地投入战斗。HIV 检测和血液热处理虽然遭到了各方，甚至是受益者的反对，但它们作为当前的先进技术，可以保证世界血液供应安全、有效和廉价，那么，推动创新克服失败者的反对向前发展的反作用力是什么？

下一章认为，上述的反作用力就是国家的外部威胁。它认为，来自国外的经济或军事竞争威胁可以战胜国内政治对新科技的抵制。理论是：当一个国家的利益集团和政治精英受到的外部威胁大于其国内竞争时，他们就进入了一种创新不安全感状态。创新不安全感通常会激励广泛和持续的科技支持。一个国家创新的不安全感越强烈，面临创新不安全感状态的时间越长，这个国家的国民就越乐意承担科技进步的成本和风险。

第八章　创新不安全感：国家创新的驱动力

奥尔森的对手

前一章揭示了科技进步是政治性的。创新不是自然发生的，它只在大量投入人力资本、物力和财力以及时间之后才出现。[1] 这些资源经常必须以相当大的风险分配到创新活动中，并远离福利计划或个人消费等活动。因此，在国家层面上，创新决策是一个政治决策。这是因为创新决策优先考虑某些国家目标而放弃其他目标。它还要求政府建立和维护昂贵的制度、政策和网络以支持创新。但是，与所有的政治决定一样，不同的利益集团会在科学进步和技术变革的成本、利益和分配方面展开斗争。很多时候，由新科技创造的失败者能够阻止或操纵制度和政策，以减缓或阻碍那些威胁他们利益的创新行为。其含义是，这些攻击会随着时间的推移不断累积，阻止创新者、企业家和投资者，从而从整体上减缓国家创新率。

但是，如果前一章所描述的创新的政治阻力是问题的全部，那么没有哪个国家将长期立于技术前沿。英国应该早已麻木。美国在几次科技革命之前会遭遇瓶颈。日本科技巨头早就陷入了永无止境的衰退。随着社会各界都试图利用政治来抵制技术变革的成本、风险和分配效应，他们应该会阻碍技术变革，使其陷入停滞。当前游说团体应该随时间推移不断增加，阻碍这些国家的科技进步。税收、法规、补贴和政府支出会堵塞系统。市场失灵应该得不到解决，网络也不可能构建。但我们知道情况并非如此。这是为什么？

本章认为，外部经济和军事威胁构成一种力量，可以抵消造成科技停滞的国内政治分权。[2] 它认为，当一个国家陷入创新不安全感状态时，其创新率将有加速的趋势。创新不安全感是感知的外部威胁大于国内对手的状态。它是国外经济或军事竞争的威胁和国内政治经济竞争的危险之间存在的正差异。简而言之，人们在市场份额受到他人威胁时，往往会停止对市场份额的争夺。在特定的威胁下，保护自己份额的最好方式是科技进步。

我运用创新不安全感与熊彼得的创造性破坏进行直接对比。熊彼得认为，创新是“常年大风”，通过反复清除老工业和创造新产业，不断地从内部转变一个国家的经济。[3] 因此，对于熊彼得而言，创新完全是国内事务，受该国企业家或公司的影响。我认为，国内和外部力量相互作用，影响国家创新率。一个国家的企业家或公司可能是重要的参与者，但他们采取行动是为了应对更大的国家和国际力量。

本章提出的证据的主要含义和次要含义是，创新不安全感可以激励广泛和持续的科技支持。一个国家的创新不安全感越强烈，面临的时间越长，该国的国民就越乐意冒险将政治和经济资源用于科技的快速进步。不论一个国家的制度或政策如何，这种关系似乎同样成立。总而言之，外部威胁大于国内竞争的国家应该比国内竞争大于外部威胁的国家有更高的创新率。

首先，我们用一个简短的例子说明我们在科技斗争中发现的动态，以及美国的开国元勋们支持创新的制度和政策。

美国早期的创新不安全感和创新

革命战争之后，美国人在科技进步及其支持政策方面立即分成两个阵营。[4] 推动纺织制造业和其他基本产业的技术变革分化尤其严重。一方面是亚历山大·汉密尔顿（Alexander Hamilton）和坦奇·考克斯（Tench Coxe）等有远见者所拥护的主要实业家。他们把科技产业作为解决年轻的美国所面临的外部威胁的方案。[5]乔治·华盛顿（George Washington）本人认为美国人的安全、繁荣和自由“要求他们必须促进那些在基本供给，特别是军事物资方面保持独立的生产厂家的发展。”[6]重要的实业家也看到，在他们的新国家，科技在工业化之外的领域发挥着重要作用：科技是国内武器和军用物资的来源；科技有助于精确绘制海岸线以用于商业航运和国防目的；科技可用于高级公路、港口、桥梁和运河工程以培育国内贸易和促进防御。[7]

然而，许多项目超出了国家的财力、利益，有时甚至超出了支配着早期美国经济的独立农民和小商人的想象力。许多支持实业家的人认识到了这一点，他们聚集在一起组成了联邦党（1792–1816年期间最活跃），从国家层面推进他们的议程。[8]虽然其他人喜欢用一次性政府奖励或奖品等方法刺激创新，联邦党人则推行更全面的政府主导方法以提高国家科技能力。这包括国家专利制度、保护性关税、进口限制、财务诱因、金融投资的集中式银行体系、培训国内STEM人才（以及对技术移民的激励）作为这些及其他技术项目的投入，以及培育和支持国内创新的一系列其他联邦制度和资源。[9]

对立的阵营是科技进步和联邦党人提出的制度和政策所创造的美国早期的失败者。这些人同样是有远见的人，他们事实上的领袖是托马斯·杰弗逊（Thomas Jefferson）。[10]他们坚持美国“牧民”愿景，呼吁自给自足的农业经济，让其逐渐发展为独立的小农民共和国。杰弗逊和他的支持者们对英国发生的机械化感到极大的不安。他们指出，英国制造业的发展带来了工业奴隶制、不计后果的城市化、环境恶化和道德沦丧（例如，卖淫、酗酒、城市犯罪）。换句话说，他们认为珍妮纺纱机、动力织布机、轧棉机的发明不仅是破坏性的国内社会和经济紧张局势的原因，也对年轻的美国构成了内部文化威胁。

对牧民而言，制造技术也对自由和民主造成威胁。工厂的工人没有土地可以耕种。没有土地的人不能养活自己，会永远依赖别人。这些人永远不能自由地投票或是真正获得自由。相反，独立农业以自由贸易为补充，并通过公认的经济制裁抵御外国威胁，可以保护美国。[11]早在1782年，杰弗逊甚至竟然建议美国彻底放弃工业化：“让我们的工厂留在欧洲……政府带来的幸福和永恒将弥补大西洋两岸商品的运输损失。”[12]

杰弗逊和美国其他早期牧民也普遍担心联邦政府会采用强大的制度和政策、补贴、税收，并且控制美国公民。他们认为有人会利用这样的权力去丰富和增强已经富裕的金融和商业利益，并最终威胁美国的自由和民主。1792年，杰弗逊向华盛顿总统提出了上述观点，警告联邦制“源于对自由不利的原则，意在破坏和摧毁共和国”。”[13]同样，詹姆士·麦迪逊（James Madison）也攻击实业家。他在提到汉密尔顿的实业家宣言《制造业报告》（the Report on Manufactures，1791）时写到，“最好把这些羊皮纸立刻扔进火里。”[14]这些牧民尤其担心美国建立欧式贵族，他们会通过侵略性中央政府加强其权力，以武装精良的常备军为后盾。例如，1790年，宾夕法尼亚参议员威廉·麦克莱（William Maclay）攻击中央银行的联邦计划是“贵族的手段……是心怀不轨的部长们作恶事的工具”。[15]在最坏的情况下，这些牧民担心有人会操纵联邦党人提出的制度和政策，导致新成立的美国再次变成英国的势力范围。[16]

因此，杰弗逊和他的追随者们仇视包括许多科技政策和政策在内的整个联邦议程。[17]例如，他们反对创新私人物品，反对国家建立专利制度。[18]相反，像本杰明·富兰克林（Benjamin Franklin）等人把技术视为公共财产，认为技术变革会影响公共价值和社会福利。包括杰弗逊本人在内的很多牧民也是经常负债的种植农民，他们极其仇恨银行系统，甚至纸币。[19]他们尤其不信任前面提到的美国银行，这一银行成立的部分原因在于为新产业提供投资理财。[20]这些银行通过损害贫困的农村债务人利益支持富裕的城市债权人，鼓励过度投机，并违反了州政府的主权。这些牧民同样不信任联邦企业联盟，该联盟明确地让政府站在了既富裕又人脉广泛的商人一边。另外，作为农民，他们很可能会因保护性关税蒙受损失，这些保护性关税威胁了富有农民所依赖的自由贸易。自由贸易也形成了杰弗逊外交政策的基础：贸易制裁应该用来限制外来帝国主义者，而不是推动国内利益集团。[21]

起初，由于国内债务引发的经济不稳定的持续威胁和外敌入侵，联邦党人赢得了早期的一些政策之争。1790 年国家专利局成立，申请要求相对简单。1791 年中央银行以美国银行的形式成立。1794 年以军事武器制造为目的的联邦兵工厂建立。1792 年美国甚至制定了一些温和的进口关税。[22] 汉密尔顿在最巧妙的胜利中再次依靠考克斯（Coxe）的援助于 1791 年建立了一个政府资助的建立有用制造业协会（Society for Establising Useful Manufactures，SEUM）以推动创新。有用制造业协会极为少见地得到了许可证，为以新工业技术为基础的实验制造设施建设颁发产权。这些项目不仅免除税收而且还会得到政府的资金补助。[23]

然而，很快，美国军事和经济威胁的平衡发生了改变，开始对杰弗逊牧民有利。1792 年以后，英国、法国、西班牙仍然威胁着美国，但他们逐渐因为国内的动荡或相互之间的战争而分散了注意力。这两个因素都导致了美国出口的增加，以及由此带来的美国经济增长与财政偿债能力的回升。随着国外的威胁变小，越来越多的早期美国人开始同意杰弗逊对于强大的、腐败的联邦政府的担忧。亚当斯总统的铁腕管理（1797–1801）加剧了人们的担心。该政府镇压反对派新闻、军事集结，并赞美君主制。很快，美国国内利益集团及其领导人之间的竞争关系开始超过对于外部威胁的恐惧。[24]

因此，杰弗逊在 1800 年当选美国总统，他的同胞牧民以民主共和党的身份昂首阔步步入国会。根据他们对于美国国内安全威胁的一致看法，杰弗逊在第一个总统任期期间与国会一起向许多联邦党人青睐的科研制度和政策发起了进攻。他们几乎取消了联邦税收，并大幅缩小了联邦政府和行政部门。杰弗逊还大大减少了联邦军队，将其预算减半，把国防重担交给了国家民兵、江防和沿防，而不是现代陆军和海军。因此，对于先进的战争技术的需求不复存在。杰弗逊甚至攻击联邦司法体系，该体系负载了联邦主义者保护私人财产的意图。随后的麦迪逊政府（1809–1817）也是民主共和党人，他们继续执行这些政策，使得汉密尔顿的金融发明，即美国银行，退出了历史舞台。

杰弗逊并不是反对所有的科技，实际上，他和他的许多同胞牧民本身是科学家和发明家。事实上，杰弗逊支持那些解决国内具体威胁的科技制度和政策，他认为这些威胁会危及年轻的美国。例如，他呼吁公共资助的教育应该让普通美国人做好准备对抗谣言与迷信。他支持考察探险，为自耕农发现和测量新土地。他呼吁国家气象局为农业和贸易建立气象预报。杰弗逊在设计美国的第一个计量标准方面功不可没，在土地发展和自由贸易方面也发挥了重要作用。他还支持古生物学，以期揭穿流行理论认为美洲植物、动物和土著人天然低等的观点。他甚至在西点军校创立了支持科学的联邦军事学院，以更好地让美国军官铭记民主共和主义价值观。[25]

然而，杰弗逊总统有限的科技制度和政策列表上的许多项目不断被自己的牧民盟友拒绝。为什么？这些人试图防止自己的个人财富和权力被联邦政府掌握，它们的财产和权力通常基于利润丰厚的种植园农业出口。他们同样捍卫自己的州政府权力不受联邦侵犯，部分原因是他们对州政府的影响力远比联邦政府要大。此外，他们认为没有任何理由为科技项目、政策和制度支付费用，这些科技项目、政策和制度会让竞争国家、行业，或经济阶级的美国人受益，而他们对此则无能为力。即使是最无私的爱国抵制者也在不断担心联邦政府的权力可能会导致暴政。

因此，民主共和党人多次否决了建立国立科技大学的计划，以及资助海外勘探、国内科学研究、高成本工程项目、采购军事硬件，甚至公共教育的计划。杰弗逊在任期间取得的为数不多的胜利中的一项便是探索部队的成立（1804—1806）。这支远征队在刘易斯（Lewis）和克拉克（Clark）的带领下对新收购的路易斯安那进行探索和勘察。然而，杰弗逊只能通过秘密向国会提议，并强调其经济和安全收益才得以资助远征队。对此，国会只能通过将其军事化（通过使用军队经费和人员），并且坚称这是一次性事件才得以批准这次远征，因而没有创立长期的联邦制度或政策。[26]

然而，在杰弗逊总统在任期间，欧洲大陆陷入了战争，这场战争最终切断了美国与欧洲之间的贸易。由于这场战争在法国和英国这两个主要科技国家之间展开，美国渐渐丧失了工业品和生产工业品所需的技术知识。虽然美国在19世纪初之前没有面临直接军事攻击，从1806年开始的欧洲贸易封锁有可能会切断脆弱的美国经济所需的重要投入。因此，美国的外部安全威胁被认为超过了国内工业化的潜在弊病。到1809年，这使得杰弗逊改变了对技术工业化的看法，[27]并且，他最终坚持：

为了独立，享受舒适的生活，我们必须自己创造技术。我们必须同时重视制造商和农业生产者……我们是自己创造舒适的生活，还是按照外国意志，无法享受这种生活？因此，反对国内生产的人要么支持我们减少外国依赖，要么穿着兽皮，并像野兽一样生活……经验告诉我，制造商现在对于我们的独立和舒适生活都是不可缺少的。[28]

随着美国的外部军事和经济威胁不断增长，美国最终卷入战争（1812–1815），就连许多牧民也从根本上改变了对科技的看法。他们开始支持国立和联邦大学，并迅速把西点军校转变为全国领先的科学与工程学院。他们支持对欧洲制造商品实行关税和贸易禁运，部分是为了和平谈判，但部分是为了援助国内制造。[29]杰弗逊本人曾观察到法国使用先进制造技术进行武器生产，现在他呼吁扩大联邦武器工厂和增加武器经费，供美国海军使用的先进船只得以建造。联邦政府负责资助和指导大规模的工程项目的改进以支持物质基础设施和运输。到1816年，鹰派民主共和党人占绝大多数的国会甚至重新批准设立可怕的美国银行，以更好地在国家层面协调和指导金融投资。最终，许多民主共和党领导人出面支持一个“美制”方案，该方案大规模采用了实业家的科技议程。[30]

战争结束后，美国的外部威胁逐渐消退，政府再次削弱了对科技及其制度的政治支持。法国因为失败不可避免地遭到了削弱。西班牙几乎被逐出美洲。俄罗斯成为北太平洋地区潜在的对手。只有英国仍然是一个重要的军事威胁。但是，英国早已与美国正式解决领土和边界争端，现在，英国在执行美国门罗主义（Monroe Doctrine）和普遍尊重美国主权时发现了自己的利益。[31]英国人发现，他们可以通过贸易和投资，而不是通过征服，获得更多他们想要的东西。因此，

1816年之后，美国的外国军事威胁减少，直到它们几乎不存在；即使是好战的美国本土部落也只是小麻烦。

外部经济威胁也在消退。美国经济因为向饱受战争蹂躏的欧洲提供物资而取得初步繁荣。1819–1822年间，美国经受了战后经济的急剧衰退，但此后，新农田的发展，尤其是南方以奴隶制为基础的棉花种植园的发展，成为美国经济显著增长的引擎。国内无法生产的战略农产品或自然资源很少。航运、纺织、农具、武器等基础产业也相继形成。当然，许多先进的技术和制成品仍然是从国外进口的。但这些进口品从美国出口产品或适度进口关税和联邦土地销售中获得了丰富的报酬，成为政府收入无穷尽的源泉。因此，贸易赤字不再是财政问题的同时，联邦债务也在稳步减少，直至消失。

随着外部威胁的消退、战时支出的结束以及经济的复苏，美国人很快就陷入内讧，科技成为这些竞争的牺牲品。在政治方面，因美国政府和政策的方向展开争斗的民主共和党人分裂成了几个派别。一些人拥护支持科技的制度，其他人呼吁恢复杰弗逊的牧民生活。一大批平民论者支持新西方候选人清理腐败，并且向普通美国人和新人开放政府，这意味着要减少银行业和工业的相对权力。还有一些人组成了种植园农民和金融利益者联盟。关于美国资源分配及美国制度的国内政治斗争在继续。

1824年，这种争论的最初胜利者是约翰·昆西·亚当斯（John Quincy Adams）。作为新当选的总统，他在第一次国情咨文演说中提出了一个大胆的新经济计划。[32] 他是全力支持科技的第一届政府。他支持国立大学、科研探险，支持拥有大量STEM课程的海军学院、各种主要工程项目（港口、港口、桥梁、水坝、道路和内河运输改造）以及许多其他的科技支持项目。[33] 他认为，这样的政策对于一个伟大国家的光荣、责任和繁荣是必不可少的。

然而，亚当斯的科技项目对太多的国内利益集团构成了太多的威胁。对于美国政府腐败和贵族的恐惧再度出现。亚当斯的内阁成员在阅读完草案后迫切建议他反对这项提案。他的司法部长警告道，“这项建议太过鲁莽”。“该建议强烈支持弗吉尼亚的[反对党]，他们代表你掌握权力……[它]会因为偏袒君主制而遭到轰击”[34]总统顾问进一步预言，为了让充满敌意的国会通过这项计划，毁灭性的战斗即将发生。[35]

正如他的顾问们所预见的，《亚当斯宣言》产生了适得其反的结果。联邦政府应该是弱小的，受限制的。亚当斯计划授予联邦政府权力去发起宪法没有指定的各种侵扰行动。他的对手，战时英雄安德鲁·杰克逊（Andrew Jackson）将军，在下一次选举中以压倒性优势击败亚当斯，叫嚣总统的新计划“一定以巩固，然后以专制主义收场”。[36]更糟糕的是，亚当斯的计划有可能把宝贵的税收和关税收入用在一些让富人、有权势的公民和企业（如工业、商业和银行）直接受益的项目上。在这个过程中，亚当斯似乎让80%的美国农业生产者承担这些项目的财政负担，这些人常常只能维持最低生活水平。许多人认为这是出于私人目的的公然腐败。其他人认为亚当斯的科技计划是异想天开，是政府对哲学家及其毫无意义的科学乐趣的援助。整个计划被新闻界抨击为前所未见的“最疯狂的想法”。[37]亚当斯对美国科技的设想对21世纪的我们而言似乎合乎情理，但在当时，这一设想因为其成本太高、太不民主而遭到了抨击，因为太过荒谬而没有得到严肃的选民和政治家的支持。

国会很少通过亚当斯的科技项目。科技及其支持制度创造的失败者的政治阻力困扰和阻挠亚当斯的整个任期，在此后的几十年间一直困扰着美国科技。富裕的南方人尤其讨厌保护性关税，该保护性关税提高了工业品价格（他们不生产这些工业品），并引发了农产品出口（这些南方人从事农产品出口）的互惠关税。南方人还担心，联邦政府的进一步授权，或任何偏离宪法严格解释创建国家科技制度的行为，都可以成为废除奴隶制的理由。即使他们把钱慷慨地捐赠给联邦科学和技术，政治阻力也可能毁掉这一切。在一个实例中，由于国会的反对，用于打造美国第一个联邦科学研究制度——史密森学会（the Smithsonian Institute）的巨额信托基金被搁置了十年。同时，铁路、电讯、机械化印刷、现代物理学和化学以及其他先进科技，在下一次经济萧条或战争爆发后才获得了公开的联邦支持。不久，土地补助和销售成为接下来的几年里最流行的、有时是唯一的联邦创新政策形式。

创新不安全感：国家创新率理论

这段简略的历史说明创新不安全感是如何起作用的。创新不安全感理论提出了两种影响国家创新率的相反动力：国内竞争与外部威胁（图 8.1）。科技进步创造成功者和失败者，失败者诉诸政治阻碍创新。然而，外部威胁会促进对科技的政治支持，从而抵消国内政治对创新的抵制。事实上，随着威胁平衡越来越向外部转移，就连许多国内失败者也认识到，接受技术变革的成本和政府的支持行为更有利于他们的利益。因此，一个国家的精英和他们所代表的群体常常在愿意接受科技风险、成本和分配[38]结果之前进入创新不安全感状态。他们必须感受到足够的外部军事和经济威胁才能克服对国内的恐惧和猜忌。

图 8.1　创新不安全感理论

从另一方面看，创新与竞争有着密切的联系。在资源有限的世界里，人的行为表现为社会竞争，所有个人、利益集团和组织必须经常保护他们的资产、价值和利益不被对手占为己有。竞争对手有哪些？在宏观层面上，把民族国家作为定义社会单位的做法为我们指出了两种具体的竞争对手：国内竞争对手和国外竞争对手。

国内竞争对手是相对于我而言，那些意欲增加财富、权力、安全和威望的人。并不是所有的同胞都会这样做，但很多人会这样。一些创新、制度或政策会帮助我的国内竞争对手经过努力取得成功，从而创造出社会的相对胜利者（我的对手）和失败者（我自己）。因此，我往往会反对那些让我遭受相对损失的具体的创新、制度和政策。而且，我所感受到的国内竞争对手的威胁越大（也就是说，如果他们获胜，我输的越多），我越应该采取行动反对可能会损害我相对地位的创新、制度和政策。这正是杰弗逊的牧民和约翰·昆西·亚当斯（John Quincy Adams）对手的逻辑。如果足够多的其他人采取同样的行为，那么社会的不同声音就会形成“唱诗班”（一些微弱，另一些强大，相互之间存在竞争），每种声音都抵制某种威胁他们的科技或制度，它们从总体上协调成反对创新的“合唱团”。这个“合唱团”无意间会破坏、扭曲或忽视那些促进全国科技进步所必需的制度和政策。

国外竞争对手也寻求提高他们相对于我的地位。然而，由于国外竞争对手以牺牲我的整个国家为代价，力求增加他们的相对财富、权力、安全和威望，在这一过程中，很多人跟我一样蒙受损失。因此，由相互争斗的个人和团体组成的“唱诗班”现在必须合作以抵御国外共同对手的阴谋。社会因此会出现相对的成功者和失败者。但是，这些失败者中的许多人会认为，接受较小份额的国家财富和权力比国家衰退或失去国家本身要好得多。其他人认为，与同胞的社会、文化、思想或历史联系比任何个人经济或政治损失更重要。当然，还有些极端人士要么无私地接受创新的长期成本，要么自私地将战斗进行到底。而拼命战斗的那伙人可能被迫投降。不管怎样，国内的失败者必须信服、得到补偿或被迫接受自己的命运。

当然，创新只是一个国家用于保护自己利益免受外部威胁的策略之一。例如，如美国早期的牧民一样，一个国家可以进口科技，只要它可以通过农产品和自然资源出口赚取外汇来支付这些进口。或者像菲德尔·卡斯特罗（Fidel Castro）的古巴一样，聪明的领导人会相互扮演外国盟友和敌人的角色，以获得军事安全和经济补贴。[39] 然而，创新往往是一个国家用来应对特定外部威胁的最佳战略。这些威胁包括军事征服、严重削减战略进口（由于附近或国外任何军事行动，或未能赚取足够的外汇支付这些进口产品），[40] 或大规模的资本外流。[41] 当这些特定类型的外部威胁大到足以超过国内竞争对手的威胁时，大众和精英便转而支持科技。

因此，创造不安全感理论认为，解释国家创新率的关键不在于一个国家使用哪种制度或政策，而在于这个国家追求创新背后的政治。促使政治家和支持他们的利益集团鼓励创新而不是维持现状的条件是什么？接下来的两个部分将要解释这是如何运作的。

分配的政治：科技之敌

前一章阐述了国内的科技分配政治如何阻碍创新。科技进步可能会增加社会整体的财富和能力，但它在社会中是分配性的。简言之，创新创造成功者和失败者。促进创新的制度和政策也是如此。这些失败者在社会中各不相同、不计其数。由于科技进步或其支持制度，一些经济资产失去相对价值，一些个人或团体看到他们的相对政治权力和合法性遭遇下降，一些强烈的道德观或规范性价值受到损害,或某些社会团体获得了优于别人的特权,这时失败者便产生了。这些失败者认识到他们是创新的受害者，他们试图反抗自己的命运。他们抵制威胁到其相对地位和价值观的科技进步和政策。为此，他们利用政治攻击或者获取解决阻碍创新的市场失灵和网络故障所必需的制度和政策。

这些分配政治通过几个机制阻碍国家创新率。首先是有关科技进步投入的政治斗争。创新成本是非常高的。另外，政府分配给科技进步的每一美元都不能用于福利供给、自然资源开发、消费，或落入精英的口袋。现状利益集团也不希望看到政府提高税收或降低补贴为科技对手提供资金。和其他任何活动一样，科学和技术变革的支持者必须与其他重点发展项目的参与者在政治上争夺权力和资源。如果科技的反对者赢得这些斗争，创新就会遇到阻力。

其次，国内分配政治通过有关科技进步效应的斗争阻碍创新。这在一定程度上只是熊彼特创造性破坏的缺点。创新创造新产业，同时摧毁现有产业。如此一来，创新为一些工人创造了工作，同时消除了其他工作。令人兴奋的新企业成为头条新闻,紧接着就是赶不上形势发展的企业宣布破产或被收购的故事。即使是满足市场最成熟的消费者需求的创新型企业也有可能被迎合公众的“破坏性创新”超越。[42] 新科技还会带来污染、废弃物、新疾病，甚至未经同意将创新成本和风险强加于人们的公共危险。新科技还可以降低相关信息、交流以及其他的组织成本，从而使得较低社会阶层的人可以提升地位或非正统的文化价值得到传播。最容易从这些类型的科技效应中受到负面影响的人往往会采取政治行动，阻碍科技发展。

最后，即使人们支持科技，国内的政治阻力也会站出来反对科技体制和政策。技术创新不仅成本昂贵，而且，正如前面的章节所示，技术创新会经受异常高风险、不确定性以及各种市场和网络故障。但这些障碍的解决方案可能采取比科技本身更具威胁性的政府制度或政策等形式。例如，专利有助于已有创新者捍卫他们的科技优势，但同时又让竞争对手和新创新者处于劣势。保护新兴产业有利于新高新技术产业，但只能以牺牲消费者为代价。支持研发的国家计划可能威胁到地方政府的权力基础，并且冒犯联邦主义和国家权力的信徒。因此，即使每个人都庆祝科技进步，利益集团仍然可能反对促进科技进步的制度和政策。

问题是这些攻击会不断增加。促进科技发展显然不是政治精英做出的选择，也不是他们的选民支持的选择。[43] 几乎所有重大创新或制度都会威胁到某些团体或向他们征税。因此，科技政治阻力的压力广泛。当创新的分配效应与长期存在的社会冲突，如相互竞争的地理区域、不同的种族群体、对立的文化群体或不同经济阶层等存在交叉时，压力会特别强大。此外，新科技越具革命性，再分配的威胁就越大。更糟糕的是，当对手反对某一技术（或科技制度或政策）时，他们会暗中攻击生产或使用它的新兴产业，以及与该产业相关的所有工作和投资者。所以现状集团在赢得反科技斗争的同时，会阻止未来投资者将资源用于其他新的创新。由于新科技经常有意想不到的应用，这些好处也会遭到破坏。

总之，科技进步，以及支持它的制度和政策，会引发防御性的政治反应。失败的利益集团会迫使政府采取行动阻碍具体创新或破坏具体的制度和政策。政府往往会回应这些请求，以示同情。一些政治精英会这样做，以缓和国内紧张局势，其他人则会代表反对者利益。就连只是想赢得下次选举的政客们，或者意欲维持稳定或保住重要国内支持者的忠诚的独裁者们，也往往会抑制可能改变现状的变革。这些人往往对科技进步提供有限的政策支持，甚至可能反对它。

最终结果是一个国家的国内竞争力量往往会减少对科技及其支持制度的支持。

安全政治：科技的盟友

第二种影响国家创新率的政治是安全政治，它起到促进科技进步的作用。一般原则是，科技提高了一个国家自我安全的能力。虽然科技有时可以从国外引进，但某些外部威胁最好是通过改善本国的科技能力来解决。因此，接下来描述的各种各样的安全威胁，往往有助于增加和扩大对科技及其支持制度和政策的政治支持。

重要的是要明确“安全”这一提法被定义为军事和经济两个方面。军事安全指一个国家保卫本国领土及其国外利益的能力。科技很显然会提高这些能力。[44]这往往需要先进的武器技术，以及最先进的通信、交通和信息处理能力。当然，仅仅拥有先进科技是不够的。一个社会也必须具备有效使用这些技术，并随着时间的推移保持和修复它们的能力。因此，拥有训练有素的STEM人才也是一个重要组成部分。

这并不是说，技术不是实现军事优势的决定性因素。科技不能保障人的安全。科技不能决定进行或终结军事冲突的时间及方式。[45]然而，它可以增加胜利的概率。也就是说，拥有更先进的科技并不能保证在冲突中取胜，但它确实对取胜有利。[47]

有关国家经济安全的讨论并不广泛，因此需要说明一下。经济表现对于国家安全非常重要，因为没有竞争力的经济不可能赚取到购买战略进口产品所需的外汇。这些战略进口产品可以包括食品、能源、原材料或资本货物，还可能包括先前讨论过的军事安全所必需的武器装备和其他技术。此外，从长远来看，经济停滞可能会导致国内生产日益过时。工业部门过时意味着国家要从相对竞争对手那里以较高的价格获取日益低劣的国内技术。另外，这样的经济也会依赖外国技术的高成本进口，这又要求国家赚取外汇以支付这些进口产品。没有全球竞争力的行业，投资资本可能会出逃海外，国内工作可能消失，一个国家的熟练劳动者或年轻人可能被迫移居国外，留下的是没有竞争力的老龄化人口。

这些外部威胁是如何创造激励机制支持创新的？国家军事或经济安全的外部威胁会增加技术变革的相对收益，同时提高科技停滞的相对成本。第一，创新可以在国际市场上创造更具竞争力的经济。因此，创新可以促进出口，从而赚取购买战略性进口所需的外汇。第二，具有全球竞争力的高新技术行业可以为国内国防工业提供基础。这可以缓解一个国家对外国武器的依赖。最后，在民用行业，发展自主科技能力可以使国内工业生产战略商品，这些战略商品从国外采购时要么价格昂贵，要么国外供应商不可靠，或容易受到敌意封锁。竞争力强的科技产业也可以通过满足国内投资者和吸引国外投资产生资本。它们还可以在提高总技能水平的同时，为技术工人提供就业机会，为年轻人提供职业道路。[48]

总之，科技进步是解决某些类型的外部威胁的最佳途径。这就给失败者和政治经济精英们带来了压力，使得他们逆转技术变革的相对成本和风险的演算。最终结果是国家军事或经济安全的外部威胁往往成为加强对创新及其支持制度支持的力量。

奥尔森及一切

批评者可能会认为创新不安全感只是奥尔森（Mancur Olson）有关国家兴衰的经典理论的重述。[49] 作为一个对政治感兴趣的经济学家，奥尔森想知道为什么小利益集团经常损害大多数人利益赢得政策之争？毕竟，民主对于多数派而不是少数派的专制是脆弱的。奥尔森认为，少数人获得权力的原因在于影响政策的集体行动本身就是一个公共产品问题。参加集体行动（例如，抗议、游说和运动）的少数人必须承担行动主义的所有成本和风险。但如果这几个活动家成功了，那么每个人都可能从他们的努力中受益。正如奥尔森的精辟论断：

> 那些没有做出任何贡献的人和做出贡献的人得到的一样多。“让别人来干吧”是值得的，但这些人很少或根本没有动机做任何对团体利益有利的事情，

所以……（在这种情况下），将很少有小组采取行动。矛盾之处在于，大的群体，至少如果他们是由理性的个体组成的，不会为了他们的群体利益采取行动。[50] 然而，小团体的组织成本比大团体要低。另外，如果集体行动的好处仅限于参与者（又名“选择性激励机制”），然后搭便车的人便会被淘汰。因此，相比那些大团体或没有选择性激励机制的团体，较小的团体以及那些可以获得选择性激励机制的人将更有可能合作以获得集体物品并赢得胜利。[51] 在这种情况下，参与者甚至可以从投入集体行动中获得可观的回报。

奥尔森的集体行动理论似乎能很好地描述技术失败者的政治抵制。例如，不难想象，组织六大石油公司游说反对替代能源的新技术是一项相对容易的任务，因为协调一小部分原有企业的成本很低。此外，每家公司都获得 1/6 的共同收益。这六家公司甚至可以设计政府补贴、税收减免和法规，这样，只有他们才能从接下来的再分配中收益。相比之下，组织一亿名消费者支持太阳能、风能或潮汐能的创新是一项成本更高和更为艰巨的任务。此外，不仅每个消费者得到的个人奖励很少，而且每个人都可以免费搭便车利用他人成果。没有办法让政治行为的收益仅限于参与者。这意味着，捍卫现状的狭隘的、自我服务的利益集团较之那些支持技术变革以促进整个社会发展的广泛的群体有着内在的优势。显而易见，这意味着现状游说团体往往随着时间推移不断增加，阻碍科技进步。

自从奥尔森在 1982 年将这种逻辑应用于经济停滞后，一些其他学者也观察到，科技进步会创造成功者和失败者，而失败者则会诉诸政治阻力。这个理论的主要贡献包括经济学家乔尔·莫基尔（Joel Mokyr）、[52] 达龙·阿西莫格鲁（Daron Acemoglu）和詹姆斯·鲁宾逊（James Robinson），[53] 以及其他人 [54] 的贡献。在政治学中，索林根（Etel Solingen）、[55] 斯蒂芬·哈格德（Stephan Haggard）、[56] 丹尼尔·德雷兹内（Daniel Drezner）、[57] 理查德·多纳（Richard Doner）[58] 以及其他人 [59] 都提出了相类似的重要观点。

然而，创新不安全感理论明显不同于任何其他有关现状利益集团政治经济实力的观点。首先，我要指出的是，科技往往被政治少数派而不是现状力量所掌握。根据定义，新科技还不存在，因此，其选区大多是潜在的、理论形态的。现状利益集团往往局限于创新者、企业家、员工及直接投资于新科技的其他人。经验也告诉我们，他们中的很多人很少花时间或没有兴趣从事政治行动。他们往往更倾心于科学、技术和商业方面的创新。与此同时，现状科技常常拥有从现有科技中受益的有名的大型利益集团，他们中的很多人确实认识到了政治对于捍卫自己利益的重要性。这与奥尔森的逻辑完全相反。

其次，先前列出的一些奥尔森派学者主要致力于解释总体经济增长或发展；因此，他们要么忽略具体的科技进展，要么只能从大体上解释它。在这些理论中，科技常常会从其他一些有助于经济增长或发展的因果因素中丢失。此外，这些学者中有一些明确侧重于解释新科技的扩散或运用，而不是创新本身。与此相反，本书认识到，创新和扩散可以交叉、互动，两者难以区分，也难以与经济增长与发展相区分。然而，创新不安全感理论试图尽量把重点放在狭义的科技进步上，而大多数其他的理论则没有。

更糟糕的是，有些奥尔森派理论的假设把制度和政策与科技混为一谈。所有因素都被视为解释总体经济表现的因果变量。与此相反，创新不安全感将它们区分开来：制度和政策被视为原因，而国家科技绩效则是结果。创新不安全感理论认为，制度和政策影响但不决定国家创新率，它们应当被视作工具，而不是因果力量。

再次，也是最不可思议的是，几乎所有的学者都承认科技分配普遍把“健全的”制度和政策作为其解决方案。一些人的观点是，经济受到的政府控制越少，就越不容易被现状利益集团利用。该观点忽略了一个事实，即科技进步受到种种主要市场失灵和网络故障的影响，因此经常需要政府干预。前几章已经确立了这一论点。因此，也有人认为，我们只需要正确的制度和政策。它们通常以产权、自由市场和分散民主的形式存在。然而，正如我们已经看到的，这一点忽略了大量的证据，这些证据表明，即使是坚实的民主与资本主义制度和政策本身也容易被现状利益集团利用。前几章已经对很多高度推荐的制度和政策进行了检验，结果令人失望。再次，很多国家制度“健全”，但在创新方面没有进展；也有很多国家制度“不良”，或者缺失，但在创新方面取得了惊人成就。任何制度、政策或两者的组合都存在有显著的异常、失败，或原因不明的差异。即使我们仍然相信“制度支配一切”的论点，这恰好使我们回到以下问题：为什么一些国家能够比其他国家建立和维护更好的制度和政策？我认为，答案是创新不安全感。

奥尔森呢？他曾就国家由于现状利益集团的集结而陷入停滞的条件做出预测。[60] 首先，他认为，拥有不变边界的稳定社会往往会随着时间的推移集结这些反创新群体，导致经济相对衰退。他进一步争辩说，大型的多元化国家遭受的变革阻力较小型的同种社会要小很多，因为现状利益集团的集体行动更易在后者开展。奥尔森也认为，只有消除卡特尔网络和旧制度的重大变革或严重灾难才能恢复一国科技活力。他把二战作为日本和德国的准备事件，由此对它们在随后几十年的技术绩效进行了解释。

然而，创新数据和案例未能很好地支持奥尔森的假设。例如，图 8.2a 展示了政权稳定和创新的数据。在这里，稳定的制度是指随着时间的推移变化不大、政府类型未发生急剧变化的制度。X 轴表示从最近发生政权更迭的年份到 2012 年期间的年数（从 1800 年算起）。[61]Y 轴表示我们过去的 32 年里通常采用的国家创新测量方法（引用加权人均专利，美国＝ 1.00）。如果奥尔森是正确的，那么旧政权，因此更稳定的政权，应该会由于现状利益集团的累积而缺乏创新。然而，散点图显示，稳定的社会与国家创新率之间呈正向关系，而不是奥尔森提出的反向关系。

至于规模，在前一章中，我们发现，一个国家的经济或人口规模不能很好地反映该国的创新率。具体而言，奥尔森指的是集体行动的成本，因此，人口规模是值得特别关注的方面。图 8.2b 提醒我们，人口规模与平均创新水平之间可能存在相对关系，但这种平均水平常常被违反。我们会再次看到，许多大国不具创新性（如中国、印度、印度尼西亚、巴西、俄罗斯、墨西哥和菲律宾）而许多小国极具创新性（如爱尔兰、芬兰、丹麦、瑞士、瑞典、新加坡）。

至于多样性，图 8.2c–e 表明所有测量方法之间不存在紧密关系。这里显示的多样化数据用于不同类型的分化。分化是两个随机选择的社会个体属于不同群体的概率。数据显示，宗教分化对国家创新率的促进作用微乎其微，种族分

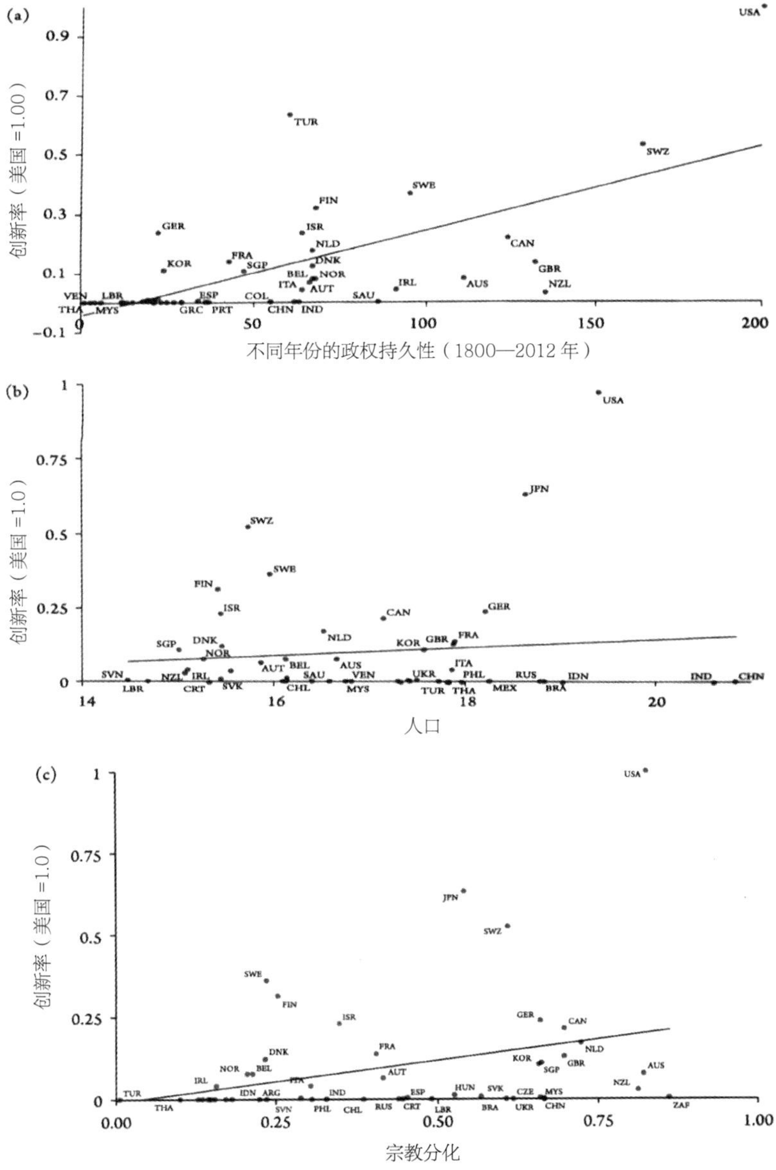

图 8.2　检验奥尔森假设

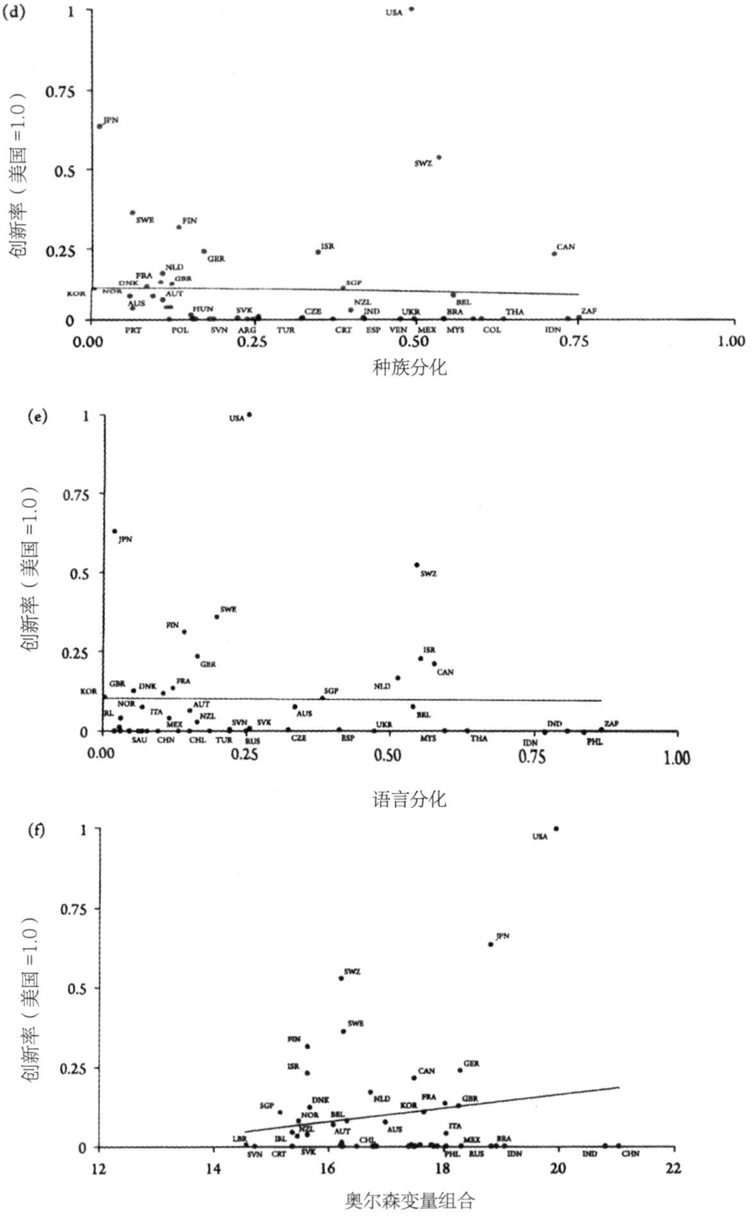

图 8.2（续）

a. 创新与政权持久性。b. 创新与人口。c. 创新与宗教分化。d. 创新与种族分化。e. 创新与语言分化。f. 创新与奥尔森变量组合化与国家创新率呈负相关，语言集团的分化与国家创新率几乎没有任何关系。将数据用于极化，而不是分化，会产生非常相似的结果。[62] 所以分化和极化将所有的方式分为不同类型：一些类型起促进作用，另一些类型起破坏作用，还有一些类型没有影响。

在任何情况下，任何类型的分化（或极化）和创新之间均不存在很强或者严格的关系。许多国家远离回归线，处于它的两侧。并且，有关分化和极化的多项研究也与奥尔森关于它们对经济增长和发展产生积极影响的假设相矛盾，[63] 进一步证实这个非发现。

如果我们把所有奥尔森因果变量加以综合，将其用于单一的统计回归（图8.2f），我们得到同样不满意的结果：在这种回归结果中，只有政权的持久性具有统计学意义，系数符号普遍指错了方向，奥尔森的变量组合只能解释大约40% 的差异。

即使只看最有可能的情况，我们仍然不能证实奥尔森的理论。在我们的样本中，世界上四个最同质、最小型、最稳定的国家是葡萄牙、挪威、爱尔兰和希腊。[64] 每个国家，至少从奥尔森的定义来看，都享有相对稳定的社会和边界。它们最近没有内战、政权更迭等。因此，随着现状利益集团像垃圾一样不断增加，扰乱经济工作，从而阻止创新，这些国家应该陷入奥尔森的停滞。当然，这种描述可能适合葡萄牙或希腊，但是，我们已经表明，爱尔兰是一个快速创新国家，挪威是一个中等水平创新国家，在另一个极端，样本中最大和最多样化的两个国家是印度尼西亚和美国。美国已成为世界领先的创新国家，（可以由奥尔森理论预测），但印度尼西亚是一个科技绩效相对较差的国家（与奥尔森理论相矛盾）。

最后，奥尔森认为，严重危机消灭了现状利益集团，从而释放了创新的力量。下一章将深入调查几个案例，我们将很快可以看出，许多快速创新者没有遭受这样的危机。事实上，奥尔森创作的杰作主要是为了解释整个 20 世纪 70 年代阻止美国发展的明显的停滞。从那时起，美国一直没有出现迫使社会进行革命性变革的大规模危机，但美国创新蓬勃发展。[65] 新加坡、以色列、瑞典、芬兰或加拿大也没有进行彻底整顿以解释他们高科技生产率的时机或程度。

另一方面，遭受奥尔森派灾难的许多国家未能实现变革创新。例如，印度尼西亚的 1997 年经济危机正是奥尔森所说的那种可以消灭现状利益集团、让国家转向高科技的严重灾难。20 世纪 90 年代初期，东欧地区发生了更为深刻的危机和革命，但 20 年后，这些国家中没有一个国家的创新力赶得上二战后处于相同历史节点的日本和德国。同样，考虑一下 1970 年以后主要的政权更迭：撒切尔夫人（Thatcher）在英国的政治经济革命；法国放弃极端干预；泰国政权的频繁和平更迭；委内瑞拉的查韦斯革命；西班牙的后朗哥转变；葡萄牙第三共和国的建立；以及南非种族隔离制度的终结。每一个都符合奥尔森有关“国家的分配联盟被削弱或消除”的标准。[66] 然而，就国家创新率的重大变化而言，这些危机并没有产生多少成果。

总之，奥尔森认为现状利益集团会诉诸政治来阻止威胁他们利益的变革，这一点是正确的，但他的其他观点，至少在用于创新时并不能让人信服。也许这些矛盾是为什么奥尔森在他职业生涯结束的时候也接受了“制度支配一切”的论断。奥尔森在他人生的最后几年里得出结论，分权政府和“良好的管理”是解决停滞问题的最好办法。[67] 但前面的章节已经表明，这些论点会把我们引入死胡同。

创新不安全感的统计证据

有没有创新不安全感的证据？本章剩余部分将运用统计数据对这一理论的合理性进行检验，下一章通过几个案例研究进行深入调查。这种不同方法和数据类型的组合为检验创新不安全感理论提供了强大的工具。这些数据对创新不安全感的基本可信度进行评定：跨国家的时序数据有没有从整体上朝着预测的方向支持相关性？除此之外，统计分析使得我们能够对数十年来的大量国家进行调查，从而判断创新不安全理论的普遍适用性（即，大多数国家是遵循接近平均水平还是存在许多异常？）。在下一章的案例研究中，我们将调查创新不安全感是否侧重于正确的变量和因果机制。也就是说，统计可以显示相关性，但只有案例研究可以显示因果关系。案例研究还可以揭示出内生性（即是创新不安全感导致创新，还是创新导致创新不安全感？）。

最后，创新不安全感和创新的定量测量方法都容易受到批判，因此，案例研究为我们提供了独立的定性数据以证实这些统计数据。总之，统计数据使我们能够从整体上把握“宏观情况”，但这些数据往往嘈杂。案例研究让我们越过这些噪音调查一个国家的具体细节，但这些个别国家的研究不能提供“宏观情况”。只有当它们同时使用时，我们才能获得平衡的实证证据。

统计检验提出了测量创新不安全感的问题。主要问题是，国内竞争和外部威胁有主观成分。就像创新一样，竞争和威胁的测量方法可以基于感知、心理学，甚至是社会建构。然而，如果创新不安全感理论有解释力，那么它在简单的相对没有争议的跨国数据相关性上就是明确的。虽然没有现成的方法用于测量“相对威胁平衡”，但我们可以调查诸如国内政治暴力、对外战争和战略进口等常识指标组合。

例如，国内竞争激烈的国家往往面临频繁的罢工、抗议和高度的经济不平等。这些国家的政府甚至有可能摒弃创新活动使用武力重新分配财富，或严格规范创新活动以改善维护现状利益集团，并且抑制创造性毁灭的大风。在极端情况下，对立的社会可能会经历内战的较量。因此我们可以使用这些类型的数据来构建一个粗略的测量方法衡量一国国内竞争。

根据创新不安全感的定义，观察外部威胁略微容易一些。面临大量外部军事威胁的国家往往有频繁发生国际冲突的历史。外部经济威胁的定义是严重依赖食品和能源等战略投入。这些数据可以用来构建一个测量外部威胁的方法。

图 8.3a–c 试图通过审视国内竞争和外部威胁的不同统计指标检验创新不安全感的基本合理性。在每一个散点图中，Y 轴代表 1970–2012 年间国家创新的标准测量方法（加权引用人均专利，US= 1.00）。图 8.3a 试图通过采用里德·伍德（Reed Wood） 和马克·吉布尼（Mark Gibney）在阿什维尔的北卡罗来纳大学创造的政治恐怖量表（Political Terror Scale）测量国内竞争和创新之间的关系。[68] 政治恐怖的高分与监禁、威胁、暴力和处决等

政治精英用以对付政治反对派群体的措施相对应。

这里的假设是，随着国内竞争范围和强度的增加，对立的国内群体将越来越多地使用武力来捍卫自己的利益。正如创新不安全感预测的那样，散点图显

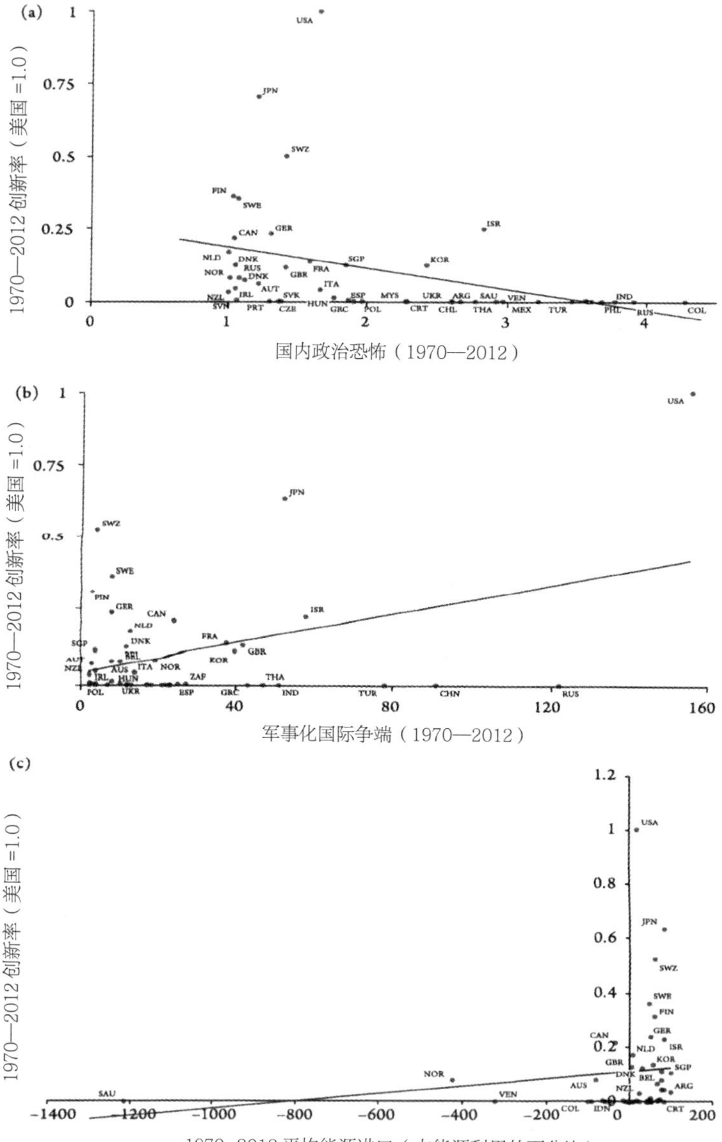

图 8.3　创新、国内紧张局势和外部威胁

a. 创新与国内政治恐怖　b. 创新与军事化的国际争端　c. 创新与能源进口

示国内竞争和创新之间总体上存在负相关关系。平均而言，随着国家经历的国内政治恐怖日益增多，他们的创新发明往往越少。

图 8.3b 意在通过使用与军事化的国家争端（MIDs）数量相关的数据衡量一个国家在 1970–2012 年间经历的外部军事威胁。使用军事手段的国际争端指的是：

> 在这些冲突案例中，一个成员国将威胁、军事部署或者接近战争的军事行动明确指向另一个国家的政府、官方代表、官方力量、财产或领地。军事手段的国际争端的强度范围从威胁到使用武力开展接近战争的实战。[69]

之所以使用军事化的国家争端，而不是全面战争，是因为后者（以战斗死亡人数为 1000 或以上来界定）构成的样本非常小（少于 24），并且忽略了很多重要的外部威胁。使用军事手段的国家争端的基本前提是，使用军事手段的国家争端越多表明外部威胁越大。同样正如创新不安全感所预测的，这些数据表明，国家必须威胁或使用武力对付外敌的频率越高，他们的创新率就越高。

图 8.3c 通过能源进口审视外部威胁的经济构成。即使这仅仅测量出某项战略进口的脆弱性，结果还是相当惊人的。正如创造性不安全感所预测的那样，所有国家都存在平均的正相关关系。有趣的是，这种关系对于净能源进口商的影响明显高于净能源出口商。也就是说，随着国家越来越依赖进口能源，它们的创新速度会加快。

当然，创新不安全感需要我们把国内的竞争和外部的威胁这两种力量结合起来，使之成为“相对威胁平衡”的唯一测量方法。表 8.1 对此做出了初步的、简单的尝试。它结合了几种不同类型的安全问题的测量方法。如果一个国家的工人罢工较多，贫富差距较大，对食品和能源进口的依赖较少，或外部冲突的期限较短，相对来说，该国的国内紧张局势要大于其外部威胁。相反，如果一个国家的工人罢工较少，贫富差距较小，对食品和能源进口的依赖较多，或外部冲突的期限较长，相对来说，该国的外部威胁要大于其国内的紧张局势。最后，最近遭受内战或军事独裁的国家被认为更加关注国内竞争，这些国家把分配给

表 8.1　国家安全问题相对平衡指标

· 国外威胁 > 国内竞争	· 国内紧张局势 > 外部竞争
· 工人罢工较少	· 工人罢工较多
· 贫富差距较小	· 贫富差距较大
· 进口食品和能源占消费的比重较高	· 进口食品和能源占消费的比重较低
· 最近遭受外部冲突的历史较长	· 最近遭受外部冲突的历史较短
· 最近无内战发生	· 最近有内战发生
	· 反科技、支持现状的军事独裁

资料来源：国家罢工数据取自国际劳工组织（International Labor Organization）的 Yearbook of Labour Statistics。贫富差距数据来自 the University of Texas Inequality Project。能源和粮食进口依赖的数据来自于 World Bank Development Indicators（能源进口占能源使用总量百分比，农业用地占土地总面积的百分比），冲突的数据来自 the Correlates of War（外部冲突持续时间）和 the University of Texas Political Regime Dataset（内战期限）。政权数据来自 University of Texas Political Regime dataset（军事独裁年限）。见 Galbraith（2009）and http://utip.govs. utexas.edu/data.html。

科技部门和企业家的财富重新分配（给现状参与者、劳动者、福利、农业或自然资源行业等）。[70]

为了创建一个单一的指标，我们将数据进行如下处理。我们将表 8.1 中所有国家每个类别（罢工、不平等等）的数据求平均值。然后，在每个类别中，高于数学平均值的国家赋值＋1（代表外部威胁更多），低于平均值的国家赋值 –1（代表国内竞争更多）。然后，把每个国家不同类别的分数相加，粗略得出从总体上看接近相对平衡的安全问题。接着，根据相对威胁平衡水平，从强烈的外部威胁到中性到强烈的国内威胁进一步将这些国家分为五个层次。然后将这些层次对照我们国家创新率的数据进行检验。这个检验固然简单，但它提供的初步证据支持创新不安全感理论。

图 8.4 显示了对 1970–2010 年进行简单检验的结果。安全问题的相对平衡沿 X 轴表示。国内威胁平衡更为强烈的国家出现在 X 轴的左边，中性平衡的国家位于中心，外部威胁平衡更大的国家置于 X 轴右边。使用我们的测量方法，Y 轴表示国家创新率。

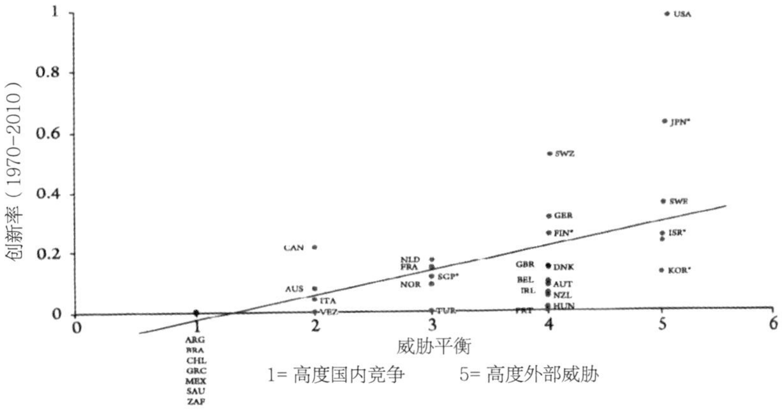

（在该时间段内授予的，前向引用加权人均技术专利，美国 = 1.0）。

图 8.4　安全问题与国家创新率的相对平衡（1970–2010）

* 快速创新者：1970–2012 年间创新率得到显著及快速提高的国家

图 8.4 所示的结果普遍支持创新不安全感理论。属于强烈的国内威胁平衡类别的国家科技绩效也非常差。我们发现，当威胁平衡转向外部时，创新国家增多。在最右端，在过去的几十年里每年的创新率得到显著和快速发展的所有国家（芬兰、爱尔兰、以色列、日本、韩国）面临的外部威胁平衡也最强大。虽然这些高度创新的国家肯定受到了国内竞争的困扰，外部的威胁压倒了这些国内的紧张关系。值得一提的是，图 8.4 中显示的回归线与创新不安全感理论存在偏差。如何解释呢？回想一下，这个散点图使用的是 40 多年里国家的平均科技产出。因此，20 世纪 70 年代绩效不佳的快速创新者（如日本、以色列、芬兰）影响了这些国家，使得回归线变平。它低估了这些国家在科技绩效方面取得的快速及显著的进步。

离群值如何解释？总体而言，加拿大是图 8.4 中唯一的主要离群值。加拿大长期以来一直是世界上最具创新性的国家之一，但其相对威胁平衡却属于适度国内威胁平衡类别。也许有人会辩解，加拿大是美国创新需求的延伸或受益者。显然这里需要更多的研究。较难解释的是奥地利和意大利，虽然它们的偏差不怎么显著。它们的国内威胁平衡处于适度水平，但也仅被列为中等水平创新者。第四个怪例是葡萄牙，它算不上是一个创新者，但在相对威胁平衡方面属于适度外部威胁平衡类别。其他的国家通常属于创新不安全感理论预测的类别。

我们可以从杜克大学的格里科（Joseph M. Grieco）的初步研究中找到独立的统计证明。[71] 格里科（Grieco）等人在最近的一项研究中审视了 1984–2012 年间 104 个国家的专利申请行为。为了控制国内冲突在经济交易中的作用，他们采用了由亚瑟·班克斯（Arthur Banks，2012）发明的国内冲突测量方法，这其中包含了有关暗杀、罢工、游击战、政府危机、清洗、暴动、革命和反政府示威活动的数据。为了测量外部威胁，他们只调查了军事化的国家争端，而没有审视经济依赖。然而，他们发现，即使在控制了一系列的国内经济、科学和政治条件之后，军事冲突较多的国家往往能实现更高的国家创新率。具体来说，他们的统计分析表明，平均而言，外部的军事冲突每增加一次，专利至少增加 6%，有可能高达 40%。他们通过使用专利数据以及高科技出口数据这两个独立源，进一步证实了这些结果。

当然，在图 8.3 和图 8.4 的每一个散点图中，数据点在趋势线周围分布过广，因此，无可否认，这种统计关系不够严谨。这些数据中有很多噪音。然而，每种关系都具有统计学意义，都朝着创新不安全感理论预测的方向发展。同样，回想一下，这些数据的目的不是完美地证明创新不安全感理论的作用，而是检验该理论的基本合理性。如果统计数据显示没有关系或与预测的关系相反，我们便可以轻易认为创新不安全感理论不合理或不具普遍性。相反，统计数据普遍证实了创新不安全感理论。在这些简单的检验之后，下一步是更严格的分析。我们必须超越关联，获得因果机制。我们需要证实这些统计数据，并详细说明因果关系的细节。为此，下一章将深入研究一些国家的经验。因为我们已经在第六章了解了以色列、美国和爱尔兰，我们将再次审视这些国家或地区。它们科技相对成功或失败背后的政治背景是什么？创新不安全感如何解释这一组非常不同的案例？

第九章　创新不安全感的关键案例

到目前为止，本书认为，传统智慧不能充分解释或很好地预测国家创新率。任何制度或政策的“银弹”并不存在，竞争优势并不能从规模或历史中获得。就连民主和资本主义也不能对此做出解释。违反和离群的案例太多，有可能失败的案例太多，不可能成功的案例也太多。这些案例和数据无论是从总体来看还是随着时间的推移都不支持任何最流行的解释。在最好的情况下，制度、政策和网络可以帮助我们解释国家如何创新，但不能解释它们为何创新。我们需要一个新的更好的理论。

然后，前两章论证了国家创新率的根本驱动因素是全社会对于科技效益及成本的政治考量。创新创造成功者和失败者。这两种力量通过政治、资源和法规进行斗争。某些条件支持科技作为胜利者，而其他条件支持现状利益集团。创新不安全感理论认为，安全是关键因素。具体而言，所有社会会同时面对国内竞争和外部威胁。外部军事和经济威胁超过国内竞争时，提高科技生产往往是一个国家寻求的最佳策略。在这些条件下，由科技或其制度创造的失败者往往会被说服，得到补偿，或被迫支持创新。因此，外部威胁强于国内竞争的国家往往会比那些国内竞争超过外部威胁的国家加大创新力度。

创新不安全感理论是否比其对手更具解释力？上一章拉开了统计的序幕。这些数据支持创新不安全感理论的合理性，但统计仅限于此。一些重要的测量方法只能进行估算。无可否认，一些数据是粗糙的。另外，甚至完美的统计分析只能显示相关性，而不是因果关系。在完美的世界里，一个人可以就每个国家70年来的状况进行深入的个案研究以验证前面章节中提到的因果机制和关系。当然，将来的著作会努力承担这一艰巨的任务，但我们在这一点上需要更加谨慎。

因此，本章回顾了以色列、爱尔兰和墨西哥的案例。事先精心选择这些国家不是因为它们证实创新不安全感理论。相反，它们之所以有用，有几个原因。首先，他们让我们跳出了美国、日本和韩国等这些已经广为人知、证据充分的案例，这几个案例都会证实创新不安全感理论。[1] 本章认识到，有关创新的争论可以从对研究较少的国家的调查中获得更多。其次，读者已经对第六章中提及的以色列、爱尔兰和墨西哥有所熟悉，第六章调查了每个国家怎样以及何时于最近在创新方面取得成功或遭遇失败。本章以此知识为基础，探索这些国家所面临的一系列不断变化的威胁，并把它们与科技政治支持的变化相联系。再次，这四个国家代表完全不同的地区、文化、历史和规模，以及截然不同类型的政府、制度、政策和网络。这点很重要，因为如果创新不安全感理论具有强大的解释力，那么，不论这些国家特点如何，这一理论应该都会起作用。最后，这四个国家使得我们可以比较不同程度的成功和失败，而不是像其他理论那样只看成功案例。我们会发现，无论它们之间的差异如何，每个国家安全挑战的平衡一般与其创新率相匹配。此外，这种关系应该不仅适用于不同国家，也适用于处于不同时间段的同一国家。也就是说，随着每个国家的安全威胁平衡在外部和内部之间变化，我们应该看到支持科技的政策、制度和网络以及最终的科技绩效会发生类似的变化。

如本章的案例所揭示的，军事和经济安全问题的结合似乎确实会触发政策变化的需要。成功解决安全问题往往需要精英提高国家科技能力，部分是由于他们有能力解决市场失灵和阻碍创新的网络故障。为了降低科技发展的成本，精英们会充分执行前几章中调查的一些制度和政策。接下来我们研究一下这是如何运作的。

重温以色列：犹太国家的战争、衰退、一体化与科技

以色列的经历非常符合“创新不安全感”的解释。[2] 以色列在 1948 年建国之后的 20 年里陷入了技术落后的泥潭。以色列由于大量的农业经济，缺乏工业，甚至缺少科技公共支持或促进创新的制度而处于不利地位。以色列人不憎恨或害怕科技，他们只是有更重要、更紧迫的任务。具体来说，他们将资源用于击败可能破坏新国家的离心势力，因为当时的以色列一片混乱。以色列社会到处都是来自许多国家和文化的移民，他们涌入一个资源贫乏的小国，经常会发生政治经济纠纷。在外部，以色列的敌对邻国不那么具有威胁性。当时，阿拉伯国家并不团结，一盘散沙，装备简陋，无法入侵或围攻以色列。

这种情况在 20 世纪 60 年代末和 70 年代初发生了巨大的变化。随着政治和解的一代形成了以色列的凝聚力和强大的社会契约，以色列国内问题逐渐消退。然而，外界对以色列军事和经济安全的威胁急剧增加。区域政治与冷战冲突打造了更强大、更团结的阿拉伯反对派，使得以色列与其最重要的盟友之间产生隔阂。同时，多年的政府开支和经济效率低下使以色列陷入通货膨胀、增长缓慢和国际收支困难等困境。这种新的威胁组合促使以色列内部广泛呼吁建立自主科技能力，同时降低对这种创新可能带来的成本和再分配的政治反对。这些压力很快为改变以色列的科技制度、政策和网络带来了强有力的政治支持，增加了创新的激励和回报。事实上，这种转变非常激烈和持久，以至以色列迅速成为科技和高科技产业的全球竞争者。以色列变得具有创新力，因为它发现自己一直处于创新不安全感状态。让我们通过分析这个案例来看看创新不安全感是如何起作用的。

1948–1967 年间，以色列的主要国家问题都与解决威胁其存在的国内紧张局势有关。以色列当时被高度分裂和分权的政体所困扰。不同的利益集团在经济资源、政治权力和政策控制上不断斗争。也许强劲的离心力量是移民。在经历了几年相对缓慢的人口增长之后，1948 年，成千上万的移民涌入了这个不到 100 万人口的小国。[3] 在接下来的三年里，以色列人口突然增加了 60%，这些人

涌入的是只有八千平方英里土地且多半是沙漠的地方。[4] 此后，随着来自欧洲、中东以及非洲移民大量涌入，以色列的人均移民率居高不下。[5] 安置这些新移民给以色列脆弱的制度和稀少的资源造成了巨大压力。很快，新移民和老居民之间的关系越来越紧张，而移民多样性只是加剧了这些冲突。这些新的“以色列人”讲多种语言，来自不同的文化，并带来了来自不同社会、政治和经济体系的个人信仰和经验。[6]

以色列在经济资源和国家政策方面出现了三方的政治较量。第一方是来自欧洲的那些受过更好教育的白种德系犹太人。这些以色列人倾向于支持国内的社会福利项目和对外的和平外交政策。第二方由来自中东和北非的虔诚的教育程度较低的犹太人组成。这些群体赞成加大农业和劳动力投入，并为农业和劳动力提供保护。这两组同第三方极端正统的犹太少数群体相竞争，这些犹太少数群体质疑预弥赛亚之前的以色列国家以及犹太人义务的合法性。这些分歧常常在经济、国防和社会政策和支出等激烈的争论中有所体现。[7] 这些群体都没有将科技作为重点。

由于这些分歧，以色列人之间的社会凝聚力弱到了威胁国家的程度。每个派别都对以色列国家和他们自己的角色有着根本不同的利益和想法。戈尔达·梅厄（Golda Mei）总理后来形容这段时期的以色列为“幽闭的社会，不能很好地应对各种经济、政治和社会不满。”[8] 就连以色列的军事安全也因为其武装力量变得支离破碎而面临风险。根据战时行政命令创建的以色列国防军（IDF）迅速形成于地下抵抗运动。[9] 然而，几个月之后，以色列的左派和右派政治群体试图维持独立的军队，各自的军队归各自指挥，他们经常在领土和战术上存在分歧。[10] 甚至在国防军内部，军事部队往往自我封闭，士兵仅仅保护他们被招募时的定居点。

独立后，大量有经验的本土士兵离开了以色列国防军，这使得以色列军方充斥了大量新移民，他们既不讲希伯来语也不讲本族语。[11] 这真是一个完美的巴别塔。

由于社会分化，以色列的首要任务是建立一个更加持久、团结的政体。如果没有这种统一，新的国家可能不会存活很久，更不用说繁荣了。为此，以色列精英和利益集团迅速创建了一个政府高度干预的国家。政府的主要目标是合并以色列的不同组织，使他们结成一个强大的、有凝聚力的犹太社会，抵御阿拉伯人的入侵。[12]他们根本不把科技看作是达到这一目的的手段。总之，大量投资于科技和科技制度可能会在已经分裂的派别之间创造经济成功者和失败者，加剧紧张局势。相反，为了削弱以色列的分裂和建立强大的犹太民族身份，以色列采取了低技术、准社会主义的经济途径。所有以色列人都要分享国家资源和经济发展的收益，承担经济发展的成本。因此，政府创造了有利于农业和基础工业的制度和政策，但也对劳动群体、宗教团体和下层阶级有益。例如，一个主要的发展制度是集体耕作。这些由国家支持的农场和莫沙夫定居点占到了GDP的15%，出口的30%。[13]农业部门之外，工会（Histadrut）主导经济生活。他们将不同群体和低技能移民和半熟练移民的利益汇集在一起。工会拥有国有大型工业企业、主要卫生服务、养老金，以及一系列其他经济考虑。以色列发展计划的第三个码头是国家，国家在经济中也发挥了突出的作用。国家拥有绝大多数以色列土地，严格控制所有外汇和所有进出口许可证，几乎引导了所有的金融资本，拥有大部分物质和技术基础设施（例如，电力、港口、电信、主要航空公司），国有企业占国民经济的很大一部分。工党负责协调这一切。工会以及工党的盟友为工党提供支持并充当其成员，成为以色列最强大的政治力量和国家政策的主要决定因素。因此，国家和劳动者付出的所有努力都旨在塑造一个强大的犹太民族认同感，该认同感向中下层阶级倾斜。[14]

整个以色列国家致力于通过宗教、农业、军事、基础工业和社会福利缔造团结，用于科学技术的资产相对较少。事实上，在20世纪60年代末以前，以色列社会和国家都不重视科技和高新技术产业的发展。唯一的例外是以色列的核计划，由于其保密性，该计划没有为其他行业提供溢出。[15]在其他方面，以色列的国内制度和政策没有把促进科技发展作为目标。以色列的专利制度薄弱，没有为研发提供多少支持；教育支出低；以色列的贸易政策是为了促进对外技术，特别是武器的引进。即使在国防领域，除了核武器以外，以色列对高科技的关注也比较少。以色列的整体研发支出低于除了意大利之外的任何经济合作和发展组织国家，并且，以色列所雇用的STEM者的比例不及美国和瑞典等领先创新者的一半。[16]直到20世纪70年代初，只有一所以色列大学提供工程学位。[17]以色列人可能给予科技很高的赞誉，却没有给它多少资源。

在以色列社会的某些领域，人们甚至把科学和知性主义的历史传统同脆弱联系在一起。例如，一位学者记者写到，在这段时间里，以色列的劳动者和犹太复国主义团体“从犹太本本主义中看到扭曲的人格和普遍不健康状态。他们认为，过度的理智有害……是一种逃避现实的手段”。[18]结果，学业优秀和企业家精神在一些学校重视不够，而团队精神、力量和勇气成为重点。[19]给以色列青年讲授这些价值观，而不是实验室研究或STEM课程，成为解决以色列最紧迫问题（即国内紧张局势和社会凝聚力）的方法。

20世纪60年代中期之前，以色列的外部威胁比较少，这对以色列而言是件好事。虽然以色列四面遭受来自敌对的阿拉伯国家的威胁，它的对手们实际上很软弱并且内讧不断。阿拉伯人怒视着以色列。但他们也经受了充满火药味的国家竞争，这使得他们无法形成军事联盟入侵以色列。[20]事实上，以色列甚至与邻国约旦保持非正式的战略联盟，让以色列得以部分地免受阿拉伯阴谋的影响。尽管偶尔发生冲突，约旦的计谋使得以色列得以在1948年的独立战争中取胜，并由此阻止巴勒斯坦独立。[21]阿拉伯军方也很软弱，缺乏训练，常常与以色列的军事力量相差悬殊。[22]最后，以色列的执政党工党在安全问题上持温和立场，是和平的坚定倡导者。因此，以色列在独立后的18年内只发生了一次重大的军事冲突。这次冲突发生于1956年，只持续了两周，在此期间，以色列与法国联盟，反对埃及将苏伊士运河国有化。[23]

然后，20世纪60年代后期，以色列国内紧张局势与外部威胁的平衡状况得到根本性扭转。以色列与叙利亚和约旦边境附近的军事和恐怖事件增加，最终升级为重大武装冲突。结果，以色列与约旦之间微妙的信任破裂了。约旦很快与埃及签署了一项联合防御协议，当时埃及已经与叙利亚结盟。更糟糕的是，苏联成为阿拉伯盟友，为他们提供军事情报和政治支持，甚至给埃及配备了更先进的武器。[24] 这一新的合谋使得以色列与技术超级大国相对抗。1967 年，战争终于爆发了，以色列最终面临来自邻国的生存威胁。最后，埃及、约旦和利比亚合作，在以色列边境部署了数十万军队。其他八个阿拉伯国家和巴勒斯坦解放组织随后为六日战争（Six Day War）提供了各种形式的支持。[25] 自此之后，以色列的军事威胁不断增加。埃及爆发多次冲突（1969–1970），阿拉伯恐怖袭击增加，以色列突然遭受赎罪日战争（Yom Kippur War，1973）的袭击。此后，巴勒斯坦组织发起了针对以色列的长期恐怖袭击。虽然美国对以色列的支持正在增加，但在当时是第一次，可靠性值得怀疑，从来没有得到以色列人的完全信任。[26] 以色列脆弱的外部安全已然崩溃。

在以前的危机中，以色列可以放心地依赖大部分进口能源、工业制成品和武器装备。法国尤其是坦克、飞机、导弹技术，甚至原子能研究等武器和技术援助的主要供应商。然而，在 1967 年大战前夕，法国突然切断了对以色列的武器出口，但仍继续向以色列的敌人运送武器。[27] 这使得这个犹太国家容易从战略上受到掠夺成性的邻国的攻击。

同时，以色列也不断受到长期经济危机的冲击。以色列在经历多年的大规模政府支出、贸易保护主义，以及农业和工业效率日趋低下之后，于 1965–1967 年间遭遇了第一次经济衰退，[28] 经济衰退加剧了以色列的安全局势，造成了失业率的长期激增，同时也蚕食了战略采购所需的外汇储备。从 1973 年开始，随着以色列陷入了长达 12 年的经济衰退，以色列外汇储备的威胁进一步上升。经济增长从 9%–10% 下降到每年 3%；外国债务和通胀飙升；以色列的银行系统崩溃。[29] 以色列可以依靠的用于国内使用或出口创汇的木材、矿产或能源等国内资源很少。

相比之下，在国内，以色列的内部分歧已经逐渐缩小。经过几十年的统一政策，不同犹太群体之间的政治、经济和文化差异变得不那么严重了。此外，到 20 世纪 60 年代后期，移民占总人口的百分比有所缓和，使得以色列社会的主要部分不再需要经常进行改造。自建国以来一直主导以色列政坛的主要左翼政党虽然不情愿，也开始与右翼分享权力。[30] 到 70 年代中期，一个切实可行的多党民主在以色列出现，得到了好争辩但极具凝聚力的社会的支持。因此，1967 年之后，以色列的安全平衡问题一直在从国内紧张局势转向外部威胁。

此时，以色列开始科技革命（如第六章所述）。军事和经济外部威胁，加上国内紧张局势的缓和，促成了以色列对科技和高科技产业的广泛支持。随着强烈国家认同感的建立，以及主要利益集团愿意就经济政策做出让步，赚取外汇和减少对国外技术的依赖成为当时以色列的发展重点。以色列的主要参与者和利益集团认识到，创建自主高科技产业可以实现这两个发展重点。一大批具有全球竞争力、以研发为主的私营行业使得以色列可以获得进口战略所需要的美元、法郎和英镑。同时，它们提供军事技术的自主能力，从而减少以色列军队对国外进口的依赖。另外，高科技产业的激增可能会创造高工资的工作，减少失业率。因此科技渐渐从无关紧要变为以色列军事和经济问题的主要解决方法。

因此，以色列把其制度和政策转向促进科技发展。左翼和右翼党派走到了一起，支持重大的财政改革，降低对企业和投资的税收，同时取消很多对特殊利益集团的免税政策。[31] 专利法得到加强，研发支出翻了两番，新大学得以成立，STEM 培训计划得到加强，科技顾问在政府中的地位得以提升。如第六章所记载，到 20 世纪 70 年代初，政府、军队、劳动者力和商业团体联合起来，支持有利于更大科技投资的政治经济机构和网络开展广泛改革。以色列创造了创新奇迹。

重温爱尔兰：中等水平成功案例

创新不安全感也解释中等水平的成功案例，如爱尔兰。如第六章所述，爱尔兰在科技方面取得了中等成就，并不是新科学或技术革新的主要发明家。这在一定程度上是因为爱尔兰制度在创造科技进步市场或抨击阻碍科技进步的市场失灵方面不那么积极。爱尔兰的政策也没有发展出丰富的网络，将高科技参与者深深地纳入到了爱尔兰的政治经济体系中。爱尔兰从来没有追求这些成本高昂的、充满风险的和极具颠覆性的科技策略，因为其收益与付出在大多情况下不成正比。相反，爱尔兰好战的经济及宗教团体要求政府将资源集中于其他领域。毕竟，爱尔兰人不需要强大的现代化军队，只能承受间歇性的国际收支危机，并且拥有极具竞争性的农业部门。既然这样，为什么要在科技上冒大风险呢？只有在战时或当爱尔兰遭遇巨大的经济危机时，爱尔兰人才会热衷于投资科技及其支持制度。另外，非科技的策略花费较少，风险较小，是解决爱尔兰具体问题的破坏性较小的解决方案，这些问题通常由相对立的国内利益集团产生。

爱尔兰从未经历过以色列所面对的外部军事威胁。第一次世界大战后，爱尔兰共和国[33]脱离了英国。但与以色列的创建相比，爱尔兰的分裂没有引起多大争议。爱尔兰独立绝不是专门反对某个外敌的大规模革命。相反，它是通过多年的政治抗议和低层次暴力活动逐渐出现的，在此期间，南方多数天主教郡建立了一个完全独立的爱尔兰共和国。英国和北爱尔兰都不想与新爱尔兰共和国作战。大多数英国人长期以来认为爱尔兰独立是必然的。当爱尔兰独立战争最终于1919–1921年爆发时，这一事件虽充满血腥，但影响有限。[34]

在爱尔兰，为期一年的有关独立条款的内战爆发（1922–1923）。[35]这几乎完全是国内冲突。反对英国特工人员及部队的暴力事件只是孤立事件，这些暴力事件遭遇的不过是正常的反击，英国没有在爱尔兰海岸大规模部署军队，伦敦没有再次征服爱尔兰的企图。事实上，大多数英国人乐于摆脱“爱尔兰问题”。因此，英国和它的军队都没有在爱尔兰的新问题中扮演重要角色，爱尔兰的大部分地区甚至没有受到敌对行动的影响。[36]

新独立的爱尔兰人也没有对阵英国。爱尔兰没有军事集结，没有入侵恐慌，甚至没有家庭生活的彻底重组。边境两边政府暗中对削弱新爱尔兰共和国的计划予以严厉驳斥。共和国甚至沿袭了很多英国经济和政治制度，包括自由选举、议会民主、自由贸易和政府对经济的低水平干预。[37]

相反，新爱尔兰共和国的主要威胁是国内威胁。爱尔兰社会受到阶级、宗教和城乡人口结构等激烈分化的威胁，这些分化经常发展成紧张的政治经济斗争甚至暴力行动。因此，爱尔兰共和国的首要任务是巩固革命，稳定新国家。他们的策略是通过创建一个共同的爱尔兰天主教身份实现团结统一。[38] 为此，教育以天主教神学和爱尔兰人文学科为主。学校很少讲授 STEM 学科，也很少有学生在高中之后会进行这些领域的研究，特别是因为大多数爱尔兰青少年十几岁就毕业。[39]

事实上，新共和国认为科技和该国目标没有多大关系，如果不会对其产生不利影响的话。爱尔兰的经济技术含量低，几乎完全以农业为基础，没有什么制造业或科技产业。[40] 在这样一个经济落后、政体脆弱的国家，把紧张的资源重新分配给重大科技投资将是极具破坏性的。爱尔兰的精英、利益集团或任何规模或权力的政党都不会要求这样的政策。另外，支配爱尔兰小企业的少数新教徒不再对政策产生大的影响力。农产品出口足以赚取支付进口商品所需的外汇。因为他们没有严重的军事威胁，对高成本的国防工业的需求很少。相反，共和国的领导层都忙于拉拢对立的派别和政党进入新的政治体系，并且防止激进的反共和反对派的出现。这意味着需要尽可能减少经济痛苦和动荡。大量的科技投入，甚至产业化，会阻碍这些努力。相反，新政府把经济赌注押在了爱尔兰的低技术农业上，而农业技术已经在牲畜和奶制品生产方面表现出比较优势。[41]

爱尔兰新政府还实施了严格的财政纪律以减少债务负担，特别是对国外（主要是英国）债权人的债务。新政府还削减了税收和福利项目。因此，可用于投资高成本的研发的国家资金很少。国内参与者被迫增加支出用于福利或补贴，而不是研发。因此，20 世纪 20 年代，共和国的“高科技”行业与酿造、蒸馏、加工、烘焙、取芯、制糖等基本食品加工行业一样落后。[42] 由于投资少或政府支持少，爱尔兰共和国的经济增长停滞，收入不平等加剧。经济不景气导致移民大量外流。这些移民往往是穷人，没有受过教育，技能低；他们也从劳动者稀缺的英国寄回大量来自新工作的汇款（20 世纪 20 年代达到共和国 GDP 的 3.4%）[43] 因此，移民成为新共和国的社会安全阀和外汇来源。再次，政治和经济对科技的推动作用是微弱的。

经济大萧条迫使爱尔兰共和国的技术轨道发生变化。到 20 世纪 30 年代，爱尔兰共和国严重依赖英国经济，以至于许多爱尔兰人认为这对他们新获得的主权构成了威胁。英国也被广泛指责为爱尔兰共和国国内不平等和经济停滞的主要原因。[44] 因此，1932 年，爱尔兰选民推举左翼也是更强硬的民族主义政权共和党上台。共和党更愿意利用国家追求经济发展。他们的文化目标是“爱尔兰人的爱尔兰”，经济目标是自给自足。[45] 新政府立即在历史土地年金和海军基地问题上与大不列颠当面交锋，引发了紧张的盎格鲁－爱尔兰贸易战。同时，为了改善国内的不平等状况，爱尔兰新政府发起了一个主要的住宅项目，扩大福利项目，重新分配土地，并增加养老津贴。这些政策变化得到了爱尔兰选民和利益集团的广泛支持，虽然这种支持不具普遍性。

随着国内紧张局势的缓解及外部威胁的稳步上升，爱尔兰共和国在科技领域进行了小规模投资。提高国内科技能力可以减少对英国的技术依赖。同时，新政府的社会支出有助于安抚国内对科技政策带来的再分配的抵触情绪。但国外威胁不太严重，国内治安仍然过于脆弱。所以爱尔兰的科技投资是适度的。它没有大胆采用新的科技制度，而是使用了贸易和投资政策等成本较低和争议较小的工具。爱尔兰提高了关税以封锁国外竞争和刺激国内工业，通过了两项《生产管理条例》（Control of Manufacturers，1932 and 1934），这两项法案要求所有新公司多数归爱尔兰所有，以确保国内工业基础得到保护。[46] 这些措施明显带有民族主义的色彩，进一步让爱尔兰远离潜在批评。

进口替代和产业政策相结合，逐步迫使爱尔兰工业和农业进行技术升级。农民从人力耕作转变为机械化收获草皮。制糖加工和汽车组装取得新进展。纺织品、鞋和袜子的国内生产得到改进和扩展。但由于科技制度和投资有限，成果也很有限。爱尔兰的进步仍然依赖于进口国外机械。[47] 此外，爱尔兰工业一旦占领狭小的国内市场，技术和经济发展就会明显放缓。这甚至适用于科学研究。1940 年，都柏林高等研究院成立，为所有类型的学术研究服务。然而，它在科技领域的学术研究主要是理论性的和包罗万象的，不切实际或不具应用性。[48] 由于没有国外竞争，也没有严重的外部威胁，大多数爱尔兰人认为大量投资科技是没有必要的、成本昂贵的、过于冒险的。

第二次世界大战没有改变爱尔兰糟糕的科技发展轨迹。大家一致认为，在冲突中表明立场可能会引发爱尔兰内战，因此，实现共和国安全的途径在于保持中立。共和国舒适地处于前线之后，在战争期间没有遭受什么暴力冲突。[49]最重要的是，任何对爱尔兰的军事威胁实际上都是对英国的威胁。因此，共和国可以依靠英国皇家海军和空军抵御侵略。结果，共和国几乎没有开展创新的军事压力。爱尔兰的武装力量依然很小，装备简陋，甚至在 20 世纪 40 年代变得越来越虚弱。[50]由于爱尔兰没有将资源用于战争，债务和配给比用于战斗人员的要少。政府甚至收回了失业救济金，增加了养老金，并向超过三个孩子的家庭提供收入补贴。[51]共和国也成为英国粮食和劳动者的主要来源。因此，爱尔兰农民变得更富有，不幸的年轻人和失业者不断大量移居到英国或北爱尔兰，定期寄回汇款。国内制造商继续享受垄断性国内市场以及随之而来的不断增加的利润。但是，由于没有来自国外进口的竞争，爱尔兰公司在投资研发和新设备方面几乎没有压力。

但是，战争确实对爱尔兰共和国的能源和战略商品进口构成了外部威胁，这促使爱尔兰在这些领域进行了适度的科技投资。爱尔兰经济严重依赖国外运输船只和原材料进口，特别是煤炭进口，不过煤炭正日益被欧洲的战斗人员征用。对此，爱尔兰国防部长于 20 世纪 40 年代创建了一个急救科研局对那些与国家生存息息相关的商品进行研究。[52]其研发项目的例子包括将磷酸盐转化为肥料，以泥炭为基础的汽油和木炭开发，从烟草粉尘中提取农药，从马铃薯中提取淀粉的尝试。[53]尽管如此，反对者一再抨击该局的成本过高，或者在《爱尔兰时报》（*Irish Times*）和《都柏林观点》（*Dublin Opinion*）上嘲笑该局追求科学的狂想。[54]至于船只，政府只是买了它们，而没有承担发展国内航运业的风险和成本。[55]

二战后，共和国开展创新或投资科技的压力再次减弱。[56]它远离冷战的前线，在冷战中保持不结盟状态，并在事实上享有北约的军事保护。同时，马歇尔计划轻而易举为爱尔兰提供 1.45 亿美元的外汇，相当于 1948–1952 年间近半数的政府投资。[57]因此，国家没有把钱用于科技发展，而是选择把钱用于社会目标：

公共住房、医院、道路、河流排水和自然资源开发。[58] 加强 STEM 教育，甚至扩大职业学校的努力因缺乏增加资金的政治支持而处境窘迫。多数天主教徒继续反抗 STEM 教育，因为过分强调这些学科可能会让爱尔兰世俗化。因此，整个共和国的学校课程仍然以人文学科为中心，如希腊语、拉丁语和宗教，不重视科学。爱尔兰共和国曾一度创立教育委员会来考虑改革事宜，但是它坚决拒绝更新课程的要求，并且实际上反对高中扩招。[59]

当马歇尔计划结束及欧洲在 20 世纪 50 年代实现复苏时，爱尔兰的经济陷入长期衰退。不过，这种痛苦还不足以迫使爱尔兰加大对科技的投资，相反，爱尔兰通过增加所得税和间接收入来解决经济问题，同时取消基本粮食补贴。[60] 然而，爱尔兰的移民很快达到 20 世纪最高水平，在 1950 年后的十年里超过 10% 的人口离开了爱尔兰。[61] 这一问题日益严重，都柏林成立了紧急委员会来解决这个问题，而一些观察家怀疑爱尔兰能否作为一个独立的国家存在下去。[62]

经济衰退和移民这两个持久的经济冲击最终破坏了爱尔兰长达几十年的保护主义。[63] 劳工团开始 与工商界和政府联合，就经济改革达成共识。[64] 他们决定，1958 年之后，共和国的经济战略转向自由贸易、外商直接投资，并对出口增长进行重新定位。[65] 因此，共和国稳步降低进口关税，削减对外资企业的限制，并放宽对国外企业使用本地投入的要求。[66] 共和国也将支出从社会福利转向生产性投资。但所有这些计划的重点仍然是农业而不是科技产业。爱尔兰面临的外部威胁程度还不够高，不足以解释大规模投资自主科技的成本和风险。

然而，20 世纪 50 年代的经济危机促使爱尔兰科技制度发生了两次重大变化。一是工业发展局（IDA）的地位逐渐上升，最终接管爱尔兰工业政策。早期，它只是提供工业补助金（1956），并积极寻求国外高科技直接投资。[67] 二是教育政策发生了重大变化。早在 20 世纪 60 年代中期，爱尔兰一半的孩子在 13 岁就离开了学校，因为接受继续教育的成本太高。[68] 共和国现在开始向学生提供奖学金（1961）、资金补助（1964），并免费实施中学教育和校车运输（1966–1967）。[69] 此外，高等教育增长了两倍，职业教育规模也得到扩大，1969 年，共和国创建了五所地方技术学院。[70] 以前国家资助但没有控制教育。相反，天主教会摇摆不定，部分原因是它拥有许多校舍、设施和制度基础。[71] 现在，国家接管了教育改革，新成立的国立高等教育学院加大了 STEM 培训，减少了人文和文化培训。[72] 有趣的是，这些措施的催化剂往往是来自外来资金的压力，如经济合作与发展组织和世界银行，而不是来自爱尔兰选民或利益集团组成的强大联盟的国内需求。[73]

爱尔兰转向自由贸易和国外直接投资拉开了爱尔兰经济 20 年黄金时代的帷幕，虽然它没有在国内科技方面取得如此成就。这一经济繁荣开始于 1960 年左右，1973 年共和国加入欧洲经济共同体（EEC）之后，经济得到进一步发展。EEC 奖励爱尔兰巨额补贴、补助和发展资金，主要用于爱尔兰农业部门。欧洲农产品价格支持进一步增加了农民的实际收入，同时极大地减轻爱尔兰的预算负担。[74] 外汇储备很快得到恢复，部分原因在于过去十年移民的大量汇款，另外，就业机会的创造最终让爱尔兰移民发生逆转。[75] 这加大了爱尔兰投资研发或加强科技制度建设的压力。相反，爱尔兰选择追求一种风险更低、价格更低的经济策略。它试图成为低成本、低税收出口中心，为设法将其产品出售到欧洲市场的美国跨国公司提供服务。爱尔兰需要一些技术升级，以吸引外国企业，特别是在公路和电信基础设施方面进行投资，这一点爱尔兰在尽职尽责地执行。这种策略行之有效，吸引了大量国外直接投资生产集成电路、微型计算机、光盘驱动器和软件的公司。[76] 但是，现在爱尔兰有很多国外技术，几乎不需要投资国内科技。因此，国内科技政策的改进常常是在欧洲、美国或国际组织的一再要求下实现的。[77]

到 1979 年，爱尔兰的经济发展止步不前。第二次全球石油危机给爱尔兰以重创，部分原因在于对进口依赖程度的上升和几十年的财政挥霍。爱尔兰的国债很快就达到了 GDP 的 120%，而其外汇失衡仅与希腊、葡萄牙和当时的中国持平。[78] 更糟糕的是，1982 年的一项主要工业调查发现，在爱尔兰投资的国外公司很少在那里设立任何研发设施。[79] 同时，企业和大学都没有进行研发。为了解决债务问题，政府增加税收，减少开支，尤其是在卫生保健和公共投资方面。消费很快陷入停滞，失业率逐年攀升，超过了 1993 年劳动者的 21%。[80] 结果爱尔兰掀起另一波移民潮，这次移民潮开始于 1981 年，于 1990 年左右达到高峰。仅 1989 年一年，就有 1.1% 的人口离开爱尔兰到国外找工作。[81] 这次，离开爱尔兰的移民比他们的前辈受过更好的教育，专业和管理人员比例高，农业和非熟练劳动者比例低。因此，大多数移民来自爱尔兰的城市，他们至少接受过高中教育，许多人还受过高等教育。[82] 这场灾难在爱尔兰历史上史无前例。这对爱尔兰稀缺的人力资本而言可谓是代价不菲的大规模人才流失。

随着国际收支和人力资本的平衡的双经济危机，爱尔兰经济崩溃的警告级别达到了末世水平。[83] 爱尔兰分歧严重的政治经济参与者暂时停止了争吵，最后同意支持发展科技产业，创造就业机会，促进贸易平衡。[84] 然而，爱尔兰再一次把重点放在了吸引国外高科技企业，而不是大规模投资于自主科技上面。爱尔兰计划的国内部分是建立一支受过高等教育的 STEM 人才，以吸引国外高科技雇主。因此，20 世纪 80 年代，爱尔兰推动新一轮工程和计算机科学教育，并为这些学科划拨专项经费。1995 年，爱尔兰取消大学学费，以扩大大学教育。在不到一代人的时间里，爱尔兰的年轻劳动者成为欧洲受教育程度最高的群体之一。[85]

这一次，爱尔兰更加严肃地改革了现有的科技制度，创立了新的科技制度。[86] 爱尔兰将计算机研发方面的适度支出列为重点（1991），重组工业发展局（IDA）以重点发展国内高新技术产业（1994），成立爱尔兰科学技术与创新委员会（1997）。爱尔兰创建了第三级机构研究计划（1998）以加强爱尔兰的研发能力。为了资助国内研发，爱尔兰成立了爱尔兰科学基金会（2000）。

尽管采取了这些举措，爱尔兰建立自主科技能力的努力仍然太过温和。1993–2003 年间，爱尔兰回归移民和新移民的教育水平和技术水平高于本国人口。[87] 如今，与超过 1/2 的爱尔兰欧洲移民相比，只有大约 1/3 的爱尔兰人毕业于大学。[88]1996 年，研发经费占爱尔兰 GDP 的份额达到最高值，2008 年之后才得以恢复，并一直低于欧盟平均水平。[89] 即使爱尔兰著名的高科技“凯尔特之虎”时期（1996–2003）[90] 也被外资企业主宰。例如，Dell 和微软成为爱尔兰最大的出口商，它们在 2003 年占到了爱尔兰 GDP 的 10%，但这两家公司都没有在爱尔兰进行研发或产品设计。[91] 总之，20 世纪 90 年代，国外公司占了私营企业研发的70%以上。[92]爱尔兰的确在制药研发方面做了大量的投资，制药研发现在仍是爱尔兰的自主科技力量。[93]然而，许多爱尔兰自主科技项目实际上不是由爱尔兰资助的，而是作为成立欧盟的前奏，由欧洲结构基金资助。研发绩效的技能不是推动爱尔兰STEM教育的重要方面。因此，国外高科技公司早在1998年就开始离开爱尔兰，在东亚和东欧寻求廉价劳动力。[94]

几十年来，爱尔兰的科技实力有了明显的改善，但也只是适度的，而且通常是为了应对同样温和的外部经济危机。爱尔兰从来没有面临足够严重的军事威胁，以克服国内对科技成本、风险和分配效应的厌恶情绪。一个世纪的历史已经证明，爱尔兰事实上享有邻国和盟友的保护，因为它舒适地远离全球冲突的前线。唯一的例外是第二次世界大战期间，爱尔兰的商品和能源进口短暂受到安全威胁。对此，爱尔兰做出回应，在这些领域设立自主研发公司。外部威胁一结束，这些科技努力就消失了。此后，只有当国际收支平衡危机爆发或者移民达到极端水平，威胁到爱尔兰作为一个国家的存亡时，爱尔兰国内相互竞争的利益集团才会支持科技投资。即使在这些情况下，爱尔兰的科技投资和体制改革仍是温和的，往往不是持续的，并侧重于吸引国外的科技，而不是加强国内能力。爱尔兰对研发经费和科技制度的支持不温不火，因为科技没有被广泛视为解决困扰爱尔兰的迫切问题的最佳方案。

重温墨西哥：科技失败史

从几乎所有的衡量标准来看，墨西哥都是一个完全不同于以色列或爱尔兰的国家，但创新不安全感理论仍然可以比较好地解释墨西哥案例。最突出的是，墨西哥几百年来一直属于相对的科技失败案例。虽然我们禁不住谴责墨西哥的贫困史，墨西哥在20世纪80年代前比某些后起的国家或地区富裕，在20世纪的大部分时间里只是比以色列或爱尔兰贫穷一些。[95]相反，问题在于墨西哥持续的国内竞争。与那些比较成功的科技国家相比，墨西哥一直被不同阶级、宗教、地区和经济部门的暴力分化所困扰。[96]这些分化使得投资于国内科技的成本太高、风险太大，而且相对其他选择没有给墨西哥人带来明显利好。相反，墨西哥人把资源分配到农业、自然资源、福利计划、黑市和消除内战等方面。与此同时，墨西哥持有大量贵金属、农业土地和最近开发的石油资源，这些为墨西哥提供了战略物资的国内供应，并为经常性的国际收支危机提供了临时的财政缓冲。墨西哥历史上只有两次外部威胁在较长时间里略微超过了其国内紧张局势，分别是在 1876–1910 年和 1940–1982 年。在这两个时期，墨西哥的创新投资很有意义，其技术产业化实现爆炸性增长，科技制度得到加强。然而，在这两个时期，威胁的不平衡性还不足以刺激墨西哥进行大规模国内科技风险投资。结果，时至今日，墨西哥大部分科技要依赖进口。下面我们来探索这段历史。

经过多年的反抗，墨西哥宣布脱离西班牙（1821）。但是，墨西哥独立并没有迎来一个稳定的时期，而是拉开了长达 50 年的内战序幕。[97] 这个新成立的国家面临着大量的军事冲突：保守的君主主义者与自由派的共和党人发生冲突；少数欧洲人竭力排斥广大混血的墨西哥民众；土著部落为获得地方自治而斗争；世俗的自由主义者为了控制墨西哥制度、反抗强大的天主教会和虔诚的教会追随者而斗争。而且，正如所有严重不平等的社会一样，少数富人阶层紧握政治和经济权力，反对贫困人群争取更多的资源。[98]

由于这些国内分化，1821–1876 年间，墨西哥先后大约有 75 位独裁者、将军和当选总统，混乱不堪。[99] 这些政府差不多都遭到过国内反对派的激烈争夺，有时造成了相对立的政治派系同时统治国家的局面。国家领导人上任后会习惯性地突击搜查国库，以便于个人消费、奢华庆典、宗教建筑，资助他们用于朋友和盟友网络的支出。地方领导成为军阀，他们将税强加于商业，从而为个人私利分化国民经济。同时，臃肿的军队要求为其忠诚得到优厚待遇，他们常常表现得像禁卫军，出价最高的人才可以利用。中央政府甚至无法保障国内安全。有时，土匪和强盗盛行，以至于墨西哥国会因为议员前往首都有危险而不能召开会议。[100]

在这种情况下，墨西哥的科技制度或项目既没有资源，也没有政治支持。尽管美国和欧洲首次将科技作为政策目标，墨西哥许多原本存在的科技和支持制度却在混乱中遭到摧毁。墨西哥殖民地的采矿技术一直是世界上最先进的，它的纺织业可以同欧洲的许多国家相媲美。[101] 然而，1821 年之后，墨西哥的煤矿、机械、工厂，甚至基本的基础设施在内战中被摧毁，或者由于荒废几十年变得毫无用处。事实上，由于其技术落后，墨西哥经济在整个 19 世纪中叶陷入衰退。[102] 墨西哥殖民地也曾是北半球第一批大学和技术学校的所在地，其中一些是在 16 世纪建立的。[103] 但独立后，墨西哥的主要大学被共和党激进派人士关闭，他们认为这些大学是欧洲君主和天主教教会的恶毒工具。具有读写能力的人下降到了人口的 10%，而正规教育仍然是以宗教为中心。[104] 有个实例集中体现了这一时期。墨西哥的一个较开明的统治者下令摧毁查普尔特佩克天文台（1864）以便他更好地美化其城堡。[105]

这个时代的两个外部威胁可能激发了必要的联合行动以支持墨西哥科技进步，但却以失败告终。第一，虽然 1836 年墨西哥失去德克萨斯可被理解为内战的产物，[106] 1846–1848 年墨西哥与美国的战争似乎构成了明确的外部威胁。在以后的对抗中，杰姆斯·K·波尔克（James K. Polk）总统对墨西哥采取恐吓和外交并用的策略，企图强迫墨西哥将格兰德河以北的领土出售给美国。谈判破裂后，波尔克把美国军队置于危险的境地，然后，当美国军队在有争议的边境地区遭到袭击时，波尔克迫使国会接受战争。在随后的冲突中，墨西哥遭受了屈辱的军事损失，这次军事损失从此损害了墨西哥的民族自豪感。然而，与强大的北方邻国进行的激烈竞争没有促成墨西哥的科技进步。这似乎违反了创新不安全感理论。

主要的反驳观点是美墨战争给墨西哥造成的实际危险远非关乎墨西哥的存亡。这次冲突主要是在最北端大片未开发的外围领土上进行的。墨西哥政府还未完全控制这些土地。[107] 只有 2% 的墨西哥人生活在那里，这些混血农民主要生活在位于掠夺成性的美洲土著部落中的贫困城镇。[108] 因此，相互争斗的墨西哥将领们没有保护他们免遭美国征服，相反，他们常常带领军队南下到墨西哥城为自己夺取国家政权。

当然，当美国军队于 1847 年深入墨西哥腹地时，墨西哥的外部威胁急剧增加。3月，美国海军占领韦拉克鲁斯（Veracruz）的主要港口，这些港口成为美国军队进军内陆的基地。在接下来的几个月里，美国士兵开始占领大小城市，最后占领首都。这似乎对墨西哥构成了明显的存亡威胁。然而，墨西哥未能通过建立科技制度、政策或网络做出回应。

因此，也有可能是外部威胁的持续时间过于短暂。1848年2月战争结束后，美国军队撤退到格兰德河，墨西哥人恢复了平时的内讧。被征服的威胁已经基本结束，因为19世纪40年代期间及其之后，大多数美国人因为各种各样的原因强烈反对美国将墨西哥纳入美国。一些人认为，军事征服与美国理想背道而驰。其他人惧怕接纳墨西哥的外来人。文化和价值观，尤其是墨西哥的大多数天主教非白人人口。废奴主义者和自由劳动的拥护者强烈反对战争，担心占领墨西哥可能为扩大奴隶化种植农业提供机会。同时，南方人对墨西哥强硬反对奴隶制的法律历史缺乏热情。因此，美国国会和波尔克总统公开拒绝了把全墨西哥纳入美国的建议。这种扩张思想在美国很少得到支持。[109]

相反，墨西哥国内竞争所带来的危险一直大于其外部威胁。即使在美国入侵墨西哥时，很多墨西哥人仍担心自己的军队远甚于担心美国人。例如，被美国占领的北方领土的居民并没有被铁链拖走，而是得到了美国公民身份和防御印第安人袭击的安全保障。[110]同时，墨西哥军队主要由农民组成，他们对当地村庄的忠诚远远超过对强征他们服兵役的将军的忠诚。另外，一旦被征召，这些农民兵的装备简陋，营养不良，几乎没有经过训练，而且遭到上级的恶意对待。因此，在整个冲突中，这些困扰着墨西哥军队，经常有士兵在开战前逃离。墨西哥军官给这些民兵造成的损失远比入侵的美国军队带来的损失要多。

显然，许多墨西哥的军事和地方领导人没有什么不同。即使在深入占领时，他们往往倾向于保护当地的权力基础，而不是冒险将宝贵军队或资源用于保卫他们并不关心的遥远的国度。墨西哥的战略入口和领土没有面临被消除的威胁，而国内敌人对大多数墨西哥精英的财富和力量造成的威胁远大于美国军队。因此，墨西哥民众没有广泛呼吁对国内科技进行成本高昂的风险投资以保卫或夺回输给美国的领土。

这一时期的第二大外部威胁是欧洲大国的外来入侵。1861年，法国、英国和西班牙的军队共同占领了韦拉克鲁斯港。再一次，侵略者无意征服墨西哥，也无意干涉墨西哥政府。他们的任务是夺取海关，收回墨西哥需偿还的拖欠贷款。另外，他们的存在在一定程度上是由于保守的白种墨西哥精英们的强烈要求，这些精英们当时正被混血的、世俗的、自由的同胞所压制。[111] 1862年初，应墨西哥保守派和天主教堂的邀请，法国军队代表团从韦拉克鲁斯向内陆进发；但其他国家的部队撤退到了欧洲。很快成千上万的法国士兵涌入墨西哥，到1864年，法国在墨西哥部分地区重新建立了君主统治。再次强调，法国并不是不受欢迎的征服者。他们不断收到来自富有的白种墨西哥人和墨西哥天主教徒的援助和支持，这些人试图迫使他们的共和党对手失去权力，他们甚至参与了新皇帝的选拔。法国人的占领也不长久。新皇帝支持的许多社会和经济政策与墨西哥自由派共和党人如出一辙，这使得墨西哥君主主义者减少了对他的支持。同时，英国和西班牙对法国施加压力，要求法国撤出墨西哥。[112] 1866–1867年，当战后的美国又一次可靠地执行门罗主义时，这一天终于到来了。法国军队撤出墨西哥，皇帝遭到处决，墨西哥在之后的十年里陷入了内战和军阀主义的恶性循环。[113] 总之，外部威胁并不关乎存亡，而是墨西哥精英们为了谋求自身利益的合谋。因此，投资科技以击退法国入侵的策略没有得到广泛支持。

1876–1910年间，墨西哥的威胁平衡发生扭转，为现代化和工业化提供了广泛而持久的支持。在外部威胁方面，美国和欧洲大国进入帝国主义阶段。德国人、英国人和法国人对该地区的市场、自然资源和军事基地表现出浓厚的兴趣。[114] 然而，美国人是最大的危险。美国发起了壮大海军和建设现代化海军的重要行动（1882），曾大规模利用海军进军夏威夷（1842）、中国（1844）、日本（1853）、韩国（1867）和一些太平洋岛屿。[115] 随着美国贸易的迅速发展和移民的不断增加，美国现在也在寻求建立一条横跨拉丁美洲的运河，并且增加美国在该地区的影响力。美西战争（1898）把美帝国主义推向高潮，在这场战争中，古巴和菲律宾被美国占领。之后，西奥多·罗斯福（Theodore

Roosevelt）总统宣布，单单是“长期的不法行为”或“无能”就能说明美国将来在西半球进行军事干预（1904）是正当的。[116] 美国经常把军队和船只部署在拉丁美洲，有时是为了应对轻微的侮辱。[117] 美国同时开发了南部边境地区，当时，墨西哥在南部边境与危地马拉产生了麻烦，分散了墨西哥的注意力，这让美国人暗中对墨西哥北部产生了兴趣。[118]

与此同时，墨西哥国内紧张局势已大大缓解。催化剂是自由主义独裁者波菲里奥·迪亚兹（Porfirio Diaz）。在他统治的34年里，墨西哥处于国内和平和快速工业化时期。迪亚兹和他的支持者们认识到，墨西哥国内的混乱是其贫穷和不安全的根源。他们还认为，将科技运用于政府和经济是墨西哥未来的关键。[119] 1876年大选后，迪亚兹政府同时使用资助、武力和妥协等方式迫使墨西哥的地方军阀和强大的天主教徒服从政府管理。[120] 迪亚兹还让技术科学专家干部担任政府职位，帮助实现国家现代化。他们消除了墨西哥的国内税收壁垒，建立了一个全国性的市场，并将墨西哥经济与世界经济联系起来。迪亚兹还利用墨西哥金属和矿产的巨大资源吸引了来自美国和欧洲的投资。这些投资没有用于消费，而是用于发展现代公路、铁路、电报和电话系统。墨西哥不仅升级和发展了冶炼和加工工业，还升级了旧矿井，开发了新矿井。墨西哥建成了现代港口设施，实现了农业现代化，设立了准国家银行（1884）以稳定墨西哥的财政和提供国内投资资本。墨西哥很快在钢铁、水泥、纺织品、加工食品、纸和香烟等方面形成了显著的生产能力。[121] 迪亚兹甚至重新建立了国家天文台（1878）。

然而，迪亚兹派的科技策略几乎完全基于国外科学和技术进口。[122] 墨西哥科技发展极其落后，没有理由去承担发展国内能力的高成本和高风险。进口科技的成本和风险要低很多。毕竟，自然资源的出口可以让墨西哥经济保持债务偿还能力。美国“反复无常的帝国主义”所带来的模糊威胁被美国人更为明确和自利的角色——墨西哥主要的国外投资者——所抵消。同时，鉴于近期历史，墨西哥人普遍担心武装力量会成为竞争性的权力中心，对国家稳定造成威胁。这意味着，迪亚兹政府或其支持者没有兴趣创建装备精良的军队或现代国防工业，而不是说他们需要强大的军队来保卫墨西哥，因为具有讽刺意味的是，心怀嫉妒的美国成为墨西哥防御欧洲大国的可靠的保护者。因此迪亚兹决定通过与他的北方邻居建立更好的关系，以更低的成本抵御美国随意的帝国主义政策。为此，迪亚兹重新开启正式外交关系，出访美国，甚至娶了美国陆军将军的女儿。[123] 总之，在国内科技能力方面进行大规模投资没有政治或经济意义。

因此，墨西哥科技政策的主要受益者是教育，尤其是 STEM 学科。国家小学经费猛增，义务教育最终得以确立（1892）。但是，即使这项简单的政策也遭到国内反对派的反对。每当科学教育与宗教或传统信仰相矛盾时，天主教和土著人民便激烈反对世俗公立学校并大声抗议。[124] 因此，墨西哥在高等教育上的投入，主要是医学、工程、法律、商业等学科的投入更多一些，高达初级教育投入的 17 倍。[125] 鉴于迪亚兹将金属和矿产作为经济重点，墨西哥很快在地质、土木、采矿工程领域实现了高度专业化，甚至主办了国际工程会议。私人或公共行业的研发支出却很少或根本没有。因此，即使在国内技术教育培育了同等质量的工程师之后，墨西哥的 STEM 人才仍然全部从国外进口。[126]

日渐衰老的迪亚兹在很大程度上放弃了大众民主。在他的统治下，到 1910 年，墨西哥变得日益腐败和不平等。[127] 美国的金融危机使墨西哥经济陷入萧条，并强化了对迪亚兹的反抗。政治对手、失望的支持者、经济“失败者”（劳动者、农民）、热情的传统主义者以及反科学的天主教徒行动起来要求平反冤情的同时，攻击迪亚兹把墨西哥“出卖”给了外国投资者。结果，墨西哥迅速爆发了惊人的武装叛乱，迫使独裁者流亡。因为没有明确的继承人，墨西哥紧接着发生了 30 年的暴力冲突。在这段时间内，军阀、军事领导人、有号召力的叛军和土著人民起义等熟悉的队列再次出现。[128]

由于 1910—1940 年间的新一轮国内混乱，墨西哥既没有关注科技或科技制度，也没有给它们分配许多资源。在很多人看来，科技和它的支持者与迪亚兹的独裁统治及其科学专家密切相关。因此，大多数墨西哥人把科技制度和政策甚至现代化视为威胁或失望。基础教育再次成为墨西哥在这段时间里取得的最佳科技成就。虽然墨西哥领导人在其他政策上存在分歧，他们中的大多数在这个时期仍投入了大量资金开展广泛的扫盲计划，这些计划包括科学和技术学科，以及大规模的学校和图书馆建设。然而，天主教教会和迷信的农民再次以暴力抵制这些行动，他们经常辱骂、殴打甚至处死政府派到他们中间的“异端”教师。[129] 也许，政治动荡阴云笼罩的唯一原因是，墨西哥大部分科技资产未受到损害，因为渴求资源的战斗人员认为它们太过宝贵，不能摧毁。然而，30 年代中期之前，墨西哥只是尝试了适度的技术升级和新技术投资。[130]

到 1940 年，墨西哥的外部威胁与内部威胁重获平衡。在内部，墨西哥通过暴力镇压、政治妥协、财富再分配、福利计划实现了和平与稳定。[131] 主要的利益集团和政治派别结合成一个单一的政党，在接下来的 60 年里主导了墨西哥政治。另一方面，危及墨西哥的新外部威胁增加：国际收支平衡危机、大萧条、欧洲战争爆发。墨西哥最初在战争中保持中立，但其航运很快遭到纳粹的袭击，与此同时，轴心国间谍网络威胁要入侵该国。[132] 类似的威胁在随后的冷战中升级。然而，虽然外部威胁目前超过了国内的紧张局势，但这种失衡只是轻微的。[133] 实际上，墨西哥仍然在防御对立势力入侵或攻击方面得到了美国的保护。20 世纪 20 年代，美国结束对墨西哥的军事威胁，发展对墨友好关系。[134] 从经济上看，墨西哥现在对出口石油、工业原材料、贵金属和粮食的需求没有什么变化，而当美国进入战争或经济迅速发展时，这些需求则会激增。

结果，从 1940 年到 1982 年，墨西哥再次经历了一场科技进步的浪潮。起初，第二次世界大战迫使墨西哥实施进口替代策略，墨西哥凭借自己的发展政策强化了这一策略：政府贷款、税收减免、本地化要求、进口关税和外资持股上限。[135] 美国投资者纷纷带着他们的科技在墨西哥设立制造项目，这些项目包括可口可乐、福特、陶氏化工、美国迪尔公司以及通用汽车。国有企业在私营企业未投资的领域进行科技投资。墨西哥产业很快就包括了纺织品、食品加工、电力、石油、化肥、水泥和钢铁行业。[136] 先进的灌溉技术、农业设备和肥料技术使得农业实现了现代化。[137] 大规模的公共工程和基础设施项目得以开展。[138] 墨西哥公司于 20 世纪 40 年代和 50 年代开始生产收音机、电视机和其他消费电子产品，最终于 20 世纪 70 年代进军计算机制造行业。[139]

然而，墨西哥并没有经历以色列在科技上取得的重大飞跃。由于没有严重的军事威胁，并且容易获得进口武器，墨西哥对国防研发没有给予支持。事实上，墨西哥一直在冷战期间削减国防预算，直到墨西哥在西半球的排名垫底，情况才有所改观。[140] 墨西哥把这笔钱用于福利计划，以解决持久的经济不平等问题。当国内的不平等现象加剧时，墨西哥政府进一步将资源从科技活动（现代化、工业化）转向福利、住房、医疗和土地再分配。[141] 这期间唯一不变的是对初等教育和中等教育的持续的大力支持。但是，墨西哥对高等教育项目的支持反复无常。新大学虽然得到建设，但却没有研发设施或资金，有时，即使学校图书馆有相关储备，也不能用于研发。[142]

在 20 世纪 80 年代和 90 年代，墨西哥经济面临的外部威胁急剧增加。由于经常性的收支平衡和货币危机，墨西哥对国外银行和政府负债累累。人们普遍认为这不仅是对墨西哥的屈辱，而且是对其政策独立性的威胁，因此是对墨西哥主权的冒犯。[143] 作为回应，墨西哥国家的首要目标是增加外汇收入，从而恢复宏观经济稳定。只有这样，墨西哥才能逃脱国外债权人的控制。

为了应对不断增长的外部威胁，墨西哥通过国内制度增加对科技创新的支持。墨西哥制定或者改变了贸易、投资和采购政策，以促进汽车、制药、微型计算机和资本产品部门的创新。营业税降低了，发明家和商人得到了更多增加行业收入的自由。[144]

不幸的是，经济冲击袭击墨西哥的速度比这些政策反击的速度快得多。[145] 实际工资下降，城市失业率猛增，通货膨胀在 20 世纪 80 年代的大部分时间里急剧上升。墨西哥的富人通过转移他们的资产来保护自己，让中产阶级和下层阶级，尤其是农民，承担经济危机的负担。因此，随着不平等的加剧，国内紧张局势开始加剧。首都的抢劫案上升了 250%，大罢工和抗议活动达到了新的高点，绝望的工人冒着受伤和监禁的风险非法越境进入美国；同时，腐败困扰着联邦和地方政府。[146] 1985 年地震摧毁了墨西哥城的部分地区，造成 4 万人死亡，超过 10 万人无家可归。政府对地震反应不力，进一步加剧了国内动荡。到 20 世纪 90 年代，国内紧张局势已演变为暴力活动。萨帕塔叛军在恰帕斯发动武装起义。执政党挑选的总统候选人遇刺身亡。警方开始屠杀农业抗议者。墨西哥革命军在格雷罗州发动起义，并很快对军队、警察和政府目标发起攻击。[147]

作为回应，墨西哥政府自那时起被迫重新平衡资源，向穷人提供基本的福利、健康和教育。[148] 20 世纪 80 年代中期，研发活动的一般开支占 GDP 的百分比减少了 50% 以上，以后再也没有恢复。[149] 社会支出也减少了，但减少的幅度没有那么大。[150] 例如，教育支出（主要是小学和中学）减少了 30%，而医疗支出仅下降 23%。[151] 然而，这两类仍然占社会支出的大部分。总体来看，20 世纪 80 年代中期，它们占 GDP 的比例最低，为 5.3%，但之后上升到了 8.2%。[152] 同时，21 世纪，墨西哥的高等教育依然不景气，未进行太多 STEM 培训。例如，公立大学被看作是学生开始政治生涯，而不是进入科学或工程行业的场所。[153] 即使在 STEM 领域，墨西哥在社会科学和人文科学方面工作的受过大学教育的研究人员（占总数的 27%）与在从事自然科学方面工作的研究人员（27%）的比例相同，差不多是工程技术人员比例的两倍（15%）。[154] 至于科技政策，1994 年金融危机之后，墨西哥设法避免吓跑潜在的国外投资者。为此，政府削弱了对地方所有制、合资企业和技术转让的要求。[155] 因此，墨西哥最大的出口商品仍是石油。而在科技产业领域，墨西哥只在汽车和电子产品的低技术组装和生产业务方面具有竞争力，这些产品主要出口到美国，北美自由贸易协定（North American Free Trade Agreement，NAFTA）保护墨西哥出口免受来自中国的竞争。[156]

当今墨西哥并不是一个彻底失败案例，而是一个相对失败的案例。墨西哥确实有几个创新活动中心，如蒙特雷城或汽车投入行业的创新活动中心。墨西哥的科技劣势也没有阻止一些世界级跨国企业的出现。但总体来说，墨西哥的政治领导层满足于等待和指望知识溢出和技术转让会在国外公司培训技术生产链上的当地工人和供应商时自然发生。[157] 墨西哥没有像以色列一样创建市场和网络以促进科技进步，或在解决阻碍科技发展的市场失灵和网络故障方面进行大规模投资。墨西哥的科技进步还尚未获得足够的来自竞争性利益集团的政治支持。也就是说，墨西哥基本上还未进入创新不安全感状态。

第十章　结语
创新不安全感及其意义

这本书的核心论点很简单：竞争，而不是制度或政策，会导致创新；最引人注目的竞争形式是不同国家之间在国际舞台上发生的事情。如果一个社会的经济和军事安全没有受到国际竞争的外部威胁，那么这个国家的创新率往往会变慢。外部威胁很重要，因为它们对扼杀创新激励和奖励分配的国内政治斗争予以回击。假如创新的经济或军事要素不存在，旨在提高国家创新率的国内制度将得不到创建、使用或合理的维护。相反，它们会被忽略或经常用于再分配或意识形态等其他目的。因此，正是国内竞争和外部威胁之间的平衡通过影响制度和政策的有效性最终推动国家科技绩效。

本书的最后章节提出了一些重要结论。本章回顾了本书的主要发现，并讨论了创新不安全感理论的局限性，然后运用创新不安全感理论对未来 20 年的国家创新率做了一些出乎意料的预测。本章还解释了这本书的研究结果对政策制定者、创新研究人员和选民的意义，同时提供了更多的建议和警告。最后，本章对未来研究提出了建议，并且对为什么每个人都应该关心创新研究的未来进行了说明。

案例和统计的七大发现

本书的证据坚定地证实了七个发现。第一，数据和案例的研究表明，卡德韦尔定律仍然具有很强的解释力。尽管全球化以及现在人们广泛认识到科技的重要性，不同时间和不同国家的国家科技产出仍然存在显著差异。最近，在过去的 70 年里，一些国家的科技能力有了显著提高，比如日本、芬兰、以色列、新加坡和韩国。此外，我们发现顶尖的创新者在科技产出方面有明显差别。例如，美国、瑞士、德国和瑞典几十年来一直是强大、稳定、领先的科技大国。其他十几个国家仍然是同样可靠的中等水平创新者（例如，荷兰、法国、意大利和西班牙），还有大量的低水平创新者（例如，马来西亚、匈牙利、葡萄牙、南非、土耳其和阿根廷）。尽管促进创新行为的政策和税收要求看似明确，这种分歧仍然存在。即使在富裕的工业化民主国家，一些国家在创新方面仍比其他国家更成功。

第二，数据和案例研究不支持国家为何创新的最流行性解释。随机、国家规模、经济规模、军费开支、先行者优势或最近的工业化都不能很好地解释国家创新率的差异。这里的关键不是说这些因素对国家创新率没有任何影响，而是要化解一些有关相对技术力量来源的古老的、未经证实的泛泛之论。这些解释有时在国家创新率的讨论中被称作“公认的智慧”。当然，有些理论解释某个国家在特定时间点的创新率时，可能会有意义。然而，仔细考虑，这些流行的理论中没有哪个可以跨越时空始终用来解释世界上最具（或最不具）创新性的国家。统计分析也证实了这一点。

第三，市场在正常运转时好像是出色的创新生产商。然而，市场失灵会阻碍创新，因此，公共政策的作用就是矫正市场失灵，从而提高科技绩效。本书首先重点讨论了一些经典的国家行动，它们被称为创新的“五大支柱”：知识产权、研究补贴、教育、研究型大学和贸易政策。数据表明，每一个支柱都有利于提高国家创新率。然而，这五大支柱并不能如我们所期望的那样很好地解释创新。我们发现，无论调查的是哪项主要政策，即使五大支柱整合在一起，仍然有大量的创新行为无法解释。另外，有些创新国家在五大支柱方面得分不高却仍然生产了尖端科技和科技产业，这样的重要案例不胜枚举。几个国家的经验表明，仅仅增加研发投入，保护知识产权或建立学校和大学并不一定会带来科技前沿的创新。

第四，证据未能确定世界的政策制定者为实现国家科技竞争力采用的趋于一致的“最佳”制度或政策，或是两者的结合。与安娜·卡列尼娜（Anna Karenind）的格言形成鲜明对比的是，每一个国家的科技成功故事看上去都是不同的，但失败的教训都是一样的。[1] 也就是说，数据和案例研究的一个意外发现是,成功的科技国家之间有一个共性,即他们并不热衷于具体的制度或政策设计,而是致力于从总体上解决市场失灵和网络故障。没有哪个具体的国家创新系统、政府类型或资本主义形式与成功创新行为密切相关。

有必要在这里重申一下，我并不是说特定的制度和政策（包括资本主义、民主、分权）对国家创新率没有影响。相反，我认为把这些制度作为核心和科技持续进步充分必要条件的理论被夸大和过分简化了，需要重新考察。它们根本没有我们所假定的预测力或解释力。国内制度和政策不会决定国家发明活动的速度和方向。制度和政策就像木匠的工具，确实会影响结果，但它们不是因果力量。好的工具不能使人成为熟练的木匠,好的制度和政策不会促使社会创新。它们至多帮助我们了解国家如何创新，但不是为何创新。

第五，数据和案例研究让我们认识到国家创新系统研究中往往忽视的因素：社会网络、产业集群和技术标准。案例自始至终都表明，非正式的国内和国际社会网络在决定国家科技成果方面发挥着重要作用。也就是说，创新不仅是一个市场失灵的问题，也是一个网络故障问题。社会网络提供了市场和政府都难以捕捉到的重要信息。这些信息包括 STEM 人才的基本信息、投资机会及高度专业化的科技投入和产出市场。当然这些信息问题困扰着所有的企业，但在科技产业尤其棘手。科技人员非常专业、截然不同。此外，科技行业商业情况的变化比其他行业更迅速、出乎意料。在廉价地获取和发布信息的过程中，社会网络帮助科技人员找到彼此并增加他们应对快速变化的灵活性。这样，网络大大降低了创新的高成本和高风险。建立实际网络和以此为基础的社会网络的一个条件是标准。技术标准有助于确定网络规模以及其成员如何进行互操作。标准对于科技特别重要，因为它们可以解决几种阻碍创新发明或创新采用的市场失灵。不过，网络跟制度和政策一样也是工具，而不是原因；它们解释的是国家如何创新，而不是国家为何创新。

第六，创新创造成功者和失败者，失败者往往诉诸政治阻碍威胁他们利益的科技进步。即使新科技得到广泛支持，用于促进创新的制度、政策和网络也会创造失败者。政府很少能在这些动荡中成为中立的观察者，成功者和失败者都会争取政府以求在致命冲突中赢得政策优势。技术变革的政治阻力会阻碍或扭曲“健全的”科技政策。科学进步或技术变革所创造的失利利益集团屡屡说服政治家阻止、减缓或改变政府对科技进步的支持。他们支持那些阻碍新科技进步并有利于现状科技的税收、法规、补贴、采购政策、支出等。历史证实，技术失败者和他们的政治代表为了保护自己的利益会干扰市场、公共制度和政策甚至科学争论本身。因此，技术失败者的政治抵制作为一种反对创新的力量，有助于解释为什么一些国家比其他国家在科技方面更出色。

第七，一国的外部威胁（军事威胁和经济威胁）似乎是支持创新的对抗力量。创新往往是一个社会对付某种外部威胁的最佳策略。这些威胁包括军事征服的威胁，严重削减战略进口的威胁，或者大规模资本外流的威胁。当这些类型的外部威胁愈发凸显，远远超过国内竞争对手造成的威胁时，大众和精英的支持往往会转向科技及其支持制度和政策。

要在国家层面上成功地进行创新，从长远来看，一个国家的利益集团必须合作，接受创新的高风险和高成本，其中可能包括重大的体制改革和整个经济结构的调整。换句话说，创新导致痛苦。因此国家必须面对不创新的惩罚。不创新的痛苦将超过创新的痛苦。因此，创新不安全感理论坚持认为，解释国家创新率的关键不是看一个国家会使用哪种制度或政策，而是要关注一个国家追求创新背后的政治。

本书提出的创新难题的解决方案在几个方面实现了创新。首先，它挑战了当时流行的“制度支配一切”的观点——国内制度对创新起决定性作用，尽管这一观点有很多问题，很少有人提出质疑。[2]重要的是，本书研究了一些以往研究中遗漏的或比较检验中没有同时控制的因果因素。此外，本书提出的证据和理论比之前的研究更具普遍性。本书公布的调查研究使用的是跨国家的数据集和几十年的国家史，而不是一个国家或一个行业的研究或短暂时间段的研究。传统智慧的一个问题是，许多支持性的研究只着眼于成功的案例，并且仅着眼于这些国家提高和保持创新率的时期。他们没有研究失败的案例。他们没有在成功国家衰落时和衰落后进行追踪研究，也没有在它们改善状况之前进行调查。这本书通过使用一组更广泛的数据和案例来解决这些问题。最后，这本书提出了一种创新理论的新方法，在这一新方法中，国家制度和政策被重新定义为工具，而不是因果力量。它认为，我们的首要问题不是"最佳的"工具是否存在，而是为什么一些国家会选择追求创新，并且运用和维护这些昂贵的工具。也就是说，"政治支配一切！"

对于那些尚未被创新不安全感所说服的读者，这本书为国家创新率的新解释提供了必要证据。它还为新理论的发展奠定了足够的经验基础。具体来说，如果此处的统计及案例探讨没有为创新不安全感提供详尽的检验，至少可以证明该理论的合理性。因此，这本书为构建更多研究奠定了强大的经验基础。

附加说明、条件、背景

创新不安全感理论并没有自称是放诸四海而皆准的理论。如果想要该理论的潜力得到充分实现，我们就必须认真考虑它的一些局限性。

首先，这本书提出的假定都是概然论，不是决定论。正如曼瑟·奥尔森（Mancur Olson）自己所说：虽然我们不应该满足于缺乏高度概括性的理论，但也没必要指望一种理论可以解释一切或者最重要的事情。[3] 创新不安全感解释和预测了不同时期国家创新率差异的大部分，但它没有自称可以解释历史上每一个案例。相反，这本书的主张是，创新不安全感有助于我们更好地解释国家创新率。它和数据之间能达到较高的拟合度，能解释更多的数据，并能阐释许多其他理论无法解释的离群值和意想不到的结果。

其次，作为对先前提到的局限性的推论，这个理论没有排除其他重要的因果因素。[4] 也就是说，创新有许多强大的驱动力。我认为，在国家层面，创新不安全感是其中之一，但不一定是唯一的驱动力。我个人认为，文化、意识形态、个人领导能力、气候，甚至社会心理学也可能是解释国家创新率差异的重要因果元素。这些因素还没有得到充分研究，更值得创新研究学者的关注。然而，一本书不可能解决所有这些不同类型的动态调整和相互影响。因此，对这些其他的因果变量以及它们如何与创新不安全感相互作用进行调查，只能留待未来研究。

第三，创新不安全感理论预测在时间上和社会内部会产生滞后。就是说，它不能预测科技支持在国家外部威胁与内部竞争平衡发生改变时的瞬时变化，它也不能预测全社会支持或反对科技的意见：一些个人和利益集团比其他人更快地改变思想。有些人根本不会改变想法。一些人甚至可能出于习惯或意识形态或对社会网络的忠诚支持或反对科技。但是，总体来看，创新不安全感确实预测到国内竞争与外部威胁平衡的变化会引发科技政治支持随时间推移发生改变，从而影响国家创新率。

同样，有必要强调一下创新不安全感没有讨论的内容。该理论不是说国家只有在受到侵略威胁时才会创新。[5] 倘若是这样，那么比利时、巴尔干地区国家、伊拉克和阿富汗现在应该跻身世界上最具创新性的国家行列，而美国应该停留在前工业化时代。创新不安全感也不认为国防开支和军事采购对于技术发展是必要的。[6] 显然，日本、德国、瑞士（每一个都是军事开支很低的国家）和沙特阿拉伯（世界顶级的军事开支大国之一）等重要的离群值让这一论断错综复杂。创新不安全感也不认为一个国家的“系统性风险”会增加领导人对技术升级的支持，同时减少政治系统中“否决者”的数量。[7] 该理论没有辩称，当自然资源限制迫使那些为了政治生存而战的政治行动者在经济危机中做出具体选择时，创新就会发生。[8] 该理论没有宣称沿袭的组织结构会决定政治经济行动者达到自己目的的能力，或外部冲击或压力会迫使利益集团做出具体政策选择。[9] 这些观点听起来可能与创新不安全感理论相似，实则截然不同。[10]

预测

温斯顿·丘吉尔曾经风趣地说，“我从不事先预言，因为在事情发生之后再预言才是上策。”[11] 我们这些社会科学家们把这句话变成了一种艺术形式。虽然我们急切地解释过去，但大多数人往往莫名其妙地回避对未来的预测。也许这是明智的。然而，好的理论应该能够解释和预测，这种预测或解释即使并不完美，也应该具有一定的可靠性。这是我们从物理学和化学的理论中所期待的。我们对政治学和经济学也有同样的期待。此外，对未来表现的预测可以为我们证实、怀疑或修改创新不安全感理论提供额外证据。

由此，我对未来 20 年的国家科技绩效做出了预测。我通过使用最近的经济不平等、国内政治恐怖、军事化争端以及食品和能源进口的数据形成了这些预测。结果见表 10.1。最左列表明第三章确定的每个顶尖或快速创新者继续拥有创新不安全感的成熟条件。“潜在的惊喜”一栏列出的是最有可能超越过去的绩效或甚至在未来 20 年会大幅超越目前预期的国家。“潜在的失望”一栏列出的是表现低于预期的国家。最后一栏列出的是我们应该密切监视的国家。在未来的 20 年里，创新不安全感对该栏国家的突出表现或者不佳表现会产生潜在的巨大影响。然而，由于“接近红线”一栏国家迅速和频繁变化的条件，相比其他栏的国家或地区，我在做出这些预测时信心有点不足。

虽然本章简短，没有对表 10.1 所列的大约 60 个国家或地区逐个进行案例分析，但是我们应该注意其中包含的一些有趣的预测。首先，目前所有世界领先的创新国家或地区预计在未来的 10 年或 20 年会继续保持其领先地位。即使在美国，我们也不会看到重大挫折。其次，目前一些低水平和中等水平的创新者可能会意想不到地在技术前沿取得进展，如西班牙、克罗地亚、斯洛文尼亚。这些国家在冷战期间遗留下来的国内紧张局势相对于其外部经济和军事威胁已经大为缓和。因此，它们的创新率会加速。这与今天的传统智慧相矛盾，传统智慧认为本栏许多国家长期处于缓慢发展状态，有些观察家甚至将之视作经济瘫痪。相反，媒体把许多列入“潜在的失望”的国家吹捧

表 10.1 未来科技绩效预测

继续领先国家	潜在的惊喜（+）	潜在的失望（-）	接近红线 *
加拿大	澳大利亚	巴林	塞浦路斯（+）
芬兰	奥地利	白俄罗斯	希腊（+）
法国	比利时	巴西	爱尔兰（-）
德国	保加利亚	智利	拉脱维亚（+）
以色列	克罗地亚	埃及	菲律宾（+）
日本	捷克	印度	罗马尼亚（+）
韩国	爱沙尼亚	印度尼西亚	新加坡（-）
瑞典	匈牙利	伊朗	泰国（+）
瑞士	意大利	科威特	土耳其（+）
美国	立陶宛	墨西哥	乌克兰（+）
	荷兰	尼日利亚	越南（-）
	挪威	卡塔尔	
	巴拿马	俄罗斯	
	波兰	沙特阿拉伯	
	葡萄牙	南非	
	斯洛伐克	斯里兰卡	
	斯洛文尼亚		
	西班牙		
	英国		

*（+）代表可能带来惊喜的国家，（-）代表可能带来失望的国家。

为世界的新创新者。这一预测的未来失望名单包括许多“经济突破型国家”，金砖五国（巴西、俄罗斯、印度、南非及中国）和“薄荷四国”（墨西哥、印度尼西亚、尼日利亚、土耳其）现在被广泛吹捧为 21 世纪的科技成功案例。[12] 然而，这些国家中的每一个都遭受了相当程度的国内不平等、政治动荡和内乱，虽然它们的边界和战略进口或相对安全，或至少比国内情况安全。因此，创新不安全感理论认为，这些国家内部相互争斗的利益集团和精英不可能开展合作，接受科技迅速发展的风险、成本和再分配。这包括中国和印度，这两者在未来几十年引领大众对科技绩效的预期。不过，我预测，除非他们遇到一些新的外部威胁，不同地区、民族和经济阶层之间的国内竞争会妨碍在这些国家建立健全的科技政策与制度的努力。

创新不安全感理论的重要意义

如果我们把创新不安全感作为推动国家创新的强大力量，那么，创新不安全感对政策制定者、政治家和选民有什么意义？本书中提出的案例历史和统计证据有力地表明两个政策含义：定制和行动主义。

第一，没有什么神奇的万能制度或政策秘方可以实现国家科技竞争力。虽然传统智慧预测的是一致性，创新的研究发现科技能力的成功发展没有统一的结构形式，也没有统一的时间表。这证实了其他领域的学者的研究结果。[13]正如“格申克龙流派”（Gerschenkron school）[14]以及许多德国和日本经济奇迹的观察家们在20世纪所言，全球化并不是要迫使各个国家趋向一组特定的制度或政策。最佳科技成就案例包括那些遵循截然不同的发展路径去实现科技竞争力的国家。这意味着国家可以进行选择。政府可以定制他们的工具（即科技制度和政策），以适应他们社会的文化、历史和政治经济形势。制度和政策可以采取多种形式实现国家科技目标，政府可以对私人市场开展不同类型和不同程度的干预。

第二，政府必须积极培育科技。也许我们可以引用一位顶尖全球化学者的话来准确说明这一点，“由于在国际舞台上经济落后意味着软弱无力，国家不能、也不应该袖手旁观，期待市场的神奇力量会施舍给他们经济增长。”[15]大量的跨国证据和经验表明，创新亦是如此。

具体而言，如果一个国家想提高其科技绩效，那么政府必须采取行动解决市场失灵和网络故障。创新的市场失灵方面完全可以理解。研发充满了高风险、高成本和相当大的不确定性。产权不明晰，外生性普遍存在，停滞的技术垄断频繁发生，基本信息和技能集往往零碎和分散。因此，如果国家干预经济需要一个明确和令人信服的理由，那么创新带来的这些问题便是理由。如果足够强大的国家政治共识将支持科技进步作为国家的重点，那么，本书所审视的政策和制度就起着比较重要的作用。如果有足够的民意存在，那么政府就可以很好地运用其工具（即科技制度和政策）。

然而，解决市场失灵只是策略的一半，政府必须采取行动，解决网络故障。[16]这里的政策建议更新颖。学者和政策制定者现在才发现什么是有效的，什么是无效的。一些人强调网络的有机性、草根性，这意味着政府应该支持网络，然后摆脱困境。这可能意味着建设全面的、高质量的物质基础设施，特别是交通和通信网络，在此基础上建立社会网络。[17]这不仅需要创建大学，而且还需要在它们之间建立联系，把它们和商界联系起来。其他人指出，政府要在促进创新网络发展，而不是在管理方面发挥更积极的作用。这些创新网络可以采取联合研发项目、研究研讨会、产业集群、政府—商业联盟的形式，着重寻找特定政策问题的解决方案。其他人认为，政府应积极构建第六章中描述的创新集群，或通过政府经营的国家创新计划让创新者流通起来。[18]

否决者

对于学者和理论家来说，创新不安全感的一个主要理论含义是制度是内生的。以否决者为例。[19]该理论在运用于创新时表明否决者较少的国家可以更果断地采取行动，因为需要谈判的利益集团较少。因此，这些国家可以更好地克服国内的技术变革阻力，快速实现创新。否决者众多的国家则有相反的特点。众多否决者之间很难产生共识，因此，这些政府不能够果断采取行动、支持科技进步。然而，第五章提出证据证明，至少被民主或政治分权所捕获的否决者的数量不会对国家创新率产生系统性的影响。创新不安全感为此提供了一个解释：果断并不决定行动。虽然否决者的数量可能会影响一个国家采取行动的熟练程度，它并不能决定国家行动的方向。一个独裁者可以轻易地支持现代化和技术变革（例如，彼得大帝、阿道夫·希特勒），也可以轻易反对它（例如，德川幕府、沙皇尼古拉斯一世、罗伯特·穆加贝）。同样，一个拥有许多否决者的国家（例如，高度分散的民主国家）可能致力于科技迅速发展（例如，美国），也可能不关注科技进步（例如，西班牙）。没有先验理由表明否决者数量会决定对创新的全面支持。不管他们的总数如何，每个否决者都必须考虑他或她、他或她的利益集团，或其国家面临的一系列外部威胁和国内竞争对手，这些会影响他们对新科技的政治支持。关键问题是：每一个否决者从哪里获得安全感或威胁感？

这还意味着，否决者的数量，而不是确定行为，会决定哪些因果力是最相关的。在个人层面上，否决者对科技的支持既与个人政治经济利益的客观计算相关，也与个人的思想、经验与心理有关。而当否决者不具有这些个人因素时，它们会像随机噪音，并因此被拥有大量否决者的国家消除。因此，在拥有大量否决者的国家，政策议程更多地取决于国家政治经济利益的系统性计算。但是当一个国家的否决者数量减少时，这些个体的、随机的特性（个人偏好、思想和心理）可能会变得日益重要。[20]创新不安全感和否决者之间潜在的相互关系显然是未来研究的一个途径。

代表选举团理论（Selectorate Theory）

创新安全理论对“代表选举团理论”[21]做出了类似回应。代表选举团理论认为，领导任期和行为主要取决于两种制度因素：有权选举国家领导人的个体数量（代表选举团规模）和同意领导人宣誓就职的人数（获胜联盟的规模），获胜联盟通常是总代表选举团的子集。因此，代表选举团理论的主要原因变量是获胜联盟相对于总代表选举团的规模。在任何国家，领导人都必须充分奖励他们的获胜联盟，防止他们投靠支持挑战者。如果获胜的联盟规模相对较大（例如，民主），领导者会积极地提供大量的扩散性公共产品，以增加就职所需的支持者的票数。但如果获胜联盟的规模小（如君主政体），领导者会主动把集中的私人物品（如贿赂、补贴、政府合同、经济保护主义和官僚领地）提供给帮助他们掌权的少数支持者。其含义是，需要大型获胜联盟（如总统民主）的国家往往公共产品丰富，无能的腐败或保护主义现象很少；而需要小型获胜联盟（例如，君主制和军事政府）的社会公共物品少，腐败、犯罪和经济效率低下等问题严重。

创新不安全感理论认为，没有先验原因表明政府对科技的支持取决于获胜联盟的规模。虽然获胜联盟的规模会影响公共产品的数量或政府偏袒，它不一定决定其形式或目标。公共产品既可能支持科技（例如，STEM 教育、研究补助、大学和科学会议）也可能将科技资源移作他用（例如，福利项目、物质基础设施、环境改善、文化和艺术）。私人物品，即使由腐败的独裁政权提供，同样是矛盾的。当然私人物品可能采取专业回扣、保护主义和政府赠予的形式。但是，正如琳达·科恩（Linda Cohen）和罗杰·诺尔（Roger Noll）所证实的，政府支持同样可能采取“用于技术的地方建设经费”[22]的形式。政府可以给特定支持者提供补助，用于研发实验室、研究型大学、新技术系统的采购计划和新兴产业保护。

这把我们带回到创新不安全感理论。获胜的联盟，不管它们的相对规模如何，当他们感知外部的威胁相比国内竞争较大时，往往需要科技进步的支持。也就是说，由富有的农民组成的获胜联盟或工业劳动工人组成的获胜联盟要求的奖励可能与由军事领导人组成的联盟或跨国公司领导人组成的联盟迥然不同。但更为迫切的是，如果获胜的联盟受益于新科技，那么领导人应该会提供科技支持。再次，重要的问题变成了：获胜的联盟成员从何处获得安全感或威胁感？

建议

我还认为，这本书提供的理论和证据与创新研究学者和政策制定者在过去20年里的总结论一起，为三条值得重点考虑的额外建议提供了依据。

考虑培训，而不是福利

好的创新政策在评论者看来是一种慈善或福利形式，这种模式是错误的。相反，为了创建一个更具创新性的经济，政府行为应该仿照培养优秀运动员和战士的方法。在这个模型中，政府扮演的是教练的角色，而不是慈善家的角色。教练员和训练员把最好的资源提供给他们所招募的最优秀的运动员。不过，这些运动员和战士必须在赛场或战场上证明自己。教练员和训练员没有保护他们免遭失败，而是教导他们从失败中成长。当运用于创新时，这意味着政府应该资助 STEM 教育，甚至商业、管理和创业教育。另外，政府必须确保资本市场是值得信赖的，并为新科技投资提供充足的资金。政府应在最危险或长期的科技项目中充当最后的出资者和风险承担者。对于全新产业，政府必须全力支持。这意味着国家必须补贴供给和需求，而不是供给或需求。由此可见，政府采购计划在创造和改善科技市场方面发挥着重要作用。[23] 在极端情况下，政府甚至可能要增加如食物、住所、服装、保健、交通、信息和通信等人类必需品的整体供应。毕竟，21 世纪最优秀和最聪明的人担心的应该是打败他们的竞争对手，而不是从何处获得下一顿饭、安身之所或必备药品。

福利和培训的区别在于，得到补贴的个人和企业必须竞争。好的创新政策应该丰富环境，创造更好的竞争对手，但它既不能消除竞争，也不能决定输赢。竞争甚至可以选择性地纳入教育补助、科研经费与企业融资。一些评论者更倾向于削弱竞争的作用。然而，没有竞争，就不会有创新不安全感。[24] 这不仅是我们对认可、尊重、财富和权力等创新激励的渴望，同时也是将这些输给同龄人或对手的不安全感。

此外，在竞争中产生的错误和失败是必要的学习工具。[25] 它们包含了有关我们的弱点、坏习惯和不良方法的宝贵信息和教训。竞争可以避免以“人人都有奖”的方式来资助科技，相反，这可能会创造一种文化，在这种文化中，错误和失败被看作尴尬的缺点，不能公开指出或讨论。失败的自由是重要的外部威胁，会推动个人、组织和国家开展创新，不断壮大。[26] 因此，国家提供支持不会消除竞争、自力更生或个人责任，而是将这些提升到一个更高的水平。

优化竞争，而不是让竞争最大化

然而，竞争不应该是每个人与每个人为敌的全面的霍布斯式战争。大量的研究、经验和历史告诉我们，竞争风险过高时，撒谎、欺骗、偷窃、破坏、激烈抗议或反叛而不是承担创新风险和成本，就成为比较好的策略。[27]

因此，政策处方不应该是时时处处增加竞争。相反，学者和政策制定者必须开展研究和实验，为不同参与者和环境发现最富有成效的竞争水平。有些人无论如何都会创新。这些为数不多的快乐的创新者认为，追求科技和科技商业化本身是有趣的、愉快的和不可抗拒的。[28]然而，在国家层面，许多研发活动带来的（生产率、新产业、新武器）的改进来自通力合作的较少利他的团体。他们不仅包括 STEM 人才和企业家，也包括金融、市场营销和分销方面的专家，以及纳税人、消费者、军事官员和政府官员。如果竞争太少，或竞争风险太低，这些参与者将没有动力去创新。如果竞争太多，或竞争风险太高，恐惧和贪婪就会变得相当普遍，从而使得一些竞争对手采取非生产性行为。因此，“竞争不是慈善”的重要推论是：竞争应该得到优化，而不是最大化。

运用规模经济平衡竞争

如果获得竞争权是良好的创新政策的斯库拉，那么优化企业规模和规模经济便是卡律布狄斯。[29]这是因为，有时，只有大型组织才能获取足够资源开发新的重大科技项目并从中获利，但鼓励竞争的政策往往要求反垄断行动，拆散大型企业。也就是说，一些技术需要规模经济才能取得成功。它们需要大规模投资，对大型研发项目和商业化项目进行管理，并且获得全球消费者。相关例子包括新药物、医疗设备、生物技术以及先进的电信和交通运输系统。这必然会让波音、微软、辉瑞、苹果和因特尔等几个大型公司主宰市场。

然而，对大型企业的普遍评论是，它们通过使竞争对手破产或收购他们的方式减少竞争。无论如何，随着竞争减少，剩下的大型科技公司往往可以收取高于市场价的价格，从而从其他投资领域吸收消费者资源。更糟糕的是，随着竞争的减少，大型企业创新的动力减少。如第七章所述，他们甚至会利用市场和政治力量来阻止竞争对手进行创新。20 世纪中期 AT&T 和 IBM 的反竞争行为不失为经典的例子。因此，从这个角度看，意欲培养创新的决策者应该积极规范或拆散大公司。

经济效益和规模经济之间的矛盾由来已久，与约瑟夫·熊彼特一样古老。熊彼特曾经指出，战前的美国沉迷于反垄断，大企业获得了创新优势。这不仅仅是学术争论。一些经济史学家指责英国在 1870 年之后丧失了高度原子化的市场竞争形式的全球技术领先地位。[30] 根据这一论点，英国的公司从未大到足以创造许多德国和美国竞争对手所享有的熊彼特派式创新。然而，也有人认为，垄断阻碍了一些国家的创新能力，比如墨西哥 [31]、意大利 [32] 和法国 [33]。

也许解决这个困境的方案不是将垄断和寡头拆为小型企业和分散的市场，而是由决策者通过其他手段推动竞争。例如，当科技公司获得很大一部分市场份额时，政府可能会通过贷款、采购计划和赠款等方式资助或补贴新的竞争对手。此外，政府可能会尝试管理创新，延缓反垄断，以定期改善大型科技公司生产的商品和服务的技术、生产率和性能。政府甚至可以通过在政府实验室开展竞争性研发参与竞争，然后剥离出来，在私营行业创造新公司。无论如何，这里的想法都不是制造“大政府”，而是在不破坏私营部门规模经济的情况下创造和提高竞争。

在许多情况下，政府也可能需要将“模块化”作为科技竞争的基础。问题是，各种规模的企业可以利用反竞争行为来防止外界干扰他们创新技术系统。因此，创新者应该自由发展链接到竞争系统终接点的技术，只要他们不破坏这些技术。也就是说，创新者无论大小均必须自由设计和管理他们认为适合自己的技术。但是，这些技术必须保留标准接口，这样新技术总是可以像模块或乐高积木那样“互相插入”。[34] 这使得创新者可以保留对自主科技的控制，同时阻止其他人对这些系统进行创新。正是这种环境（即模块化科技竞争）激活了 20 世纪晚期的网络、计算机和电信革命。这次科技革命一直持续到了今天。[35]

创造生活，而不是发动战争

发动战争！这也许是一个人从创新不安全感理论中得出的最危险的和最错误的结论。这种玩世不恭的解释认为政治家和政策制定者必须不断制造真正的或者感知到的外部威胁，激励创新，因为如果国家创新率取决于安全威胁平衡，那么政府应该尽可能地调整安全威胁，加大对新科技的政治支持。在实践中，这就要求国家经常挑起争斗或招惹国外势力的攻击。如果没有真正的外部威胁，那么国家必须让人们普遍相信虚构的威胁。

随着时间的推移，这一策略会朝着让国家的整个科技体系逐步军事化的方向发展。科技将成为专制国家的重要组成部分及强大理由。在恶性循环中，投资新科技就外部威胁来讲是合理的，国家更大的安全只能从科技进步角度来看是合理的。这一扭曲的逻辑甚至可能演变为我们需要科技提供安全，因此庞大的安全设备是投资科技所必需的。

这种动态似乎很好地描述了美国的情况。[36] 在珍珠港事件之后的几十年里，美国政府对科技的投资大多局限于高级军事系统的国防合同。随着时间的推移，政府投资规模越来越大。这些投资取得了巨大成功。它们在冷战期间给美国带来了许多重大的计算机、电信和航天创新。这些创新然后溢出到私营行业，奠定了经济技术进步的基础。美国在经历人造卫星的冲击之后，将有关国家安全的科技投资扩大到包括对 STEM 教育和大学的巨额补贴。这里的争论是美国在科技方面落后于苏联，因为美国没有培育足够的 STEM 人才。航空航天、卫星和物理研发也是主要受益者。在日本和西欧崛起后，产业政策并入国家安全系统。这意味着更多纳税人的钱将被用于与商业相关的政府研发、企业分拆、技术转让和采购计划。能源研究很早就进入了防御体系，最初主要局限于核电项目。20 世纪 70 年代初到 80 年代中期，为了应对石油禁运，资金转向了核聚变、可再生能源、化石燃料和环境保护方面的新科技开发，能源研发支出因此大幅攀升。之后，能源研发经过多年的沉寂，在 911 事件后再次增加。这样做的动机有两个：一是通过减少对进口燃料的依赖增加美国安全；二是削减流向美国外敌的石油资金。最近，随着美国国防部要求更好的战场药品、医疗技术和战后康复治疗，卫生保健正慢慢地被并入安全体系。如早期的国防创新一样，可以预见，出于军事目的的医疗科技开发也会溢出到私营行业。有趣的是，即使联邦社会科学研究就外部军事或经济威胁方面而言也被看作是合理的。[37] 总之，与军事或经济安全没有联系的任何支出都会在国会陷入僵局或遭到州政府的阻挠，在这样的环境下，美国的科技领域大多被置于外部威胁的框架内，以赢得两党的支持。

本书的论点并不是说，将科技置于安全框架是愚蠢的，而是说我们必须警惕滥用行为。在过去的70年里，美国面临的许多外部威胁是相当真实的。大部分钱用得恰到好处。然而，安全–科技循环有加强的趋势。那些从大规模国防科技开支中受益的人很难将他们的个人或公司利益与国家利益分开。对这些受益者来说，战胜国外敌人的威胁，鼓励走向国际冲突的道路，或者至少不反对这样的轨迹，而不是争取更多和平解决方案，是非常诱人的。也许我们已经从美中关系中看到这一点，双方看似在着手助长普遍的恐惧或夸大轻微的安全威胁使之进入国家重点科技解决方案。[38] 没有什么比这更能转移国内的注意力了。毕竟，利用外部威胁来抵消国内紧张局势，或分散他们的注意力，是一个长期奉行的政治战略。现在，创新不安全感似乎让它合法化。

然而，从长远来看，这是一项失败的政策。在信息和争论自由日益凸显的世界，这是一种浪费和弄巧成拙的创新战略。在开放社会中，制造敌人的虚假警报很快就会被识破。这会让科技政治支持非法化。同时，因为没有真正的竞争威胁，科技制度和政策会面临腐化、管理不当等问题。[39] 更糟糕的是，在限制信息和争论的国家里，这样的策略具有高度破坏性。假想的敌人可能变成真正的敌人，因而面临不必要的破坏性冲突的风险。以上两种情况都会造成国防部门臃肿和社会军事化，在这样的社会里，任何政府资金都必须经过与国家安全相关性的论证。

此外，为了最大限度地提高新科技的投资回报，国家必须在全球范围内解决更多的市场失灵和网络故障。如果国家市场和网络降低创新的成本、风险和不确定性，那么全球市场和网络可以通过成倍地利用更多的人和资源更好地发挥作用。事实上，全球合作可能是解决核聚变发电厂、海洋和空气净化、空间探索以及消除常见致死或使人衰弱的疾病等重大科学项目的唯一途径。是的，国家仍然重要，而且会在可预见的将来继续发挥重要作用。省市也是如此。然而，我们需要在21世纪的创新政策中优先考虑区域和全球。从国际层面看，这可能需要深化和扩大第六章中所讨论的网络活动类型。不管怎样，市场和网络的全球方法需要我们超越技术民族主义偏见和陈旧的、狭隘的民族国家观念。显然，以不断制造外部威胁为基础的创新政策与全球合作的需要不符，尤其是当一个国家最有价值的合作伙伴同时也是最可能的外部威胁时。

值得庆幸的是，冲突引发的创新政策不必如此。现代社会已经表明，它可以超越固定的暴力事件进化为激励力量。冷战时期的日本便是一个例子。1868年以后，日本以创新不安全感理论描述的军事方式进行创新。国家科技投资受“充实国家，加强军队”、逆转西方对日本的羞辱、崛起为大国的强烈愿望所驱使。20世纪30年代和40年代，这在技术先进的日本帝国达到顶点，日本帝国成为一个由军事独裁政权控制的、有着广泛公众支持的扩张主义政体。然而，1945年日本彻底失败及随后被外国势力占领使得日本军队非法化。国防开支和工业几乎被淘汰。即使在面对全副武装的苏联和中国时，日本军方在日本依然不得人心。日本悄悄进行了军备重整，国防创新更多表现为自旋而不是资产分拆。日本人投身民用创新，取得了现在令人满意的结果。以前的军事敌人日益成为日本相对紧密的合作伙伴，即使中国也随着地位的上升继续与日本在科技相关产业保持深厚的贸易与投资关系。虽然日本创新明显存有强烈的民族主义成分，这种民族主义并没有阻止宝贵的国际合作，也没有导致日本科技企业的军国主义化。

我认为，我们应该扩大安全观，而不是制造虚假的安全问题。决策者和政治家们应该关注其公民面对的非常真实的、非国家的外部威胁。例如，气候变化给所有的美国人带来了灾难性的风险。已经存在的干旱、洪水、海平面上升和主要气候事件的危险足以让我们忧心忡忡，激励我们大规模投资核聚变、太阳能、风能及其他非碳能源的创新。最近保守估计，每年由于气候变化造成的损失占全球GDP的1%–2%。仅在美国，这相当于每年1500亿–3000亿美元，合每人500–1000美元。[40]然而，联邦政府用于解决气候变化原因的科技支出很少。在2003–2012年的整整10年里，美国只花了大约130亿美元（约合每人每年不到4.35美元）用于可再生能源和能效，而可再生能源和能效是解决所有严重气候变化的核心所在。[41]

即使不担心气候变化的风险，碳基能源所带来的经济和军事风险仍然会激励国家对环境保护和替代燃料的研发支持。以美国大量进口外国石油为例。仅在过去的十年中，美国从波斯湾进口了超过76亿桶石油，从俄罗斯、委内瑞拉和尼日利亚进口了89亿桶石油。[42]这相当于美国向竞争对手大量出口的财富总和，这些竞争对手为恐怖主义提供资金，是区域和全球不稳定的来源。更糟糕的是，石油能源有限，最终会面临生产成本不断上涨、能源枯竭不可避免等问题，从而使我们的交通和电力基础设施处于风险之中。这有可能进一步增加数十亿美元的损失、清理成本和由于经常漏油对海岸线、渔业和海洋栖息地造成的破坏，如深水地平线漏油事件（2010）。与此同时，石油污染对美国城市的健康和生活水平造成了巨大的破坏性的影响，如洛杉矶、亚特兰大、芝加哥、旧金山、菲尼克斯和匹兹堡。经常笼罩着北京、墨西哥城、圣地亚哥和新德里的令人窒息的灰色烟雾所证实，煤也不是更好的选择。因此，碳燃料充其量是美国的一些死敌贮藏和利用的污染环境的有限资源。

衰老和疾病构成人类面临的另外两种“外部”恐惧。它们往往是许多民主国家积极参与投票的老龄化人口和富裕选民的最大威胁。心脏病、癌症、糖尿病和老年痴呆症最终会把死亡的冰手指指向我们。连同脑血管疾病和肺疾病，这些疾病造成的死亡占到了美国每年死亡人数的60%。[43]同时，高血压、黄斑变性、关节炎、腰背痛、听力丧失、精力下降、性欲降低等疾病困扰着所有40岁以上的美国人。对于年轻的美国人来说，毒瘾、酒癖、支气管炎、喉炎、脓疱病、脑膜炎、哮喘、自闭症、莱姆病和一长串的儿童疾病和出生缺陷会缩短年轻人的生命，使他们的未来暗淡。此外，每年，精神病让有责任心的合法持枪者成为家庭恐怖分子，他们威胁美国人每天都在使用的学校、教堂和政府建筑物的同时，也威胁着我们拥有枪支的宪法权利。然而，尽管这些威胁很普遍、很可怕，联邦政府每年用于医疗科研的花费只有人均 40 美元左右。[44]

这些类型的威胁应该是政治家和政策制定者为推动科技支持应着重关注的。它们尤其可怕，因为这些威胁是显而易见的、真实存在的。我们没必要为了产生广泛的、建设性的创新不安全感而树立国外假想敌。

下一步是什么？

本书的目的是开始而不是结束有关创新的讨论。我们热情地鼓励其他研究员顺着这条思路进行更多的案例研究和额外的统计分析，以核实或修正这本书的理论和研究结果。我们对加拿大、丹麦、芬兰、瑞士等看似安定而又极具创新性的国家的实证研究尤其感兴趣。另外，创新不安全感的驱动力或许可以解释其他类型的国家行为，如监管政策或发展政策。[45] 未来的创新研究还应尝试将科学与技术、创新与扩散分离开来，甚至可能将创新分解为相关步骤（例如：研究、发明、发展、大规模生产和改进）。此外，这本书认为，制度内生于国内竞争和外部威胁，并提供了一些证据。但需要做更多的工作以更好地详述因果机制。本书也没有深入探讨反托拉斯政策。如果竞争是关键，那么了解反垄断权的细微差别可能是政策解决方案的重要组成部分。同时，本书认为，我们需要更多的心理学和脑科学研究以更好地从个人层面解释风险承担和创新。了解推动个人创新的因素可以帮助决策者在国家层面进行制度设计。最后，最近的创新研究大多把科技看作结果或“因变量”；现在，学者们应该重新审视科学进步和技术变革作为自变量引发国内和国际政治发生某种变化的作用。总之，创新学者还有很多工作要做。

我也希望政治学家在未来科技进步的研究中发挥更大的作用。本书表明，创新本质上是政治的，因为它与资源分配、制度和政策设计、有争议的价值体系以及国内和国际政治经济网络的形成和维护等方面竞争激烈的决定有关。因此，创新研究不应该留给常常在研究中忽视或摒弃政治的经济学家、商业学者和社会学家。政治学家具有竞争优势，应该在创新争论中坚持自己的主张。同样，其他领域的创新学者既要注意到影响科技进步的制度和政策，更要注意到政治在影响科技进步方面发挥的关键作用。

政治学家本身应该希望更多地参与到其中，因为科技政治研究的缺乏阻碍了领域内几个重大争论的进展。科学技术在合作与冲突、系统治理、制度变迁、制度演进、发展状态等问题中起着重要的因果作用。技术通过重新集权、准许新的活动、创造市场失灵来改变国家利益和政府角色。然而，无论是作为自变量还是因变量，我们对有关政治因果性的理解均仍然有限。因此，科学、技术和创新似乎构成了国际政治研究的"反向突出问题"。此外，经济增长、比较优势、生产理论，甚至金融理论等方面的研究都将技术变革作为自变量。这意味着，在我们能够把技术变革理解为因变量之前，这一系列研究同样会受到影响。因此，技术变革的政治理论概念比简单地满足少数科技学者的求知欲有更大的挑战性。这将对政治学、经济学和商业学产生重大影响。因此，政治研究更为重要。更好地理解科学、技术和创新有助于所有子领域的政治学家更好地解决他们的问题，回答他们的重大问题。因此，是时候让这场争论进入主流政治学了。

本书的意义和价值

一位资深学者曾打趣说，他希望每一篇文章的结尾都能回答"你希望改变谁关于什么的想法？"这一问题。本书希望改变所有那些忽视强大的政治的想法，这些政治决定了科学进步和技术变革的速度和方向。如果我们继续忽视这些政治，我们将永远无法充分解释、预测或影响国家科技绩效。政策制定者们将继续看到他们"健全的"制度和政策遭受失败。许多科学家和工程师会发现他们的工作和事业被看似无法解释的风暴和潮汐所左右。企业管理者将浪费投资于那些盲目反对恶劣政治经济环境的项目，而忽略了政治经济环境友好型项目。最糟糕的是，选民和利益集团不会意识到自己在影响美国的经济竞争力和军事实力方面的过失。

本书的研究结果具有重大的理论和政策意义。目前的理论重视国内制度和政策在促进国家创新率方面所起的作用。大多数观察家认为，制度通过在企业与个人层面创建激励和奖励措施决定国家科技绩效。该理论简略的说法便是“健全的”制度和政策会带来创新。因此，失败是由“糟糕的”或缺失的制度或政策造成的。[46] 然而，这种狭隘的观点忽略了一个事实，即所有国内制度和政策是在更广泛地国家和国际政治背景下进行运作的。制度本身不是目的，也不是因果力量。相反，制度是达到目的的手段。制度是利益集团、精英和政策制定者用以影响经济增长、国家安全、收入分配、科技进步等社会条件的工具。

这本书做出的关键区分是大多数创新研究把科技作为既定条件。然后，他们想知道哪些制度或政策可以最好地实现国家的科学和技术目标。相反，本书表明，广泛地支持科技不能被视作理所当然。历史表明，失败者将极力阻挠、取代或改变原本可以促进科学、技术和创新的切实可行的政策。因此，了解这些分歧如何演化以及为什么演化对于理解为什么有些国家比其他国家更擅长科技变革是必不可少的。

换句话说，本书相比先前研究所做出的贡献是，它让我们对技术变革的政治阻力如何产生以及为什么产生，以及它在什么条件下可以影响科技制度、政策和成果有了更好的了解。

如果没有客观地看待这种变化，我们有可能会把糟糕的科技成果归咎于无辜的政策设计或制度。此外，我们可能会花费大量资源将制度置于其无法正常运行的社会或环境中。

因此，创新不安全感有助于解释为什么本来“健全的”政策和制度不能带来科技进步。它让我们了解了发生于经济学、政治学、商业和工业研究等各种学科的创新争论。这些领域的学者往往忽略了创新政策和制度背后的分配政治分析。他们缺乏这些政治的通用模式。这迫使他们对正确的制度和政策进行没有定论的、永无止境的探索。

本书还让我们了解了政策过程。它确定了国内制度和政策可能或多或少被立法机关通过，并被行政部门适当实施的条件。这有助于为科技制度和政策及其正确实施争取更广泛政治支持的策略，从而帮助政策制定者制定更有效的解决方案。

最重要的是，本书表明，一套不同的方法可以提高我们对创新过程的理解。在许多方面，不同领域的创新学者就像众所周知的盲人，这些盲人研究了大象肢体的不同部位，进而对它是什么动物产生了分歧。事实上，尽管对共同感兴趣的问题有类似的发现，不同派别的创新学者仍很少会相互引用，许多人似乎一般意识不到每个人为对方所做的贡献。本书旨在展示汇集不同的理论、方法和数据对解释国家科技竞争力与发展新政策的价值。因此，本书可以被视为将政治进一步融入研究创新的呼吁。它还恳求创新研究人员将具体问题具体分析和具体国家具体分析的方法相结合，使之成为更普遍的、理论性的、与政策相关的跨领域争论。因此，本书呼吁零散的科技学者不仅在政治学，也在整个社会科学领域加强合作，寻求更多共同关注的热点。

附录

关于创新的定义、测量方法和数据

附录一　创新的定义与争论

本书中使用的科学和技术（S&T）定义可能听起来简单、直接、没有争议，但它们远非如此。重要的是要认识到，这些关键术语的定义随着时间的推移在不同的研究领域发生了根本性的变化。奇怪的是，这些冲突在创新研究中少有提及。因此，一个学者眼中的技术有可能被有些人误解为想法，被其他人误解为创新。不幸的是，很少有人承认这个事实。因此，本附录对该定义的曲折历史进行了简短的调查，目标之一是让所有读者在词汇上达成一致意见，另一个目标是澄清这本书中创新争论的范围。

我们从科学、技术和创新这三个词入手。在我们看来，它们像是表示陈旧观念的旧词，但这是不准确的。这些词都有一个相对较新的含义，这些含义在我们的时代才得以确立。例如，在第19世纪之前，科学更多的是关于数据收集和分类，而不是关于因果假设的表达和检验。事实上，直到19世纪后期，科学理论和假设还经常因为不能得到检验或证明而被嘲讽为投机。[1] 此外，我们目前所认为的核心科学学科（如物理学、化学、生物学、地质学）是几个世纪以来自然哲学的集合。直到19世纪中期，“物理”或“化学”学派才脱离自然哲学流派，第一次出现在大学校园。但是，即使到了19世纪90年代，科技领先国家英国的顶尖大学和科学家还在出版有关“自然哲学”的专著和教科书，意思是“研究物质世界规律，推断不能直接观察到的结论”。[2]

同样，19世纪30年代之前，肯定没有人被当面称为科学家。[3]该术语第一次出现时被认为是古怪的绰号，听上去不体面。1894年，世界著名的生物学家托马斯·赫胥黎（Thomas Huxley）代表许多同时代的人严厉斥责这一术语侮辱了他的职业，有失尊严，不合礼仪。[4]事实上，在20世纪初期工业实验室得到传播之前，除了少数把大部分时间用于教学而不做研究的大学教授，科学实践既不是一项职业，也不是全职工作。[5]那时，科学研究是一种爱好，往往只有有钱人，通常是欧洲贵族，才能负担得起。[6]直到20世纪初期，科学和科学家这两个术语才获得其现代意义，被广泛接受。

技术这个术语在到20世纪30年代才得到普及。在此之前，经济学家、历史学家和决策者用有用的艺术、应用科学、发明、制造、工业、机器来代指技术。对他们来说，技术甚至不是一物。相反，技术定义了一个研究领域，特别是机器或机械艺术研究。因此，当麻省理工学院（MIT）于1861年成立时，它的名字就表明它是一所有关机械原理的高等教育学校。在学术界和知识分子中，技术这个词开始在1900年左右获得其现代意义。当时，经济学家索尔斯坦·凡勃伦（Thorstein Veblen）、历史学家查尔斯·比尔德（Charles Beard）试图表明有用的艺术方面的物质进步，尤其是体现在工业机器和实践中的物质进步，正在彻底重塑社会。这相当接近现代技术的定义，对这些人来说，技术变革是进步。具体来说，凡勃伦从德国社会科学引进了德语单词Technik的意义，将其定义转移给英文单词技术。然后比尔德和其他学者开始把凡勃伦的技术与旧术语结合在一起。最后，20世纪30年代，这一新词被通俗作家、报纸和其他媒体“护送”出象牙塔，成为流行用语。[7]

创新几个世纪以来一直是非常糟糕的事情。它意味着异端，或更可能是宗教、政治、商业或者艺术方面的异端。创新者是一个爱出风头的不满者，他充满野心，试图为了个人私利颠覆传统或神圣秩序。因此，创新意味着欺骗、革命和混乱！创新与科技进步无关，科技进步被称为新奇或发明。1750–1850年间社会发生动乱时，欧洲哲学家和政治活动家才开始把创新与进步联系起来。法国思想家在政治革命之后开始把创新作为一项积极的甚至是了不起的活动。

革命后的法国也开始用创新来形容科技进步。起初，这个术语描述的仅仅是将科学方法引进有用的艺术。19 世纪末期，当社会科学家从理论上推测天才、发明或创造性想象的起源时，他们已经使用创新来描述创造力。[8] 20 世纪 20 年代到 30 年代期间，美国社会学家才开始将创新和创新者这两个术语应用于科技进步。[9] 因此，到 20 世纪 40 年代，科学、技术和创新才具有了一般用法，其含义与我们今天对这些词的理解非常相似。人们隐约觉得它们彼此之间存在某种关系，虽然并不总是如此，而且它们之间的界限也不清楚。20 世纪 50 年代主流经济学“发现”了创新，使得该问题更加严重。

政治经济学家与创新

纵观历史，科技进步在经济学研究中要么不重要，要么是隐含的，因此定义术语的压力很小。一些经济学家[10]认为技术进步对国家非常重要，但他们很少对技术下定义。就像波特·斯图尔特（Potter Stewart）法官对色情的著名定义一样，他们认为当人们看到技术或创新时就知道什么是技术或创新了。在 1950 年之前的两百年里，经济学家们在书籍、信函和演讲中发现了“适当的工业保护”“机械的改进和完善”“制造艺术”和“工业进步”等短语。这些作品包括亚历山大·汉密尔顿（Alexander Hamilton）、丹尼尔·雷蒙德（Daniel Raymond）、亨利·凯里（Henry Carey）、亨利·克莱（Henry Clay）、弗朗西斯·韦兰（Francis Wayland）、弗里德里克·李斯特（Frederich List）、卡尔·马克思（Karl Marx）和托尔斯坦·凡勃伦（Thorsten Veblen）等当时的著名理论家和政策制定者的作品。

至于创新理论，这些古典思想家大多只接受了亚当·斯密关于创新的简要解释：技术进步是劳动分工或有科学天赋的个体的自然结果。除此之外，大多数古典经济学家在技术进步这个问题上根本不关心自由贸易，因为虽然自由贸易由于其他许多的原因对他们非常重要，他们意识到自由贸易并不总是对创新有利。因此，人们可以在古典经济学中发现许多主张保护国家新兴高科技行业的“新兴产业”观点的重复性说法。

古典经济学家和决策者更关心的是技术变革的影响，而不是其原因。大多数人认为，尽管技术进步有利于提升国家实力，但可能对个体劳动者不利。一些人甚至认为技术是彻头彻尾的祸害。然而，虽然卡尔·马克思写了大量关于技术进步的影响的文章，然而他既没有解释技术进步的驱动力量，也没有提供精确的定义。[11]

熊彼特

约瑟夫·熊彼特（Joseph Schumpter，1883–1950）是一大例外。他是最早把创新作为经济学中心理论的现代经济学家之一。[12]难以置信的是，这打破了他那个时期的主流做法。以前的古典经济学和新兴经济学中的边际主义往往忽视技术进步。熊彼特认为这些方法过于静态。它们侧重于市场如何达到均衡，因此没有对变化做出解释，因为市场一旦达到均衡，就需要一些随机的、外部的冲击去触发变化，导致新的平衡。熊彼特认为，经济的特征是持续的变化而不是平衡。根据熊彼特的观点，科技竞争，而不是价格竞争，是资本主义的真正驱动力量。他也是最早定义创新的经济学家之一，他认为创新是新的或改进的产品、过程或生产方法，新市场，新工业组织形式，甚至是“征服新原材料来源”的“新组合”。[13]当然，这是一个非常宽泛的定义！他还把企业家定义为从事 这种“组合”活动的参与者。他解释说，企业家出于对金钱、权力、社会等级、声望、自我等事物的渴望，抑或是出于完成事情、锻炼体力和创造力的简单乐趣而进行创新。为了实现这一新组合，企业家需要获取两样东西：技术知识和信用。[14]

有趣的是，熊彼特区分了创新和发明，对它们进行区别对待。首先，他认为，发明是由经济学家无法建模的非经济力量决定的。[15]但后来，熊彼特认为，企业，特别是大企业内部的力量决定技术进步。[16]他再次打破了公众认为垄断是反创新的停滞因素的看法。相反，他认为，大企业可以比小企业获得更多的经济资源、更好的人力资本和更先进的方法。因此，大型垄断企业可以比小企业更好地进行创新。他还认为，自由进入的完全竞争使得技术创新无法进行，因为它取消了鼓励创新的巨大利润。也就是说，自由市场中的小企业往往会通过竞争减少对方的利润。但垄断企业可以占有整个市场，因而巨额利润会激励它们进行新产品开发。熊彼特还预测，创新慢慢会被程序化，注定会被破坏创新精神的管理机构接管，以社会主义告终。[17]

但熊彼特是个特例；20 世纪上半叶，多数经济学家关注的是微观经济理论的缺陷。他们就竞争市场的假设展开争论，就自由市场能否完善，垄断是否具有竞争力展开讨论，完善和澄清了边际价格、成本和收入的作用。1929 年以后，解释经济大萧条主导了经济理论，这要求在失业、通货膨胀和商业周期等方面开展新研究。[18] 科学和技术成为次要问题、补充，或被认为是“黑匣子”，按照在很大程度上独立于政治或经济力量的内部程序运行。[19]

经济学家的转向

20 世纪 50 年代，经济学家们突然开始开展创新争论，在此之前创新争论只是小插曲，不是他们研究的重点。结果，科学、技术和创新永久性地进入主流经济学，并最终进入政治学。辩论由三个主要部分组成，每一部分在某种程度上都是由二战、冷战和发生在日本和西欧的经济奇迹所驱动的。其中第一个辩论试图找到经济增长的来源。第二个辩论尝试解释科学经济学。第三个辩论试图描述经济发展史。这三个单独的部分后来融合成 20 世纪国家创新率争论的基础。

研究经济增长的经济学家率先行动。[20] 在对战后欧洲，特别是苏联的快速复苏进行研究之后，许多人认为经济增长的关键是工业和资本基础设施的大量投资，因此，美国应该采取强有力的产业政策。其他人不同意该观点，认为可供劳动力吸收的资本只有那么多。他们争辩说，欧洲看似奇迹般的复苏仅仅是由于大量的资本在战争期间遭到了摧毁。根据这种观点，提高劳动生产率是经济增长的主要动力，因为劳动者可以使用越来越先进的物质资本。

当时主要的经济增长理论哈罗德－多马模型（the Harrod–Domar model）无甚裨益。它是在大萧条之后用来分析商业周期的。[21] 因此，它在解决战后增长争论方面作用有限。该模型认为劳动者和资本不可相互替代，因此，一个国家的经济增长完全随其储蓄水平和资本生产率的变化而变化。现在，经济学家寻求一种经济增长模型，避免这种站不住脚的假设。如此一来，他们不得不把技术作为明确的因果变量，而在哈罗德－多马模型中技术是隐含的。同时，一些增长经济学家试图估计土地、劳动者和资本各自对经济增长的贡献。其他人想弄清楚每个投入单位的经济产出是多少。[22]

他们的研究结果令人震惊。在一篇著名的论文中，摩西·阿布拉莫维茨（Moses Abramovitz，1956）表明，仅仅是劳动者或资本的增加并不能解释美国在过去 80 年里取得的类似于 50% 的经济增长，以及 80%–90% 的劳动生产率的提高。[23] 其他研究普遍证实了这些发现。[24] 其他因素在促使经济增长。阿布拉莫维茨认为是技术进步带来了经济增长。罗伯特·索洛（Robert Solow，1957）的解决方案是在综合先前经济增长和增长核算等独立领域的同时，创建一个明确应对技术的新数学模型[25] 索洛模型（The Solow model）。这个模型确立了一种关于经济增长的全新的思路，为索洛赢得了诺贝尔奖。[26]

但是，阿布拉莫维茨和索洛都没有定义技术或创新。技术是“残余”，是那些不能归因于劳动者或资本增加的经济增长量。他们都认为技术与知识、研究、教育和将其运用于经济生产有关。但除此之外，他们没有给出更为具体的解释。阿布拉莫维茨曾把这种残余描述为“一种测量无知的方法”。[27] 经济发展研究学家达龙·阿西莫格鲁（Daron Acemoglu）后来打趣说，“这种残余无法解释，还是称之为‘技术’吧”。[28] 但解释残余现在成为经济学的一个主要问题。它是“从实践中学习”、[29] 是现代交通网络，[30] 还是正规教育？[31]

与此同时，科技经济学家们继续开展调查，只不过很少引用增长经济学家的观点。这些人尤其关注苏联在人造卫星发射之后取得的惊人的科技进步。共产主义者是如何超越资本家的？自由市场错在何处？为了回答这些问题，兹维·格里利谢斯（Zvi Griliches）写了几篇有关研发回报率（1957）以及研究成本的开创性文章，发现研发会大幅提高生产率（1958）。[32]但他认为创新是发明和技术扩散的未定义的组合，通常情况下更多指后者。

纳尔逊（Richard R. Nelson）和肯尼斯·阿罗（Kenneth Arrow）常常被誉为科学经济学的创立人。但他们在定义上存在分歧。纳尔逊（Nelson，1959）把科学定义为知识进步，把发明定义为“新实用产品和过程以及改进的使用产品和过程的发明”。[33]我的定义与其几乎相同。相比之下，肯尼斯·阿罗（Kenneth Arrow，1962）宽泛地将发明定义为知识或信息的生产。但是，他却在分开使用创造性活动和研究活动的同时交替使用发明和创新。他还用创新代表产出（新技术）以及其发明和发展过程。[34]他在另一部开创性的作品中写道，“在新时代的任何时刻，新的资本产品都包含了所有当时可用的知识……”[35]这场争论没有减少困惑，反而使事情变得更加复杂！无论是纳尔逊还是阿罗都没有定义创新，没有起到什么作用。[36]有时候创新更多地被看作技术，其他时候则被视作发明，还有一些时候被当作企业家精神。[37]

接着是经济发展争论，这一争论把发展、工业化和现代化融进了创新的熔炉。这场争论开始于20世纪50年代和60年代，当时学者和媒体都经常观察到，德国[38]、意大利[39]、日本[40]，甚至西班牙[41]在发生“经济奇迹”，在这些国家，科技产业的出现带来了惊人的增长。显然，复制这些惊人的表现是非常可取的。但是究竟是什么导致了这些惊人表现？经济史学家认为他们找到了答案。赫希曼（Albert O. Hirschman，1958）认为，经济失衡是快速发展的原因。成功经济体的政府会斥巨资于与其他经济行业有着密切联系的几个主要行业。[42]

罗斯托（W. W Rostow，1960）用飞机加速起飞打比方，描述了社会经济发展随着科技和财富增加经历的五个不同历史阶段。[43]亚历山大·格申克龙（Alexander Gerschenkron，1962）认为罗斯托的阶段论是一刀切的做法。他认为，历史告诉我们，工业“落后”国家有着不同于较落后国家的发展路径。[44]然而，很少有经济发展学者对他们的术语进行明确界定或区分。科学、技术和创新在有关现代化、工业化、经济增长、升级、生产率、生活水平和竞争优势的讨论中被混为一谈，难以区分。[45]

这三个争论得出的共同的结论是，政府可以在解释国家创新率方面发挥重要作用。这将政治学家纳入了创新争论。由于精通各自发展中国家的政治和政策，他们几乎接手了20世纪80年代的发展争论，对“发展中国家”进行了大量研究。[46]此外，由于创新显然在战争、军事联盟与国际冲突中发挥了举足轻重的作用，国家安全的政治学者也加入了创新争论。对他们来说，创新包括军事理论、战略与组织的发展。[47]这进一步扩大了创新争论中使用的定义的范围。同时，一些历史学家和社会学家开始分化，与专注于科学和技术的期刊、会议和大学院系一起形成自己的子研究领域。他们在创新争论中提出了自己的术语、定义、交叉和疏忽之处。

对政府的重视同样使得经济学家们登上政治学的舞台。从20世纪70年代起，道格拉斯·诺斯（Douglass North）、罗伯特·托马斯（Robert Thomas）、内森·罗森伯格（Nathan Rosenberg）和其他经济史学家认为具体的政府制度和政策促进创新。他们始终把私有财产、专利制度、自由市场和民主放在首位。经济学家倾向于把政府看作是与自由市场无关的障碍，他们的这些观点得到了保罗·罗默（Paul Romer）的支持。在两篇论文中，罗默成功地把技术进步“引入”经济增长理论模型。[48]即罗默解决了索洛遗留下来的问题，索洛从来没有说明技术进步的来源。在索洛于1957年提出的模型中，技术进步是随机发生的，如“天赐之物”降落人间。[49]技术进步是“外生”力量，原因不明，发生于索洛模型之外。罗默把技术进步引入了增长理论并且描述了它的发生过程。他认为，新知识的产生依赖于人力资本的创造。因此，经济增长和技术创新应该与受过训练的科学家、工程师和发明家的数量有着密切联系。但罗默对于技术的定义前后不一致。他时而把技术描述为一种方法、一套指令、一个想法，时而把技术描述为一种设计。它们之间的差异似乎很微妙，但它们对于指定理论或设计政策会产生重大影响。[50]

不管怎样，随后的经济增长理论家们认为，国内的制度和政策决定了一个国家对其人力资本的投资，从而决定了创新率。[51]对政府作用的重新强调促使其他经济学家盘点各个国家所有可能有助于创新的主要制度和政策。他们的想法是将政府制度和政策结合在一起，形成一个可供研究和分类的“国家创新体系”。[52]

同时，20 世纪 90 年代初，商业管理学院的创新研究激增，进一步增加了术语和定义的数量。部分原因是互联网的同步繁荣。互联网的迅猛发展挑战了传统的研发和生产模式，也是对世界上尖端科技来源于企业而不是政府这一认识的反应。因此，这些研究侧重于找出最佳的企业做法、业务战略以及产业组织和政企关系的作用。[53]

2000 年以后，创新研究几乎在各个研究领域飙升，目前包括心理学、人类学、地理学、城市研究等。现在几乎每个人都想测量、解释、预测和控制科技进步。创新研究甚至产生了全新的领域，如工业研究和科学政策学。我们很难对这种研究的扩散进行简单概括。如果本书试图用前面几段的篇幅把 21 世纪之前一百多年的创新研究进行删减是犯了治学的轻罪，那么对最新发展做同样的事便是犯了死罪。例如，对过去 13 年的研究文献进行的粗略搜索表明，社会科学研究 100 多种不同派别发表的技术创新研究文章将近 2 万篇。50 年前发表的有关技术创新的文章只有 4800 篇左右，最近，超过 80% 的文章印刷于 20 世纪 90 年代。尽管生产了这么多研究和辩论，研究者们仍然没有对创新或技术的确切定义达成共识。

附录二　创新测量简史

为什么测量一个国家的创新率如此困难？进行一个简短的历史回顾很有用，它表明这个看似简单的任务如何具有政治性和争议性。首先做出尝试的是博学的弗朗西斯·高尔顿（Francis Galton），他在19世纪60年代和70年代做出了一些遗传与优生学的研究成果。[1]在高尔顿时代，人们普遍认为文明是由杰出人物推动的。[2]但人们担心，这些杰出人物在英国的人数正在急剧减少。因此，英国文化和权力肯定会随之衰落。高尔顿也是现代统计学的奠基人，他试图通过英国社会伟人的数量证明这种衰退。高尔顿认为，伟人，尤其是智力天才，是一种遗传特征，因此杰出家庭培育的伟人一定更多。[3]高尔顿特别关注这些著名人物在英国科学界的地位，英国在当时的第二次工业革命中落后于德国。因此，他对英国的科学家进行了调查，并发表了他的分析，这是首次对国家科技能力进行定量化估算。[4]

《科学》[5]杂志的所有者和编辑、美国研究心理学家詹姆斯·麦基恩·卡特尔（James McKeen Cattell），怀着急切的心情阅读高尔顿的作品。卡特尔是优生与遗传学的忠实信徒，他支持高尔顿的分析，并试图在美国复制高尔顿的分析。虽然高尔顿的调查展现了英国在特定时间点的科技能力概貌，卡特尔产生的却是一系列连续时间数据。他依照与新成立的卡耐基研究院签订的合同从事工作期间，收集了数千名美国科学家的传记摘要，然后将其发表在《美国科学家名人录》（*American Men of Science*）上。1906 年，该名人录首次印刷，直到今天，仍每年出版一次。[6]这是第一次从国家层面开展的持续的、系统的科学研究量化工作。卡特尔的分析比高尔顿更加深入。他用表格列出了科学家的数量和他们的地理分布情况（如，他指出，波士顿的比例很高，但整个南部却陷入"可悲停滞"）及其相对绩效排名。[7]他甚至利用自己的数据制作了大学排行榜（哈佛大学、哥伦比亚大学和芝加哥大学高居榜首）。

大约在同一时间，文献计量学开始系统性地应用于心理学领域。文献计量学通过对学术刊物的数据分析衡量科技绩效。政治再次成为推动这一进步的动力，虽然这次是科学政治学。

19 世纪后期，"专业"的心理学家试图把自己和他们认为是骗子和冒充内行的那伙人区分开来。为此，学术刊物和会议论文成为加入顶尖心理学专业协会会员的资格要求。心理学家们开始利用他们的学术刊物来确立他们作为个体和作为一个领域所做的是"真正的"科学。文献计量学于 1892 年出现，当时，宾夕法尼亚大学的费恩伯格（S. W. Fernberger）正着手把心理学会议论文制作成表，并且利用自己的数据创建了高校绩效排名。1917 年，他在跨国比较分析中包括了外国学术刊物数据（他发现德国是世界的领导者，英国呈上升趋势，而法国在衰落）。同年，卡特尔以前的心理学学生弗兰兹（S.I. Franz）在华盛顿特区政府疯人医院工作期间，利用出版数据表明，心理学正在迅速发展为一门科学，应该与物理科学得到同样的认可。[8]

20 世纪初期，以美国为首的各国政府首先进入科技数据采集业务。美国的进步人士为了战争和经济增长试图清点并管理美国的科技能力。1916 年，威尔逊总统发布行政命令，在美国国家科学院创建国家研究理事会（National Research Council，NRC）。国家研究理事会是美国政府的战时科学咨询委员会。该机构立即着手测量美国的科学活动，这些活动主要体现在美国工业实验室，但也分散在少数大学和初期政府科学项目中。国家研究理事会还成立了科研情报服务所，对美国盟友间的科学信息交流进行追踪。第一次世界大战结束后，科研情报服务所成为美国研究活动的国家信息中心。[9]

当美国科学家和他们的政治代表们发现可以利用国家研究理事会数据促成更多的公共研究资金时，他们成为政府的科技数据收集工作的热心支持者。结果，到 1920 年，国家研究理事会定期发布美国科技能力目录。

这些国家研究理事会刊物尝试清点美国所有的研究实验室，正在进行的研究项目，科学、技术、工程和数学人员，科技社团，研究型大学，资金来源和科技信息来源。随着时间的推移，美国最密切的贸易和军事伙伴采用了追踪国家科技绩效的美国模式。例如，加拿大在 20 世纪 30 年代发起本国科技数据收集工作，英国在 20 世纪 40 年代也开始这一行动。甚至在早期阶段，对国家研究支出的初步估算成为最广泛使用的国家科技绩效测量方法。[10]

20 世纪 30 年代和 40 年代，科技数据收集和解释发生了革命性变化。首先，大萧条开创了宏观经济领域，改变了人们对国民经济的看法。在此之前，经济学家和政策制定者一直专注于个人和企业的微观经济行为。由于这些参与者是商品和服务的主要生产者和消费者，他们从亚当·斯密时代起一直是经济分析的焦点。如果经济学家和决策者想了解国民经济，他就要在逻辑上聚集所有这些个体参与者的行为。但是，经济大萧条揭示，为了解释现代商业周期繁荣和萧条，国家必须被当作独立的经济单元来研究。也就是说，经济学家们意识到一个国家的运作不仅仅是将其组成部分相加。这种宏观经济的方法需要一种不同的数据收集和分析方法。因此，国民收入核算成为重点统计任务。它的目标是把整个国家的经济行为绘制成表，这促成了现在人们熟悉的国民生产总值（GNP）测量方法。[11]

正如附录一所描述的那样，对宏观事物的不断关注在增长经济学家之间掀起了一场建立最能描述国家经济增长的新数学模型的竞赛。不久，阿布拉莫维茨、索洛和其他经济学家在 20 世纪 50 年代的发现表明，技术进步可以解释过去几十年国家生产率和经济增长率的许多差异。[12] 然而，解释技术进步本身是有问题的。如果经济学家们要解释技术进步速度的原因，他们需要对其进行测量。

第二次世界大战是第二次变革的催化剂。与以前任何冲突相比，这是一场靠技术和工业力量获胜的战争。战场上的胜利者常常依赖优越的武器或大规模生产和分发战争物资的能力。另外，战斗人员得到了战斗机、潜艇、青霉素、合成材料、雷达、食品加工、瞄准计算机、核武器等革命性创新的支持。美国、英国、德国和日本的政府研究和发展项目多次在战时取得成功，让经济学家和政策制定者相信，科学推动了许多创新，而政府在创新过程中承担了建设性角色。这一点是罗斯福总统的科学顾问万尼瓦尔·布什（Vannevar Bush）于 1945 年正式确立的。他在著名的启示录《科学：没有止境的前沿》（*Science: The Endless Frontier*）促成了美国科技政策的新干预方法。[13] 随着冷战的出现，以及苏联在轰炸机、弹道导弹并最终在卫星和载人太空旅行领域击败美国，人们对通过美国联邦政府干预提高国家的科技能力的需求日趋强烈。

这两种动力一起打造了一个新的科技数据模式。美国政府如果想在提高国家创新率方面发挥强有力的、持久的作用，就需要数据来决定方针决策和测量成功。因此，1947 年，杜鲁门总统要求定期对国家研发经费进行估算，对美国研究系统进行详细分析。[14] 白宫和国会随后做出种种努力，清点国家的科技能力。重要的是，许多清点行为采用了宏观经济学的新国民经济核算框架。[15] 值得注意的是，美国国防部长办公室（Office of the Secretary of Defense，OSD）进行了广泛的尝试。美国国防部长办公室的列表创建了研发支出和绩效的新类别，对花钱的人和做工作的人进行了区分，并说明了他们之间的关系。[16]

1953 年，国家科学基金会（National Science Foundation ，NSF）接管美国科技测量方法时，这个新的数据模式成为该组织的科技数据的分类框架。国家科学基金会于 1950 年依据国会法案创建，因为政治原因获得数据设施。当然，国家科学基金会希望在判断科学价值和奖励研究补助方面具有自主性。但政府预算鹰派担心新授权的基金会在财政上不负责任。他们开玩笑说，对"没有止境的前沿"的追求很快就会变成"无休止的支出"。[17] 为了核查预算超额，国家科学基金会奉命去测量和评价整个联邦系统的科研成果。它还被要求"提供一所涉及美国所有科技人员的中央信息交换中心"。[18] 因此，美国国家科学基金会获得了授权，实际上垄断了联邦政府国家科技能力的官方测量方法。因此，美国国家科学基金会关于科技测量的定义和方法很快成为美国标准。

美国国家科学基金会测量国家科技绩效的方法最终走向国际。起初，除了加拿大和英国以外，很少有国家积极跟踪或研究本国的科技绩效。但到了 20 世纪 50 年代末，战后复苏在西欧和日本顺利进行。在这些国家中，科技产业无疑在推动经济增长和创造贸易盈余。因此，各国政府终于对编目本国的科技能力产生了兴趣。但是他们想要一个可以影响抉择者的统一的、标准化的跨国比较方法。为此，新成立的经济合作与发展组织的数据专家齐聚意大利的弗拉斯卡蒂商讨共同标准，最终大多采用美国国家科学基金会的方法。由此产生的《弗拉斯卡蒂手册》（*Frascati Manual*），现在已是第六版，成为经济合作与发展组织研发数据采集的操作统计手册和全球标准。[19]

1963 年，英国经济学家克里斯托弗·弗里曼（Christopher Freeman）首先着手《弗拉斯卡蒂手册》的准备工作，他在书中提出三套标准。首先，该手册定义了科学，并且将研究和其他类型的科学活动（如教学、会议和工业生产）区分开来。其次，它提供了一个分类系统，根据部门（如政府、大学、工业和非营利组织）、性质（如基础、应用、产品 / 过程的发展）和学科对研究进行了区分。第三，它提出把研发费用总额（GERD）作为一个基本的跨国测量方法，以实现政策目标。

与此同时，联合国教科文组织在跨国科技数据收集方面发起了伟大尝试。经过多年杂乱无章的数据收集后，联合国教科文组织于 1965 年设立了一个科学统计部门，在全球范围内开展国家科技数据调查。然而，政治注定他们会遭遇失败。联合国教科文组织的努力受到有关定义和方法的争议、预算问题以及缺乏来自经济合作与发展组织的合作等问题的困扰。许多国家根本不用联合国教科文组织设法收集来的数据。贫穷的国家缺乏数据收集的基础设施。由于受到这些困难的阻碍，联合国教科文组织的调查工作在 20 世纪 70 年代日趋减少。1984 年，保守的里根政府因该组织明显的亲左倾向和挥霍经费大为恼火，退出该组织，剥夺了它的主要资金来源，彻底终止了该组织的调查工作。[20]

同时，经济学家和社会学家开始深入研究国家专利数据，把这些数据作为创新力的指标。至少从 20 世纪 20 年代起，学者偶尔使用专利统计作为国家创新率粗略的测量方法。[21]由于20世纪50年代的学术研究，这种做法越来越普遍，而且越来越严格。其中最有影响的是统计学家桑德斯（Barkev Sanders）和他的团队，他们利用专利识别技术进步的新趋势及其对经济的影响。[22]在经济学中，谢勒（F. M. Scherer）和施穆克勒（Jacob Schmookler）率先将专利用于新创新理论。[23]在社会学中，斯塔福德（A. B. Stafford）利用专利谴责美国创造力的突然衰退。[24] 20世纪60年代，普赖斯（Derek deSolla Price）和后来的兹维·格里利谢斯（Zvi Griliches）加入他们的行列，成为创新经济和使用专利数据测量科技学术的巨匠。[25]然而当时还没有任何易于访问的专利数据库系统或申报系统。

1968年，国会对国家科学基金会的测量职权施加额外压力，迫使它从汇总数据向构建科技指标发展。此前，美国国家科学基金会已经收集和发布了科技支出和科学、技术、工程、数学人员的原始数据。但它通常不会提出政策建议或对其收集的数据进行分析。现在，国会指示它每年“评估研究对工业发展和一般福利的影响，并为政策制定提供信息来源”。[26]这意味着科技指标的建设可能包括多元统计，并且以某个理论模型为基础。经过大量的研究，也许在有些拖延之后，国家科学基金会最后于1973年提出了《科学指标》（*Science Indicators*），提供了不到一百页的指标和分析。科学指标的第一版宣称自己是“发展美国科学企业状态指标的首次尝试”，[27]尽管它是建立在类似欧洲的政策驱动的测量方法的基础之上的。[28]现在《科学指标》出版已有40年的时间，国家科学基金会的年度指标方法演变成了现在熟悉的《科学与工程指标》（*Science and Engineering indicators*）。

1984年，联合国教科文组织正式采用国家科学基金会的新科技测量方法，着手发布自己的一系列年度指标，今天我们称之为《主要科技指标》（*Main Science and Technology Indicators*）。[29] 此外，到20世纪80年代，更先进的西欧国家建立了各种科技数据报告系统，不过大多数不具可比性。有些报告只是偶尔发布，它们的数据类型多样，格式不一致，其中许多仅用本地语言。日本主要的英语科技报告于1988年开始出现。东欧和拉丁美洲国家在20世纪90年代才开始定期公布科技数据。

从 20 世纪 80 年代末开始，理论和测量的进展迎来了“国家创新系统”的新浪潮。[30] 如第 5 章所述，这项新运动是由克里斯托弗・弗里曼（Christopher Freeman）、纳尔逊（Richard R. Nelson）、伦德瓦尔（Bengt-Ake Lundvall）、查尔斯，艾奎斯特（Charles Edquist）领导的。他们的核心思想之一是创新不同于科学研究，因此需要一套新的数据和指标。[31] 该运动使得联合国教科文组织于 1992 年发明了被称为《奥斯陆手册》（*Oslo Manual*）的新方法。[32] 它确立了技术产品和制造过程创新的数据收集的定义和方法，并已扩大到涵盖服务部门创新，以及营销和组织创新。由于科学、技术、工程、数学人才是科学、技术和创新的关键投入，联合国教科文组织在 1995 年制定了《堪培拉手册》（*Canberra Manual*），“为科技人力资源的测量和相关数据分析提供指导方针。”[33]

20 世纪 90 年代以来，创新的数据集、指标、记分牌、调查和指数激增。欧盟第一次集体收集科技数据是在 1994 年，第二次是在 1997 年，第三次是在 2003 年。[34] 欧盟现在也开始开展两年一次的欧盟创新调查，定期问询欧洲公司创造的新产品和新过程。在美国，美国国家经济研究局（National Bureau of Economic Research，NBER）于 2001 年公布了美国专利引用数据文件，于 2010 年对该文件进行更新，涵盖了美国专利商标局批准的全世界创新者的 330 万项专利数据，包括基本的引用信息。汤姆森路透社提供了 Web of Science 数据库，该数据库涵盖了 12000 多种同行评审期刊发表的全球科学、技术、工程和数学学术论文，以及 150000 篇学术会议论文，有一些学术著作可以追溯到 100 年前。[35] 最近，一个新的 StarMetrics 项目，即美国行政部门的多部门企业，试图利用联邦研究资助、获奖者和成本的数据记录科学公共投资的结果。[36]

在这一点上，科技和创新测量方法的完整纲要，以及它们的可能性和陷阱可能会占满一个小书架，也可以在其他地方发现。[37] 附表 2.1 提供的是最常用的美国和跨国家报告和数据集简表。

附表 2.1 重要的美国及跨国科技报告和数据集（根据来源划分）

来源	数据集
圣智	《美国科学家名人录》
欧洲专利局	欧盟创新调查
欧洲联盟	科学与工程指标
国家舆论中心	博士普查
经济合作与发展组织	主要科技指标
汤姆森－美国科学信息研究所	Web of Knowledge 数据库
美国专利商标局	美国国家经济研究局专利数据库

许多数据在这本书或这本书借鉴或挑战的作品中用到过。这些数据的优缺点将在附录三进行探究。

推荐阅读

· Godin，Benoit. 2015. *Measurement and statistics on Science and Technology: 1920 to the Present*. New York City：Routledge.

附录三　创新的测量方法、数据和来源

要理解创新测量方法和指标，我们只需回顾一下第二章中的“黑匣子”问题。第二章指出，决策者很难观察到创新，即使观察到，也难以识别；即使识别到，也很难对其进行量化。一旦我们意识到观察、识别和测量是主要问题，并把这种难以察觉的黑盒子称作创新，那么所有的创新测量方法和指标就会变得更为明晰。事实上，附图 3.1 既说明了问题，也说明了尝试性的解决方案。

为了简化这一张图，我们需要考虑四种主要的创新测量方法类型。首先，科技投入测量方法试图通过量化推动科学进步和技术变革的资源测量创新。通常，这涉及测量研究和开发过程的直接投入，如支出、STEM 人才、不同类型的研究设备或设施。第二，科技产出测量方法，包括直接测量方法（技术专利、学术出版物、新产品和过程）到远距离计算（高科技公司或整个经济的表现），跟踪的是产品的研发过程。第三，调查会要求专家、企业或科学家对他们部门或国家的科技价值和复杂性做出判断。最后，创新指数使用由索引作者决定的某种加权平均值把投入和产出测量方法汇总成单一的图表。许多指标还包括调查数据和政治经济制度（例如，产权、教育系统和金融制度）测量和技术扩散。

在这卷中，产出测量方法常常优于投入测量方法，这有四个原因。首先，投入不一定会带来高质或高量产出。

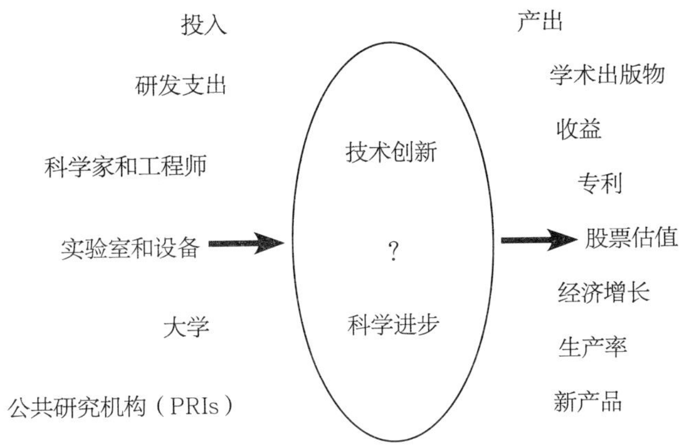

附图 3.1 创新黑匣子（转载自图 2.1）

研发资金可能会被浪费或挪用。多数研发工作可能用不到 STEM 人才或这些人员可能不合格。设备可能会由于缺乏受过专门训练的人、不适用于必要的研发任务或者陈旧过时或功能不正常等而被闲置。第二，科技投入对创新的有效性往往取决于采用这些投入的部门或行业。例如，制造业的研发支出最大，因此，拥有庞大服务部门的国家会看到自己的创新率相比拥有大型自主制造业的国家被低报了。第三，将投入应用于研发活动和产生新科学或技术之间经常有一段滞后期，往往会长达数年。因此，有时不清楚如何将投入的日期与由此产生的创新对应起来。第四，也是最重要的是，本书旨在检验不同的制度和政策对国家创新率的影响。它们也是投入。所以，在同一检验中同时使用创新投入测量方法和制度与政策数据有重复之嫌。例如，如果政府制定一项旨在增加研发支出的政策（政策变量），显然我们预计研发会上升（创新投入测量方法）。但把它作为政策促进创新的证据是不诚实的。它显示的是重言式，不是因果关系。把投入作为我们力求解释的产出的测量方法是没有意义的。总之，本书在适当的地方使用了一些投入测量方法，但在可能的情况下更倾向于产出测量方法。

最后，有必要认识到，全面的跨国家科技绩效数据集并不多见。多数是单个国家的创新数据，即使这样的数据也很难找到，或是难以在不同国家以不可通用的方式进行测量。因此，即使全国性统计的整合也可能是个问题。通常，跨国家数据的生产者或整合者包括经济合作与发展组织、欧洲联盟、汤姆森－

美国科学信息研究所和美国政府，以及少量由独立学者、智库、研究组创建的数据集。即使跨国家数据集存在，它们通常也只能涵盖最近几年的数据。对这些问题的解决方案之一是尽可能作三角测量。这意味着使用相同现象的多个独立的数据集，连同案例研究一起，检验一个理论。关于这点的想法是，任何单一数据集的随机噪音都会被其他数据集的随机性抵消，从而让常见信号通过。此外，如果不同的测量方法产生相同的结果，那么我们可以在使用单个数据集时对结果更为自信。互补的解决方案是提醒自己所有的数据都有错误、噪音和偏差。更具统计学头脑的读者会注意到，只要测量误差是随机的、与解释变量无关的，统计回归就应产生系数的无偏估计（和通常情况下的膨胀标准误差）。

即使物理、化学和工程领域也存在测量误差、噪音和偏见的问题。事实上，在物理科学中，速度、热、压力、亮度和磁性等许多重要的属性几十年都得不到很好的测量。然而，这些领域仍在发展，在发展过程中为我们提供了源源不断的宝贵见解。因此，对“完美”创新数据的追求不应该阻止我们使用很多现有的“可靠”数据，我们只需要注意它们的局限性。

投入测量方法

研发支出数据是最古老和最经常使用的投入测量方法。非官方的黄金标准是国内研发费用总额（GERD），经常用国内生产总值（GDP）[1]的百分比表示。支出数据非常流行，因为它们不言自明，相对容易测量，并被广泛理解和报道，代表了创新过程的普遍的必要投入。毕竟，不论时间、国家或部门如何，创新者都需要花钱。此外，更具革命性的研究往往需要在昂贵的设备、实验室空间和 STEM 人才方面进行庞大支出。然而，深入的分析表明，研究的研发支出比发展要低很多。[2]此外，从历史上看，制造业研发支出的报告结果胜过服务业。所以，一个国家的国内研发费用总额数据将受到权衡这两个经济行业的影响。当然，考虑到创新的风险性，并不是所有的研发支出都会带来创新成功。事实上，庞大的研发预算可能预示着创新的巨大失败，因为固执的投资者会没完没了地投入资金。典型例子是东亚的生物技术产业。它在过去 20 年里不断获得数十亿美元的研究资金，但是可见的成果甚微。[3] 或者大型研发支出有可能只涉及“地盘”：一个政治关系良好的研究单位即使产出不足也可以获得资金。这方面的例子包括美国军方的 B–1 轰炸机、十字军火炮和科曼奇直升机项目，这些项目虽浪费资源但资金雄厚。此外，研发支出和具备商业可行性的技术的出现之间存在较长时间的滞后，特别是在有严格的健康和安全要求的部门，如新型药物部门。

联合国教科文组织的《主要科学指标》包括了最优质的跨国家研发支出数据。[4] 这些数据涉及 1981 年以来联合国教科文组织成员国和七个非成员经济体（阿根廷、中国、罗马尼亚、俄罗斯、新加坡、南非等）。然而，联合国教科文组织数据库有几个问题。数据库里很多缺失的单元数据多年来无法使用，常常造成国家时间序列的中断。在某些情况下，联合国教科文组织秘书处提供的估算或预测基于国家来源，在其他情况下，该组织会调整国家数据。在某些情况下，国防研发被排除在外，而在其他情况下则不排除。在某些情况下，研发支出包括社会科学和人文科学的研究。在某些情况下，资本支出被排除在外。其他单元数据被加脚注为“临时的”或“被低估的”。因此，很难进行同类比较。由于该数据库的缺陷，较之发生在工厂车间、设计中心或程序员办公楼里的创新，该数据库更适合跟踪发生在实验室的创新。另外，它往往会省略没有研发实验室的小型企业开展的创新。不过，所有其他研发支出数据库要么提供的数据质量较低，要么只是关于某个国家的（因此无法开展我们要求的跨国比较）。

创新过程中第二个最重要的投入是推动科技进步的高技能劳动者。这些高技能工人分属 STEM 领域。STEM 人才可以通过各种国家测量方法进行追踪，但不同国家的 STEM 人才常常不具有可比性。联合国教科文组织的《弗拉斯卡蒂手册》可以解决一些问题。

《弗拉斯卡蒂手册》于 1963 年采用，并于 2002 年修订，它确定了三种类别的研发人员：研究人员、技术人员和支持人员。《堪培拉手册》首次出版于 1995 年，对科研人员进行了进一步划分。它涵盖了所有那些实际上或有可能致力于科技知识创造和扩散（包括教育工作者），或者从事科技活动，或者具有STEM资格的人力资源。此外，我们可以在联合国教科文组织的《主要科学指标》以及联合国科学基金会（the National Science Foundation，NSF）和芝加哥大学的全国民意研究中心（National Opinion Research Center，NORC）发表的刊物中找到跨国家STEM数据。[5]

许多科学进步和技术创新发生在大学，或者开始于大学，因此，跨国大学排名是衡量一个国家科技能力的有趣的测量方法。著名的排名系统包括英国的泰晤士高等教育世界大学排名、上海交通大学世界一流大学研究中心维护的世界大学学术排名（Academic Ranking of World Universities，ARWU）和由夸克奎尔利·西蒙兹公司发明的QS世界大学排行榜。当然，所有这些排名系统都具有潜在缺陷,因为它们基于主观决定包括哪些测量方法、如何衡量这些测量方法，以及是用哪个公式来计算排名。[6]另外，没有参照数据或排名可供公共研究机构（如美国的洛斯阿拉莫斯洛杉矶国家实验室）使用，这些研究机构是许多国家最前沿的创新者。

有关新公司、企业家、新产品或过程的数量的数据对于比较国家或地区创新率非常有用。然而，到本书付印为止，不错的跨国数据汇编本几乎没有。现存的数据要么是关于具体哪个国家的，要么属于调查、指标或记分牌的范畴，这些我们以后讨论。例如，联合国教科文组织已经开展了测量跨国企业的工作，但这些工作通常只是基于预设的理论模型编辑不同的数据集[7]。此外，有关企业家的数据收集是最近开展的工作，因此，这些数据集不能为我们提供开展长期比较所需的时间长度。

同样，研究实验室和设备的数据也很有用。理想的情况下，可以通过数量（平方米、投资额、实验室数量或设备的件数）或质量（国家实验室使用的设备比其竞争对手先进还是落后）获取相关数据。当然每一种方法都有其优点和缺点。例如，我们还没有找出控制质量、生产率、实验室效率或设备使用的方法。然而，首要的问题是，我们目前还没有以标准化的方式或定期进行跨国数据收集。

产出测量方法

专利

这本书采用了一个最常用的创新产出测量方法：专利。在过去的几十年里，关于正确使用专利数据的争论进行得很激烈，并且越来越复杂。目前一致认为，专利数据整体使用时更适合测量创新（例如，作为长时期国家创新水平的粗略测量方法）但不适合测量微观层面的创新（比较个别企业或特定行业每年的创新性）。虽然这场争论正在进行，在其他地方有更深入的叙述，[8]本节主要就专利测量及其他在检验国家创新率的原因方面所起的作用等一些较为紧迫的问题进行讨论。

严格地说，专利是政府准许发明者将其发明用于商业用途的临时合法垄断，发明的形式有过程、机器、制造品或物质组成，或任何新的有用的改进。[9]专利权是一种特殊的财产权，只有一项发明的形式审查表明它是非凡的（即，对相关技术的熟练使用者而言不是显而易见的）、有用的（即，它具有潜在的商业价值）、新颖的（即，它与现有技术显著不同）之后，政府才会授予专利。因此，专利的特点使其有望成为量化发明活动的有用工具。首先，专利的定义与创新有关，它们都代表“重大发明”，这些重大发明通过了训练有素的专家的审查。其次，专利代表技术进步，这种技术进步获得了投资者和研究人员的支持，他们必须把时间、精力以及通常情况下大量资源用于其发展和随后的法律保护。再次，专利数据随处可得，也许是发明活动唯一可观察的结果，它几乎涵盖了大多数发达国家在很长一段时间里的所有发明领域。第四，专利的授予是基于相对客观和缓慢变化的标准。最后，美国专利商标局和欧洲专利局在两个最大的新技术市场为研究人员提供集中的专利制度。在实践中，这不仅为研究者提供了两个分开的、相对独立的数据池，也使得他们能够解决不同国家在专利法方面的差异。

鉴于这些优点，专利近一百年来一直被用作创新活动的经济学分析的基础。目前的做法开始于弗雷德里克·谢勒（Frederic Scherer）和雅各布·施穆克勒（Jacob

Schmookler）的开创性工作，他们使用专利统计数据调查了20世纪60年代创新需求的决定性因素。[10]然而，专利分析的劳动密集型性质曾经涉及手动定位和对数以千计的专利文件进行编码，严重限制了他们在政治和经济研究中的使用程度（或至少是吸引力）。20世纪70年代，机器可读的专利数据问世，引发了一系列的计量分析，这些局限性得到缓解。[11]20世纪80年代后期，计算机的使用进一步促进了专利数据的使用，增加了可供无数次观察的专利数据集的实际规模。最近，美国国家经济研究局（National Bureau of Economic Research，NBER）经济学家编制了包括地理、行业和引用信息在内的几百万条专利统计数据库。[12]本书使用了美国国家经济研究局的专利数据对国家创新率的各种主张进行检验。

然而，专利确实有明显的缺陷，这多少会限制，但决不会消除将它们作为创新指标的做法。首先是分类问题，因为很难将某个专利制定给特定行业，这尤其是因为发明的行业可能不是最终生产的行业或使用或受益的行业。这个问题适用于行业、公司或个人层面的创新分析。在这些情况下，可以通过使用拥有配套系统和专利分类级别的多个独立的专利数据集。专利分类不是我们在回答一些研究问题时所关心的方面。本书主要研究国家层面的创新。在这种情况下，所有的创新聚集在一个国家的所有行业，分类问题不会造成测量问题。

其次，一些评论者指出，专利在技术和经济意义上有很大的不同：大多数专利针对不重要的发明，而少数代表了极其宝贵和深远的创新。此外，研究发现，简单的专利数不是测量创新彻底性、重要性或“规模”的好方法。简单的专利数量与研发支出等创新投入密切相关，但它们太过嘈杂，只能作为创新产出的非常粗略的测量方法。[13]因此，在可能的情况下，本书使用前向引用加权人均专利计数。我们常常通过引用次数对学术期刊文章进行评估，专利前向引用是一个不错的创新重要性或价值指标。关于这一点的想法是，轻微或渐进型创新如果被引用，引用次数也很少，革命性创新的引用可达几十次甚至上百次。金钱刺激鼓励发明人和公司来获得引用权。引用太多会减少专利授予的垄断范围；引用太少会增加诉讼的风险。各个领域已经出现对这一解释的实证支持：研究发现引用加权专利与企业专利持有人的市场价值、专利更新和诉讼的可能性、发明者对于价值的理解以及其他创新产出测量方法密切相关。[14]

最后，目前尚不清楚国家创新的哪个部分由专利体现。毕竟，不是所有的发明都可以授予专利，不是所有可以授予专利的发明都获得了专利权。目前还不清楚任何给定的专利数据集存在多少选择偏差。尝试比较研究时这些问题会加剧，因为不同行业和不同国家可能会有明显不同的专利倾向。然而，在国家层面，研究发现专利测量跟我们通常与总创新率关联的其他现象高度相关，这些现象包括 GDP 增长、制造业增长、资本产品出口、研发支出、资本形成和诺贝尔奖得主。[15] 作为对现实的检验，我们也可以询问是否有哪个国家的总专利数据没有很好地体现其技术创新。从历史上看，我们发现即使苏联和中国也在冷战期间定期申请外国专利，以其加权人均专利数表示的速度和质量进行创新。同样，没有反事实案例。也就是说，巴拉圭没有航天工业，摩尔多瓦没有医学研究部门，他们的创新还没有通过其外国专利得到体现。

专利信息的最终来源是各国的国家专利局。这些办事处的数据后由第三方汇总到数据库。本书使用的数据来自美国国家经济研究局的美国专利引文数据文件、欧洲专利局，以及联合国教科文组织的 PAT STAT 数据库。

出版物

科学和工程学术论文是另一个有用的创新测量方法。学术论文提供类似专利的优势，每一篇期刊文章代表一点研究创新，必须通过独立审查，其引用往往与其创新影响成正比。更重要的是，学术出版物的数据与专利无关。它们通常由不同的创新者创造，受到不同激励机制的影响，并根据不同的制度标准加以测量。[16] 当然，期刊文章也遭受许多与专利相同的缺点，包括分类困难、评价问题，以及期刊在什么程度上代表创新领域的不确定性。[17] 这些困难由于期刊集的不断变化、单一标准化的裁判程序的缺乏以及声望和流行程度在出版过程中的相对重要性等而进一步复杂化。然而，像专利一样，信息科学学者已经找到将出版物数据合法地、严格地应用于测量创新产出的方法。虽然这一争论在其他地方得到了更好的总结，目前的共识是，把期刊文章作为整体创新活动的窗口是合理的。[18]本书使用的数据集包含了汤姆森路透社（科学）追踪的200多个国家的研究人员于1981–2011年间发表的3000多万篇STEM学术论文。

技术收支平衡

这一测量方法跟踪的是与技术和技术知识的国际转移相关的商业交易。技术收支平衡（TBP）是使用许可证、专利权、非专利知识、图案、商标、设计、模型、技术服务和援助，以及在国外开展工业研发的国际收支核算。这些交易的大部分份额由母公司及其子公司之间的交易组成。因此，技术收支平衡数据只能被视为国际技术流动的部分测量方法。评论者还认为，技术收支平衡的数据范围因国而异，并且数据统计不是很准确，存在时间报告问题，并有可能遗漏非正式创新转让。另外，虽然技术收支平衡表明一个国家利用国外技术和出口本国科技的能力，但技术收支赤字并不一定意味着对手可怜。这可能表明科技专业化，处于纳税目的使用分支机构，或国内对一些研发的偏见。至于数据来源，经济合作与发展组织跟踪技术收支平衡，把技术收支平衡作为它的主要科技指标之一。[19]

高科技产品出口

高科技产品出口通常表现为占GDP的份额，是另一个流行的国家创新率测量方法。出口在进一步强调国家经济价值创新能力的同时，让我们能够更好地捕捉那些未被记载的创新。当然，一些高科技产品出口可以单纯代表高新技术企业进入低劳动力成本的国家。例如，日本有许多工厂在劳动力成本低的国家，如马来西亚、泰国、印度尼西亚，它们生产的高科技产品出口到世界其他国家。但参观了这些工厂的研究人员指出，它们的劳动者素质相当高，这些工厂能够并且开始迅速向价值链上游移动。此外，工厂选址的企业决定部分是基于当地劳动力的技术能力。总之，为了让高科技产品出口在几十年里成为GDP的重要份额，出口国必须拥有重要的和迅速提高的技术能力。[20]

我们可以从联合国商品贸易统计数据库中找到高科技产品的出口数据。联合国商品贸易统计数据库由联合国教科文组织定义的“高科技”产业类别的出口贸易总额数据组成。联合国教科文组织对“高科技产业”的定义是基于研发强度，近20年来被学术研究人员和主要政府机构广泛使用。[21] 高科技产业部门包括航空、航天、制药、办公机械（包括会计和计算）、电信设备（包括广播和电视）、医疗和科学仪器。[22]

全要素生产率与GDP增长

这是两个额外的国家创新率的测量方法。生产率意味着单位投入的产出。劳动和资本是经济学家研究的最常见的投入。因此，劳动生产率和资本生产率数据是政府最经常公布的数据。但是我们知道，劳动和资本只是部分内容。全要素生产率（TFP）有时也被称为多要素生产率，由此援引索洛把技术视为劳动和资本核算后的剩余的定义。[23] 因此，全要素生产率的增长不是由于劳动力或资本的增加而引起的产出增长。全要素生产率的问题在于它可能遭受时间滞后，或者是因为技能的增加、教育或组织的改善。全要素生产率的增长甚至可能是由更好的制度和政策引起的，这样的制度和政策正是我们要研究的投入。全要素生产率的跨国家数据由联合国教科文组织以及大企业联合会的经济数据库定期公布。[24]

GDP增长，特别是人均GDP增长，是强劲的国家创新率的明显结果。新技术意味着在国际市场具有更强的竞争力，因此出口更强劲。技术变革也会带来新兴产业，提高现有部门的效率。所有这些都可以极大地增加一个经济体的规模。然而，GDP的增长是一个相当粗略的创新测量方法。自然资源的发现、自由贸易的扩张（因此劳动力专业化和分工加强）、更有效的国内制度和政策、对资本存量更大规模的投资、更大的或新市场的利用，都可以引起GDP的增长。包括佩恩表（Penn World Tables）和世界银行发展指标数据库（the World Bank Development indicator’s database）在内的很多数据库都提供GDP数据。

调查

20 世纪 80 年代，创新测量的兴趣增长更为直接，创新调查便是回应之一。这些调查要么询问公司的活动，要么要求科技专家确定重大创新。这种调查的优点是它们专注于技术。特别是，专家调查能提供一种外在评价，或根据这些外在评价的措辞提供创新的历史视角。这些宝贵的定性评价可以说超越了原始输出数据可以确定的事实。但是调查也有缺陷。专家可能会漏报常规的创新，而往往过分强调更明显或显著的创新。也许最重要的是，大多数创新调查仅限于单一的国家，有时只是个别行业或部门。[25]

欧洲共同体创新调查（CIS）也许是十几年来唯一定期开展的跨国家调查。这项调查每两年在欧盟成员国和一些邻国进行。欧洲共同体创新调查现在查询大约 22 万家公司在过去两年的活动。问题通常是“是 – 否”或“高 – 中 – 低”类型，包括“你的企业有没有发明新商品或显著改善的商品？”和“你的企业是否从事内部研发？”。不过，这些年，问题设置发生了变化。当 1992 年调查开始时，它只询问公司的新产品和新流程，这些对整个市场而言不一定是新的。因为这使得企业可以公布新采用的技术，该调查便将创新与扩散混为一谈。最近的调查版本增加了解决这个问题的问题。有关欧洲共同体创新调查的很多评论现在关注的是其潜在的限制性定义，以及该调查采用的最初用于制造业的方法是否适用于服务行业。

另外，虽然欧洲以外的个别国家，如日本和韩国，开始仿效欧洲共同体创新调查，但更广泛的跨国家调查还未出现。[26] 因此，对于我们而言，欧洲共同体创新调查对欧洲的限制同样限制了它在检验本书讨论的想法方面的适用性。

创新指数和记分牌

创新指数和记分牌已经成为一种日益流行的衡量国家创新率的方式。它们的优点是，结合了不同类型的数据以克服任何单一的数据类型的偏差和缺陷。例如，创新指数可能包括专利、STEM 人才、大学、调查数据、知识产权、研发支出等混合数据。一些指数是统计回归的产物，因此是基于一个基本的理论模型。[27] 其他指数使用因子分析，检验不同测量方法之间的相关性，找出它们之间隐藏的共同点。[28] 还有一些指数只是选择了一些测量方法，给它们分配不同的权重，然后将它们相加或平均。

或许是由于创新指数和记分牌抢头条的能力，它们的数量在不断增长（附表 3.1）。欧盟自 2000 年以来定期发布创新记分牌。[29]

附表 3.1 主要创新记分牌和指标（按来源划分）

记分牌或指标	来源
2020 年欧洲竞争力报告	欧洲联盟
欧洲竞争力报告	欧洲联盟
欧洲科技指标报告	欧洲联盟
创新联盟竞争力报告	欧洲联盟
创新联盟记分牌（先前的欧洲创新记分牌）	欧洲联盟
大西洋世纪	信息技术与创新基金会
全球创新指数 *	欧洲工商管理学院
科学、技术和产业展望	经济合作与发展组织
科学、技术和行业记分牌	经济合作与发展组织
全球竞争力报告	世界经济论坛

* 现由康奈尔大学、欧洲工商管理学院和世界知识产权组织（联合国的一个机构）共同发布。

世界经济论坛、欧洲工商管理学院、信息技术与创新基金会（Information Technology and Innovation Foundation，ITIF）等组织同样开发了全球创新指数。联合国教科文组织公布其 STAN 指标，该指标从 1970 年起包括了生产、投资与企业研发的国家级数据。[30] 一大批创新研究学者提出了一个创新三重螺旋模型，试图对大学、企业和政府之间的相互作用和输出进行综合测量。[31] 创新专家理查德·佛罗里达（Richard Florida）从他在多伦多大学的马丁繁荣研究所发布全球创新指数。现在连咨询企业、商业杂志和报纸也参加了该行动，公布自己国家的创新指数和记分牌。[32]

这些指数和记分牌的问题是它们是高度主观和不一致的。没有客观规定包括 / 排除哪些测量方法或如何给它们加权重。许多创新测量方法交叉，从不同的角度涵盖了相同的投入或产出。因此，在许多指数中有一定数量（或更多）的双计数。目前还不清楚如何解决不同单位的问题，即一个人如何将专利、研发资金、STEM 人才等组合成有意义的复合体。最后，分数和排名可能相差很大。一个人可以根据其他聚合程序的运用方法、不同的权重或不同的投入测量方法得到不同的国家排名。任何为大学排名的怪事所困扰的家长或学生都应该了解这些问题。[33]

总之，创新测量方法往往是不精确的、间接的，充满了误差和潜在偏差。这可能听起来像一系列问题，但它只是让它们像经济或政治领域甚至许多物理科学的任何其他测量方法一样。所有的经验测量方法都有缺陷，解决的办法不是摒弃这些数据，将有价值的统计信息连同随机性和错误一起丢弃是不科学的。相反，称职的科学家会采用他们能够得到的最合适的数据。然后，他们通过使用多个独立的数据集和方法从噪音中提取出信号。这是本书使用的策略。但创新研究学者和政策制定者也需要在数据的潜在问题上诚实、直言不讳。太多的理论和政策在未经讨论这些数据有多混乱的情况下就推向了大众。如果本书中的论点经得起时间的考验，那是因为它们是建立在对尽可能多的数据进行最诚实、最科学的评估基础之上的。

推荐阅读

· Fagerberg，Jan，David C. Mowery，and Richard R. Nelson，eds. 2004. *The Oxford Hand book of Innovation*. New York，Oxford University Press.

· Fealing, Kaye Husbands, Julia I. Lane, John H. Marburger III, and Stephanie S. Shipp，eds. 2011.*The Science of Science Policy*： A *Handbook.* Stanford，CA：

Stanford University Press.

· Gault，Fred，ed. 2013. *Handbook of Innovation Indicators and Measurement. Cheltenham*，UK： Edward Elgar Publishing.

· Greenhalgh，Christine，and Mark Rogers. 2010. *Innovation，Intellectual Property，and Economic Growth. Princeton*，NJ： Princeton University Press.

· National Research Council （US）.2012. *Improving Measures of Science，Technology，and Innovation.* Washington，DC： National Academies Press.

注　释

第一章

1. 卡德韦尔（Cardwell,1972）当然不是注意到国家科技领导力会不断变化的第一人。两个世纪以前，苏格兰哲学家大卫·休谟（David Hume，1742）也承认，“从艺术和科学在一个国家达到完美的那一刻起，它们便会很自然地，或者更确切地说必定会没落，很少或根本不会在它们曾经繁荣的国家复苏。”休谟认为，艺术和科学的崛起和繁荣需要自由的政府。共和国尤其对科学有利，而开明的君主更利于艺术。最近，在 20 世纪，许多杰出的历史学家和社会科学家也观察到类似运行中的卡德韦尔定律，这些人包括 E. H. Carr （1961），Robert Gilpin（1981），Mancur Olson（1982），Paul Kennedy（1987）。尽管如此，卡德韦尔定律只是在 20 世纪 9 0 年代经由经济学家乔尔· 莫基尔（Joel Mokyrl）进行一系列历史分析后才得以推崇并流行起来。见 Mokyrl（1990，1992，1994，1998）。

2. 从历史上看，大多数社会在这之前忽视甚至回避先进科技，这些国家包括美国、日本、中国。他们经常把技术进步看作是不必要的、没落的，甚至对社会造成危害。当时，大多数政府也认为他们没有能力支持科技，而是将发现和发明视为随机行为。并且，科学和技术之间的联系直到 19 世纪中后期才得到广泛认可。1900 年之前，科学相比有用的、受人尊敬的职业更常被认为是有钱人古怪的爱好，或被看作是新技术发展的投入。更多信息见第二章和附录一。

3. 虽然 USA 的故事被普遍认为是虚构的，但它体现了当时真正的信仰与做法。例如，1969 年之前，大多数美国消费者认为索尼是一家美国公司。索尼担心被发现是日本品牌后会失去消费者和投资者的信心，便积极助长了这种误解，甚至把“日本制造”的标签以尽可能小的尺寸放在最不明显的位置。见 Nathan （1999）。

4. Ozawa （1974）.

5. 当时，十大领先存储器芯片（1k DRAMs）生产商都是美国企业。见　Kodama（1991）。

6. Kodama （1991）.

7. Kodama （1991）.

8. 甚至时代的文化内容也产生了迅速和剧烈的变化，以《回到未来》（*Back to the Future*）电影三部曲为例。虚构的 Emmett Brown 博士在 1955 年解释，“难怪这个电路失败。上面写的是‘日本制造’，”　他那从 1985 年穿越时空的门生 Marty McFly 回答说，“您是什么意思？所有最好的东西都是在日本制造的。”博士高声说，“这简直太不可思议了！”

9. Taylor（1995）.
10. Hitchcock （1998）; Hogan （1987）; Wexler（1983）.
11.Botelho（1995）.
12. 芬兰人可能不同意这种概括。不过，他们最显著的特征是芬兰语，芬兰语与其他北欧国家语言没有渊源关系。芬兰语是乌拉尔语系芬兰语族的成员，因此与爱沙尼亚语或匈牙利语更接近。相比之下，瑞典语、丹麦语、挪威语是与北日耳曼语系关系密切的成员。然而，有 5 % 的芬兰人说瑞典语，其中大部分生活在芬兰西部和南部海岸（Statistics Finland，2013）。语言有时被用作芬兰种族差异的代名词；不过，芬兰内部的种族差异不亚于斯堪的纳维亚。对芬兰身份及其历史更深刻的想法，见 Broberg and Roll-Hansen（1996）。
13. Ornston （2014）.
14.1975 年左右，瑞典科技突然遭受了几十年的相对衰退，在 20 世纪的最后十年才得到恢复。在这段时间里，虽然瑞典的相对排名下降了，但它仍然是世界上最大的科技生产国之一。见 Schön （2012）; Ahlström（1996）; Magnusson （2000）。
15. 类似的描述也适用其他稳定的中等水平创新者，如奥地利、意大利、荷兰、比利时、西班牙、澳大利亚、新西兰等富裕的工业化民主国家，他们的相对创新率在过去的半个世纪里几乎没有变化。
16. 挪威的全要素生产率（TFP）由于其资本密集型能源产业确实排名靠前。几个小的石油国家的全要素生产率同样不成比例，但其创新产出或自主科技能力相对较少（例如，卡塔尔、文莱、科威特、阿拉伯联合酋长国）。见 Espinoza （2012）。
17. The Independent （2011）。
18. Dupree （1964）.
19. 约瑟夫·亨利（Joseph Henry） 写给贝奇（Alexander Dallas Bache）的一封信，于 1938 年 8 月 9 日从纽约普林斯顿寄出。
20. De Tocqueville（1840）.
21. New York Times（1860）.
22. Nordhasus（1972）； Nussbaum（1980）； Womack（1981）.
23. Tyson and Zysman，（1983）； Cohen and Zysman（1987）； Ferguson（1987）； Tyson（1992）.
24. National Center for Education Statistics （n.d.）; Mooney （2005）; Berezow and Campbell （2012）.
25. Griliches（1989）; Office of the United States Trade Representative（1994）.
26. Reich（2010）; Atkinson and Ezell（2012）; Marsh（2012a）; Pisano and Shih（2012）.
27. National Research Council （2005）.
28. National Research Council （2010）.
29. National Research Council （2010）.
30.National intelligence Council（2012）.
31. Acemoglu and Robinson （2012）.
32. 很多这方面的前期工作主要集中在美国科技政策方面。见 Guston（2000）和 Sarewitz（1996）等的杰出研究。
33. 我使用创新不安全感与约瑟夫·熊彼特（Joseph Schumpeter）的创造性破坏形成鲜明

对比。更多解释见第八章和附录一。另见 Taylor（2012）。
34. Olson （1982）.
35. Sapolsky and Taylor （2011）.
36. Mokyr （1992）；Parente and Prescott （1994）; Krusell and R í os-Rull （1996）；Comin and Hobijn （2009）; Acemoglu and Robinson （2000）.
37. Bauer（1995）; Cohen and Noll （1991）.
38. Rogers and Kingsley （2007）; Duffy （1997）.
39. Banchoff （2005）.
40. Hahn and Cecot （2009）; Gamboa and Munda （2007）.
41. Epstein （1996）； Taylor（2009x）.
42. Sweezy and Long （2005）.
43. 科技进步对技能和劳动力市场的影响是经济学家们争论的热门话题。见 Acemoglu and Autor （2012）; Goldin and Katz （2008）; Autor, Levy, and Murnane （2003）; Acemoglu （2002b）; Card and DiNardo （2002）。
44. 表头指的是Cleese, John and Graham Chapman.1972. “Argument Clinic” in The Money Programme. Monty Python's Flying Circus。
45. Olson（1982）; Doner （2009）; Haggard（1990）; Haggard and Kaufman（1992）; Solingen （2007a, 2007b）; Ruttan （2006）.
46. 最知名和最具影响力的包括 Olson（1982）, Mokyr（1990, 1998）, Acemoglu and Robinson （2012）, Acemoglu （2009）, Parente and Prescott（1994）, Krusell and Rios-Rull（1996）, 以及 Comin and Hobijn（2009）. 在政治科学中，我们可以发现 Drezner （2001）, Doner （2009）, Doner, Hicken, and Ritchie（2009）, Doner, Ritchie, and Slater（2005）以及 Henisz（2002a）提出了类似的观点。当然，他们中的一些学者更关心总体经济增长，尤其是技术扩散；因此，他们要么忽视科技进步，要么很少提及它。其他学者添加了其他重要的条件变量，如国家规模、成立时间、稳定性或者可扩展的边界。
47. 见 Doner, Ritchie, and Slater（2005）； Doner（2009）； and Doner, Hicken, and Ritchie（2009）。
48. Taylor and Wilson （2012）; Friedel （2007）; White and Wright （2002）; Hargadon （2003）.
49. Winner （1977）; Barnes（1982）.
50.Mahoney and Thelen （2010）.
51. Weiss（2014）.

第二章

1.Levinson （2006）.
2. 但是，唐纳德·卡德韦尔（Donald Cardwell）本人可能会嘲讽这种对他的观察做出的狭义理解，或者嘲讽国家创新率这一术语。从字面意思来看，卡德韦尔观察的是“创新”的全球领导。我的狭义理解将卡德韦尔定律的运用限定在了科技领域，这一狭义理解最初是由经济历史学家 Joel Mokyr （1990，1994）提出的。
3. 见附录二。Zorina Khan，Ryan Lamp，Petra Moser，Alessandro Nuvolari，James Sumner 等经济历史学家正在取得进步。
4. 这本书特别关注大约 65 个经济年产值超过 500 亿美元的国家（大致与新罕布什尔州的国内生产总值相当）。这听起来可能有局限性，但它实际上创建了一个相当大的和有代表性的国家样本，他们的差异足以被用于理论概括和检验假设。每个地区、文化、财富水平和经济类型都得到了体现。没有重大创新者被排除在外。许多失败的和平庸的创新者被包括在内。但通过剔除小国家，我们也消除了很多干扰。也就是说，我们不太关注那些缺乏资源、规模或地理范围建立具有全球竞争力的科技能力的国家。我们更关注的是那些能够创新但却没有创新的国家。这些国家有大量的创新资源，但却未能产生多少科技。我们需要理解其中的原因。
5. 与德克萨斯州阿马里诺市的国内生产总值大体相当。
6. 这些定义不被看作是所有的书籍和文件里公认的词汇。它们的目的纯粹是实用性的：让作者和读者达成一致意见，而不是在以后的章节各说各话。
7. 这包括计算机软件，计算机软件虽然肉眼看不见，但仍然是实际产品（即，有序电子）。
8. 这些冲突有时被称作“科学政治学”：有关某领域的合理的理论、数据、方法、研究问题、数据分析和理解的争论。见 Kuhn（1962）及 Lakatos（1976）。
9. Utterback（1996）.
10. Alac （2002）.
11.North（1990，3）.
12. Wilson （2008）.
13. 见 Streeck and Thelen （2005）; Moran，Rein，and Goodin （2008）; Morgan，Campbell，Crouch，Pedersen，and Whitley （2010）。
14. 更为出色的总结，见 Godin （2015）。
15. Abramovitz（1956，11）.
16. Nelson（1959）.
17. Arrow（1962a）.
18. 例如，经济学家罗斯托（W.W. Rostow）从来没有定义技术、现代化和创新，这些定义对他著名的经济“起飞”理论是很重要的。然而，他在论述经济增长的阶段时区分了应用型和非应用型技术、发明和创新，以及纵向和横向创新。见 Rostow（1960）。
19. 精彩的历史调查，见 Godin （2005）。
20. Whitley（1972）; Rosenberg（1982）.
21. 电流的放大有助于信息的处理和传输；电子开关是现代计算机逻辑电路的基本组成部分。
22. New York Times （1948）.
23. Riordan and Hoddeson（1997）.
24. 肖克利（Shockley）实际上是想领先他的合作者获得专利，因为他觉得他在晶体管方面的工作被忽略了。但是令他很懊恼的是，他发现自己研究的关键部分已由利利菲尔德（Lilienfield）完成了。
25. Riordan and Hoddeson（1997，169）.
26. 这是 3 英寸乘 5 英寸的 Regency TR-1 晶体管收音机，一般被认为是晶体管的首次革命性应用。它在 1954 年上市，使用了四个晶体管。该收音机取得成功后，晶体管应用猛增。
27. 因为前向引用使我们能够区分更具革命性的创新和不重要的或渐进型创新。
28. 因为人口多意味着发明家和企业家更多，因此专利更多；因此，为了比较大国和小国，我们需要看看引用加权人均专利。

第三章

1. 精彩的调查历史包括 Mokyr（1990），Cardwell （2001），Pacey（1990）及 McCleilan and Dorn （1999）。
2. 国家这个词在这里泛指包括城邦、君主制、帝国、共和国等。它代表的是通过单一主权而统一在地理上受限的社会单位，该社会的政府实行制度化并得到外国的认可。当然，几个世纪以来国家已经发生了改变；历史悠久的国家其边界界定往往比较模糊；公民权和政治权力制度的术语也可能定义不清或不一致。与此相反，现代民族国家的边界相对固定，并得到广泛认可，公民权的正式定义以及广泛编纂的政治制度，在 16 世纪中期之后不断出现。
3. 为了进一步弱化欧洲中心论，我们也应该认识到，重大科技成果是由沙俄、笈多帝国时期的印度和中南美洲的中世纪文明独自获得的。
4. Morrell and Thackray（1981）；Mowery and Rosenberg（1998）; Reich（1985）.
5. 20 世纪初期工业实验室兴起之后，科学家才成为被普遍尊重的职业。见 Reich（1985），Mowery and Rosenberg（1998），以及 Edgerton and Horrocks（1994）。
6. Marx（1964）; Wendling （2009）; Mokyr （1990）.
7. 附录一对这场演变进行了总结。
8. 见附录一。
9. Cordesman and Al-Rodhan（2007）；Cordesman（2003）.
10. 按高技术出口额占国内生产总值的比例进行降序排列，前十名是罗马尼亚、立陶宛、波兰、捷克共和国、拉脱维亚、斯洛伐克共和国、爱沙尼亚、保加利亚、匈牙利和斯洛文尼亚。来源：World Bank （2014）。
11.Lengyeland Leydesdorff（2011）; World Bank（2008）; Piech and Radosevic（2006）.
12. 一些数据收集机构（例如，联合国、世界银行、国际货币基金组织、世界知识产权组织）识别了多达 24 个。
13. 前向引用加权。Hall，Jaffe，and Trajtenberg（2001）；Thomson-ISI （2013）。
14. 中等水平只是一个相对概念。相比大约 100 个于 1970-2012 年间没有什么创新或专利创新（平均每年一项或少于一项）的国家和 25 个平均每年专利少于 10 项的略具创新性的国家，该概念认为这些国家在创新方面做得更好。
I5. Amsden and Mourshed（1997）.
16. 综合得分给每个排名为 1 的奖励 10 分，排名为 2 的奖励 9 分，以此类推，最后将获得分数相加。
17. World Bank （2014）.
18. Smith（1985）; Leslie（1994）; Edwards（1996）; Parker（1996）; Ruttan（2006）.
19. Weiss （2014）.
20. Samuels（1994）.

21. Stockholm International Peace Research Institute.
22. Needham （1954）; Mokyr （1990）.
23. Gerschenkron （1962）.
24. 人们可能会争论说，日本早在几十年前就做出了这个决定，但仍晚于美国和许多欧洲国家。
25. 见 Dore （1987）; Greif （1994）; Temin（1997）; Landes（1998）; Harrison and Huntington （2000）; Hofstede（1980，2001）; Florida （2002）; House，Hanges，Javidan，Dorfman，and Gupta （2004）。
26. Harrison and Huntington （2000）.
27. Guiso，Sapienza，and Zingales （2006）.
28. Mokyr （2002，18）.
29. 不过最近的研究表明，个人主义和某些类型的集体主义与国家创新率高度相关。Cerne，Jaklic，and Skerlavaj （2013）; Taylor and Wilson （2012）; Yao，Wang，Dang，and Wang （2012）; Shane（1993）。

第四章

1. Barnett （2009）.
2. Hanson （2003）; Easterly and Fischer（1995）; Suny （2010）.
3. 本段的数据取自 The Economist（1988，1989a，1989b，1990a，1990b）进行的当代报告和调查。
4. The Economist（1990a，6）.
5. The Economist（1989a，70）.
6. 严格来讲，效率被定义为经济状态，在这种状态下，一个人的境况得到改善的同时其他人的境况不会恶化。也就是说，考虑到许多可能的资源配置集和一组个体，从一个配置集到另一个配置集的移动让至少一个个体的境况得到改善的同时，不会让其他任何人的境况恶化，这就是所谓的“帕累托（Pareto）”改进。如果资源分配使得帕累托改进不再成为可能，那么经济学家就把这种分配配置集称作“帕累托效率” （Pareto efficient）或“帕累托最优”（Pareto optimal）。见 Hall and Lieberman （2013）。
7. 新技术往往先于解释它的科学知识。事实上，这在 19 世纪末之前是规则，而不是例外。当现代工业实验室和政府实验室开始系统性地将科学发现作为新产品和生产技术的基础时，转变发生了。该转变最先发生于西欧，后来发生于美国。见 Fox and Guagnini（1999），Reich（1985），and Rosenberg（1982）。
8. 为了解决这种类型的市场失灵，1933 年联邦储蓄保险公司创建，今天该公司为每个存款人、每个投保银行保护的金额高达 25 万美元。
9. 市场的定义同样表明，至少为了实现效率目标，政府同样需要规范明显不理智的参与者（例如，儿童、瘾君子、重度精神障碍者）的行为。目前还不清楚，这是不是与创新目标有直接必要关系。
10. Stearns（1970）; Greene（1984）; Daniels（1968）; Timmons （2005）.
11. 尽管在过去，科学到技术的因果箭头朝相反方向运行，现在有时仍然也会这样做。见 Nelson（1959）及 Rosenberg（1982）。

12. Arrow（1962a）.
13.《1973年欧洲专利公约》（*the European Patent Convention of 1973*）实施之前，专利持续时间因国家而不同。例如，英国是14年，而法国和德国为15年。在美国，1995年之前专利的垄断时间是17年。1995年，遵守《与贸易有关的知识产权国际协定》（*the International Agreement on Trade Related Aspects of Intellectual Property Rights, TRIPS*）为世界贸易组织成员设立了一般20年的专利期限，发展中国家稍有例外。见Dutfield and Suthersanen（2008）。
14. 在欧洲，专利知识规范在历史上属于例外而不是规则。专利公开在19世纪早期被视为不合规范的做法，很久之后才得到法律授权。例如，虽然从1624年起英国人就拥有专利，但这些专利往往是君主给予其国内盟友的生产垄断，以换取政治或经济上的支持，而不是早期科技政策的工具。英国授予的专利在1883年《专利法》之前没有法律要求规范。见May and Sell（2006）。
15. 当然，该体系的评论者自成立以来就已经存在了。例如，人所共知，1793年轧棉机的发明者伊莱·惠特尼（Eli Whitney）无法执行自己的专利，失去了数百万美元收入。在欧洲，长达几百年的《荷兰专利制度》遭到滥用，效率低下，荷兰议会在1869年投票将其废除，40年后才将其恢复。同时，瑞士直到1907年才设立了专利制度。见Basall（1988）。
16. Hall and Harhoff（2012）.
17. Jaffe and Lerner（2004）.
18. 美国专利No. 6，004，596. 斯马克公司的法律案件在经过四年多的诉讼后最终由一个联邦上诉法院驳回。见Bertin（2001）and Munoz（2005）。
19. Wall StreetJournal（1999）；Kaufman（1999）.
20. Lewis（1998）；New York Times（1999）；Foreshew（2001）.
21. Marsden（2011）；Dredge and Arthur（2011）.
22. Lee（2011）.
23. 最高法院最后规定Mayo V. Prometheus案（2012年3月）中的Prometheus的方法不能授予专利。然而，法院颁布了适用于Prometheus特定技术的狭隘的意见但拒绝为所有技术建立一个更普遍的明确的专利资格标准或检验方法。因此，专利“表明需要”技术的可专利性仍然是有争议的问题。
24. Bessen and Meurer（2008）.
25. US Patent No. 5，930，474.
26.Frank（2007）.
27. 累积知识指的是形成后续发现和创新基础的知识。
28. 乔布斯（Steven Jobs）在Macworld 2007的演讲（2007年1月9日）。
29. Gilroy and D'Amato（2009）.
30. Boldrin and Levine（2008）.
31. Goodman and Myers（2005）.
32. Bessen and Meurer（2009）.
33. Grossman and Lai（2004）.
34. Ginarte and Park（1997）.
35. Deere-Birkbeck（2009）；Chaudhry（2013）.

36. Park （2008）.
37. 2014 年 6 月，美国最高法院认为计算机或互联网链接实施的分析方法不符合专利保护的要求。Alice Corporation Pty. Ltd.，v. CLS Bank International （2014）。
38. Talk of the Nation （2011）；Bessen （2012）.
39. Bessen and Meurer（2008）；Boldrin and Levine（2008）；Jaffe and Lerner（2004）；Raustiala and Sprigman （2012）.
40. 使用简单二元回归。
41. Landes，Mokyr，and Baumol （2010）；Greene （2000）.
42. McClellan and Dorn （2006）.
43. McClellan and Dorn （2006）.
44. Arrow（1962a）.
45. 基础研究指的是旨在获得基础知识的研究活动（即发现）。应用研究旨在使用基础科技知识创造新技术或者改进现有技术（即发明、原型）。发展指的是需要把产品和过程用于商业用途的科技活动（即适销产品和服务）。
46. Kaiser （2002）.
47. Antony and Grebel （2012）.
48. Bednyagin and Gnansounou（2012）.
49. Kafouros，Buckley，and Clegg （2012）；Keller （2002）.
50. Congressional Budget Office （2006）.
51. 以 2010 年美元计算；最初的数字是 2.31 亿美元（以 1987 年美元计）；分析涉及随机抽取的 20 个制药行业生产的新药物。见 DiMasi，Hansen，Grabowski，and Lasagna（1991）。
52. 以 2010 年美元计算；最初的数字是 8 亿美元（以 2000 年美元计）。见 DiMasi，Hansen，and Grabowski （2003）。
53. Paul et al. （2010）；Goozner （2004）.
54. 最有力的反驳来自唐纳德·赖特（Donald Light，宾夕法尼亚大学），他认为这些溢出的作用被夸大了，而研发补贴、知识产权激励企业开发越来越多的新药物并不比已有药物具有临床优势。见 Light（2007）及 Light and Lexchin （2012）。
55. Reiffen and Ward（2005）.
56. Congressional Budget Office （2006）。
57. Smith（1988）；Freiberger and Swaine （2000）.
58. Edelman（1991）.
59. Black and Osborne（1963）.
60. Edelman（1992）.
61. Light and Lexchin （2011）。对 20 年成本研究的系统综述提供了 1.61 亿 -18 亿美元的范围。它发现，“方法、数据源和时间周期的差异可以解释部分估算差异。缺乏透明度限制了许多研究。未具名公司提供的未指定产品的机密信息构成了 [包括超过 75% 的研究] 背后的所有或部分数据。” Morgan，Grootendorst，Lexchine，Cunningham，and Greyson （2011）。
62. Light and Lexchin （2005）；Burke （2006）.
63. Barral（1996）.

64. Hunt, Kotis, and Chockley (2000); Angell (2004); Morgan et al. (2005); Motola et al. (2006); Van Luijn, Gribnau, and Leufkens (2010).
65. 由于安全或疗效问题，这些药物都被召回或者加以限制。Light and Lexchin (2012)。
66. 采用二元回归分析。
67. List (1916, 111).
68. Varsakelis (2006).
69. 这些日期指的是首次出现而不是普遍扩散的日期。柏林洪堡大学（1810）被认为是第一所把科学研究而不是运用现有知识作为工作重点的大学。德国建立了第一批工业实验室，开发基于有机化学突破的产品，还有美国爱迪生的“发明工厂”（1876）。有关最早拥有全天候企业研发设施的竞争性主张包括 GE’s (1900), Dow’s (1901), and DuPont’s (1902)。见 Carlsson, Acs, Audretsch, and Braunerhjelm (2009)及 Maurer and Scotchmer (2004)。
70. Dore and Sako (1989); Shapira (1995); Kenney and Florida (1993); Funk (1992); Japan Management Association (1989).
71. Hicks (1932, 124-125).
72. Autor, Levy, and Murnane (2003); Autor, Katz, and Krueger (1998).
73. Acemoglu (2002a, 2002b).
74. Powell and Snellman (2004); Bresnahan, Brynjolfsson, and Hitt (2002).
75. Von Hippel (1988).
76. Von Hippel (2005).
77. National Center for Education Statistics (n.d.). See also the Organization for Economic Cooperation and Development (2014c); Ripley (2013).
78. 当然，发展中国家和发达国家的人口老龄化可以解释这些人均国内生产总值支出的一些变化。在世界的许多地方，尤其是东亚，年轻人的减少使得教育支出降低。虽然 2008 年经济合作与发展组织观察，平均年龄为 0-14 岁的儿童占人口的 18.6%，现在日本（13%）、德国（14%）、意大利（14%）的比例远低于中国（21%）、墨西哥（29%）及印度（32%）。
79. 得分在第五级或第六级的学生比例。积极的 STEM 研发人员指的是不包括社会科学家在内的所有把研发当作主要工作的科学和工程职业。National Science Foundation (2012a); Bureau of Labor Statistics (2008).
80. 1950 年仅有 0.10% 的美国人是 STEM 人才，2008 年，仍然只有 0.82%。National Science Foundation (2012a); Bureau of Labor Statistics (2008)。
81. Clark (2006); Ruegg (2004).
82. Cole (2009); Geiger (1995); Veysey (1964).
83. Rudolph (1962).
84. Lowen (1997); Bush (1945).
85. Cole (2009); Vest (2007).
86. 受访者评价工业研发特定环节为“非常重要”或“适度重要”的百分比如括号内所示。
87. Cohen, Nelson, and Walsh (2002).
88. Davidson (2009).
89. Porter (1998).
90. Breznitz and Murphree (2011); Gallagher and Zarsky (2007); Sohn and

Kenney （2007）.
91. Lecuyer（2006）.
92. 数据来自美国国家科学基金会高校研究和发展支出调查（NSF Survey of Research and Development Expenditures at Universities and Colleges）/ 高等教育研究与发展调查（Higher Education Research and Development Survey）、美国薪酬（IPEDS Salaries）；任期（Tenure）和附带福利调查（Fringe Benefits Survey），可通过 WebCASPAR 找到。
93. Ehrenberg，Rizzo; and jakubson （2007）.
94. Nation Science Foundation （2012c）.
95. Nation Science Foundation （2012a）; Kleinman （2010）.
96. Vest （2007）.
97. Mowery et al. （2004）; Nation Science Foundation （2012a）.
98. Liberwitz （2007）.
99. Mowery et al. （2004）.
100. Thursby and Thursby （2007）.
101. Baldini （2008）。然而，数据表明《拜杜法案》（*Bayh-Dole*）可能有助于提高从高校分拆出来的高科技企业的竞争力与生产力。另见 Aldridge and Audretsch（2011）及 Kenney and Patton（2011）。
102. Lederman（2010）; de Figueiredo and Silverman（2006）.
103. Lederman（2010）.
104.De Figueiredo and Silverman （2007）.
105. Wong （2011）; Breznitz （2007）.
106. Plumer （2013）.
107. 总值 760 亿美元中的 424 亿美元（2009），National Science Foundation（2012a）。
108. Radder（2010）.
109. Ehrenberg et al. （2007）.
110. 采用多元回归分析。

第五章

1. 外生和内生这两个创新研究术语来自于现代经济增长理论，在国家创新率方面有很大的影响（见附录二）。具体来讲，经济增长理论最初认为新科技是随机创造的。因而，科技进步被描述为外生变量，因为它不能被模型化。创新只是在发生而已。后来，经济学家认识到国家可以采取行动增加科技生产，由此影响经济增长率。这意味着，科学和技术是内生变量，新的增长模型即被称作内生增长理论。因此，国家创新率的争论所使用的语言充满了经济增长争论的术语和概念，认识到这对于创新辩论的积极开展至关重要。（见附件一）。
2. 有关国家创新系统的最新探索研究包括 Nelson （1993），Lundvall （1992），及 Edquist （1997）。
3. Lundvall（2004）; Freeman（1987）。了解另一种更具影响力的历史，见 Godin（2009x）。
4. Nelson（1993）.

5. Naubahar（2006）.
6. Lundvall（1992）；Freeman（1995）.
7. Nelson（1993）；Lundvall（1992）；Edquist（1997）.
8. Sharma，Nookala，and Sharma（2012）.另见 Oinas（2005），Sun（2002），Balaz（2005），Saad and Zawdie（2005），De Tournemine and Muller（1996），and Correa（1998）。
9. Mowrey and Rosenberg（1993）.
10. Odagiri and Goto（1993）.
11.Nelson（1993）；另见 Kim and Nelson（2000）。
12. 虽然我在这里批判国家创新系统缺乏坚实的理论基础，有必要指出其非理论的方法是一些创始人的战略选择，而不是不良研究设计的产物。例如，国家创新体系的先驱理查德·纳尔逊（Richard Nelson）协调的1993年案例研究是对创新理论无法预测经验事实的直接回应。

虽然内生增长理论学者为经济学家认识创新做出了巨大贡献，纳尔逊批判这些学者忽视了或者混合描述了很多重要的自变量和因果关系。他建议，以深入的定性案例研究为形式的实证研究，对捕获大理论错过的因果因素而言是必需的（Nelson 1997）。然而，纳尔逊建议的很多这种类型的现有实证研究是以单一国家（经常是日本）为基础的。因此，国家创新系统运动背后的想法是增加因果理论需要“符合”的“点数”（Nelson 1993，4）。
13. 作者之前把本节的部分内容发表在了 International Organization 杂志上，经版权持有者剑桥大学出版社的许可，在这里再次发表。见 Taylor（2004）。
14. 这一部分特别关注 Hall and Soskice（2001）阐述的资本主义多样性（VoC）理论。
15. Williamson（1975，1985）.
16. 例如，互相挖走对方员工，苹果、谷歌、Adobe 和英特尔于 2014 年被处以 3.25 亿美元的罚款。
17. 最近把发展中经济纳入资本主义多样性（VoC）理论的努力可参见 Nolke and Vliegenthart（2009）。
18. Hall and Soskice（2001）.
19. Hall and Soskice（2001）.
20. Hall and Soskice（2001）.
21. 例如，使用美国专利商标局的数据，资本主义多样性（VoC）的预言被证实更准确，当仅用于美国和德国时，成功率为 70% 到 80%。然而，当把所有的自由市场经济（LMEs）和协调型市场经济（CMEs）国家包括在内时，VoC 理论的预测力大大下降，1983-1984 年的成功率是 72%，1993-1994 只有 50%，1963-1999 这段时间的成功率是 56%。把美国从 LMEs 国家中删除后，结果更为糟糕，VoC 的成功率在 44%-56%，如同掷硬币做决定一样。
22. Weiss（2014）.
23. 即使把美国包括在内，自由市场经济（LMEs）和协调型市场经济（CMEs）之间的创新差异也小于每项专利的单个引用。虽然这可能是有统计学意义的数量，它远远小于最具创新性和最不具创新性的国家之间的创新差异，也没有表明创新缺口大。
24. 认为资本主义多样性（VoC）适用于某些工业的其他分析，见 Akkermans，Castaldi，and Los（2009）。
25. 对于经济自由度指数，赫里蒂奇（Heritage）测量了经济自由的十个质性和量性方面，把它们分成四个大类：法律规定（产权、廉洁）；有限的政府（财政自由、政府支出）；管理效率（经营自由、劳动力自由、货币自由）；开放市场（贸易自由、投资自由、金融自由）。这十个经济方面都按从 0 到 100 的等级进行排列。一个国家的总分通过平均这十个经济自由获得，每个的权重相等。http: //www.heritage.org/index/。
26. Akkermans，Castaldi，and Los （2009）.
27. Balaz （2011）.
28. Rafiqui （2010）.
29. Acemoglu and Robinson （2012）.
30. North（1981，1990）.
31.North and Thomas（1973）.
32. North（1990）.
33. North（1990）.
34. Acemoglu，Johnson，and Robinson （2005）；Acemoglu and Robinson （2000，2006）；Acemoglu （2003）.
35. Acemoglu and Robinson （2012）.
36. 不过仅仅选举是不够的。很多不民主国家也有选举，这些国家包括萨达姆统治下的伊拉克、阿亚图拉统治下的伊朗等。为了创造民主，选举必须是自由的、公平的、有竞争性的，经常定期举行。只有这样，团体和个人才能不畏破坏或报复，争取权力、资源和公共产品。宪法保障演讲、组织等自由，可以进一步提高多元性。见 Held （2006） and Dahl（1998）。
37. 政体 IV 数据集提出了测量高管招聘、行政权力约束和政治竞争的六种方法。它还包括统治制度的变化。政治数据侧重于中央政府制度和在职权范围内行动的政治团体。它不考虑脱离中央政府权力的群体或地区，如分裂或叛乱，或是没有有效地融入国家政治进程的人群。Marshall，Gurr，and Jaggers （2014）。
38. 作者之前把本节的部分内容发表在 Review of Policy Research 杂志上，经版权持有者剑桥大学出版社的许可，在这里再次发表。见 Taylor （2007）。
39. Surowiecki （2004）.
40. Rosenberg and Birdzell（1985）；Mokyr（1990，2002）；Drezner（2001）；Acemoglu，Aghion，Lelarge，Van Reenen，and Zilibotti （2007）.
41. 在实践中，许多国家的权力分属不同的立法机关、相互竞争的官僚机构或兵种，它们的权力进一步下放。
42. 从 1997 年起，政治权力在很大程度上“下放”给了英国的地方和当地政府。见 Norton（2010）。
43. 严格来讲，法官是在英国首相的建议下由英国君主提名的。
44.《2005 年宪法改革法案》（*the Constitutional Reform Act 2005*）增加了英国司法机构的独立性。
45. Norton （2010）.
46. Drezner （2001）；Mokyr（1990，2002）；Weingast （1995）；Nelson （2005）；Acemoglu，Johnson，and Robinson （2005）.
47. Drezner （2001）；Mokyr（1990，2002）；Rosenberg and Birdzell （1985）；Suroweicki（2004）；Acemoglu et al.（2005）.
48. Cary（1974）；Oates（1972）.

49. Weingast（1995）；Qian and Weingast（1997）.
50. Hayek（1945）.
51.Tiebout（1956）.
52. Surowecki （2004）.
53. Florida （2002）.
54. Drezner （2001）；Mokyr（1990，2002）；Rosenberg and Birdzell（1985）；Weingast （1995）；Acemoglu et al. （2005）。
55. Shilts（1987）.
56. Acemoglu et al.（2005）；Drezner（2001）.
57. 在图 5.5 中，垂直轴表示创新率相对于美国的变化。
58. Henisz （2000）.
59. 这里使用变量“polconv”：1970：Max（0.88），Mean（0.23），Min（0），Standard Deviation （0.32），Obs（133）；2010：Max（0.89），Mean （0.43），Min （0），Standard Deviation （0.31），Obs（133）； 1975-2010 年间数值的变化：Max（0.84），Mean（0.20），Min（-0.72），Standard Deviation （0.32）。60. Delios and Henisz（2000）；Henisz （2002b）；Heniszand Zelner （2001）.
61. 把 2000-2005 年作为端点，阐述对来自于 2007 年以来全球金融危机的选择偏差的怀疑。然而，2007-2012 年的数据分析产生几乎相同的结果。
62. Taylor （2007）.
63. Taylor （2009）.
64. 这不是一个新的或有创造力的发现，只是证实了先前研究的预测。见 Ragers（1995）；Walker（1969）。
65. Kingston （2013）；Hayes （2009）.
66. 自 2001 年起重组为经济、贸易、工业部（METI）。
67. Johnson（1982）；Taylor（1995）.
68. 事实上，1955 年之前的 90 年里，日本的制度同样也很糟糕，缺乏一致性；在这段时间内，日本的民主和市场制度在创新稳步增加的背景下大幅震荡。见 Duus （1998），Morris-Suzuki（1994），and Sims（2001）。

第六章

1. 另见 Rodrik （2007）。
2. Breznitz （2007）；Brevnitz and Ornston （2013）；Breznitz （2012）.Breznitz builds upon Evans （1935），Aasell（2000），and O’Riain（2004）.
3. 然而，只有以色列设法发明了强大的可持续的国内硬件和软件产业。爱尔兰只在软件方面取得了成功。见 Breznitz （2007）。
4. Razan and Sadka （1993）.
5. 引自 IbhakYaakov，Breznitz （2007，56）。
6. Trajteeberg（2001）.
7. 一个贸易和工业部内部先前存在的机构。

8. 引自 ItzhakYaakov，Breznitz （2007，55）。
9. Mayer，Sdioors，and Yafeh （2005）:
10. Bi-National Industrial Research Foundation（2012）.
11.Toren （1994）; Research & Development（1989）; Gandal，Hanson，and Slaughter （2004）.
12. Central Bureau of Statistics，Israel（2012）.
13. Central Bureau of Statistics; Israel （2012）.
14. Guiomard（1995，222）; Lee（1989，545，635）.
15. NBER-UN Trade Data from Feenstra et. al. （2005）; O' Hearn（1998）; Sweeney （1998）.
16. O' Riain （2004）.
17. Park（2008）.
18. 换句话说，爱尔兰的知识产权保护制度从在 113 个国家中排 35 位（1960）上升到在 122 个国家中排第 3 位（2000 年以后）。见 Park （2008） and http://nw08.american.edu/~wgp/. 引用来自 US Department of State （2001，8）。
19. http://wwwsfi.ie
20. Organization for Economic Cooperation and Development （2012c）.
21. Frenkel，Shefer，and Roper （2003）.
22. Organization for Economic Cooperation and Development （2006）.
23. O' Riain （2014）; Groh，von Liechtenstein，and Lieser （2010）.
24. O' Riain （2004）.
25. O' Riain （2014）; Groh，von Liechtenstein，and Lieser （2010）.
26. Breznitz（2012）; Lin，Chang，and Shen （2010）; F.dquist and Hommen （2008）.
27.Roper and Frenkel （2000）.
28. Villa and Antonelli （2009）.
29. Smyth and Hannan （2000）.
30. O' Malley，Hewitt-Dundas，and Roper （2008）.
31. Villa and Antonelli （2009）.
32. Lin，Chang，and Shen （2010）.
33. National Bureau of Economic Research （2011）.
34.Thomson-ISI Dataset （2013）.
35. Organization for Economic Cooperation and Development （2009b）.
36. 1965 年至 1980 年这整个时间段内，墨西哥的人均国内生产总值一直是以色列的 1/2 左右，爱尔兰的 2/3。数据来源：Feenstra et al. （2015）。
37. 根据政体 IV 数据集和自由之家的世界自由（Freedom in the World）指数。Marshall，Gurr，and Jaggers （2014）。
38. Cimoli （2000）; Blornstrom and Wolff（1994）.
39. Gallagher and Zarsky （2007）.
40. Lustig（1998）.
41. Gallagher and Zarsky（2007）.

42. Botzman（1999）.
43. Organization for Economic Cooperation and Development （2009b）; Kuznetsov and Dahlman （2008）.
44. Gallagher and Zarsky （2007）.
45. Gordon （2010）.
46. Gallagher and Zarsky （2007）; Cimoli （2000）.
47. Solleiro and Gaona （2012）; Solleiro and Castanon （2005）.
48. 政治经济学发展文献的重要例外包括 Evans（1995），Ansell（2000），O'Riain（2004），and Breznitz （2007）。
49. 其他视角见 Whitford and Shrank （forthcoming），Whitford （2005），and Block and Keller （2011）。
50. 社会网络研究的最新调查，见 Knoke（2013），Kadushin（2012），Jackson（2008），and Goyal （2007）。
51. Granovetter（1995）.
52. Granovetter（1973）.
53. 安德森爵士（Sir Roy Anderson）是英国公共卫生和疾病控制的顶尖研究员，是艾滋病和血吸虫病等传染性流行病学开创性数学模型的创造者。
54. 久光制药（Hisamitsu）是外用止痛药和经皮给药技术的领先创新者。
55. Marshall（1890）.
56. Krugman（1991）.
57.Porter（1990）; Porter（1998b）.
58. Saxenian（1994）.
59. Freiberger and Swaine （2000）; Markoff （2005）.
60. Saxenian（1994）.
61. Potter and Miranda （2009）; Wong （2011）.
62. 放荡不羁的文化人通常指文化产业工作者，如作家、设计师、音乐家、演员、导演、舞蹈演员、摄影师和艺术家。
63. Florida （2012）; Bieri （2010）; Florida （2005）.
64. Lang and Danielsen （2005）.
65. Duranton, Martin, Mayer, and Mayneris （2010）.
66. Frenken, Cefis, and Stam （2011）.
67. Wolfe （2009）.
68. Eisingerich, Falck, Heblich, and Kretschmer （2012）.
69. Duranton, Martin, Mayer, and Mayneris （2010）.
70. Potter and Miranda （2009）.
71. Casper （2007）.
72. Breschi and Malerba （2005）.
73. 在实践中，这意味着消除劳动力和企业流动的障碍，同时降低阻塞的成本。
74. Etzkowitz and Leydesdorff（1998, 2000）.
75. Cooke, Heidenreich, and Braczyk （2004）; Maskell and Mahnberg（1999）.

76. Malerba（2002）.
77.Godin（2006b）.
78. Godin（2008d）.
79. Gibbons（1994）.
80. http://www.globelics.org.
81. Morris-Suzuki（1994）.
82. Toren（1994）; Gandal, Hanson, and Slaughter（2004）. 最近移民的分析，见 Ruiz（2014）。
83. 不可否认，芬兰是一个离群值，因为它是网络化程度较低的科技成功案例。具体而言，芬兰社会国内网络超级发达，而国际网络一体化程度差一些。与 Darius Ornston; Steinbock（2001）; Ornston（2012）开展的讨论。
84. Clotfelter（2010）; Solimano（2008）.
85. Boeri, Brücker, Docquier, and Rapoport（2012）; West（2010）.
86. Herrerias and Orts（2013）; Kim and Nelson（2000）.
87. Keller（2010）; Martin and Salomon（2003）; Blind and jungmittag（2004）.
88. Taylor（2009b）.
89. Taylor（2009b）.
90. Dreher（2013）.
91. 例子包括贸易数据、外国直接投资、外国证券投资、外国人的工资支付、国际电话和邮件交通、外国人口、媒体渗透、少数跨国公司数据、参与国际条约和组织。
92. 根据 Center for World-Class Universities and the Institute of Higher Education of Shanghai Jiao Tong University（2014）。
93. Organization for Economic Cooperation and Development（2012c）.
94. 众所周知，意大利的国内网络也存在问题，这些网络往往在区域内，而不是在全国范围内形成。见 Locke（1995）and Putnam（1993）。
95. 新西兰、匈牙利和斯洛文尼亚的国内制度相对强大，然而它们的创新能力却相对较弱。诚然，这些经济体比西欧国家的发展程度低，在技术前沿的绩效历史也不显著。但是，这三个国家民主化程度很高，并且拥有自由市场。事实上，根据美国传统基金会经济自由指数，新西兰多年来是世界五大资本主义经济体之一，斯洛文尼亚和匈牙利在过去二十年里极大地解放了它们的经济，击败了这一指数的世界平均水平。这些国家都成立了至少一所世界级研究大学（新西兰有五所）。同样，斯洛文尼亚大幅度增加其研发支出；很多匈牙利和新西兰的学生不断在数学和科学领域获得世界最高分。可是，新西兰只是一个中等水平创新者，匈牙利和斯洛文尼亚都是“新兴国家”，它们的科技绩效优于所有非洲、拉美和中东国家，可仍然落后于大多数西欧国家。因此，问题是新西兰、匈牙利和斯洛文尼亚相比其水平相当国家在经济和政治关系方面网络化程度低，尤其是在科技相关部门。当然，我们可能会将其归咎于规模，因为这三个国家是我们样本中规模最小的，但是如第三章所示，规模在决定科技绩效方面的作用有限。例如，新西兰这一中等水平创新者的人口规模与芬兰、爱尔兰、新加坡和挪威这些创新能力更强的国家的人口规模大致相当。
96. Leong（2003）.
97. Peebles（2002）.

98. Hampden-Turner （2009）.
99. Park （2008）. 2010 年在 http://nw08.ameiican.edu/~wgp/ 上更新。
100. Beaverstock （2002）.
101. Gopinathan （2007）; Won& Ho, and Singh （2007）.
102. Sidhu; Ho; andYeoh （2011）; Olds （2007）.
103. Phelps and Wu （2009）; Pereira （2007）; Yeoh, How, and Leong （2005）.
104. Wong （2011）.
105. 新加坡在许多方面仍然是一个非常闭塞的国家。见 Thompson（2014）, Rajah（2012）, and Tan （2007）。
106. Acemoglu and Robinson （2012）.
107. Organization for Economic Cooperation and Development（2009a）; Wong（2011）.
108. Amsden（1989）.
109. Amsden（1989）; Eichengreen, Perkins, and Shin（2012）.
110. 最近，韩国政府已介入，以增加小型和中型企业在研发和科技产业的能力。见 Organization for Economic Cooperation and Development （2009a）。
111. Park （2008）. 2010 年通过 http://nw08.ameiican.edu/~wgp/ 更新。
112. Amsden（1989）; Eichengreen, Perkins, and Shin（2012）.
113. Institute of International Education（2015）; UNESCO Institute for Statistics.
114. 不过最近，韩国的国际网络可能遭受相对下降。最近经 OECD 对韩国创新政策的评论警告其“国际关系薄弱”，引用的参与韩国的国内业务和研发国外网络太少。这可以解释为什么韩国的网络落后于芬兰、以色列和新加坡这些快速创新者。Organization for Economic Cooperation and Development （2009a）。
115. Wired News Report（1999）.
116. Greenstein and Stango （2006）.
117. 但是，有些研究者认为“壁垒”是理智的选择，不会是意外的、令人后悔的结果。见 Hossain and Morgan （2009）, Liebowitz（2002）, 及 Liebowitz and Margolis（ 1990）。
118. 这里没有列出美国国家标准协会（ANSI），因为它的作用是批准其他人设计的标准，它本身并不创造设计。
119. Sterling, Bernt, and Weiss （2006）; Spar （2001）; Carson （2001）.
120. 美国与 IBM 公司，Civil Action No. 72- 344; Grad（2002）。
121. Crane（1979）; US Congress（1992）; Krislov（1997）; Milnerand Austin（2001）。
122. Ezell （2011）; Suttmeier, Yao, and Tan （2006）.
123. Marukawa（2010）.
124. DeNardis （2011）.
125. Swann （2000, 2010）.

第七章

1. 本节的部分内容之前发表过，经版权持有者剑桥大学出版社的许可，在这里再次发表。见 Sapolsky and Taylor （2011）。

2. 这部分取自 Beasley（1988），Beasley（1997），and Porter（1998c）。
3. 第一台成功的现代蒸汽发动机是 1712 年安装在斯塔福德郡德德利城堡的纽科门发动机，该发动机被用在洪水频繁发生时将水抽空。蒸汽发动机最初于 1790 年用于工厂，当时理查德·阿克赖特（Richard Arkwright）引进瓦特蒸汽机用于英国诺丁汉纺织品的生产。当与一系列其他机械发明综合在一起时，蒸汽机使得阿克赖特将棉线生产全过程实现了机械化。见 Rosen（2010）。
4. 尝试将这种动态形式化的开创性理论工作包括 Mokyr（1992），Parente and Prescott（1994），KruSell，and Rí os-Rull（1996），Comin and Hobijn（2009），and Acemoglu and Robinson（2000）。
5. McCallion（1983）.
6. Bruland（1995）.
7. Bruland（1995）.
8. Martin（1995）.
9. Botelho（1995）.
10. Feldman and Bayer（1999）; Shilts（1987）.
11.Mokyr（1992）.
12.Tranquillus（100 AD）.
13. 有时被形式化为“Hicks-neutral”（希克斯 - 中立）技术进步，其中一项新技术不会改变一对输入之间的边际替代率；见 Hicks（1932）。虽然有时经济增长理论者不对哈罗德中性（劳动增广型）和索罗中性（资本增强型）技术进步进行区分，这种做法扩散到其他子领域的速度很慢。
14. 唯恐失业而反对用机器的生产者（Luddites）反对技术，他们因内德·勒德（Ned Lud）领导的英国工人运动而得名。1811-1816 年，他们发动暴乱，捣毁了节省劳动力的纺织厂和机器，认为这些技术会减少就业。从此，历史学家认为唯恐失业而反对用机器的生产者运动只是对技术进步做出的部分或者不直接的反应。
15. 这种理解由来已久。古罗马帝国或许是开展机械化大规模生产的第一个国家，据说古罗马皇帝韦斯巴西安（Emperor Vespasian）禁止使用节省人力的机械发明，目的是“保证劳动阶级能够有足够的收入购买食物”。同样，普林尼（Pliny）讲述了柔韧玻璃的古罗马发明者的故事。他的工厂遭到了破坏，因为他的发明对已有的玻璃吹制工和装饰性黄金、白银和黄铜的价值以及与之相关的所有的工业造成了威胁。另见 Hodge（1990）。
16. 见 Gainous and Wagner（2014）; Weiss，Franklin，and Marianne（2013）; Mele（2013）; Jundt（2014）; Boot（2006）; Piore and Sabel（1984）; and Taylor（1951）。
17. Drucker（2014）; Poletti and Rak（2014）; O'Riordan（2010）; Harrison and Johnson（2009）; Hecht（2009）; Braman（2005）; Cowan（1983）.
18. Sapolsky and Taylor（2011）.
19. Schumpeter（1942，81）.
20. Hughes（1983）.
21. 包括查尔斯·奥古斯丁·库仑（Charles-Augustin de Coulom）安德烈·玛丽·安培（André Marie Ampere）开展的高级研究，以及 19 世纪 60 年代弧光灯的协同发展和应用。另见 Gorman（1977）。

22. Bijker (1995).
23. 军事创新的学生要注意到，鉴于本书的写作目的，创新只限于技术进步，不包括学说、组织、政策和制度的变化和进步。
24. Douglas (1985).
25. 战斧远程陆攻巡航导弹于 1983 年首次服役，之后一直处于闲置状态，直到 1991 年再次用于战争，当时它的命中率达到 80% 以上，在接下来的运用中准确率提高至 90% 以上。见 Friedman (1991)。
26. te Kulve, and Smit (2010); Long and Sweezey (2005); Pierce (2004); Engel(1994)，以及对 Austin Long 的采访。
27. Betts (1981).
28. 但是，基辛格(Kissinger)和他的团队认为巡航导弹可以成为军备控制谈判的筹码。例如，见 US State Department (1976)。
29. Engel (1994)，以及对 Austin Long 的采访。
30. Long (2010).
31. 长弓训练的成本和时间也是主要障碍。见 Keegan (1993) and Jones (1987)。
32. 在所有情况下，这些限制的有效性值得怀疑，持续时间短，更适用于农民而不是绅士。见 Chase (2003)。
33. Ayalon (1979).
34. Murray and Millett (1996).
35. Posen (1984).
36. Pierce (2004).
37. Builder (1994, 200); Neufeld (1990).
38. Blair (2012); Dombrowski and Gholz (2006).
39. Mokyr (1992).
40. Levinson (2006); Gibson and Donovan (2001); Cudahy (2006).
41. Levinson (2006).
42. Levinson (2006).
43. Levinson (2006).
44. Bijker, Hughes, and Pinch (1989); Bijker (1995).
45. Caro (1974, 319)，有关计划生育技术的争论在此处也适合。
46. Szöllösi-Janze (2001); Medawar and Pyke (2001).
47. Gordon (1976, 1990); Cowan (1997).
48. Katz and Allen (1982).
49. Monroe, Miller, and Tobis (2008); Berkman (2010); Paarlberg (2009); Lin, Abney, and Bekey (2012).
50. Gordon (1976, 1990).
51. Mokyr (1992); Parente and Prescott (1994); Krusell and Ríos-Rull (1996); Comin and Hobijn (2009); Acemoglu and Robinson (2000).
52. 杜克能源公司是一家总部位于北卡罗来纳的电力生产公司，截至 2015 年拥有七个核电站和发电站。

53. 也许最早的例子是塔夫脱总统（President Taft）于 1910 年解雇了美国林务局的第一任局长吉福德·平肖（Gifford Pinchot），因为他不服从宣传科学林业与保护。见 Miller（2001）。
54. Shulman （2006）.
55. Shuhnan （2006）.
56. Shuhnan （2006）.
57. Shuhnan （2006）.
58. Shulman （2006）.
59. Brown and Williamson internal document（1969）.
60. Intergovernmental Panel on Climate Change（1995）。虽然科学家从 20 世纪 60 年代起就警告政治家们环境变化的威胁。见 Fleming （1998）。
61. 众议院科学、空间和技术委员会主席国会议员兰默·史密斯（Lamar Smith） 在审查联合国政府间气候变化小组的全体委员听证会（2014）上致开幕词。
62. Oreskes and Conway （2010）.
63. Mooney（2005）；Shulman（2006）；Berezow and Campbell （2012）.
64. 参议员汤姆·科伯恩（共和党人，俄克拉荷马州）对“跑步机上的虾”（shrimp on a treadmill） 和洗衣叠衣机器人的攻击可以说明这一点。见 Cobarn （2011）。
65. Hartung （2011）； Wirls （2010）; Eisendrath，Goodman，and Marsh （2001）.
66. Paarlberg （2009）.
67. Mukunda （2012，215）.
68. Cohen and Noll（1991）.
69. Mankiw （2006，2009）; Hoel and Kvemdokk（1996）; Farzin（1996）; Bergstrom（1982）.
70. Parthasarathy （2007）.
71.Caulfield，Bubela，and Murdoch （2007）.
72. 分子病理学协会（Association for Molecular Pathology）与马里亚德基因公司（Myriad Genetics），569 U.S，12-398（2013）。
73. 作者先前在 Journal of Health Politics 和 Policy and Law 上发表过本节的部分内容，经版权持有者杜克大学出版社允许在这里再次发表。见 Taylor （2009a）。
74. World Health Organization （2015）.
75. 特别是抗血友病因子。
76. 在美国境内。见 White （2010）。
77. Petricciani，McDougal，and Evatt（1985）; Rouzioux et al.（1985）.
78. Montagnier （2000）; Institute of Medicine（1995）.
79. 但是这并不普遍。例如，法国科学机构往往认为性生活会导致艾滋病，一般避而不谈这一多年来困扰美国研究者的话题，美国研究者最初认为艾滋病完全是“同性恋疾病”。见 Shilts（1987）。
80. Feldman and Yonemoto（1992）.
81. Grmek （1990）; Epstein（1996）; Mann and Tarantola（1996）; Shilts（1987）.
82. Shilts （1987）.
83. Berridge（1996，33）.

84. Smith, Teeling, and Taylor (1984).
85. Street and Weale (1992).
86. Berridge (1996).
87. Hayward (1973).
88. Kellerman (1988).
89. Steffan (1992).
90. Gallo (1991); Shilts (1987).
91. Shilts (1987).
92. 尽管缺乏政府的支持，英国科学界的普遍认为英国没有能力与法国和美国的艾滋病研究竞争，英国的研究人员还是取得了一些显著的成就。例如，早在1983年12月，剑桥的病毒学家亚伯拉罕·卡帕斯(Abraham Karpas)就发表了一张后来发现是艾滋病毒的电子显微图，几个月之后，美国盖洛(Robert Gallo)才识别出艾滋病病毒(Berridge 1996)。跟盖洛一样，英国的白血病研究者将其癌症研究资金用于为英国第一次商业HIV抗体试验奠定基础。1984年秋，另一名研究者特德(Richard Tedder)进行了实验室试验，这些试验用于开展病毒研究和流行病学研究，包括血友病中心血清分析(Berridge 1996)。但是，跟法国一样，从实验室到生产线的转变并不及时。
93. Montagnier (2000).
94. 两个月之前被蒙塔尼(Montagnier)隔离。
95. Shilts (1987); Epstein (1996); Montagnier (2000).
96. Shilts (1987); Epstein (1996).
97. Crewsdon (2002); Epstein (1996).
98. Crewsdon (2002); Epstein (1996).
99. Feldman (2000); Steffan (1992;1999).
100. Steffen (1999).
101.Feldman and Yonemoto (1992).
102. Isomure and Mizogami (1992); Swinbanks (1985); Feldman (1999).
103. Swinbanks (1988, 1996).
104. Feldman (1999).
105. 一种被称作官员空降(amakudari)的做法。
106. Johnson (1982); Suleiman (1978); Feldrnan (1999).
107. Feldman (1999).
108. Feldman and Yonemoto (1992).
109. Swinbanks (1986); Feldman (1999).
110. Feldman (1999).
111. Starr (1998).
112. Feldman (1999).
113. Agress (1983); Feldman (1999).
114. Dearing (1992); Swinbanks (1988).
115. Feldman (1999).
116. Feldman (2000).

117. Shilts（1987）.
118. Shilts（1987，221）.
119. Feldman（1999，26）；博韦（Bove）在越来越多的证据面前最终于 1984 年改变立场；见 Shilts（1987）。
120. Shilts（1987），
121.Office of Technology Assessment（1995）.
122. 轻度血友病患者每六个月需要输一次血液因子，严重患者每周需要输两到三次。Phone Interview with Nava Rahmanim，Information Specialist，National Hemophilia Foundation （2002）。抗血友病因子的发展使得血友病患者的平均寿命增加了几十年。见 Starr （2000）。
123. Smith（1970），引自 White（1984，470）。
124. Sapolsky and Taylor （2011）.

第八章

1. 就连随机发现也必须得到发明者的认可并花费很多钱才能够发展起来。
2. 本章中的部分材料取自 Taylor （2012），可参见 http://wwwtandfonline.com/。
3. 20 世纪 40 年代，熊彼特（Schumpeter）试图描述资本主义的演化特征。他认为当时的主流（经典的）经济学只关注价格竞争和达到平衡，这太过静态，对资本主义经济的描述是不全面的。相反，他认为我们现在所称的“创新”通过“创造性毁灭”推动资本主义向前发展。他写道，“创造性毁灭的过程是资本主义的重要事实……是启动资本主义引擎、让其不断运转的基本推动力。”然而，他本可以使用一个比我在本书中用到的更宽泛的创新定义，把“新消费者商品、新生产或交通方法、新市场、资本主义企业创造的新工业组织形式……新商品、新技术、新供应来源、新型组织”也包括在内。见附录一和 Schumpeter（1942，83-84）。
4. 这一部分受益于与历史学家 Ron Hatzenbtmhler，Claudio Katz，Mary Krall，and Barbara Oberg 的讨论。
5. Hamilton（1791）；Cole（1928）；Nelson（1979）.
6. Washington（1790）.
7. Ben-Atar and Oberg（1998）；Elkins and McKitrick （1993）.
8. 当时，人们对政治团体深恶痛绝；因此，联邦主义者一般否认他们在成立政治团体。同时，这段时期有关美国对外政策的激烈争论直接触发了党派偏见：人们担心联邦主义者过于支持英国，认为民主共和党人同情法国，十分危险。
9. Meye （2003）；Irwin （2004）；Nelson （1987）；Wood （2009）.
10. Irwin and Sylla （2011）；McCoy （1980）.
11.Wood （2009）；Herring （2008）.
12. Jefferson（1782）.
13. Jefferson（1792，353）.
14. Madison（1792，180）.
15. Maclay（1790，15）.

16. Wood （2009）；Herring （2008）.
17. Wood （2009）；McCoy（1980）.
18. 虽然杰弗逊派没能成功阻止美国专利局的成立，他们使得美国专利具有要求其完全公开技术细节的新颖特点。见 Cowan （1997） and Walterscheid （1998）。
19. Swanson（1993）.
20. Sherid（1992）.
21.Coghano （2014）；Herring （2008）.
22.《关税法》于 1789 年、1790 年、1792 年、 1794 年、 1795 年、 1796 年由国会通过，直到 1816 年才得以再次获准通过。前两项关税制度只是为了创收。但是，1792 年《关税法》包含了汉密尔顿（Hamilton）在《制造业报告》（*Report on Manufacturers*）中提出的贸易保护主义征税。见 Irwin （2004）。
23. Cooke （1975a，1975b）.
24. 一些国内紧张局势与外部威胁有明确的关系。早期美国政治派别的各方都认为对方支持国外超级大国。见 Wood （2009） and Herring （2008）。
25. Crackel （1987，2002）.
26. Dupree （1986）.
27. 但是，杰弗逊和许多牧民强烈希望美国的制造业尽可能以家庭，而不是以工业为基础。他们还认为，当西部各州和地区广阔的空地成为安全阀，从而使得劳动力可以逃避“其他阶级迫使他们仅仅维持生计”的企图时，制造业的罪恶可以最小化。见 Jefferson（1805），同时见 Jefferson（1812，1816）。
28. Jefferson （1816）。1811 年秋，杰弗逊在一封信中更强烈地申辩道：“I formerly believed it was best for every country to make what it could make to best advantage, and to exchange it with others for those articles which it could not so well make. I did not then suppose that a whole quarter of the globe could within the short space of a dozen years, from being the most civilized, become the most savage portion of the human race. I am come over therefore to your opinion that, abandoning to a certain degree those agricultural pursuits, which best suited our situation, we must endeavor to make everything we want within ourselves, and have as little intercourse as possible with Europe in it's present demoralised state. ” Jefferson(1811)。另见 Jefferson(1809a, 1809b，1816）。
29. Herring （2008）；Wood （2009）.
30. Ha （2009）.
31. Sexton （2011）.
32. Adams（1825）.
33. 同时提出的有海军军官工程学院、统一的度量标准、专利局改革。
34. Adams（1875，64-6S）.
35. Remini （2002）.
36. Jackson（1826）.
37. Ritchie（1825）.
38.“分配”认可这些政治斗争不仅仅限于经济分配，也是政治、社会和文化权力和资产的（再）

分配。

39. 我认为，这种描述也适合冷战时期的芬兰。

40. Taylor（2012）.

41. 人力资本外逃被划分为“外部”威胁，因为如果没有可以外逃的国家，外逃就不会发生。虽然这种分类方法可能会冒犯一些读者，因为此举模糊了“外部的”词典定义，然而，用在此处是为了简化讨论。

42. Christensen（1997）.

43. Olson（1965）.

44. Markowitz and Fariss（2013）；Lake（2009）；Prior（2001）；Dudley（1991）.

45. Raudzens（1990）.

46. 尤其是当它处于进攻一方或试图侵占时（如希特勒进军苏联、美越战争、苏联－阿富汗战争、美国最近侵占伊拉克和阿富汗）。

47. 见 Parker（1988），Cipolla（1965），Kennedy（1987），and McNeill（1982）。

48. 科技进步对于技能和劳动力市场的影响是经济学者进行的富有争议的辩论主题。见 Acemoglu and Autor（2012）；Goldin and Katz（2008）；Autor，Levy，and Murnane（2003）；Acemoglu（2002）；and Card and DiNardo（2002）。

49. Olson（1965，1982）.

50. Olson（1982，18）.

51. 一些学者认为，奥尔森只是部分正确。大型的扩散性利益群体可能也会常常出奇容易地进行组织。在这些情况下，组织广泛而肤浅的利益群体的障碍确实存在，但是克服这些障碍的积极性会更高。见 Trumball（2012）。

52. Mokyr（1990，1998）.

53. Acemoglu and Robinson（2012）；Acemoglu（2009）.

54. Parente and Prescott（1994）；Krusell and Rios-Rull（1996）；Comin and Hobijn（2009）.

55. Solingen（2007a，2007b）.

56. Haggard（1990）；Haggard and Kaufman（1992）.

57. Drezner（2001）.

58. Doner（2009）；Doner，Hicken，and Ritchie（2009）；Doner，Ritchie，and Slater（2005）.

59. Henisz（2002a）.

60. Olson（1965，1982）.

61. “政权更迭”指的是一个国家在三年或更短的时间内 POLITY 得分的三点变化，或者由缺乏稳定的政治制度所界定的过渡时期的结束。美国的实际价值是 203。见 Marshall，Gurr，and Jaggers（2014）。

62. 极化尝试概括不同人群之间的人际矛盾。对立产生于群体规模、群体认同，以及不同群体之间疏离感（组间距离）的相互影响。例如，惯用左手和右手的人数相等的人群会细化但不会极化，而什叶派占大多数和逊尼派占少数的社会不会细化，但会高度极化。用数据指标进行测量时，0 值相当于根据细化或极化完全同质化的社会。随着社会不同群体数量的增加，细化指标接近“1”。随着群体规模差别变大，对立增加，极化指标会接近“1”。

见 Montalvoa and Reynal-Querol （2005） and Alesina，Devleeschauwer，Easterly，Kurlat，and Wacziarg （2003）。
63. Papyrakis and Mo （2014）；Goeren （2014）；Ager and Bruckner （2013）；Montalvo and Reynal-Querol （2005）；Alesina，Devleeschauwer，Easterly，Kurlat，and Wacoarg（2003）.
64. 葡萄牙和挪威从各种测量方法来看都具有高度的同质性：种族、语言和宗教。爱尔兰和希腊在语言和宗教渊源方面具有高度同质性，但在种族渊源方面的同质化程度更高，但仍然低于世界平均多样化水平。见 Alesina，Devleeschauwer，Easterly，Kurlat and Wacziarg （2003）。
65. 相反，经济危机和第二次世界大战的双重危机使得美国积极参政的利益群体显著增加，但是美国的创新率还是持续增长。
66. Olson（1982，75）.
67. Olson，Sarna，and Swamy （2000）；Olson （1996）.
68. 政治恐怖量表是五个等级的相对政治暴力指标。编制恐怖量表的数据来自美国国务院每年的人权报告，以及大赦国际（Amnesty international）年度国家报告。见 http://wwwpoliticalterrorscale.org/ 及 Wood and Gibney （2010）。
69. Jones，Bremer，and Singer （1996，163）.
70. 这里描述了阿根廷、巴西、智利、希腊、萨尔瓦多、巴拿马、秘鲁、西班牙、土耳其和乌拉圭。当然，支持科技的军事独裁政权短期内会存在——韩国曾经符合这种描述——但是随着时间的推移会陷入停滞。因此，我没有在这次检验中对他们进行具体分类。因为随着工业创新者演变成与政权相关的既有参与者，支持科技的军事独裁政权往往成为现状利益集团的忠实捍卫者，他们随后会设法阻碍可能导致政权更替的创造性毁灭。因此，它对国家创新率的整体影响并不明确，有可能取决于分析的时间框架。见 Acemoglu and Robinson （2005）。
71.Grieco，Cheng，and Guzman （2014）.

第九章

1.Weiss（2014）；Ruttan（2006）；Samuels（1994，2007）；Keller and Samuels（2003）；Heo and Roehrig （2014）.
2. 这部分得益于普雷斯曼（Jeremy Pressman）和劳伦斯·鲁宾（Lawrence Rubin）的建议。
3. 20 世纪 40 年代中期的统计因为政治界限的改变和大规模移民而出现了问题。1947 年巴勒斯坦的人口统计是 184.5 万。但是，由于战争和政权更迭，这个地区的边界备受争议，超过 70 万巴勒斯坦人逃亡。见 United Nations General Assembly（1951）and Shaw（1946）。
4. Central Bureau of Statistics，Israel.
5. 1974 年之前，以色列的平均移民率是其人口的 1.5%-2%。Central Bureau of Statistics，Israel。
6. Segev（1993）.
7. Sachar（1976）.
8. Meir （1975，346）.
9. Ben-Meir （1995）.

10. Handel （1973）.
11. 多达 40% 的以色列士兵是新移民。见 Handel（1973）。
12. Horowitz and Lissak （1989）.
13. Abramitzky （2011）; Halevi and Kliinov-Malul （1968）; Patinkin（1967）.
14. 甚至连私营企业也分享了以色列的统一驱动发展战略。为了维持对私营企业的支持，以色列政府把上等的条件提供给重要的行业协会，例如特别投资津贴、保护主义措施和其他形式的国家支持。见 Aharoni（1998）, Hanieh （2003）。Arian （1985）, and Bruno（1992）。
15. Cohen（1998）.
16. Breznitz （2007）.
17. Alpert （1982）.
18. Garfinkle（2000, 121-124）.See also Hilberg（2003）.
19. Segev（1993）.
20. Desch （2008）.
21. Flapan（1987）; Schlaim （2001）; Thomas（1999）.
22. Desch （2008）; Follack （2002）.
23: Desch （2008）.
24. DeRouen （2000）.
25. Louis and Shlaim（2012）.
26. Arian（1995）. Desch （2008） and Pressman （2008）.
27. Crosbie（1974）.
28. Aharoni （1998）.
29. Bruno（1992）.
30. Arian（1985）.
31. Benporath（1977）.
32. Huiyu （2009）.
33. Tsurumi（1977）.
34. Bew （2007）.
35.《英爱条约（the Anglo-Irish Treaty）》（1921）创造了一个自治的、独立自主的爱尔兰国家，拥有自己的军队和警察。但是，从严格意义上讲，爱尔兰仍然是英国的自治领土，英国的君主是国家的正式元首（类似于加拿大和澳大利亚）。新爱尔兰议会的成员被要求"宣誓效忠"。英国保留了对爱尔兰几个战略港口的控制权。爱尔兰激进的共和党人认为该条约没有给予爱尔兰完全独立地位（或者对没有参加谈判非常生气），然而条约支持者认为这可能是当时最好的条约。
36. 这是一起低水平的冲突，主要集中在一些主要城市，导致大约一千人死亡，这些人主要是平民和警察，不是武装力量。见 Boyce （1988）。
37. Bartlett （2010）.
38. 离婚被禁止，避孕被取缔，并且开始审查淫秽书籍和好莱坞电影；导致大量的头衔被禁止。见 Bartlett（2010）, Graham（2001）, and Chriost（2012）。
39. O' Buachalla（1988）.
40. 比较富裕的国内工业主要由酿造业、食品加工和基本的纺织品构成。其余的主要是英国制造商高产量、低产值、低技术商品的子工厂。见 Bielenberg （2009）。
41. O’ Grada （1997）.
42.Bielenberg （2009）.
43. Bielenberg and Ryan （2013）.
44. McCatthy and Keogh （200S）.
45. Bew （2007）.
46. Daly（1984）.
47. Neary and Ograda（1991）.
48. Bartlett（2010）.
49. 爱尔兰共和国在整个战争中只是遭受了几次小型的，有时是偶然的空袭，德国对此有时表示歉意，甚至支付赔款。见 McMahon （2009）。
50. Bartlett （2010）.
51. Bartlett （2010）.
52.Wills （2007）.
53. O’Grada（1997）.
54. Dublin Opinion（1941）。
55. O’Grada（1997）.
56. 共和国持续的进口保护主义政策并不是损失殆尽。在最后的十年里，爱尔兰在玻璃制造、化学药品、工程、塑料盒、水泥行业取得了一些技术进步，但主要的科技进步还是在食品加工行业。见 Bielenberg and Ryan （2013） and O’Grada （1997）。
57. O’Grada（1997）.
58. O’Grada （1997）.
59. O’Buachalla （1988）.
60. Whitaker（1958）.
61. Based on Bartlett （2010） and Bielenberg and Ryan （2013）.
62.Daly （2006）; O’Brien （1953）.
63. Honohan and O’Grada （1998）.
64. O’Grada（1997）.
65. O’Grada（1997）.
66. Breznitz （2007）.
67. O’Riain （2004）.
68. Bielenberg and Ryan （2013）.
69. Bielenberg and Ryan （2013）.
70. O’Riain （2004）; Breen et al. （1990）; Bielenberg and Ryan （2013）.
71. O’Riain （2004）; Breen et al. （1990）.
72.O’Riain （2004）.
73. Bielenberg and Ryan （2013）.
74. Grimes（1992）; O’Connor（2003）.
75. Daly （2006）; O’Brien（1953）.
76. Munley, Thornton, and Aronson（2002）; Mac Sharry, White, and O’Malley（2000）.

77. Bielenberg and Ryan （2013）.
78. Bartlett（2010）；O'Grada（ 1997）.
79. Telesis Consulting Group（1982）.
80. Bielenberg and Ryan （2013）.
81. Walsh （1999）.
82.National Economic and Social Council （NESC）（1991）.
83. Crotty（1986）；Wiles and Finnegan（1993）.
84. 也被称为“塔拉特战略”（the Tallaght Strategy）。见 Ornston （2012） and Sinnott（1995）。
85. Bielenberg and Ryan （2013）.
86. Mac Sharry，White，and O'Malley （2010）；Breznitz （2007）.
87. 在这段时间，40.2% 的归国人士有大学学位，而爱尔兰有大学学位的人只占其总人口的16.7%。见 Barret，Bergin，and Duffy （2006）。
88. Bielenberg and Ryan （2013）.
89. Organization for Economic Cooperation and Development （2012x）.
90. 学者们在确定“凯尔特之虎”的时期上存在分歧。例如，奥赫恩（O'Hearn）从 1994 年摩根士丹利的乐观经济分析之后算起；布雷斯尼茨（Breznitz）认为 2000 年之后不久，当新爱尔兰高科技企业的首次公开募股（IPOs）不再出现于 NASDAQ，爱尔兰的主要国内经济引擎转向不动产时，“凯尔特之虎”时期就结束了。
91. Breznitz （2007）.
92. Bielenberg and Ryan （2013）.
93. van Egeraat and Barry （2009）；wan Egeraat （2010）.
94. O'Hearn（1998）.
95. 例如，从人均国内生产总值来看，墨西哥的财富 20 世纪的大部分时间里其平均值是爱尔兰（1921-1991）或以色列的 2/3（1950-1970）。见 Bolt and van Zanden （2013）。
96. Servín，Reina，and Tutino（2007）.
97. Henderson （2009）.
98. Meyer and Beezley （2000）.
99. 这些领导者当中只有 1/4 完全符合宪法，只有八人在位时间超过两年，最长的任期是六年多。在位时间最长的包括 Guadaluve Victoria （1824-1829），Anastasio Bustamante （1839-1841），José Toaquin de Herrera （1848-1851），Antonio López de Santa Anna （1853-1855），Ignacio Comonfort （1855-1858），Benito Juárez （ 1858-1864;1867-1872） and Sebastián Lerdo de Tejada （1872-1876）。
100. Meyer，Sherman，and Deeds（1999）.
101. Lorey（1993）.
102. 到 1860 年，墨西哥的人均经济产出下降，低于 1800 年水平；19 世纪 60 年代的某个时间，经济开始复苏，但是直到 19 世纪 80 年代才超过先前的最高值。见 Bolt and van Zanden （2013）。
103. Bleichmar （2009）；Fortes and Lomnitz （1994）.
104. Foster （2007）.

105. Fortes and Lomnitz（1994）.
106. 此处观点如下：1820年，德克萨斯州是一个无人居住的、贫穷的边疆，是西班牙、美国和各种印第安部落争相抢夺之地。1821年墨西哥获得独立之后，它的新联邦政府向美国定居者开放了德克萨斯州，墨西哥政府没有对其进行军事控制。因为没有多少墨西哥人住在或尝试住在德克萨斯州，墨西哥政府想建立美国定居者缓冲区，抵御经常袭击南部的科曼奇部落，吸引定居者，1824年《墨西哥宪法》和其他法律给予定居者相当大的政治自治权和非常慷慨的经济利益。作为回应，几千名美国定居者移民至此。结果，到19世纪30年代时，德克萨斯州的绝大多数人口是白人、新教美国人。当然，墨西哥境内的很多人对这些新到德克萨斯的人持怀疑态度。最好的情况下，他们对墨西哥法律的忠诚和服从遭到质疑（尤其是对墨西哥废除奴隶制度）；最坏的情况下，这些定居者被看作是美国权力的代替者。尽管如此，德克萨斯州的定居精英们一再证明愿意在墨西哥制度范围内解决冲突。同时，多数墨西哥人面临更大的内部威胁，因为墨西哥当时为国内暴力冲突和政治不稳定所困扰。1833-1855年，墨西哥总统换了至少36次。1834年5月，桑塔·安纳（Santa Anna）解散了国会和州政府，废除了宪法，宣布自己是独裁者。德克萨斯州和墨西哥的其他一些州叛乱。但是美国保持距离和中立。事实上，最初，德克萨斯人为了恢复1824年自由派《墨西哥宪法》，并且确立自己为墨西哥联邦的新成立州进行过斗争（此前，德克萨斯州只是墨西哥科阿韦拉和德克萨斯州的一个省）。即使在冲突演变为分裂战争之后，很多墨西哥出生的西班牙裔也为了德克萨斯州独立而战，而不是反对它。另外，美国公民蜂拥而至加入革命，美国政府给这些叛乱人员提供援助。而且，1836年德克萨斯州获得独立之后，杰克逊政府在近一年的时间里拒绝承认这些新国家。当然，墨西哥政府派遣了大量军队，在桑塔·安纳（Santa Ana）的亲自带领下镇压叛乱，防止德克萨斯脱离墨西哥。但是，最后，这不是美国创新或者代理人战争。美国境内的反奴隶制力量和反扩张力量非常强大，不会允许这种事发生。德克萨斯州的脱离是国内战争取国内权力，而不是争取墨西哥人所关心的土地，以巩固桑塔·安纳独裁统治的结果。见 Calvert, De Leon, and Cantrell（2013）; Howe（2007）; and Herring（2008）。
107. Merry（2009）; Henderson（2007）.
108. Foster（2007）.
109. Greenberg（2012）; Howe（2009）.
110. Though both of these promises would be poorly fulfilled by the United States。虽然美国没有很好地履行这两个承诺 Howe（2009）; Henderson（2007）。
111. Meyer, Sherman, and Deeds（1999）.
112. Ridley（2001）.
113. Meyer, Sherman, and Deeds（1999）.
114. Bethell（1986）; Herring（2008）.
115. Herring（2008）.
116. 被门罗主义称为“罗斯福推论”（Roosevelt Corollary）. Roosevelt（1904）。
117. Herring（2008）.
118. Schoultz（1998）; Herring（2008）; Buchenau（1996）.
119. Beatty（2001）.
120. Razo（2008）.

121. Beatty（2001）；Moreno-Brid and Ros（2009）.
122. Moreno-Brid and Ros （2009）.
123. Garner （2001）；Vazquez and Meyer（1985）.
124. Garner （2001）.
125. Lorey（1993）.
126. Lorey（1993）.
127. Gonzales （2002）.
128. Meyer，Sherman，and Deeds（1999）；Camin and Mayer（1993）.
129. Foster （2007）；Gonzales （2002）.
130. 持续和广泛的制造技术新投资开始于 1935 年。见 Haber （1989）。
131. Haber（1989）；Gonzales （2002）；Camin and Mayer（1993）.
132. Schuler（1998）.
133. Niblo（1995）.
134. 墨西哥突然将石油工业国有化（1938）没有破坏与美国的关系，虽然这使得墨西哥与英国的外交中断了四年。墨西哥石油工业曾经是完全归国外所有的行业。因此，国有化给外国投资者造成了巨大损失。但是，罗斯福政府只坚持财政补偿，既没有威胁也没有采取军事行动。见 Vazquez and Meyer（1985） and Knight（1987）。
135. King（1970）；Hansen（1971）.
136. Moreno-Brid and Ros（2009）.
137. Sanderson（1986）.
138. Moreno-Brid and Ros （2009）；Sanderson（1986）.
139 Gallagher and Zarsky （2007）.
140. Bagley and Quezada（1993）.
141. 1976 年发生了严重的国际收支危机，这引发了更大的科技投资；然而，墨西哥发现了主要的石油矿藏，因此，大规模出口预期迅速缓解了这些压力。见 Moreno-Brid and Ros（2009）。
142.Lorey（1993）.
143. Lustig（1998）.
144. Cimoli （2000）.
145. Schlefer （2008）.
146. Lustig（1998）.
147. Schlefer （2008）.
148. Botzman（1999）
149.1981 年，墨西哥的研发支出达到最高值，占到国内生产总值的 0.45%，此后一直徘徊在这个水平。见 Organization for Economic Coopeation and Development （2012e，2012d）。
150. Organization for Economic Cooperation and Development （2009b）.
151. Lustig（1998）.
152. 2009 data；World Bank （2014）：Organization for Economic Cooperation and Development（2014a）.

153. Lorey（1993）.
154. Alcorta（1998）.
155. Botzman（1999）.
156. Organization for Economic Cooperation and Development （2009b）.
157. Gallagher and Zarsky （2007）; Organization for Economic Cooperation and Development（2009b）.

第十章

1.《安娜・卡列尼娜》是俄国小说家列夫・托尔斯泰（Leo Tolstoy）的经典之作，这本书发表于 19 世纪 70 年代中期，该书以现在有名的评论开头，“幸福的家庭都是相似的；不幸的家庭各有各的不幸”。
2. 重要的例外情况包括 Przeworski （2004）。
3. Olson（1982，14）.
4. 我们再次援引曼瑟・奥尔森（Mancur Olson）: “Absolutely nothing in all of epistemology suggests that valid explanations should be monocausal. An explanation may be entirely valid，yet explain only a part...of the variation at issue.” Olson （1982，4）。
5. Acemoglu and Robinson （2006）.
6. Ruttan （2006）.
7. Doner （2009）.
8. Solingen （2007b）.
9. Haggard（1990）.
10. 或许，与创新不安全感最相似的观点是“科技民族主义” （Techno-nationalism）对日本的描述，该观点认为持续的“风险崇拜”（Cult of Vulnerability）是日本创新和工业化的推动力量。最近，同样有人认为美国创新的秘密是冷战时期的“国家安全状态”，这种状态随着地缘政治威胁的转变和普遍的反集权情绪的改变而发生变化。见 Samuels （1994） and Was （2014）。有些学者反转因果关系箭头，认为科技是国际政治的主要自变量。见 Skolnikofff（1993）and Heuera （2006）。
11.1943 年 2 月新闻评论，引自 Churehill （19S4，34）。
12. O' Neill （2001，2013）; Sharma （2012）.
13. Rodrik （2007）.
14. 格申克龙（Gerschenkron）的经济发展和现代化模型规定了政府必须创设的相对具体的制度和政策，描述了创造的条件。他尤其认为欠发达国家必须需要更多的政府干预，类型要相对具体，而发达国家则需要减少政府干预。
相反，本书中的证据表明自由选择的余地很大。我们认为所有政府都需要采取行动，但是政策制定者可以定制自己的制度和政策。见 Gerschenkron（1962）。
15. Breznitz（2007，6）.
16. “网络”和第五章中资本主义多样性学者描述的“协调”有何不同之处? 我们认为，网络需要政府提供设施、机会、资源、形成关系和交流信息的焦点推理或目标。网络是把参与者集中到一起，或者至少降低自己做事时的成本。政府应该有一个强大的但是整体的社会目标："创新"或者"解决问题 X"。政策制定者应该采取行动，改善形成和发展网络的环境。因为政府是一个有着自己狭隘利益和目标的党派，协调更多的是关于制定甚至迫使政治交易。协调是关于积极挑选成功者和失败者，或者改善具体的参与者的。换句话说，如果网络涉及的是改善花园的土壤、温度和水分，那么协调涉及的就是播种特定植物，同时修剪其他植物和清除不想要的植物。这本书支持的是前者，不是后者。

17. Reich（2010）；Wagner（2008）.

18. Fuchs （2010）.

19. Tsebehs （2002）; Henisz （2002a）; Doner，Hicken，and Ritchie （2009）.

20. 另外，理查德·多纳（Richard Doner）认为，"系统性风险"决定否决者的数量，继而影响经济"提升"（即利用当地投入向价值链上游移动，产生高效率）的速度。系统性风险指的是政治精英经受的三种单独压力之和：外部安全威胁、国内普遍不满、经济资源制约。基本的因素关系是系统性风险的增加会提高精英对经济增长的兴趣。系统性风险的增加还会导致否决者有效数量的减少。但是，这种关系不是线性的，有一个"黄金点"，当系统性风险压力解除时，否决者数量过少会使得政府突然放弃经济提升；然而否决者数量过多会首先阻止精英形成一致意见去追求经济提升。在研究中，多纳把重点放在新科技的扩散而不是发现、发明和初步发展上。见 Doner （2009） and Doner，Hicken，and Ritchie （2009）。

21.Bueno de Mesquita，Smith，Siverson，and Morrow （2003）.

22. Cohen and Noll（1991）.

23. Ruttan （2006）.

24. Henrekson （2005）; Holmes and Schmitz （2001）.

25. McArdle （2014）.

26. Lewis （2014）.

27. Bates，Greif，and Singh （2002）; Baumol（1990）.

28. Stern （2004）.

29. 希拉（Scylla）和卡律布迪斯（Charybdi）是古希腊神话里面描述的传说中的海怪，她们坐在墨西拿海峡的两边。她们造成的威胁非常靠近，以至于想要存活下来的水手不得不小心翼翼地在她们之间的航道航行。

30. Elbaum and Lazonick（1986）.

31.Organization for Economic Cooperation and Development （2013c）.

32. Organization for Economic Cooperation and Development （2012b）.

33. Tylecote and Visintin （2008）.

34. Cowhey，Aronson，and Richards （2009）.

35. Cowhey. Aronson，and Richards （2009）.

36. Weiss （2014）; Ruttan （2006）.

37. Noah （2013）; Nelson （2013）.

38. Cheung（2013）.

39. Cohen and Noll （1991）.

40. Nordhaus （2013）.

41.Sissine（2012）.
42. US Energy Information Agency（2015）.
43. Centers for Disease Control and Prevention（2014）.
44. Nation Science Foundation（2012a）.
45. 见 new research on “perceived strategic value” by Hsueh（2012，forthcoming）.
46. Acemoglu and Robinson（2012）.

附录一

1.Dear（2001）；Martin（1992）；Yeo（1993）.
2. Kelvin and Tait（1890，v）.
3. Ross（1962）；Yeo（1993）.
4. 这些反对意见主要来自英国科学家，一战之前他们更喜欢被称作“科学人”，“自然主义者”，或者“自然哲学家”。然而，在美国，科学家这个术语在 19 世纪 50 年代到 60 年代之间被狂热地采纳，这或许能在一定程度上解释英国人对此的反感。见 White（2003）and Morrell and Thackray（1981）。
5. 德国比世界其他国家发生得都要早。19 世纪 70 年代，德国企业创立了世界上第一批正式组织的工业研究实验室。他们的目标是把有机化学的最新发现转化成商业产品。数十年之后，美国和英国跟上潮流，美国在纽约的斯克内克塔迪成立了通用电气公司研究实验室（1900），英国在伦敦成立了国家物理实验室（1902）。早期的英国实验室更注重分析、试验和错误而不是创新性科学研究。相比之下，爱迪生的门洛帕克实验室（1876）更像是一个由个人主持的特别的发明工厂，而不是一个正式的工业研究实验室。见 Reich（1985），Mowery and Rosenberg（1998），and Edgerton and Horrocks（1994）。
6. Reich（1985）.
7. Marx（2010）；Schatzberg（2006）；O1deaziel（1999）.
8. Engell（1981）.
9. Godin（2008a）.
10. 19 世纪 80 年代之前，经济学家把他们的研究领域称作政治经济学，把自己称作政治经济学者。
11. 在马克思的理论中，技术代替了劳动力。这源于资本持有者获取最大化剩余价值的欲望。有关马克思的其他观点，见 Bimber（1994）。
12. 应该把马克劳林（W. Rupert Maclaurin）加进来。他在 20 世纪 40 年代发展了很多熊彼特的观点，在 20 世纪 50 年代和 60 年代影响了很多现在出名的经济学家。见 Godin（2008b）。
13. Schumpeter（1911，66）.
14. 熊彼特也质疑新古典经济学家的理性假设。他认为，企业家是特别的个体，比其他人厌恶风险的程度低。他们通过承担创新和发明的推动者角色促进资本主义经济增长。熊彼特有一个萨伊定律（Says Law），或者“供给推动”创新模型。在这一定律中，企业家通过提供新产品和服务塑造消费者口味。因此，通过常规化终结企业家精神会导致资本主义的死亡和社会主义的胜利。同样，发明需要足够的银行信贷。因此，当信贷消失时，企业破产，创新开始堆积。当信贷重新可用时，它们得到释放，触发新一轮快速增长。他也是首批留意到这种惰性或者“抵抗新方法”的经济学家之一，企业家必须斗争（有时要与自己习惯的力量做斗争）。

15. Schumpeter（1911）.

16. Schumpeter（1942）.

17. Schumpeter（1942）.

18. Samuels，Biddle，and Davis （2003）。另外，熊彼特（在他的两卷《商业周期》中）是最初研究商业周期的经济学家之一。他以苏联经济学家尼古拉·康德拉季耶夫（Nikolai Kondratieff）的名字命名长期的“康德拉季耶夫周期理论”（Kondratieff Wave）。尼古拉·康德拉季耶夫在20世纪20年代识别出1945—1960年的经济繁荣周期，但是他无法对其解释。熊彼特认为，这些经济繁荣受发明和创新的推动。新发明和创新在经济增长缓慢时期会积累、得不到充分发展和扩散。然后，这些发现储备会被用于生产过程，开启如第一次和第二次工业革命与19世纪中期铁路繁荣的快速经济增长。Schumpeter（1939）。

19. Rosenberg（1976）.

20. Crafts （2009）.

21.Harrod（1939）；Domar （1946，1947）.

22. Tinbergen（1942）；Leontief（1936）.

23. Abramowitz（1956）.

24. 这里的开创性工作实际上是丁伯根（Tinbergen，1942）做出的。类似的论断源于国家经济研究局（National Bureau of Economic Research，NBER）的研究，法布里坎特（Fabricant，1954）对这些论断进行了总结。这些论断后来被约翰·肯瑞克（John Kendrick，1961）证实，他认为1869-1953年间和1909 -1948年间劳动生产率分别增长了80% 和88.5%，这是由于全要素生产率。见Kendrick（1961），Denison（1962），Denison（1967），and Griliches（1996）。

25. Solow（1957）.

26. 为纪念艾菲尔德·诺贝尔的1987年瑞典经济学奖。

27. Abramovitz（1956，11）.

28. Acemoglu （2009，89）.

29. Arrow（1962b）.

30. Fogel（ 1964）.

31.Mankiw，Romer，and Weil （1992）.

32. Griliches（1957）；Griliches（1958，1960）.

33. Nelson （1959，299）.

34. Arrow（1962x）.

35. Arrow （1962b，157）.

36. 纳尔逊（Nelson）一度把创新描述为生产者和消费者为从发明中获得经济改变而做出的努力。Nelson （1959）。

37. 与纳尔逊 和阿罗（Arrow） 一起写作时，西蒙·库兹涅茨（Simon Kuznets，1962）确实定义了创新，他认为，创新是被应用的发明，可以脱离实验室应用于经济。然而，他经常跨越“增长”和“科学”阵营，而且他的一些定义与本书中所用的定义非常相似。见

Kuznets（1962，1966）。
38. The Economist（19S2，1966）；Struve（1963）.
39. Ornati（1963）.
40. Hunck（1965）；Stone（1969）.
41.Holbik（1967）.
42. 赫希曼（Hirschman）认为，这创造了一种不平衡状态，迫使这些产业现代化。政府然后把投资用于其他部门去创造新的不平衡，纠正原先的不平衡状态，并由此推进经济发展。另外，由于很多国家经济不发达，有时它们需要外国资本迈出“不平衡步伐”的第一步。见 Hirschman（1958）。
43. Rostow（1960）.
44. 具体而言，一个国家的技术越是落后，这个国家越需要更强大的、更具渗透力的政府干预从事大规模工业化的艰难工作。见 Gerschenkron（1962）。
45. 例如，罗斯托（Rostow）从来不定义技术、现代化或者创新，这些对于他的经济“起飞”理论至关重要。可是，他在有关经济增长阶段的讨论中，区分了应用型和非应用型技术、发明和创新，以及纵向和横向创新。见 Rostow（1960）。
46. 这里的主要学者包括 Chahners Johnson，Alice Amsden，Robert Wade，Peter Evans，Stephan Haggard，T .J. Pempel，Meredith Woo-Cummings，Richard Doner，最近的 Fred Block，Dan Breznitz，Joe Wong，Adrian Leftwhich，Sean O’ Riain，Henry Yeung，Richard Grabowski，以及 Meghan Greene。
47. Posen（1984）；Rosen （1991）.
48. Romer（1986；1990）.
49. Schultz（1958，925）.
50. 解释创新原因，并且规定政府的合适角色，在很大程度上取决于一个人如何界定技术容易被仿效、反响、理解和阐释。换句话说，技术和创新定义中有两组因素非常重要。第一组是竞争和排他性的程度（例如，技术成为公共产品或私人产品的程度）。第二组是相关因素，指的是创新依赖隐性而未经编纂的知识和技能的程度。这本书在第三章到第六章对这些问题进行了隐含的论述。
51.Hall and]ones （1999）；Aghion and Howitt（1998）.
52. Freeman（1987）；Lundvall（1992）；Nelson（1993）；Edquist（1997）.
53. 主要推动者是 Research Policy，Management，Journal of Product Innovation Management，R&D Management，Technological Forecasting and Social Change，Harvard Business Review，International Journal of Technology Management，and Journal of Business Venturing。

附录二

1.Godin （2007b）.
2. MacLeod （2007）；Bowler （1989）.
3. Galton （1869）.
4. Galton（1874）.

5. 1883年，亚历山大·格拉汉姆·贝尔(Alexander Graham Bell) 和伽迪尼·赫巴德(Gardiner Hubbard)创立了周刊《科学》杂志。但是，该杂志逐渐陷入经济困难。1895年，卡特尔(Cattell) 收购该杂志，使它免于破产，之后一直担任编辑直至1944年去世。1900年，该杂志成为美国科学促进会（AAAS）的官方杂志。
6. 1971年，重新命名为《美国科学名人录》（*American Men and Women of Science*），这是一部美国（现在加拿大在内）顶尖科学家的传记，目前由Cengage Learning出版。
7. Godin （2009b，10）；Cattell（1903）.
8. Godin （2007b）.
9. Cochrane（1978）.
10. Godin （2009b）.
11. 20世纪80年代起，国内生产总值（GDP）取代国民生产总值（GNP）成为国家经济表现的衡量标准。前者把国家边界内的所有经济活动相加，不管其实施者是谁。后者把一个国家的个人和企业的经济活动相加，不管它们的地理位置如何。从历史上来看，这两种衡量方法密切相关。
12. Solow（1956，1957）；Abramowitz（1956）.
13. Bush （1945）.
14. Steelman（1947）.
15. Blanpied（1999）.
16. Department of Defense（1953）；Godin （2008c）.
17. Godin （2007a，9）.
18. US Congress（1950）.
19. Organization for Economic Cooperation and Development （2002）.
20. Godin（2005）.
21.Kuznets（1930）.
22. Rossman and Sanders （1957）；Sanders，Rossman，and Harris（1958）.
23. Scherer et al.（1959）；Schmookler （1951）；Schmookler （1954）.
24. 不用关注吉尔菲兰（S. C. Gilfillan），他在20年之前利用专利数据提出了类似的论断。见Stafford（1952） and Gilfillan（1935）。
25. Price（1963）.
26. US Congress （1968）.
27. National Science Board （1973，iii）.
28. Freeman and Young（1965）；OECD （1968，1971）.
29. 最初被称作《科技指标》，1998年被《主要科技指标》取代。
30. 首次将国家创新系统这一术语用于现代政治经济学的是弗里曼(Freeman，1987)。但是，他后来赞誉伦德瓦尔（Bengt-Ake Lundvall）发明了国家创新系统这一术语。见Freeman（1995）。
31.Nelson（1993）；Lundvall（1992）；Edquist（1997）.
32. Organization for Economic Cooperation and Development（1992）.
33. Organization for Economic Cooperation and Development（1995，2）.
34. European Commission（1994，1997，2003）.

35. http://thomsonreuters.com/web-of-science/.
36. Largent and Lane（2012）; https://www.starmetrics.nih.gov/.
37. Gault （2013）; National Research Council （US） （2012）; Fealing, Lane, Marburger, and Shipp （2011）; Greenhalgh and Rogers （2010）; Smith （2004）; Geisler（2002）.

附录三

1. 很多国家将研发费用总额占国内生产总值百分比的目标定为 3%，但是评论者认为这个数字太随意。
2. Nation Science Foundation （2012a）.
3. Wong （2011）.
4. 这个数据库追踪的是研发支出，STEM 研究者，高等教育支出和研发密集型产业的国际贸易。Organization for Economic Cooperation and Development （2014b） http://www.oecd.org/science/inno/msti.htm。
5. http: //www.oecd:org/science/inno/msti.htm. Organization for Economic Cooperation and Development （2014b）.
6. 见 Gladwell （2011）关于排名问题的佳作。
7. 例如，Organization for Economic Cooperation and Development （2013a，2014d）。
8. 回顾该争论，见 Jaffe and Trajtenberg（2002）; Griliches(1990); Trajtenberg（1990）; Archibugi and Pianta（1996）; Harhoff, Narin, Scherer, and Vopel（1999）; Eaton and Kortum（1999）; Jaffe, Trajtenberg, and Fogarty （2000）; Hall, Jaffe, and Trajtenberg （2000）; and Hall, Jaffe, and Trajtenberg （2001）。
9. 美国专利商标局。设计和植物可以授予专利；但是，大多数专利数据的经济分析仅限于授予之前列出的发明的实用新型专利。有关专利和专利法、分类和应用过程的更全面的描述，见 http://wwwuspto:gov/main/patents.htm。
10. Scherer（1965）; Schmookler（1966）.
11. 相关总结见 Griliches(1984); Fakes（1986）; and Griliches, Hall, and Pakes(1987)。
12. Hall, Jaffe, and Trajtenberg （2001）.
13. Griliches（1984）.
14. Trajtenberg（1990）; Hall, Jaffe, and Trajtenberg （2000）; Lanjouw and Shankerman（1997）; Lanjouw and Shankerman（1999）; Jaffe, Trajtenberg, and Fogarty （2000）.
15. Amsden and Mourshed（1997）.
16. McMillan and Hamilton （2000）.
17. 社会科学领域期刊文章的创新“代表性”更成问题，物理科学领域问题小些。见 Hicks（1999）。
18. Glanzel and Moed （2002）; Bourke and Butler（1996）; Garfield（1972）.
19. Sirilli（1991）; Organization for Economic Cooperation and Development（1999）.
20. Yamashita（1991）; Blomstrom and Wolff（1994）; United Nations Conference on

Trade and Development （2003）.

21.See OECD（1986;2003）.

22. 详见标准国际贸易商品分类（修订版 2）编码 54，75，76，77，87 和 792。

23. Solow（1956，1957）。更深入的探讨，见 Lipsey and Carlaw（2004）。

24. 总经济数据库（the Total Economy Database，TED）包含了大约 123 个国家的国内生产总值、人口、就业、劳动生产率、全要素生产率、工作时间、劳动力质量和资本服务的年度数据。该数据库由格罗宁根大学的格罗宁根大学增长与发展中心开发。

25. 欧洲的地方调查工作有很多，例如，丹麦的 patval 项目调查了丹麦、法国、德国、英国、匈牙利、意大利、瑞士、西班牙和瑞典。它的主要目标是测量西欧国家专利的经济价值。见 Giuaa et al（2007）。

26. 美国国家科学基金会的商业研发和创新调查（BIRDIS）与欧盟调查问卷（CIS）有交叉的地方。

27. Furman，Porter，and Stern（2102）.

28. Chen（2008）；Zeng，Xie，and Tam（2010）.

29. European Commission（2015）.

30. 这些指标取自 OCED 结构分析数据库（Structural Analysis Database，STAN），利用了其他 OCED 数据库的数据。STAN 指标包括与国内贸易、产业构成、商业公司研发、就业和生产率有关的 29 个测量方法；它们强调的是经济合作与发展组织成员国和其他各种国家组织的产业结构及绩效趋势。

31. Levdesdorff and Strand（2013）；Etzkowitz and Leydesdorff（2000）；Etzkowitz and Leydesdorff（1997）.

32. 例子包括布隆伯格（Bloomberg）的全球创新指数和博斯公司（Booz & Company）的全球创新 1000 强研究。

33. Gladwell（20II）.